# 博尔塔拉蒙古自治州工运纪事

## （1950—2021）

《博尔塔拉蒙古自治州工运纪事》编纂委员会　编

中国文史出版社

# 目 录

## 第三章 工会组织

# 第四章　工会工作

## 第五章　参与社会管理



## 第六章　先进人物

# 概　述

博尔塔拉蒙古自治州地处亚欧大陆腹地，位于新疆维吾尔自治区西北部，准噶尔盆地的西缘，东邻塔城地区的乌苏市、托里县，南依伊犁哈萨克自治州的尼勒克县、伊宁市、霍城县，西北与哈萨克斯坦共和国接壤。总面积 2.7 万平方千米，边境线全长 358.8 千米。

博尔塔拉系蒙古语，意为“青色的草原”，自古以来就有“西来之异境，世外之灵壤”的美称。博尔塔拉蒙古自治州据古丝绸之路新北道要冲，是新丝绸之路经济带“中通道”国内外的重要连接点和进出口过货关键节点。这里历史悠久，山川雄秀，地肥草美，民风淳朴，多元文化荟萃，是一片美丽而又充满无限生机的热土，是中国向西开放的前沿。阿拉山口口岸是铁路、公路、航空、输油管道四种运输方式兼有的国家重点建设和优先发展的一类口岸，是新疆乃至全国对中亚、欧洲陆路开放的重要枢纽和国家进出口能源陆上安全大通道。

博尔塔拉蒙古自治州地处亚欧大陆腹地，气候宜人，自然资源丰富，宜农、宜牧、宜林、宜渔，建立了全国优质棉出口基地、枸杞生产基地、冷水鱼养殖基地、细毛羊生产基地，风光秀丽，旅游业日益兴旺。到 2021 年，境内有天然湖泊 5 个，有 4 个自然保护区，有国家 A 级以上旅游景区 26 个。在久远的历史变迁中，博尔塔拉积淀了深厚的文化底蕴，留下了许多珍贵的民族文化遗产。

1954年7月，博尔塔拉蒙古自治州宣告成立，至2021年，自治州辖两市两县：博乐市、阿拉山口市，精河县、温泉县，境内驻有兵团第五师及所属9个团场。自治州首府所在地博乐市。全州户籍人口48万人，常住人口48.82万人，自治州境内有蒙古族、汉族、维吾尔族、哈萨克族、回族等35个民族。少数民族人口占总人口的36.6%。

博尔塔拉的手工业历史悠久，博乐市达勒特古城遗址出土的陶器、石纺轮、铸铁块等宋元文物，证明当时手工业已有一定的基础。近代手工业主要有铁工、木工、铁皮制品、皮革、皮鞋等，生产规模小，技术比较落后。

中华人民共和国成立初期，博尔塔拉境内的工业，主要是精河的盐场，此外还有一些个体小手工业。全州有个体手工业56户，职工60人，年产值18.3万元。电力、化工、机械修造、食品加工、棉花加工业都处于空白。当时的手工业和私营工商业在博乐、精河两地较多，温泉少，而且70%以上是兼营农牧业生产，主要的手工业是铁工、木工、制砖、皮毛、磨坊、榨油、烧酒、缝纫、副食品加工等。

随着手工业联合社的发展，博尔塔拉地区的精河县为了尽快把企业职工组织起来，发动手工业工人发展经济，增加生产，改善工人生产生活条件。1950年12月，精河县在新疆省总工会的领导下，在精河县手工业联合社成立了第一个基层工会组织。

1951年5月，精河县成立了盐务管理处，接收了精河县盐场。从此，博尔塔拉地区有了第一家国有企业。12月，博尔塔拉地区根据中共中央新疆分局和中华全国总工会的要求建立和发展工会组织，精河县在新疆省总工会和县委的领导下成立了工会组织——精河县总工会。

1953年以后，个体手工业被逐步组织起来，走上了合作化发展生产道路。到了1954年，全州共有工业企业161个，其中地方国有企业1个，手工业合作组6个，个体手工业154个，职工283人；年产值47万元，是1949年的7.3倍。

1955年，自治州在农业合作化运动的推动下，对私营工商业和个体手工业在生产资料所有制方面实行了社会主义改造，组成了手工业生产合作社。6月，精河县成立了第一家手工业合作小组——靴子匠生产小组。

1957年，全州手工业生产合作社已发展到11个，职工252人，基本完成了对手工业的社会主义改造。到了1959年，全州拥有地方国营企业22个，职工已有1264人。

随着经济建设的发展，中小企业逐步发展起来，所需工人主要从农牧民和一些城镇闲散劳动力中招收，大部分属临时性工人，固定工人很少，招收工人的手续简单，没有形成正式的工人管理制度。1959—1960年，从内地支边青壮年中招收了部分工人。1959年，全州有职工8183人。

为了尽快把各族工人组织起来，迅速恢复经济发展和工人的生产生活，中共博尔塔拉蒙古自治州委员会抽调一批干部开展工人运动，动员各族工人积极投入发展生产运动之中，组建工会组织，吸收工人入会。1959年10月，中共博尔塔拉蒙古自治州委员会下发了《关于成立自治州总工会筹备委员会的通知》，1960年3月，博尔塔拉蒙古自治州总工会筹备委员会成立，自治州党委书记谢玉田为自治州总工会筹备委员会主任。此时，全州基层工会组织已发展到24个，工会小组78个，发展会员1265名。

1965年8月，博尔塔拉蒙古自治州召开了第一次工会会员代表大会，正式成立了博尔塔拉蒙古自治州总工会，选举产生了博尔塔拉蒙古自治州总工会第一届委员会，吐尔巴依尔（蒙古族）当选为自治州总工会第一届委员会主席。这标志着博尔塔拉蒙古自治州总工会正式成立。

1966年，“文化大革命”开始，自治州各级工会组织处于停滞状态，不能正常开展工作。1969 年 4 月，自治州革命委员会成立，工会工作被并入自治州革命委员会政治工作组下设的群众工作组管理。1974 年 11 月 20 日，自治州工会第二次代表大会召开，选举产生了新一届工会领导机构，初步恢复了工会工作的正常开展，自治州各级工会组织陆续恢复开展工作。自治州总工会主席从第一届到第三届代表大会选举产生的工会主席均由自治州党政领导兼任。1985 年 1 月，召开了自治州工会第六次代表大会，选举产生的工会主席设为专职，不再由自治州党政领导兼任，并设置了自治州总工会党组，同时增设了自治州总工会经费审查委员会。

党的十一届三中全会以来，随着各项经济政策改革的进一步落实，全州工作重点转移到以经济建设为中心的轨道上来。已初步建设采掘、建筑、交通、金融、电力、化工、机械、电器、制革、纺织、酿酒、食品等一批工矿企业。这些工矿企业的兴建在奠定博尔塔拉现代企业基础的同时，造就了自治州的第一代现代产业工人队伍，也极大地推动着工会组织的发展。随着社会主义革命和建设的发展，自治州的职工队伍和工会组织也在不断发展壮大。

1978 年，自治州开始对地方国营工业企业进行治理整顿，1980—1985 年，自治州扩建和改造了艾比湖盐场、自治州酒厂、博乐县水泥厂、博乐县粮油加工厂。此后，随着经济的发展又新建了自治州皮毛加工厂、自治州塑料加工厂、自治州磷肥厂、自治州葡萄酒厂等国有企业，并对 13 家县属企业推行了经济责任制，完成了企业的整顿。随着工业企业的发展，自治州的职工队伍也随之发展壮大。到了 1985 年，自治州共有国营工业企业和集体工业企业 104 家，个体工业企业 701 家，职工队伍已达 28975 人。

2012 年，全州有基层工会组织 939 个，职工人数 62532 人，女职工 23035 人，会员 62027 人，女会员 22897 人（以上不含条管单位）；农民工会员 27314 人,女性农民工会员 7151 人。新预置非公企业总数 1274 个,新增 656 个,建会率 100%,职工预置数 20957 人,新增会员 12645 人。实际入会人数 19973 人,入会率 95.2%。

2018 年,全州各级工会不断加强基层工会组织的规范化建设,扩大了乡镇、街道、工业园区、非公有制企业工会组织的覆盖面,并积极探索在村级阵地方面建立并发挥基层工会组织作用的有效途径。加强了纺织产业工会组织的发展和建设,推动了全州纺织服装企业普遍建立工会组织。据统计,到 12 月全州新建工会组织有 45 个,总数已达 1357 个;吸纳工会会员 5120 人,总数达 102297 人。

到 2021 年,全州工会会员净增 33547 人,总数已达到 110779 人;全州基层工会组织净增 377 个,总数达 11231 个。2015—2021 年,全州工会会员净增 33547 人,总数已达到 110779 人,全州基层工会组织净增 377 个,总数达 11231 个。从 1965 年 8 月至 2021 年 6 月,博尔塔拉蒙古自治州总工会共召开了十次代表大会。在历届自治州总工会领导机构的带领下,经过全州工会工作者的不懈努力,博尔塔拉蒙古自治州工人运动和工会工作经历了一个循序渐进、健康发展、不断创新的发展历程。

70 多年来,博尔塔拉蒙古自治州各级工会在同级党委和上级工会领导下,紧紧围绕党的中心工作,认真贯彻党在各个历史时期的路线、方针、政策,全面履行维护、建设、参与、教育四项社会职能,抓住机遇,创造性地开展工作。一是积极履行建设职能,紧紧围绕生产建设,发动职工广泛开展以“双增双节”为主要内容,以“岗位创一流、班组创先进、企业创效益”为主要形式的社会主义劳动竞赛,并抓住影响全局的重点和企业生产的难点,组织各族职工为质量达标和新产品开发献计出力。二是主动履行参与职能,进一步加强民主管理和民主参与管理,努力成为党和政府联系职工群众的重要民主渠道。三是忠于履行维护职能,真心实意地为各族职工群众说话办事，表达和维护职工的利益，为职工伸张正义。四是认真履行教育职能，以培育“四有”职工队伍为目标，在职工中广泛开展思想道德和科学文化教育，不断提高职工队伍的整体素质。在扶贫帮困等方面也做了大量工作，充分发挥了党联系职工群众的桥梁和纽带作用，为自治州工运事业创造了辉煌业绩，为自治州的社会稳定、经济建设和社会全面进步做出了重要贡献。

在组织建设方面，大力加强基层工会组织建设，巩固了党的阶级基础和群众基础。全州各级工会认真贯彻“组织起来、切实维权”的工会工作方针，一方面，继续抓好非公有制经济单位工会组建工作，通过实行工会组建工作季报制度，开展了“党建带动工建、工建服务党建”活动。在全州依法推动了各类企业普遍建立工会组织，使各级工会组织积极推进创新区域性、行业性基层工会联合会，劳务产业工会，市场工会，项目工会，楼宇工会，农业产业链工会等多种形式的建会模式，不断提高了全州工会组织的组建率。另一方面，大力推进在农民工中组建工会，开展吸收会员工作。通过宣传动员，摸底调查，层层试点，总结推广经验，最大限度地把农民工组织到工会中来。在组建中不断深化“双措并举”二次覆盖，不断推进工会组织向乡镇（街道）、村（社区）延伸，从而形成了企业、乡镇（街道）、村（社区）工会的“小三级”工会组织网络。推进了区域性、行业性、乡镇（街道）、村（社区）工会组织的建设，使全州的工会组织体系更加完善、更加健全、更加规范，工人阶级队伍不断壮大，女职工组织不断加强和健全。党的十一届三中全会以后，全州各族女职工积极投身于“四化”建设，为推动社会主义物质文明和精神文明建设做出了自己的贡献。各级工会认真贯彻全国总工会提出的“抓基层、打基础、促改革”的方针，从 1984 年开始，用三年时间，基本完成了整顿工会基层组织，建设“职工之家”的任务。整顿“建家”工作给工会组织注入了新的生机和活力，推进了全州的“职工之家”建设，激发了基层工会的生机和活力。

在群众生产方面，动员组织广大各族职工全面投身社会主义现代化建设，发挥了工人阶级主力军作用。各级工会组织把提高职工队伍素质作为围绕大局、服务职工的重点工作来抓。积极履行建设职能，紧紧围绕生产建设，发动广大职工广泛开展以“双增双节”为主要内容，以“岗位创一流、班组创先进、创业创效益”为主要形式的社会主义劳动竞赛，并抓住影响全局的重点和企业生产的难点，组织职工为质量达标和新产品开发献计献策出力。以“上质量、增品种、创效益”为目标，各级工会组织发动职工广泛开展合理化建议、发明创造和技术革新活动，为搞活企业献计献策。以先进生产者运动、爱国主义劳动竞赛、五好运动、工业学大庆运动、为四化立功活动、“双增双节”运动为内容的社会主义劳动竞赛蔚然成风。通过举办全州职工群众十大工种技术比武、职工技术成果展等活动，以技术攻关、技术交流、合理化建议活动为内容的职工技术协作形成制度。劳动保护、劳动模范管理、班组建设上档次上水平。一批又一批先进集体和先进个人（劳动模范）在全州不断涌现出来，全州先后涌现出刘克俭、热合木都拉、李蒲卿、李加、阿不都依木、景生、刘西林、白小英等全国、自治区劳动模范和先进工作者，他们是各族职工的优秀代表。职工队伍保持团结统一，在维护社会稳定方面发挥了重要作用。全州各级工会组织和各族职工积极投身重点工程建设、抗击重大自然灾害、推动企业改革创新发展，促进了自治州经济平稳较快发展。

在民主参与方面，牢固树立和落实工会维权观，促进了企业劳动关系和谐与社会稳定。全州各级工会组织主动履行参与职能，进一步加强民主参与和民主管理，努力成为党和政府联系职工群众的重要民主渠道。坚持以职工为本，主动依法科学维权，抓住发展和谐劳动关系这条主线，把维护职工权益贯穿于推动改革、促进发展、积极参与、大力帮扶的全过程。积极推进建立健全源头参与的工作机制，充分发挥工会与政府（行政）联席（联系）会议制度的作用，全州县以上工会与政府（行政）都建立了联席（联系）会议制度，自治州人民政府与自治州总工会通过召开联席会议，了解掌握政府和职工群众共同关心的问题，解决职工群众实际困难。充分发挥了劳动关系三方协商机制的作用。坚持抓住劳动合同、集体合同和职代会三个关键环节，推动了企业的工资集体协商，开展创建劳动关系和谐企业活动，协调劳动关系机制得到进一步完善，形成了“党和政府主导、工会运作”的社会化维权格局。在民主参与、民主管理方面，广大各族职工民主参与、民主管理的意识不断增强，民主参与、民主管理的举措更加有序和规范，在信访、劳动争议调解和仲裁方面迈出了新的步伐。贯彻落实党和政府关于解决农民工问题的战略部署和政策措施，集中力量为农民工办实事、解难题，积极协助处理侵犯农民工合法权益的重大典型案件，维护农民工合法权益工作机制更加健全。

大力加强基层民主政治建设，进一步健全以职工代表大会为基本形式的企业民主管理制度、厂务公开制度。积极参与国有企业改制工作，推动解决拖欠职工工资、职工分流安置等问题，维护了职工队伍的稳定，促进了社会稳定，为确保国有企业改制顺利进行发挥了作用。

在扶贫帮困方面，不断加大职工帮扶力度，切实关心困难职工和农民工的生产生活，加大扶贫帮困送温暖活动力度，为困难职工排忧解难。各级工会组织把帮扶困难职工、维护职工权益作为维护稳定、促进和谐的大事来抓，为党和政府分忧，为职工群众解难。各级工会组织大力加强困难职工帮扶中心建设，全州各县市都建立了困难职工帮扶中心。创建了帮扶超市、创业基地、技能培训基地等新的帮扶载体。不断规范帮扶机制建设，协助党政做好下岗职工的再就业工作，加大“送温暖”活动和“金秋助学”活动力度，为困难职工排忧解难。在全州已形成了“三节”送温暖、生活救助、大病救助、金秋助学、送清凉等帮扶品牌活动，帮助大量的困难职工和农民工子女解决了上学难、就医难的问题。全州各级工会组织坚持把困难职工的技能培训和促进就业相结合，积极参与组织“就业援助月”“春风行动”等系列活动。各级工会组织在党和政府加快以改善民生为重点的社会建设中切实发挥了重要作用，成为党和政府关心职工、联系职工，特别是困难职工的重要窗口。

在宣传教育方面，不断加强职工的思想政治工作，全面提高职工素质，为了不断满足职工日益增长的求知、求美、求乐的精神文化需求，全州各级工会组织积极开展职工文化体育活动。开展以思想教育、遵纪守法，学先进、赶先进为内容的思想政治教育活动，文化技术教育，自学读书活动逐渐成为广大职工的自觉行动，职工文化活动的设施逐步完善，职工文化活动的队伍不断扩大。

在女职工工作方面，紧紧围绕党的不同时期中心工作，为自治州经济发展、社会进步做出了一定贡献。随着社会的进步、经济的发展，自治州各族女职工树雄心、立壮志，在生产中是闯将，是实干家；在生活中是能手，是巧匠。全州女职工工作积极遵循新时期工会工作的方针，自治州女职工委员会为适应社会和经济发展的需要，广泛结合社会主义劳动组织竞赛，开展学理论、学文化、学科学、学技术、学管理等活动；开展了学先进、比奉献、技术比武的劳动竞赛活动，使全州女职工的整体素质有了全面全新的提高。在女职工维权工作中，在扶贫帮困救助工作中，积极帮助外来务工的女职工及困难女职工解决生活中的实际困难，充分发挥女职工“半边天”作用。

在劳模评选工作方面，自治州在开展社会主义劳动竞赛活动中，一批又一批的劳动模范、先进集体和先进个人不断涌现出来。截至2021年，全州先后涌现出刘克俭、李加、散·吾尔、库尔拉、叶尔代、热合木都拉·艾买提、杨秉成、刘西林、白小英、努尔依拉等一批全国、自治区、自治州劳动模范和先进工作者。他们是各族职工的优秀代表，他们以高昂的主人翁精神，用自己勤劳的智慧和汗水，谱写了社会主义建设史上最光辉的篇章。

在劳模管理工作方面，自治州在开展社会主义劳动竞赛活动中，一批又一批全国、自治区和自治州劳动模范、先进集体和先进个人不断涌现出来。截至 2021 年，评选出全国劳动模范 9 名，全国先进工作者 4 名，全国五一劳动奖章获得者 12 名，评选出自治区劳动模范 51 名，自治区先进工作者 13 名，自治州先进工作者 82 名，他们是各族职工的优秀代表，他们以高昂的主人翁精神，用自己的勤劳智慧和汗水，谱写了社会主义建设史上最光辉的篇章。

财务经费审查工作正常进行，保证了工会工作的正常开展。

在工会财务工作方面，工会财务工作为工会建设和工会工作的开展提供了必要的物质基础。自治州总工会在财务工作中不断完善收缴机制，实现工会经费收入稳步增长和有效管理。一是全力促进经费增收工作，建立健全经费收缴机制，保证了工会经费的收入；二是为保障工会组织开展各项活动的需要，在经费支出中严格掌控，按照工会经费开支标准和开支范围支出，使有限的经费花得合理，用得适当；三是在经费管理工作中，严格预算和资金管理，不断提升工会财务管理水平。在建立健全财务制度方面，认真执行《工会预算管理办法》，不断完善管理制度，做到财务工作有章可循、有法理财。工会经费审查工作有序进行。自治州总工会始终坚持把经费审查制度建设作为经费工作的根本性建设，建立健全工会经审监督制约机制。一是加强了对本级工会经费收管用的审查和监督；二是加强日常审计工作，严格把好经费审查关；三是抓好重点审计，促进经费的收缴；四是加强专项实务审计，促进工会经济活动规范运作，真正做到经费审查工作有目标、办事有程序、审查有依据，促进了全州工会经费审查工作的规范化、制度化和法治化，有效地推动了全州工会经费审查工作的全面开展，有力保证了工会工作的正常开展。

70 多年来，自治州各级工会组织紧紧围绕“维护职工合法权益，竭诚服务职工群众”的基本职责，切实增强大局观念，把讲政治摆在首位。全面加强职工的思想建设、组织建设、作风建设、干部队伍建设。坚持走中国特色社会主义工会发展道路，在思想上、政治上、行动上始终与党中央保持高度一致。把建功新时代落到实处，把维权帮扶融入经常，把基层组织建设突出摆在重要位置，充分发挥职工服务中心、户外劳动者服务站点等载体作用，推动工会普惠性服务。扎实开展“面对面、心贴心、实打实”服务职工在基层的活动。全面履行各项社会职能、突出维护职能，确立“组织起来、切实维权”工作方针，着力做好新形势下的职工群众工作。树立了以“职工为本，主动依法科学维权”的工会维权观，强化了源头参与。坚持“促进企业发展，维护职工权益”的企业工会工作原则，健全维权机制，完善帮扶体系，全面维护职工权益。积极争取党政赋予的各种资源手段，不断强化工会财务、资产监管等工作，服务职工的物质基础进一步增强。工会经费审查审计工作力度不断加大。工会组织服务基层、服务职工的能力显著增强。

自治州各级工会组织坚持以习近平新时代中国特色社会主义思想为指引，牢记嘱托、奋力拼搏。在自治州党委的坚强领导下，全州各级工会围绕中心、服务大局，发挥优势、积极作为，在思想引领上扛起了“工会责任”；在助力发展上体现了“工会担当”；在维权服务上提升了“工会温度”；在改革创新上激发了“工会动能”，得到了社会各界的认可。让广大各族职工群众真正感受到工会组织是最可信的“职工之家”，感受到工会干部是最信赖的“娘家人”。

力量生于团结、幸福源自奋斗。面对新的形势和任务，自治州各级工会组织要认真学习贯彻党的二十大精神，深刻领悟“两个确立”的决定性意义，增强“四个意识”、坚定“四个自信”、做到“两个维护”，把党的二十大精神转化为全州各族干部群众团结奋斗建设美好博尔塔拉蒙古自治州的强大力量。让我们高举中国特色社会主义伟大旗帜,不忘初心、牢记使命,在自治州党委和自治区总工会的领导下,各级工会组织围绕中心,服务大局,加强职工思想政治引领,更加广泛地团结带领各族职工,埋头苦干,奋发作为,努力在新时代新征程上谱写自治州工会工作的新篇章,在推进自治州经济社会发展的伟大实践中,更好地发挥工会作用。

# 大事记

## 1950 年

**12 月**　精河县在新疆省总工会的领导和指导下，精河县手工业联合社成立了基层工会组织。

## 1951 年

**5 月 1 日**　精河县成立了盐务管理处，接收了精河县盐场。从此，博尔塔拉有了第一家国有工业企业。

## 1953 年

**8 月**　博乐邮电局（州邮电局前身）、中国人民银行博乐支行等单位建立基层工会组织。个体手工业被组织起来，走上合作化发展生产道路。

## 1954 年

**5 月**　博乐县有 36 家个体手工业组成立了铁工、木工、缝纫、皮革等 7 个互助合作社，在成立互助合作社基础上成立了手工业联社，有职工 105 人。

## 1955 年

**6 月** 精河县成立第一家手工业合作小组——靴子匠生产小组。

**11 月** 精河县成立了铁工、木工、砖瓦、油坊、皮革、磨坊、鞋帽、缝纫等 13 家行业小组，生产品种有十几种，职工人数为 146 人。自治州在农业合作化运动高潮推动下，对私营工商业和个体手工业在生产资料所有制方面实行了社会主义改造，组成了手工业生产合作社。

## 1956 年

**9 月** 精河县成立手工业合作联社。

## 1959 年

**10 月 10 日** 中共博尔塔拉蒙古自治州委员会下发《关于成立工会筹备委员会的通知》。

## 1960 年

**3 月** 在自治州党委和自治区总工会的关心下，博尔塔拉蒙古自治州工会筹备委员会成立。工会筹备委员会由谢玉田、李耀峰、韩贵锁、徐德明、巴音恰汗、赵树青、阿合买丁等 7 人组成。自治州党委书记谢玉田任自治州工会筹备委员会主任。全州共建立基层工会24个,工会小组78个,发展会员1265人。

## 1959年

**截至12月** 全州共有职工(不包括机关团体)9829人,其中:工交系统590人,农林水牧系统6305人,财贸系统2083人,文教卫生系统851人。共有会员922名,基层工会30个、工会小组82个。

## 1965年

**8月17—21日** 博尔塔拉蒙古自治州工会第一次代表大会在博乐召开,自治州总工会正式成立。出席大会正式代表59人,代表中,妇女代表占代表总数10%,产业工人代表占代表总数41%。与会代表听取和审议了题为《高举毛泽东思想伟大红旗,促进职工思想革命化》的工作报告,大会通过了关于《高举毛泽东思想伟大红旗奋勇前进》的决议,选举产生了博尔塔拉蒙古自治州工会第一届委员会委员,正式成立博尔塔拉蒙古自治州总工会。吐尔巴依尔(蒙古族)当选为自治州总工会第一届委员会主席。侯孝璋、那克(蒙古族,兼)、赵树青(女,兼)分别当选为自治州总工会第一届委员会副主席。

## 1969年

**4月** 博尔塔拉蒙古自治州革命委员会成立,自治州总工会工作被纳入自治州革命委员会政治工作组下设的群众工作组管理。

# 1974 年

**11 月 13 日** 博乐县工会第一次代表大会召开，选举产生博乐县总工会第一届委员会委员。董增辉当选为博乐县总工会第一届委员会主席（兼），邢培荣当选为博乐县总工会第一届委员会副主席（专职），库尔班·依孜木（维吾尔族）当选为博乐县工会第一届委员会副主席（不脱产）。

**11 月 20—24 日** 博尔塔拉蒙古自治州工会第二次代表大会在博乐市隆重召开。出席代表大会正式代表 151 人，其中妇女代表占代表总数 25%。代表中有老工人、青年工人、工程技术人员，有先进集体代表和先进个人代表。大会还邀请了人民解放军战士、军垦战士、职工家属、贫下中农、上山下乡知识青年、红卫兵、知识分子和有关部门的负责干部等 20 多名代表列席会议。大会听取和审议了自治州总工会第一届委员会的工作报告，通过了《充分发挥工人阶级主力军作用，为迎接自治州国民经济新跃进而奋斗》的决议。按照老中青三结合的原则，大会选举产生了博尔塔拉蒙古自治州总工会第二届委员会委员。王邦玉当选为博尔塔拉蒙古自治州总工会第二届委员会主席（兼），侯孝璋、阿不都热西提·哈斯木（维吾尔，不脱产）分别当选为博尔塔拉蒙古自治州总工会第二届委员会副主席。

选举产生的自治州总工会第二届领导机构，初步恢复了因“文化大革命”陷入瘫痪的工会工作。恢复后的自治州总工会积极动员基层工会组织，加强思想建设和组织建设，整顿了企业工会组织，动员广大各族职工积极投身到“工业学大庆”的运动之中。

**12 月** 温泉县工会召开第一次代表大会，选举产生温泉县总工会第一届委员会，王新喜当选为温泉县总工会第一届委员会主席，穆同太

（锡伯族）当选为温泉县总工会第一届委员会副主席。

## 1975 年

**1 月 23 日**　自治州党委组织部下发（博州党组〔1975〕3 号）《关于对博乐县工会第一届委员会委员报告批复》。

**6 月 25 日**　自治州总工会向自治州党委、自治区总工会上报了自治州工会第二届第三次委员会扩大会议情况的报告。

**9 月 22 日**　自治州总工会、自治州妇联联合下发了《关于联合召开对〈水浒〉评论和批判会的通知》。

## 1978 年

**1 月 26 日**　自治州总工会要求各级工会组织对本地区、本单位退休、伤病干部职工和因工死亡职工亲属，采取座谈、走访等多种形式，在全州普遍开展春节慰问活动。

**4 月 5 日**　博尔塔拉蒙古自治州第二汽车运输队开展社会主义劳动竞赛活动。

**5 月 3 日**　自治区总工会、自治区财政局下发《县以上工会业务活动费开支范围暂行规定》和自治区财政局、教育局下发《关于厂办“七二一工人大学”经费开支试行办法》。

**7 月**　自治州汽车二队工人木斯林（维吾尔族）作为先进工作者，出席了自治区第四次“工业学大庆”表彰大会。

**8 月 31 日至 9 月 2 日**　自治州总工会召开二届五次（全委）扩大会议并学习自治区第四次“工业学大庆”会议精神。会议讨论了自治区总工会关于自治区第四次工会代表产生办法和名额分配方案。共有30人参加。

**10月10日** 为了庆祝中华人民共和国成立30周年,展示党的民族政策辉煌成就,展示少数民族地区社会主义革命和建设成就,繁荣少数民族工人美术作品创作,自治州总工会在全州举办“少数民族工人美术创作征稿”活动,活动得到了广大各族职工的积极响应。

## 1979年

**3月6日** 自治州总工会在全州各级工会开展了劳动保护工作。

**3月14日** 自治州党委批转自治州总工会《关于工会组织的建立与健全问题、工会专职干部配备问题、执行职工代表大会制度问题的请示报告》。

**5月14日** 自治州总工会印发《关于恢复企业、事业、机关等行政方面拨缴工会经费有关事项的联合通知》。

**12月** 温泉、博乐两县工会分别召开第一次代表大会,温泉县、博乐县总工会正式成立。

**12月底** 自治州有基层工会组织、工会小组80个,会员有6347人,职工队伍已发展到9600人。

## 1980年

**1月15—18日** 博尔塔拉蒙古自治州工会第三次代表大会在博乐市隆重召开。出席代表大会正式代表176人,列席代表5人。大会听取和审议了自治州工会第二届委员会《关于充分发挥工人阶级主力军作用，为加快博州社会主义现代化建设而奋斗》工作报告。大会选举产生自治州总工会第三届委员会委员，选举产生了自治州经费审查委员会委员。自治州总工会第三届一次委员会选举出常务委员会委员、主席、副主席。张河山（自治州革委会副主任）当选为自治州总工会第三届委员会主席。侯孝璋、魏登先分别当选为自治州总工会第三届委员会副主席。邢培荣当选为自治州总工会第三届经费审查委员会主任，吾可拜、李素勤、张洪业、木斯林当选为自治州总工会第三届经费审查委员会委员。

**6月6日** 自治区总工会下发了《关于在街道集体企业组建工会的通知》。

**11月29日** 自治州总工会会同州计委、州经委、州农垦局、州劳动局、州商务局、州农机局等有关部门领导，对州直属工交、财贸、基建等系统企业、事业单位职工生活管理工作进行一次重点检查。

## 1981年

**4月28日至5月10日** 为欢度“五一”国际劳动节和“五四”青年节，自治州总工会在博乐市举行了全州职工篮球比赛活动。

**12月5日** 自治州总工会呈报《关于请求拨款新建博州工人俱乐部的报告》。

## 1982年

**5月** 自治州总工会在全州组织开展了“两堂一舍两所”检查评比活动。检查组对全州的职工食堂、澡堂、集体宿舍、托儿所、卫生所等进行检查评比。通过检查评比，博乐县医院职工食堂、州农机厂日光浴澡堂、州人民医院女职工集体宿舍、州汽车队托儿所、州商业局卫生所等5个单位分别获奖。

## 1983 年

**4月13日** 自治区总工会党组下发《关于结合企业全面整顿,搞好基层工会的整顿和建设的意见》。

**5月** 自治州总工会在博乐举办全州职工中长跑比赛活动,比赛活动中有7名职工获得奖项。

## 1984 年

**5月8日** 自治州计划委员会下发《关于州工人文化宫、展览馆房权归属问题的通知》,经研究,州工人文化宫第一、二层归州总工会所有,第三层和展览馆归属州科协所有,工人文化宫整体所有权归属自治州总工会所有。

**5月** 自治州总工会在"五一"国际劳动节期间,在全州举行了职工业余文艺会演活动。活动中评选出优秀节目,参加了自治区总工会举办的"新疆第一届职工建设者音乐会",博州荣获精神文明奖。

**10月** 自治州总工会在全州组织职工业余篮球队,参加第二届全国工人运动会自治区篮球选拔赛获精神文明奖。博州职工黄加惠在参加自治区职工田径运动比赛中荣获马拉松长跑奖。

**12月** 精河县工会召开第一次代表大会,选举产生了精河县总工会第一届委员会,于怀忠当选为精河县总工会第一届委员会主席,居努斯汗(哈萨克族)当选为精河县总工会第一届委员会副主席。

**同月**　为响应上海职工倡导和发起的“振兴中华读书演讲活动”，自治州总工会结合老山前线英模事迹、营口师范学院电视录像讲话，在全州各族职工中开展读书演讲活动，参加职工7000余人。

## 1985年

**1月21—24日**　博尔塔拉蒙古自治州工会第四次代表大会在博乐隆重召开。出席大会的正式代表180人。大会审议通过了自治州总工会第三届委员会作的题为《认真贯彻党的十二届三中全会精神，努力搞好自治州工会组织的整顿和建设为开创工会工作新局面而奋斗》的工作报告。讨论制定自治州总工会基层组织整顿加强和建设“工人之家”“争当工人之友”活动规划。大会选举出自治州工会第三届委员会委员22名，候补委员5名。

自治州总工会第四届一次全委会议选举出常务委员会委员11名，主席1名，副主席1名。大会增设了经费审查委员会，同时设立了自治州总工会党组。陈文波当选为自治州工会第四届委员会主席，斯德克·库尔班当选为自治州工会第四届委员会副主席。孟庆州、铁辉、艾尔德、周秀刚、色来特、李万生、于三江、色加哈孜等10位为自治州总工会第四届常务委员会常委。

**2月**　自治州总工会在全州基层工会中开展建设“职工之家”活动。根据全国总工会关于整顿工会基层组织，建设“职工之家”六条标准，制定出全州整顿工作三年规划和建设职工之家验收细则31条。

**4月28日**　自治州总工会在博乐举办了首届职工技术发明创造成果展活动。活动中有18个单位和个人的作品参加了展出活动，其中有模具33件、板面22个，涉及项目139项，有1600多名职工参加了活动。

**10 月 1 日** 自治州总工会在博乐市举办了庆“十一”职工文艺会演活动。其间,自治州总工会干部蒋国庆代表自治州总工会参加了自治区总工会举行的“全世界妇女大会献爱心”女职工手艺展览活动,并为大会送去参展作品 16 件。

**10 月底** 全州企业已建立职代会 99 个,占应建职代会数的 60%;全州事业建立职代会 4 个,占应建职代会数的 0.5%。全州企业事业民主管理和职代会工作有了一定发展,职代会工作质量也有所提高。

**11 月 14 日** 自治州党委转发博州总工会党组《关于建立“职工之家”工作情况的报告》。

**12 月 7 日** 自治州党委批转《博州总工会党组〈关于进一步加强民主管理,加快建立和健全职代会工作的报告〉》。

**12 月 8 日** 自治州总工会在全州抽选了 15 名职工宣讲员组成巡回演讲团。宣讲团先后分别赴精河、温泉、博乐县市各基层工会进行演讲。通过宣讲活动,州农业银行工会被评为先进单位,有 4 名职工出席自治区农业银行表彰大会。

**截至 12 月底** 全州各族职工达 28975 人,有基层工会组织 242 个,其中加入工会会员的职工人数为 12200 人。建立职工代表大会(或职工大会)105 个,其中工业系统 44 个,财贸系统、交通邮电系统 20 个,金融系统 10 个,教育系统 19 个,卫生系统、基建系统各 6 个;企业民主选举企业领导 74 名,企业民主评议领导 29 名,专职工会干部 38 名。

## 1986 年

**12 月 15 日** 自治州党委办公会议讨论通过了自治州总工会《关于进一步加强全州各级工会领导班子建设意见的请示》报告。一是各级党委要充分认识工会在新时期的重要作用,要切实加强党对工会工作的领导,充分发挥工会在社会主义物质文明建设和精神文明建设中的作用,加强企业民主管理,提高职工主人翁地位,推动改革和建设事业发展,为振兴博州经济做出贡献。二是加强工会工作,关键在于加强工会领导班子的思想建设和组织建设。三是对担任工会专兼职正副主席的干部,每年要进行考核。

**12 月 17 日**　自治州党委向全州印发《关于进一步调整配备各级工会领导班子的通知》。

**12 月 22 日**　自治区总工会下发《关于乡镇企业建立和发展工会组织的通知》。

## 1987 年

**3 月开始**　自治州总工会在“三八”国际劳动妇女节、“五一”国际劳动节、“五四”青年节、“教师节”“国庆节”期间,分别在州工人文化宫举办了丰富多彩的职工文化体育活动。其间开展较大的活动有 30 次,开展活动的项目有 40 个,参加活动人员共有 2 万多人次。

**9 月 25 日**　中共博尔塔拉蒙古自治州党委组织部印发了《关于配备基层工会领导班子有关问题的通知》的通知。

**10 月**　自治州总工会在基层工会组织中,已建成“职工之家”22 个。

自治州文化宫实行了对外开放,开放营业的项目有 5 大类 30 余个,年收入达 2.3 万余元,来州文化宫活动的职工每天可达到 200 人以上,全年共接待各族职工 7 万多人次。

**12 月**　自治州总工会开展了“建家活动”,按照“先进职工之家”标准和25条细则对“职工之家”进行合格验收,全州有22个职工之家建成“先进职工之家”,全部都验收合格。自治州总工会积极响应党中央和国务院的号召,组织开展“双增双节”活动。通过“双增双节”活动,全州工交、商业等不但超额完成生产任务,而且还降低了成本。产品质量有了很大提高,流通费用也不断降低。全州各级工会组织通过举办座谈会、演讲会、办板报等形式,认真组织各族职工向安庆明学习,宣传安庆明的先进事迹,通过宣传教育得到了各级工会组织和广大各族职工的热情支持。

## 1988年

**5月** 自治州总工会在博乐市开展了丰富多彩的群众文化体育活动。活动项目有:职工文艺演出、职工篮球比赛、排球比赛、自行车慢行赛等,同时还举办了太极剑学习班,共有200多名职工参加活动。

**8月** 自治州总工会在州工人文化宫举办了100多场职工交谊舞会,广大各族职工有1万多人参加了活动。舞会收入5285.47元,播放录像1170场,收入1万元,观看职工有5.8万人次,工人文化宫招待所30床位,收入6264.17元,浴池收入279元,不但丰富了职工文化文体生活,而且增加了收入。

## 1989年

**1月** 自治州总工会与州经委在州乳品厂召开了企业职工政治思想工作会议。会议要求在新形势下宣传工作要做到两手抓,一手抓精神文明建设,一手抓物质文明建设。

**4 月 27 日**　自治州总工会为庆祝“五一”国际劳动节，在博乐市举行了劳动模范、工会积极分子、基层工会主席和各县（市）代表参加的座谈会。会议传达学习了《人民日报》发表的“四·二六”社论《必须旗帜鲜明地反对动乱》。会议对宣传学习进行了安排部署，对各级工会统一了思想认识。

**4 月 28 日**　自治州党委任命封连城为自治州总工会主席。州总工会召开第四届常务委员会会议，会议选举封连城为博尔塔拉蒙古自治州总工会主席并主持工作，组成了自治州总工会新的领导班子。

**5 月**　自治州总工会举办了第一期基层工会主席培训班，各基层企业的工会主席参加了培训班。自治州总工会全年共举办社会科学、文化技术、自然科学等技术培训讲座 36 次，参加培训人数为 4550 人次，讲座中 35 岁以上年龄占 90%。

**6 月**　自治州总工会深入基层，走访慰问生产一线困难职工。关心职工疾苦，帮助自治州养路工程队年老多病的哈萨克族工人吉力哈达伊解决了困难，使他病重的孩子得到了治疗。

**12 月 19 日**　自治州总工会女职工委员会成立。

## 1990 年

**2 月 4 日**　自治州总工会按照自治区总工会的要求，成立了自治州职工物价监督检查领导小组，自治州总工会副主席斯德克·库尔班任组长，李世铸任副组长，成员由赵云峰等 5 人组成。

**2 月 10 日**　自治州总工会、州经委、州体改委联合下发了《自治州全民所有制企业、党政工民主议事科学决策程序》，以指导基层党政工协调工作。

**3月15日** 自治州总工会成立了自治州职工“学雷锋”活动领导小组，自治州总工会主席封连城任组长，副主席斯德克·库尔班任副组长，郑玉楷任办公室主任；并积极组织开展了学习雷锋活动。

**6月** 全州基层工会组织普遍成立“劳动争议调解委员会”。委员会成立后，既为各族职工调解处理了各种劳动争议，又化解了劳动纠纷和矛盾。

**7月16日** 自治州总工会根据自治区总工会要求，成立了自治州总工会“法律顾问”领导小组，自治州总工会主席封连城任组长，吴杰任副组长，郑玉楷任办公室主任。

**12月底** 自治州总工会在全州共建成“合格职工之家”520家，建成“先进职工之家”112家，建成“模范职工之家”8家，建家工作得到了自治区总工会充分肯定。自治州总工会组织各级工会认真学习贯彻中共十三届六中全会《中共中央关于加强党同人民群众联系的决定》精神。

## 1991年

**8月13日** 自治州总工会在精河县召开了自治州总工会工作会议，会议总结了上半年工作，安排下半年工作，各县（市）总工会主席和基层工会主席参加了会议。

**12月** 自治州总工会重视群众来信来访工作，年内所接待的来信来访案件8起，经过耐心细致的工作，使职工之间的矛盾和劳动争议得到有效调解，同时还加强了职工之间的团结。全年共接待职工群众来信来访案件5起，有2起得到了解决，使职工群众之间的矛盾和争议得到了调解和消除。全州已建立基层工会组织459家，职工总数31492人，工会小组344个，会员人数23634人。建成合格职工之家90家。自治州总工会在各族职工中积极宣传党的十三届七中全会和自治区第四次党代会精神，广泛开展“双基”教育和“三热爱”教育。自治州总工会全体干部职工下到各基层工会组织学习中央和自治区会议精神。

## 1992年

**2月19日** 自治州总工会在博乐市举行了《中华人民共和国工会法》《中华人民共和国妇女权益保障法》宣传活动。

**3月** 自治州总工会举行庆祝“三八”国际劳动妇女节活动。活动期间，表彰了先进女职工委员会18个，先进女职工12人，女职工工作者26人，先进个人38人。

**4月1日** 自治州总工会根据自治区总工会的要求，成立了宣传《工会法》领导小组，自治州总工会主席封连城任组长，吴杰、斯德克·库尔班、郑玉楷分别任领导小组副组长。组成人员有战玉玺、于怀忠、范怀忠等17位，领导小组下设办公室，郑玉楷任办公室主任。领导小组成立后，积极组织开展宣传《工会法》活动。活动形式多样广泛深入，取得了较好的效果。特别是举办的《工会法》黑板报比赛，在社会上影响较大。共出黑板报160块，图案精美，色彩鲜艳，自治州总工会宣传《工会法》的活动得到了自治区总工会评比奖励。同年，自治州总工会还举办了“劳动保护监督检查员”岗位培训班，有39个基层单位参加了培训；举办了《工会法》学习班，有66个基层单位的工会工作者参加了学习。

**5月** 自治州总工会在博乐市组织开展了庆祝“五一”国际劳动节活动。其间，组织职工开展文化体育活动，举行了各项体育比赛，参赛人员 330 名,观众达 3500 人。

**7 月 19 日** 自治州总工会在全州各级工会组织开展了《工会法》宣传车和宣传板报比赛。

**12 月 30 日** 全州已建立基层工会组织 437 个,职工总数为 32792 人。工会小组 637 个,会员人数 21312 人。累计建成“合格职工之家”436 家。自治州总工会为了认真贯彻执行职工劳动保护的有关规定,任命了地市级“工会劳动保护监督检查员”37 名。自治州总工会组织 6 名基层工会干部参加了自治区工会干部学校举办的第十期上岗培训班学习。

## 1993 年

**3 月** 自治州总工会和甘肃省兰州市总工会联合创办了博乐市边境贸易进出口总公司天新公司,该公司作为独立核算、依法经营的经济实体,注册资金 30 万元(兰州 20 万元,博州 10 万元)。

**4 月 4 日** 自治州总工会成立社会治安综合治理领导小组,自治州总工会主席刘忠效任组长,于怀忠等 6 人为成员。

**7 月 28 日** 自治州总工会成立“州总工会宣传贯彻自治区总工会四大会议精神”领导小组。自治州总工会主席刘忠效任组长,副主席斯德克·库尔班任副组长,丁润喜、于怀忠、徐敬轩等 11 人为成员。

**11 月 23 日** 自治州工会第五次代表大会在博乐市隆重召开。出席大会正式代表 150 人,特邀列席代表 20 人。大会听取和审议了自治州总工会第四届委员会工作报告和经费审查委员会工作报告。讨论通过《抓住机遇,团结奋进,在加快自治州改革开放和现代化建设中发挥工人阶级主力军作用》工作报告。大会选举出自治州总工会第五届委员会委员和第五届经费审查委员会委员。自治州总工会五届一次全委会议选出常务委员会委员、主席、副主席。选举产生了经审委员会主任、副主任。刘忠效当选为自治州总工会第五届委员会主席，斯德克·库尔班当选为自治州总工会第五届委员会副主席。孟庆洲当选为自治州总工会第五届经费审查委员会主任，曹亚莉当选为第五届经费审查委员会副主任。

**11 月 30 日** 自治州总工会选派 10 名基层工会干部参加了自治区总工会干部学校组织的业务知识培训班。

## 1994 年

**1 月** 根据自治区总工会的要求，自治州职工技术协会成立。

**5 月 1 日** 自治州总工会在博乐市举办了庆"五一"国际劳动节职工大型文艺会演活动。

**5 月 15 日** 自治州总工会成立"自治州劳动争议调解委员会"，办公室设在自治州总工会。同时在两县一市总工会相应成立县（市）"劳动争议调解委员会"。

**10 月 1 日** 自治州总工会在博乐市举办了庆"国庆"职工大型体育活动。

**10 月 24 日** 自治区总工会《工人时报》驻博尔塔拉通联站在博乐市成立。

**11 月 23 日** 自治州总工会在自治州宾馆二楼会议室召开工会工作会议。

**12 月** 全州有 41 家企业建立劳动争议调解委员会，共有劳动争议调解员 116 人，全年接待职工来信来访案件 9 件，劳动争议案件 7 件，调解成功 4 件。

## 1995 年

**1 月 20 日**　自治州总工会开展了送温暖活动，走访慰问困难企业 47 家，慰问困难职工家庭 154 户。

**5 月 1 日**　自治州总工会举办庆“五一”国际劳动节外贸杯职工篮球比赛活动。

**9 月 8 日**　自治州总工会成立“自治州锅炉职工技术协会”。

**10 月 1 日**　自治州总工会举办庆“国庆”职工文艺会演活动。

## 1996 年

**截至 12 月底**　全州有基层工会组织 556 个，职工总数达 31587 人，工会小组 376 个，会员人数达 29678 人。

## 1997 年

**3 月 11 日**　自治州总工会干部廖志刚参加了全国总工会在昆明举办的“集体合同师资培训班”的培训。

**4 月 16 日**　自治州蔬菜公司、饮服公司等 12 个基层工会移交博乐市总工会进行业务指导。

**4 月 30 日**　自治州总工会邀请全国总工会、自治区总工会创造学专家来博尔塔拉举办一期创造学培训班，280 名企业职工参加了培训班。

**5月26日**　自治州总工会在博乐市举办了迎“香港回归”图片展览活动,全州广大干部职工积极参加了展览活动。

**6月20日**　自治州总工会在博乐市举办民族团结月歌咏比赛活动,全州各族职工参加了活动。

**7月1日**　自治州总工会在博乐市举办迎香港回归大型游行活动。

**8月20日**　上海市职工技术协会秘书长高兴保为团长的考察团一行18人,就博州实施的“312国道经济技术扶贫计划”同我州职工技术协会签订了合作意向(合同书)。

**9月18日**　自治州总工会组成以工会主席刘忠效为团长的考察团一行,赴南疆考察学习,党组成员蒋国庆、王丽华参加了考察学习,考察时间为15天。

**截至12月底**　全州应建基层工会组织584个,已建工会组织575个,建会率98.8%。会员人数28111人,职工入会率99%。全年培训基层工会干部968人,其中培训地市级劳动保护检查监督员76人。全州企业共组建劳动争议调解委员会104个,组建率达96%。创建合格职工之家520个,合格率为91%。

## 1998年

**1月15日**　自治州党委工会工作会议在州政府俱乐部隆重召开,自治州人民政府副州长王伟主持了会议。自治州党委常委朱国相传达自治区党委工会工作会议精神,自治州党委副书记沈首清作了重要讲话。自治州党政领导力提甫·依明、努尔哈巴斯等出席会议。会议对1997年工作进行了总结,对1998年工作进行了安排。全州各县市委的主要领导、县市工会主席、州各委办局、企业(公司)工会主席参加了会议。

**5月1日** 自治州技协举办了首届职工技术发明创造成果展览，展示了博州改革开放20年来工业、农业、医疗卫生等行业137项革新项目和科技成果。

**5月4日** 自治州总工会蒋国庆参加了全国总工会在苏州举办的女职工干部培训班。

**5月7日** 自治州总工会陈亚萍参加自治区总工会组织的职工消费合作社赴天津、大连、青岛等地参观、考察学习活动。

**8月26日** 自治州召开国有企业下岗职工再就业工作会议。会议通报了基本情况，全州国有企业119家，职工总数6200人，已建立再就业服务中心40家，下岗职工已全部纳入中心，建档率100%。大会要求各县市、各单位要抓好落实工作，把促进再就业工作作为头等大事来抓。

**10月19—24日** 自治州总工会主席刘忠效被推选为中华全国总工会第十三次代表大会代表，与新疆工会代表团一起参加了中国工会第十三次代表大会。

**11月25日** 自治州总工会许宇浩参加了自治区总工会召开的工人文化宫、俱乐部工作会议。

**12月29日** 自治州总工会举办了“健康杯”职工乒乓球比赛活动。

## 1999年

**3月25日** 自治州总工会印发了《表彰州直工会财务竞赛评比先进个人的决定》。

**4月30日** 自治州总工会召开“千项技术”活动经验交流会，会议学习了《关于在全区广泛开展千项技术活动的通知》（自治区总工会

〔1999〕10 号）精神。会议号召全州各级工会要弘扬技协精神，总结经验教训，交流创造成果，宣传科技人物，推动科技进步和企业创新，加深对“科学技术是第一生产力”的理解。

**同日** 自治州总工会做出关于表彰“千项技术活动”先进集体、先进个人的决定。授予博乐市棉纺织有限责任公司职工技术协会等 6 个单位为 1998 年“千项技术”活动先进集体，授予尚志远等 3 人为“千项技术”活动先进个人。

**5 月 4 日** 自治州总工会与州纪委、州经贸委联合下发《关于实行厂务公开、民主管理的实施意见》。实施意见下发后在全州普遍推行厂务公开、民主管理、民主监督制度。

**5 月 9 日** 自治州总工会召开“三讲”教育动员大会。会议主要任务是：深入贯彻落实中央和自治区党委“三讲”教育工作会议精神。大会由自治州人大常委会副主任、州总工会党组书记、工会主席龚玉梅作动员报告。大会宣读了这次“三讲”教育的重要意义、实施意见、基本要求和方法步骤，宣布了“三讲”教育实施方案。自治州党委巡视组的领导到会指导并讲话。州总工会全体干部及离退休副县级以上老干部参加动员大会。

**5 月** 自治州总工会被中华全国总工会评为 1998 年度市级工会财务工作先进单位。

**6 月 30 日** 自治州总工会召开“三讲”教育总结大会。自治州人大常委会副主任、州总工会党组书记、工会主席龚玉梅作“三讲”教育工作总结报告。自治州总工会全体干部职工和离退休老干部参加大会，自治州第八巡视组领导到会并作了重要讲话。

**9 月 28 日** 自治州总工会举办庆“国庆”职工文艺会演和新中国成立 50 周年歌咏比赛活动。

**12 月 6—8 日** 自治州工会第六次代表大会在博乐市隆重召开。

出席大会正式代表160人,特邀代表16人,列席代表4人。大会听取和审议了自治州总工会第五届委员会《工作报告》《财务工作报告》和《经费审查委员会工作报告》。大会选举产生了自治州工会第六届委员会委员,选举产生第六届经费审查委员会委员。自治州总工会第六届一次全委会议选举出常务委员会委员和经费审查委员会委员,主席一名,副主席一名。龚玉梅当选为自治州工会第六届委员会主席,希尔买买提·阿不拉当选为自治州总工会第六届委员会副主席。希尔买买提·阿不拉当选为自治州总工会第六届经费审查委员会主任,刘素兰当选为自治州总工会第六届经费审查委员会副主任。

**12月** 自治州总工会女职工委员会被自治区总工会评为1999年“先进女职工委员会”。

# 2000年

**1月18日** 自治州总工会印发了《工会女职工委员会条例》,条例的实施对加强工会女职工委员会组织建设工作和女职工工作起到了积极的推动作用。自治州总工会第二届女职工委员会,经自治州总工会第六届二次全委会议讨论通过,女职工委员会由龚玉梅、蒋国庆等23人组成。

**1月26—28日** 自治州总工会在州技工学校大礼堂举办“邓亚萍杯”全州职工乒乓球大奖赛活动。

**2月13日** 自治州总工会向州党委上报了关于请求批转《中共博尔塔拉蒙古自治州委员会〈关于坚持全心全意依靠工人阶级的方针和进一步加强工会工作的意见〉意见》。

**2月15日** 自治州总工会召开自治州工会工作会议。会议主要内容:传达学习中华全国总工会、自治区总工会工作会议精神,会议安排2000年工作任务。会议期间,自治州党委安排部署贯彻党发〔1998〕2号文件实施意见,自治州党委对工会工作提出要求。

**3月6—7日** 自治州总工会在博乐市举办了“女职工之声”文艺会演活动。

**5月1日** 自治州总工会在博乐市举办“金钥匙”职工篮球、职工排球比赛活动。

**9月7日** 自治州总工会向州党委上报《关于建议设立自治州新建企业组建工会工作领导小组的报告》。

**10月17日** 自治州总工会作出表彰工会财务、工会统计工作先进个人的决定,对蔡青等136人给予财会、统计工作竞赛一等奖奖励,对张玲丽等43人给予财会、统计工作竞赛二等奖奖励,对孙萍等55人给予三等奖奖励。

**10月18日** 自治州总工会向全州发出通报,印发《关于对全州先进工会和支持工会工作的优秀党政领导作出表彰决定》。表彰的先进工会分别为州客运公司工会、州国税局工会等20个单位,支持工会工作的优秀党政领导有陈洪、徐新民等14人。

**截至12月底** 自治州总工会共处理职工来信来访25件,其中3起为集体上访,调解成功率为100%。协助有关部门处理3起劳动安全伤亡事故案件,参与劳动仲裁案件15件。

**同年** 先后将基层工会干部送到党校、全国劳动关系学院、自治区工会干部学校学习深造。参加学习的县处级工会干部4人次,基层工会主席21人次,州县市工会主席就地参加培训1200人次。通过宣传和政策教育,全州下岗职工1129人,实现了分流安置、自谋职业、领取下岗优惠证741人,通过培训从事实业开发26人,经劳动职业介绍部门就业61人,经工会介绍就业42人,实现再就业率77.06%。

# 2001 年

**1 月** 自治州总工会在元旦、春节期间开展送温暖活动。两节期间共慰问特困职工 124 名,慰问各级劳动模范和先进工作者 7 名,慰问企业离退休干部 4 名,慰问工会老干部 11 名,发放慰问品合计人民币 2.8 万元。

**1 月 28 日** 自治州总工会举办博州"寿险杯"职工乒乓球比赛活动。

**2 月 19 日** 自治州总工会下发《关于命名州级模范职工之家的决定》(博州工发〔2001〕10 号)。

**同日** 自治州总工会召开优秀工会工作者表彰大会。大会表彰 15 名优秀工会工作者和 30 名优秀工会积极分子,表彰了 15 个女职工委员会和 10 名女职工工作者,表彰了 8 个"先进职工之家"。

**2 月 25 日** 自治州总工会制定《博州基层工会目标管理实施方案》和《县级工会考核目标管理责任书》。

**3 月** 选派基层工会干部、州总工会机关干部到中国工运学院、新疆工运学院参加了培训。

**4 月 26 日** 自治州总工会召开第六届三次委员(扩大)会议和女职工委员会二届二次委员扩大会议。会议传达了自治区总工会第八届三次委员(扩大)会议精神。大会对"双优""双先"单位进行了表彰。

**4 月 28 日** 自治州总工会举办了"申奥运"、庆"五一"职工棋类比赛和"税收杯"文艺会演及"建筑杯"青年职工演讲比赛活动。自治州总工会在全州组织开展了学习宣传贯彻《自治区非公有制企业工会条例》活动。

**5 月**　自治州总工会组织第一批劳动模范、优秀工会干部赴内地参加了考察学习和疗休养。

**6 月 20 日**　自治州总工会职工健身娱乐中心面向州直工会会员开放。

**6 月 27 日**　自治州总工会召开全州厂务公开工作经验交流会。自治州党委副书记沈首清主持会议，自治州人民政府副州长黄三平作厂务公开工作报告，自治州党委副书记、纪检委书记杜力洪作总结讲话。自治州人大常委会副主任、州总工会党组书记、工会主席龚玉梅传达了自治区总工会厂务公开会议精神。

**6 月 28 日**　自治州总工会、自治州党委宣传部和州文体局等 6 个部门联合举办自治州庆祝中国共产党成立 80 周年歌曲大赛活动。

**6 月 29 日**　自治州总工会组织全州劳动模范代表参加了自治州庆祝中国共产党成立 80 周年大会。期间，举办了庆祝中国共产党成立 80 周年劳模代表座谈会。

**7 月**　自治州总工会领导参加自治区新建企业组建工会工作会议，并参加大会交流，自治州总工会荣获自治区总工会新疆职工“党在我心中”演讲比赛活动中优秀组织奖。

**8 月 1—4 日**　自治州总工会召开市县工会新建企业工会“组织建设工作会议”。会议传达了自治区新建企业工会组建工作会议精神，并组织市县工会主席、工商局领导赴伊犁州实地学习考察。会议讨论制定了全州新建企业工会组建实施意见。

**9 月 28 日**　自治州总工会在博乐市隆重召开自治州劳动模范和先进工作者表彰大会。大会对全州各行各业涌现出的先进模范人物进行了表彰，自治州人民政府授予敖尔玛等 23 位自治州劳动模范称号，授予牟宗义等 22 位自治州先进工作者称号。自治区总工会副主席翟昌立应邀参加了大会并讲话。

**10 月** 自治州总工会选派 7 名工会干部分别参加了中华全国总工会、自治区总工会在江西、上海、湖北举办的各类培训班。

**12 月 21 日** 自治区新建企业工会组建工作督查组对我州贯彻党发〔2000〕12 号文件落实情况进行督查。自治州总工会协助州党委完成了各项迎接督查的准备工作。

**截至 12 月底** 全州有基层工会组织 538 个,职工总数 29852 人。自治州总工会全年接待来信来访、劳动争议案件 31 件 285 人次。

# 2002 年

**1 月 5 日** 自治州总工会安排落实元旦、春节期间的送温暖工作。在两节期间共慰问特困职工 124 名,各级劳动模范和先进工作者 7 名,企业离退休干部 4 名,工会老干部 11 名,发放慰问金或慰问品合计人民币 2.8 万元。

**1 月 8 日** 自治州总工会被自治区总工会评为全区工会理论研究和调查研究工作先进集体。

**1 月 15 日** 自治州总工会与博州工商局联合行文下发《关于组建博州个体经济、私营企业工会联合会的通知》。

**2 月 1 日** 自治州总工会开展古尔邦节期间的送温暖活动,慰问特困职工 24 户、慰问劳动模范及工会老干部 8 人。

**2 月 28 日** 自治州总工会组织完成了“双爱双评”和“开发建设新疆劳动奖章”的评选推荐工作。

**3 月 7 日** 自治州总工会召开了庆祝“三八”国际劳动妇女节座谈会。

**4 月 12 日** 自治州总工会配合自治区总工会完成全国劳动模范生

活困难情况调查工作，并上报自治州一名全国劳动模范生活较为困难人员名单。

**4 月 25 日** 自治州总工会举办庆祝“五一”国际劳动节职工棋类比赛、文艺会演。

**5 月 13 日** 自治州总工会配合自治州党委宣传部、州劳动保障部门开展社会保障法律咨询宣传工作。

**7 月 6 日** 自治州总工会组织各族工会干部，认真学习贯彻江泽民总书记在建党 81 周年庆祝大会上的重要讲话。

**7 月 19 日** 自治州总工会向各县（市）总工会传达自治区新建企业工会组建工作会议精神，安排下一步组建工作。

**8 月 1—4 日** 自治州总工会召开了县市工会新建企业工会组建工作会议，会议传达了自治区新建企业工会组建工作会议精神，并组织县（市）工会主席、工商局领导赴伊犁州考察学习，对伊犁州工会和霍城县工会新建企业组建工会情况进行实地考察，讨论制定了全州新建企业工会组建实施意见。

**8 月 8 日** 博州党办重新核定《博州总工会机构改革方案》自治州总工会机关行政编制，县级领导职数。

**8 月 17 日** 自治州总工会举办了女职工健康保健卫生知识讲座 14 场，参加人数计 1221 人。通过学习，增强了女职工的自我保护意识。

**9 月 14 日** 自治州总工会召开自治州劳动模范筹备委员会第三次会议，自治州困难职工帮扶中心挂牌成立。

**10 月 7 日** 自治州总工会选派 7 名工会干部分别参加了全国总工会、自治区总工会在江西、上海、湖北等地举办的各类培训学习班。

**10 月** 自治州总工会被自治区总工会评为 2001 年度全区工会财务会计工作竞赛一等奖。

**11 月 21 日** 自治州总工会对全州的特困职工帮扶情况进行全面

检查。其间,召开了“一帮一”结对子帮扶脱困工作座谈会 4 次,向自治区总工会推荐了“送温暖”工程先进个人 1 名。

**11 月 27 日** 自治州总工会选派 12 名工会干部参加了自治区总工会和自治区社会保障厅联合举办的“工资集体协商”培训学习班,同时还选派了 3 名工会干部参加了自治区总工会职工技术协会岗位适应性培训学习班。

**11 月 30 日** 自治州“职工合法权益援助中心”正式成立,办公室设在自治州总工会。

**12 月 17 日** 自治州总工会召开劳动模范和各族职工代表声讨“法轮功”的座谈会。

**12 月 28 日** 自治州总工会组织召开了博州工青妇组织迎新年座谈联谊会。

**12 月 29 日** 自治州总工会认真做好“两节”期间的送温暖工作,对州直特困职工基本情况进行了逐户核实核对。

**截至 12 月底** 全州职工人数已达 31026 人,其中少数民族职工 11538 人,女职工 14477 人。会员总人数 30768 人,职工入会率 99.2%。全州有基层工会组织 606 个,其中国有、集体和控股企业工会组织 96 个,非公有制(私营)企业工会组织 125 个,事业单位工会组织 238 个,行政机关工会 150 个,工会组建率达 100%。基层工会女职工委员会或小组 561 个,组建率 100%。乡镇场、街道办事处工会 24 个,组建率 100%。全州新建企业 144 家,其中建立平等协商签订集体合同制度 74 家,建制率 52%。职代会建制率为 37%。

**截至 12 月底** 自治州总工会共建立基层劳动调解委员会 76 个,建制率 54%,完成自治区总工会下达任务的 108%。全州有县以上劳动争议仲裁委员会 4 个,县以上劳动争议调解委员会 4 个,基层劳动争议调解委员会 198 个,全州调解处理劳动争议案件、劳动仲裁案件 67 件次。

**12 月** 自治州总工会被自治区总工会评为(2001—2022 年度)全区工会工作先进地州(市)单位。

## 2003 年

**1 月 2 日** 自治州总工会下发《关于毛同礼替补为精河县总工会第四届委员会委员、常委、主席的报告》(博州工组字〔2003〕1 号)的批复。

**1 月 3 日** 自治州总工会下发《关于杨继芳替补为博乐市总工会第三届委员会委员、常委、主席的报告》(博州工组字〔2003〕2 号)的批复。

**1 月 8 日** 自治州人大常委会副主任、自治州总工会党组书记、州工会主席、州女职工委员会主任龚玉梅被评为自治区"先进女职工工作者",受到自治区总工会的表彰。

**1 月 9 日** 自治州总工会、自治州工商局联合下发了《关于对改制、新建企业限期组建工会》(博州工发〔2003〕2 号)的通知。

**1 月 23 日** 自治州总工会下发《关于州医院工会新一届委员会选举结果的报告》(博州工组字〔2003〕3 号)的批复。

**1 月 30 日** 自治州总工会下发《关于州药品监督管理局工会第一届委员会选举结果的报告》(博州工组字〔2003〕4 号)批复。

**2 月 20 日** 自治州总工会下发《关于州科技局工会第一届委员会选举结果的报告》(博州工组字〔2003〕5 号)的批复。

**3 月 7 日** 自治州总工会下发《关于对达吾来提替补为博乐市第三届委员会委员、常委、副主席的报告》(博州工组发〔2003〕5 号)的批复。

**3 月 9 日** 自治州总工会下发《关于表彰工会工作先进集体和先进个人的决定》(博州工组发〔2003〕6 号)。

**3 月 11 日** 自治州总工会下发《关于调整博州总工会"困难职工帮

扶中心”领导小组的通知》(博州工发〔2003〕6号)。

**3月12日** 自治州总工会召开六届五次全委(扩大)会议。会议替补了六届委员会委员;自治州人大常委会副主任、州总工会党组书记、工会主席龚玉梅作工作报告,州总工会副主席、经费审查委员会主任希尔买买提·阿不拉作经费审查工作报告。自治州总工会与各县市工会、州直基层工会签订了目标责任书。会议还表彰了先进集体和先进个人。自治州党委常委、州组织部部长张伟到会看望与会代表并作讲话。

**3月13日** 自治州总工会调整“困难职工帮扶中心”领导小组成员,扩大帮扶中心职能为法律援助小组、信访接待小组、社会救助小组、再就业援助小组、女职工援助小组。

**3月20日** 自治州总工会下发《关于州教育工会第二届委员会选举结果的请示》(博州工组字〔2003〕7号)的批复。

**同日** 自治州总工会下发《关于州水利发电厂基层工会主席及委员换届选举结果的报告》(博州工组字〔2003〕8号)的批复。

**同日** 自治州总工会下发关于印发《女职工文明示范岗试行办法》的通知。

**3月23日** 自治州总工会下发《关于转发〈新疆维吾尔自治区总工会贯彻新疆妇女发展纲要〉实施意见的通知》(博州工发〔2003〕8号)。

**3月26日** 自治州总工会下发《关于博乐交通规费征收稽查处工会第五届委员会改选的报告》(博州工组字〔2003〕9号)的批复。

**4月1日** 自治州总工会下发《关于州外经局工会第一届委员会改选的报告》(博州工组字〔2003〕11号)的批复。

**4月3日** 自治州总工会下发《关于阿拉山口国家税务局工会第二届委员会换届选举结果的报告》(博州工组字〔2003〕12号)的批复。

**4月8日** 自治州总工会下发《关于严禁工会组织对职工做出处分

或处理决定的通知》(博州工发〔2003〕11 号)。

**5 月 8 日** 自治州总工会女职工委员会下发关于转发《关于印发全国总工会办公厅就企业建立健全女职工委员会问题给福建省总工会复函的通知》通知。

**5 月 20 日** 自治州总工会下发《关于博州广播电视局工会第三届委员会换届选举结果的报告》(博州工组字〔2003〕10 号)的批复。

**5 月 26 日** 自治州总工会获得自治区“安康杯”竞赛优秀组织奖,受到自治区总工会、自治区安全生产监督管理局的表彰。

**5 月** 自治州总工会被中华全国总工会评为 2002 年度“市级工会财务工作”先进单位。

**6 月 23 日** 自治州总工会下发《关于林业局工会第三届选举结果的报告》(博州工组字〔2003〕14 号)的批复。

**6 月 26 日** 自治州总工会党支部被评为州先进党组织,“七一”受到自治州党工委的表彰。

**9 月 8 日** 自治州总工会下发《关于成立开展人员密集场所消防安全出口专项治理工作领导小组》(博州工发〔2003〕21 号)的通知。

**9 月 22 日** 自治州人大常委会副主任、自治州总工会党组书记、工会主席龚玉梅被推选为中华全国总工会第十四次代表大会代表,与新疆工会代表团一起参加了中国工会第十四次代表大会。

**9 月 27 日** 自治州总工会在全州开展了《新疆维吾尔自治区实施〈中华人民共和国工会法〉办法》宣传活动。

**11 月 1 日** 自治州总工会下发《关于成立基层工会委员会》(博州工组字〔2003〕16 号)的批复。

**11 月 5 日** 自治州总工会下发《关于博州疾病防控中心工会换届请示》(博州工组字〔2003〕17 号)的批复。

**11 月 8 日** 自治州总工会下发《关于博州疾病防控中心工会第五

届委员会换届选举结果的报告》(博州工组字〔2003〕18号)的批复。

**12月19日** 自治州人大常委会副主任、自治州总工会党组书记、工会主席龚玉梅被评为全国“新建企业工会组建”工作先进个人,受到自治区总工会表彰。

**12月29日** 自治州总工会下发《关于博州住房公积金管理中心工会第一届委员会选举结果的报告》(博州工组字〔2003〕20号)的批复。

**截至12月底** 全州基层工会组织有579个,已建立职工代表大会制度的有501个。全州有县以上劳动关系三方协商机构4个;县以上劳动争议调解委员会4个,建制率达100%。基层劳动争议调解委员会(小组)230个;基层工会劳动保护监督检查委员会(小组)190个;基层劳动法律监察委员会(小组)183个;县以上职工技术协会4个,基层职工技术协会14个;县以上职工消费合作社1个,基层职工消费合作社6个。

## 2004年

**1月7日** 自治区总工会副主席胡尔曼巴依·何德尔毛拉一行三人,受中华全国总工会委托,专程为博尔塔拉蒙古自治州总工会“困难职工帮扶中心”授牌,自治州党委常委张伟,自治州人大常委会副主任、州总工会党组书记、工会主席龚玉梅,自治州人民政府副州长帕丽旦及州直属单位37个捐款单位的工会干部参加了会议。

**1月9日** 自治区总工会副主席胡尔曼巴依·何德尔毛拉一行,慰问了自治州的5名劳动模范和困难职工,向他们送去了党和政府的关怀,带去了节日的问候。

春节前夕,自治州总工会对符合条件的46名全国劳动模范和自治区级劳动模范进行了走访慰问,其中全国劳模 5 名,自治区级劳模 41 名,慰问资金 1.48 万元。

自治州总工会在春节、古尔邦节期间走访慰问困难职工 180 户,慰问资金 4.24 万元。走访慰问困难劳动模范 3 户,慰问资金 2800 元。走访慰问离退休职工、职工遗属等 318 人,支付慰问资金 4.03 万元。三项合计共慰问 497 人,慰问资金达 9.98 万元。

**2 月 26 日** 自治州总工会六届六次委员扩大会议在州电信公司大楼七楼会议室召开,自治州党委常委张伟,自治州人大常委会副主任、州总工会党组书记、工会主席龚玉梅,州人民政府副州长帕丽旦等以及州直 170 个单位的工会干部参加了会议。

**3 月 27 日** 自治州总工会在博乐市团结商场门前举行了学习宣传贯彻《新疆维吾尔自治区集体合同条例》咨询活动,州委政法委、州人大法制委、州劳动人事局、州司法局、州经贸委等部门领导参加了宣传活动。

**4 月 14 日** 自治州厂务公开领导小组办公室,对全州二县一市和州直 21 个单位推行厂务公开工作情况进行了检查指导。

**4 月 26 日** 自治州总工会组织 40 名劳动模范和先进工作者代表赴阿拉山口,参观考察听取口岸经济发展及前景规划工作汇报,参观了阿拉山口新建企业美克、博钢及联检大厅、海关报关大厅、换装库等地。

**5 月 10 日** 自治州总工会开展了以“爱岗敬业做主人、实现小康做贡献”为主题的职工技术协会创新活动。活动要求各族职工在各自的工作岗位上加强练兵,开展行业劳动竞赛、技术创新等活动。

**同日** 自治州总工会党组成员、副县级调研员蒋国庆,开展为期一个月的赴湖北省委党校深造学习。

**5 月 18 日** 自治州总工会维护外来务工人员“合法权益帮扶站”在州工人文化宫正式挂牌。其旨在配合州党委、州政府做好外来务工人员的管理工作,并向建筑企业农民发放了《工资明白手册》,加大维护外来务工人员合法权益的保障力度。

**同日** 自治州女职工委员会副主任王丽华,在自治区总工会组织部安排下,赴上海浦东新区挂职锻炼一个月。

**5月27—29日** 自治区总工会副主席王力坪一行来博州调研检查指导工作,在自治州人大常委会副主任、州总工会党组书记、工会主席龚玉梅的陪同下,调研了博乐市、温泉县及州直6个部门及企事业单位。

**6月30日** 温泉县总工会联合温泉县经贸委在自治州总工会工人文化宫四楼举办了温泉县第二届"安康杯"安全生产知识竞赛。本次竞赛共有温泉县农机局、电力公司、邮政局、公安局、农林局、城建系统6支代表队参加。

**7月2日** 自治州厂务公开工作会议在州人民政府一楼会议室召开。会议由自治州总工会副主席希尔买买提·阿不拉主持,自治州党委副书记傅立民就进一步提高厂务公开的整体工作水平作讲话,自治州人民政府副州长黄三平作了厂务公开工作总结。全州二县一市、阿拉山口口岸委及州直部分单位领导参加了会议。会议还表彰了12个厂务公开工作先进单位。

**7月7日** 自治州总工会在全州范围内开展了庆祝《中华人民共和国劳动法》颁布10周年宣传教育活动。在州工人文化宫二楼会议室召开了州直相关部门庆祝《劳动法》颁布10周年座谈会。

**7月10日** 全州两县一市劳动人事和社会保障局、总工会等部门,同时开展了上街宣传咨询活动,解答职工群众咨询30人次,发放宣传材料5000多份。在市区主要街道和部分企事业单位大门上悬挂了宣传标语。

**7月13日** 自治州总工会组织全国、自治区和自治州级劳动模范、先进工作者共50多人,参加了在自治州西部广场举行的庆祝自治州成立50周年大会,庆祝活动使我州劳动模范及先进工作者进一步了解到改革开放以来自治州社会稳定、民族团结和谐及经济的快速发展。

**7月22日** 自治州总工会在精河县召开了市县工会工作经验交流会。两县一市及州总工会全体干部职工参加了会议。会议由州总工会副主席希尔买买提·阿不拉主持,两县一市及州总工会主要领导各自汇报了上半年的工作开展情况,州总工会副县级调研员蒋国庆对全州下半年的工会工作进行了安排部署。

自治州总工会在非公有制企业中开展"五星级"管理活动,全州各级工会积极参加此项活动,17家工会组织被评为"一星级"工会,州总工会为这些企业颁发牌匾。

**8月30日** 博乐市总工会举办了基层工会干部业务培训班,有106名基层工会干部参加了培训。培训班由自治区工会干部学校李新夏教授,自治州总工会党组成员、副县级调研员蒋国庆,州总工会廖志刚主任授课。培训班重点讲解了职工民主管理、职工之家建设及《工会法》《新疆维吾尔自治区实施〈工会法〉办法》《中国工会章程》。同日,自治州总工会举办全州职工计算机技能操作竞赛活动。

**9月2日** 自治州总工会下乡挂职干部赵志远完成两年挂职任务后返回单位工作,因工作突出,被评为自治州优秀挂职干部。

**9月28日** 自治州总工会下发通知,把每年的10月定为职工"维权月"。要求各级工会积极开展"维护职工合法权益"活动,同时在《博尔塔拉报》上向全州进城(外来)务工人员发出公开信。

**10月31日** 自治区总工会先进地州工会考核验收组一行5人来到了博州总工会,在自治区总工会副主席黄亚军、自治区总工会研究室(史志办)主任苏峰带领下,对自治州总工会及两县一市总工会申报先进地州(县市)工会工作进行了实地调研和考核验收。自治州党委常委、组织部部长张伟,自治州人大常委会副主任、州总工会党组书记、工会主席龚玉梅陪同调研和参加考核验收工作。

**10 月** 自治州总工会向机关全体干部职工发出倡导“三十字正己歌”。即:民为本、懂大局,人求进、必学习,勤工作、事求实,善待人、讲团结,淡名利、守清廉。

**11 月 2 日** 自治州党委常委、组织部部长张伟参加了由州人大常委会副主任、州总工会党组书记、工会主席龚玉梅向区总考核组做的工作汇报会,并听取了考核组的意见反馈。自治州总工会党组在全州各级工会组织中开展了“三十字”活动。州总工会党组成员、副县级调研员蒋国庆由州党委任命为州总工会纪检组组长。

**12 月** 自治州总工会对全州“职工之家”进行了检查验收,通过验收有“合格职工之家”354 家,合格率达 65.6%,“先进职工之家”280 家,州级“模范职工之家”24 家,自治区级“模范职工之家”15 家,自治区级“模范职工之家标兵”2 家,全国“模范职工之家”1 家。

**同月** 自治州总工会被自治区总工会评为(2003—2004 年)工会工作先进地州(市)单位。

**12 月底** 全州建立县以上私营企业工会联合会 4 个,全州 3 个街道和 22 个乡镇全部建立了工会组织。发展社区工会 10 个,村级工会 21 个。非公有制企业建会 104 家,发展会员 5337 人。

**同年** 自治州总工会在组织建设方面,认真贯彻执行“组织起来,切实维权”工作方针,把农民工组织到工会中来。为进一步发展会员,自治区总工会对发展会员工作实行了任务分配制,全州发展会员新增任务 1700 人。自治州总工会协助州人民政府成功举办了第二届职工运动会、建州 50 周年庆典系列活动以及那达慕草原节、广场文化节、各类球赛、元宵节灯会、健美操、集体舞、文艺演出、保龄球赛等活动。自治州总工会积极巩固和完善博州的投资环境,为企业创造和谐的劳动关系。州县市总工会均与同级政府建立了劳动关系三方协商机制,共成立劳动关系三方协商机构 4 个。通过劳动关系三方协商机制机构和劳动争议仲裁,全年共接待各类案件 71 件次,涉及人员 183 人次,调解处理和仲裁率 100%。建立企业劳动争议调解委员会(小组)152 个,建制率达 80%。

## 2005 年

**1 月 1 日**　自治州总工会副主席希尔买买提·阿不拉,州总工会纪检组组长蒋国庆与州劳动人事和社会保障局副局长张英对自治州部分企业的困难职工、下岗失业人员、劳动模范和在岗的部分职工进行了走访慰问。

**1 月 5 日**　自治州总工会召开了 2004 年度领导班子民主生活会。自治州党委常委、组织部部长张伟出席了会议,并发表讲话。自治州人大常委会副主任、州总工会党组书记、工会主席龚玉梅主持会议,州总工会党组成员、副主席希尔买买提·阿不拉,州总工会党组成员、纪检组组长蒋国庆和州总工会科级以上干部,以及退休干部廖志刚参加了民主生活会。

**1 月 18 日**　自治州党委、政府的领导在古尔邦节期间对困难职工和劳动模范进行走访慰问。自治州党委副书记、州长乔吉甫在州人大常委会副主任、州总工会党组书记、工会主席龚玉梅陪同下慰问了全国劳动模范热合木都拉和州皮革厂困难职工努尔西丁。

在元旦、古尔邦节、春节期间,全州各级工会走访慰问困难职工家庭 392 户,发放慰问金 16.01 万元。走访慰问全国劳动模范 5 名和自治区劳动模范 45 名,发放慰问金 2.2 万元。解决困难职工就医补助 0.07 万元,救助外来务工人员 0.15 万元。

**1 月 21 日**　按照《中共博尔塔拉蒙古自治州委员会关于在全州党员中认真开展保持先进性教育活动的安排意见》及《自治州第一批先进

性教育活动实施方案》的要求，自治州总工会成立了以州总工会党组成员、纪检组组长蒋国庆为组长，州总工会党组成员、副主席希尔买买提·阿不拉为副组长的先进性教育活动领导小组，并制定了先进性教育活动实施方案。

**1 月 27 日**　自治州总工会荣获自治区总工会(2003—2004 年度)工会工作先进地州市称号。博乐市总工会、精河县总工会、温泉县总工会荣获自治区总工会(2003—2004 年度)工会工作先进县市区称号。

**2 月 2 日**　蒲一兴被替补为博乐市总工会第三届委员会委员、常委、主席。

**2 月 19 日至 3 月 5 日**　自治州人大常委会副主任、州总工会党组书记、工会主席龚玉梅参加自治区总工会组织的代表团，赴香港、澳门、台湾参加海峡两岸三地劳动保障与工会维权研讨会。

**2 月 21 日**　自治州总工会召开了保持共产党员先进性教育活动形势报告会，向机关全体党员干部传达了自治州目前面临的形势。州总工会退休干部廖志刚参加了报告会。

**2 月 23 日**　自治州总工会先进性教育活动领导小组，召集机关全体党员干部集中学习了自治区优秀共产党员江尔·热哈提的先进事迹。

**2 月 24 日**　自治州总工会先进性教育活动领导小组，召集机关全体党员干部开展先进性教育活动专题讨论会。州总工会退休干部廖志刚参加了讨论会并发言。

**3 月 1 日**　自治州总工会下发《关于在全州工会干部中开展推行“三十字”行为标准的通知》。

**同日**　自治州总工会先进性教育活动领导小组，采取闭卷形式对州总工会全体党员进行了先进性教育活动知识测试。

**3 月 2 日**　自治州总工会获自治州州级“文明单位”荣誉称号。

**3 月 3 日**　自治州总工会先进性教育活动领导小组组织机关全体

党员干部开展“先进性教育”活动具体标准大讨论，邀请州总工会退休干部廖志刚参加了讨论会，对先进性教育提出了自己的见解。

**3月4日** 自治州总工会在机关党员中开展了每一名党员联系一名困难职工、联系一个基层工会、联系一个企业（三个一）为期三天的下基层活动。自治州总工会女职工委员会副主任王丽华被评为自治区总工会“先进女职工”工作者。精河县客运服务站助理会计师张宪芝被评为自治区总工会“先进女职工”。

**3月8日** 自治区先进性教育督导组玉素甫组长一行来州总工会督导了解先进性教育活动情况。通过认真查档案、看资料、听汇报，对州总工会先进性教育活动取得的成绩给予了充分肯定。同时，对州总工会如何做好当前先进性教育工作给予了指导。

**3月9日** 自治州人大常委会副主任、州总工会党组书记、工会主席龚玉梅作为自治州总工会先进性教育活动联系人，听取了州总工会先进性教育活动开展情况汇报，并就开展好先进性教育活动具体要求大讨论提出了指导性意见，州总工会机关全体干部职工参加了会议。

**3月14日** 自治州人大常委会副主任、州总工会党组书记、工会主席龚玉梅作为自治州总工会先进性教育活动联系人，听取了州总工会先进性教育“回头看”情况汇报，并作了题为《对“三个代表”重要思想的思维方式的认识》的学习辅导。州总工会机关全体干部职工参加了会议。

**3月17日** 自治州总工会维护外来务工人员“合法权益帮扶站”对因病住院的外来务工人员孙玉保进行了救助，向孙玉保老人一家捐助了人民币1000元、衣物十几件，并向全州各族职工发出了为孙玉保老人捐款的倡议书。

**3月18日** 自治州总工会召开学习《反分裂国家法》座谈会，机关全体干部职工参加了座谈会，大家畅谈对祖国和平统一的期盼。

**3月22日** 自治州人大常委会副主任、州总工会党组书记、工会主席龚玉梅,对总工会先进性教育活动分析评议阶段的具体工作提出明确要求。

**同日** 自治州总工会召开了先进性教育分析评议阶段动员会。州总工会党组成员、纪检组组长、总工会先进性教育领导小组组长蒋国庆对州总工会学习动员阶段工作进行了简要总结,安排部署了州总工会分析评议阶段的具体工作内容。

**3月24日** 自治州总工会先进性教育领导小组,召开了由州直各片区100多个基层工会中随机挑选的17位工会主席参加的征求意见座谈会。

**3月24—25日** 自治区总工会副主席胡尔曼巴依·何德尔毛拉、基层组织建设部副部长马彬、保障工作部张梅一行来博州检查指导工会工作。对自治州推荐的全心全意依靠职工办好企业的好领导和"双爱双评"活动的优秀职工、优秀职工之友、优秀企业等进行了考察,同时对州总工会组建工会和发展会员工作进行了全面的考核。

**3月25日** 自治州总工会先进性教育领导小组,召开了由县市总工会主席和州总工会六届委员会部分常委参加的征求意见座谈会。

**同日** 自治区总工会副主席胡尔曼巴依·何德尔毛拉一行在博州检查工会工作时,代表自治区总工会慰问了孙玉保老人,并送去了500元慰问金。

**3月30日** 自治州人大常委会副主任、州总工会党组书记、工会主席龚玉梅对州总工会先进性教育活动分析评议阶段工作进行了检查,召开了机关全体干部座谈会,对开展好党员谈心和如何写好党性分析材料提出了指导性意见。州总工会机关全体干部职工参加了会议。

**4月9—24日** 自治州总工会干部隆梅参加全国总工会在山东省青岛市举办的创争活动培训班学习。

**4月21日** 自治州总工会被自治区总工会财务部评为工会经费上

缴优胜单位。博乐市总工会、精河县总工会、温泉县总工会被自治区总工会财务部评为县市级工会经费收缴先进单位。自治州财政局党组书记、局长邢本波被自治区总工会财务部评为地州市支持工会财务工作的党政领导。博乐市市委副书记郝青杰、精河县政协副主席、财政局局长陈玉亮、温泉县财政局局长陈健等被自治区总工会财务部评为县市级支持工会财务工作的党政领导。

**4 月 25—27 日**　自治州总工会在州邮政办公大楼保龄球馆举办了庆祝中国工会成立 80 周年中国人寿职工保龄球比赛活动。

**4 月 30 日**　自治州总工会在博乐市西部文化广场,举办了庆祝中国工会成立 80 周年职工文艺专场演出活动。

**5 月 24—25 日**　精河县总工会召开了第五次代表大会,毛同礼当选为精河县总工会主席,卡比努尔·阿不都热合曼当选为副主席。此外,卡比努尔·阿不都热合曼当选为精河县总工会经费审查委员会主任。

**6 月 9—29 日**　自治州总工会党组成员、副主席希尔买买提·阿不拉和温泉县总工会副主席曲志浤参加自治区总工会在广西举办的非公有制研讨班学习,并赴越南参观考察学习。

**6 月 15 日**　自治州总工会对自治州“职工对外交流中心”理事会进行了调整。州人大常委会副主任、州总工会党组书记、工会主席龚玉梅担任理事会会长,州总工会副主席希尔买买提·阿不拉、博州外办主任欧友提、州旅游局副局长何玉坚担任理事会副会长。秘书长由赵志远担任。

**7 月 12 日**　自治州总工会荣获自治州保持共产党员先进性教育活动图片展一等奖。

**7 月 18—28 日**　自治州总工会干部李明方、弓联坤参加了自治区总工会组织的新疆劳动模范和先进工作者赴广西学习交流代表团。

**7 月 26—28 日**　自治州总工会第七次代表大会在博乐市隆重召

开,来自州直、精河县、博乐市、温泉县及阿拉山口等地的代表159人参加了这次大会。大会听取和审议自治州工会第六届委员会《工作报告》《财务工作报告》和《经费审查委员会工作报告》。大会审议并通过了《组织起来,切实落实维权工作方针,团结动员各族职工在全面建成小康社会中发挥工人阶级主力军作用》工作报告。大会选举产生了自治州总工会第七届委员会委员,经费审查委员会委员。自治州总工会七届一次全委会议选出常务委员会委员,主席一人,副主席一人。龚玉梅当选为自治州总工会第七届委员会主席,希尔买买提·阿不拉当选为自治州总工会第七届委员会副主席。希尔买买提·阿不拉当选为自治州总工会第七届经费审查委员会主任,李军当选为副主任。自治州党委主要领导到会看望与会代表并作重要讲话,自治州党委常委王新和、州人大常委会副主任石广复、州人民政府副州长伊那木·乃斯尔丁、州政协副主席木沙江·玉赛因等领导及农五师工会主席齐景桥出席大会。

**8月8日**　博州党办重新核定《博州总工会机构改革方案》自治州总工会机关行政编制5名,县级领导职数2名,核定老干部单列编制1名,女职工委员会(加挂工会经费管理办公室牌子),列事业编制1名,设专职副主任1名,工人文化宫科级,列事业编制10名,领导职数2名。

**9月14—20日**　由自治州总工会党组成员、纪检组组长蒋国庆为组长的工会工作立项督查组,对全州二县一市及部分州直属基层工会主要工作完成情况进行了考核验收。

**9月22—24日**　自治州总工会为响应州党委支援灾区,帮助农民抢收棉花的号召,州总工会在职干部职工和退休干部廖志刚共13人,前往精河县大河沿子镇八大队为二户农民抢收棉花。

**9月28日至10月2日**　自治州总工会干部赵志远、艾尼瓦尔·斯德克和州医院居来提三人,参加了由自治区总工会组织的劳模、先进职工和优秀工会干部进京参观,与首都人民共度国庆佳节。

**10月14日** 自治州总工会在博州计算机培训中心举办了博州石油第二届职工计算机技能操作竞赛,全州共有18支代表队参加比赛。州党委机关代表队和州社会保险管理局队员王敏分别荣获团体和个人第一名。

**10月17日至11月11日** 自治州总工会在全州开展了红丝带保健知识宣传活动。举办了50多场专题讲座,先后有2000多名女职工参加红丝带保健知识宣传活动。

**10月23—28日** 由自治区总工会基层工作部部长狄国富等组成的验收团,对自治州10家申报的区级"模范职工之家"标兵、"模范职工之家"单位进行了验收。

**10月31日** 自治州总工会第七届一次常委会在文化宫二楼会议室召开。会议学习贯彻党的十六届五中全会精神和全总十四届六次全委会《关于坚持走中国特色社会主义工会发展道路的决议》,讨论通过了州总工会三年工作规划,并对州总工会七届委员会常委进行了分工。

**11月4—25日** 自治州总工会党组成员、纪检组组长蒋国庆,州总工会女工委副主任王丽华,参加自治区总工会财务部在广东举办的财务制度培训班,并赴新加坡、马来西亚、泰国参观考察学习。

**11月9—11日** 自治区厂务公开工作督查组对自治州厂务公开工作进行了检查,听取了自治州厂务公开领导小组工作汇报,并对州客运总站等4家企业进行了检查指导。

**11月24日** 自治州总工会举办"移动"博州首届职工汽车节能竞赛,竞赛的19支参赛队,经过2天6公里越野驾驶技术操作和理论考核,州技工学校代表队和州技工学校孟庆联分别荣获团体和个人第一名。自治州党委常委、组织部部长杨育清参加了颁奖仪式并发表讲话。

**12月18日** 自治区党委工会工作会议在乌鲁木齐召开,自治州党委的主要领导和自治州人民政府常务副州长张伟,州人大常委会副主任、州总工会党组书记、工会主席龚玉梅等参加了会议。

**12月20日** 自治州总工会在二楼会议室召开会议，传达学习了自治区党委工会工作会议精神，州总工会七届委员会常委、二县一市工会主席和部分直属单位的工会主席参加了会议。

**12月31日** 全州职工人数达29374人，会员人数达28613人。自治州总工会在全州建立健全劳动关系矛盾的预警机制，建立劳动争议调解和仲裁制度。建立县以上劳动争议仲裁委员会4个，基层劳动争议调解委员会230个，受理劳动争议案件469起，涉及人员449人，结案率达到100%。

## 2006年

**1月1日** 自治州党委常委、组织部部长杨育清，自治州人大常委会副主任、州总工会党组书记、工会主席龚玉梅等领导对博州部分困难职工、下岗失业人员、劳动模范以及节日期间在岗的工作人员和基层工会进行了走访慰问，送去了州党委和州人民政府的深切关怀。

**3月5日** 在自治州人大常委会副主任，州总工会党组书记、工会主席龚玉梅的号召下，州总工会全体干部职工走上街头，在人员集中的街市区，向农民工宣传维权知识。

**3月6日** 自治州总工会举办庆“三八”国际妇女节女职工保龄球比赛。自治州党委常委、组织部部长杨育清，自治州人大常委会副主任、州总工会党组书记、工会主席龚玉梅和州妇联主席莎茹出席了开幕式。有67支代表队201名选手参加了本次比赛。

**3月9日** 自治州总工会、州教育局和教育工会联合举办了自治州中小学少数民族教师学国语水平大赛。本次大赛是对开展“创建学习型组织、争做知识型职工”活动和以提高师德师风为核心内容的“三育人”“树、创、献”等活动的检验，也是为少数民族中小学教师搭建一个展示汉语水平的平台。

**3月10日** 自治州总工会、自治州教育局和教育工会联合举办了自治州中小学少数民族教师学国语水平大赛。本次比赛有4支代表队共12人，通过层层选拔进入了决赛。温泉县城镇小学金花老师荣获一等奖。

**3月18日** 自治区总工会、教育厅、教育工会在新疆教育学院举办了自治区中小学少数民族教师国语水平大赛。在经过各学校、各县市和各地州市的选拔赛、预赛和复赛的基础上，15个地州市、自治区直属队和继续教育中心共17支代表队的86位选手参加了决赛，自治州选派代表队参加了比赛。

**4月10日** 自治州总工会、自治州司法局联合下发《关于建立乡镇（街道）农民工维权服务站的通知》（博州工发〔2006〕17号）。

**4月13日** 州总工会在自治州财政局会议室举办了自治州“创建学习型组织、争做知识型职工”演讲比赛，全州有200多名选手参加了预赛。经过比赛，评选出一等奖1名，二等奖2名，三等奖3名，优胜奖13名。

**4月19日** 经请示州党政领导同意，选派李加等4名劳模及优秀工会干部代表进京参加“五一”庆祝和观光学习，为期10天。自治州党委常委、州委组织部部长杨育清，州人大常委会副主任、州总工会党组书记、工会主席龚玉梅在州宾馆为代表们送行。

**5月17日** 自治区总工会召开了推进维权工作电视电话会议，州总工会机关干部、县市工会主席，州直及博乐市部分企事业单位工会主席、委员近100人参加了会议。

**5月24日** 自治州总工会全体干部职工在工会党组的号召下，走出办公室，到砖厂生产一线为农民工服务。

**5 月 30 日** 自治州总工会党组召开了治理商业贿赂和纠风工作专题会议,会上传达了自治州治理商业贿赂和纠风工作座谈会精神,自治州人大常委会副主任、州总工会党组书记、工会主席龚玉梅对治理商业贿赂和纠风工作提出了四点要求。

**6 月 2 日** 自治州总工会下发《关于进一步协助政府促进就业再就业工作意见的通知》(博州工发〔2006〕30 号)。

**6 月 8 日** 自治州总工会下发《关于在全州职工中开展"当好主力军·建功十一五和谐奔小康"主题竞赛活动的实施意见的通知》(博州工发〔2006〕29 号)。

**6 月 28 日** 自治州总工会在州广源建安公司砖厂举行首届外来务工人员职业技能竞赛。

**7 月 18 日** 自治州总工会组织博乐市总工会、农五师医院医务人员深入一线,开展了"把爱心献给城市建设者"为主题的义诊活动,免费为工地的农民工送医送药,为 100 多名一线建筑工人进行了诊断体检,发放各类常用药物 10 多种。

**8 月 4 日** 自治州总工会困难职工帮扶中心被中华全国总工会评为全国工会"帮扶中心"工作先进集体。自治州总工会被评为自治区工会促进再就业"先进集体"和自治区工会"送温暖"活动先进集体。

**8 月 30 日** 博尔塔拉蒙古自治州党委工会工作会议在州人民政府俱乐部召开。州党委主要领导出席会议并作了重要讲话。自治区总工会副主席史志昌代表自治区总工会作讲话,州党委常委、组织部部长杨育清代表州党委作了工作报告,州人大常委会副主任、州总工会党组书记、工会主席龚玉梅传达自治区党委工会工作会议精神,州党委副书记、州长乔吉甫主持会议。会议期间,州党委组织部、州劳动人事和社会保障局、州经贸委等领导作了大会发言。自治州党委在家的各位常委,人大、政府和政协主要领导,自治州各委办局领导,各县市党政主要领导、党委分管领导以及各县市工会主席参加了会议。

**同日** 自治州总工会召开七届二次委员(扩大)会议暨表彰大会。会议传达了自治区、自治州党委工会工作会议及自治区总工会工作会议精神;安排部署自治州下半年工会工作;表彰了近年来在自治州工会工作中涌现出的先进集体和先进个人。

**9月25日** 自治州总工会开展了对拾棉农民工维权活动,工会干部深入田间地头与农民工同劳动,了解其生产生活状况并做了大量的宣传工作,确保农民工工资能及时拿到手。

**11月7日** 自治州总工会下发了《关于成立州赛里木湖风景名胜区管理委员会工会的请示》的批复(博州工组字〔2006〕19号)。

**11月15日** 自治州总工会下发了《关于州赛里木湖风景名胜区管理委员会工会第一届委员会选举结果的报告》的批复(博州工组字〔2006〕20号)。

**同年** 自治州总工会被自治区总工会评为(2005—2026年)年度工会工作先进地州市单位。

## 2007年

**1月30日** 自治州总工会召开七届三次委员(扩大)会议,自治州党委常委、州人民政府副州长帕力旦·阿德尔汗,州党委常委、组织部部长杨育清参加了会议。会议首先替补了自治州总工会第七届委员会委员、常委。自治州党委常委、组织部部长杨育清在会议结束时做了讲话,对2007年工会工作提出了明确要求。

**3月7日** 自治州总工会举办了庆"三八"国际劳动妇女节女职工乒乓球比赛。自治州党委常委、州人民政府副州长帕力旦·阿德尔汗,州党委常委、组织部部长杨育清出席了开幕式。本次共有 59 名选手参赛。经过激烈角逐,中国农业银行股份有限公司博乐市兵团支行陈荣获得本次比赛女子单打冠军,温泉县供电所邓军获得亚军,州农业发展银行马晓君获季军。

**3 月** 自治州总工会被自治区总工会女职工委员会评为“先进工会”女职工委员会。

**4 月 24 日** 自治州总工会会同州医院专家医疗组慰问了博州广源建筑有限责任公司、宏达建筑公司等 3 个工地的 200 多名一线农民工,向农民工开展了送文化、送医药、送健康活动,并向农民工赠送了劳动安全卫生用品和农民工维权法规政策宣传手册,州医院专家医疗组对现场农民工进行了免费体检和发放药品。当场有近 200 名农民工集体加入了工会组织。

**4 月 28 日** 自治州总工会在博乐市街心广场举行庆“五一”国际劳动节职工、农民工劳动技能大赛。其中有中餐摆台、西餐摆台、水果拼盘、食品雕刻、自行车组装赛、民间刺绣工艺品六个比赛项目。此次活动共有 44 个单位参加,参赛选手有 115 人,前来观看的职工群众有 2000 余人。比赛经过各专业组评委认真评选打分,评出一等奖 6 名,二等奖 9 名,三等奖 12 名。民间刺绣优秀作品 12 个,优秀组织奖 12 个单位。自治州党委常委、州人民政府副州长帕力旦·阿德尔汗,州党委常委、组织部部长杨育清等领导参加了启动仪式。

**6 月 18 日** 自治州总工会组织机关全体党员干部认真学习中纪委《关于严格禁止利用职务上便利谋取不正当利益的若干规定》,要求全体党员对照检查,并写出自查报告。

**6 月 20 日** 自治州总工会党组召开中心组学习会议,专题学习中纪委《关于严格禁止利用职务上便利谋取不正当利益的若干规定》。党组成员及机关中层以上干部参加了学习讨论,与会人员根据自己的学习体会谈了认识。

**6月26日** 昌吉回族自治州总工会考察团一行30人在州总工会主席杨向泽带领下来到博州考察工会工作。考察团在博州期间主要参观考察了州乡镇、街道工会建设及农民工入会和帮扶中心建设情况。在博期间,考察团还对阿拉山口口岸建设情况进行了参观考察。

**6月29日** 自治州总工会机关党支部组织在职党员干部到鄂托克赛水库慰问困难职工,并与水库党支部开展了联谊活动,同时还向水库党支部赠送了文体用品。此次活动得到了全体党员干部的积极响应,机关在职党员干部每人捐款50元购买了慰问品及文体用品。

**9月2日** 自治州总工会和博乐市总工会联合在博乐市街心广场举行了工会维权咨询日活动。根据自治区总工会统一安排,这次活动以学习《中华人民共和国劳动合同法》促进和谐劳动关系为主题,工作人员接待前来咨询的职工群众200余人次,发放《劳动合同法》单行本、农民工维权手册及其他维权宣传资料3000多份。

**9月18日** 受自治区总工会委托,由互检组组长杨向泽(昌吉州总工会主席),互检组成员何菊秀(昌吉州总工会副主席)、希尔买买提·阿不拉(博州总工会副主席)、杨志奎(克拉玛依市总工会法律部长)、刘斌贤(克拉玛依市区工会主席)等组成的自治区工会维权月活动互检组来自治州检查维权月工作。

**9月25日** 自治州总工会在中秋节期间,开展慰问农民工活动。自治州党委常委、组织部部长杨育清,自治州人大常委会副主任、州总工会党组书记、工会主席龚玉梅,精河县委常委、组织部部长刘复生及州县工会干部带着慰问品,带着文艺演出队对阿合其农场拾棉花农民工,尤其是从外地来支援农场秋收的农民兄弟们,进行了中秋节日慰问,把党和政府对农民工的关爱送到他们手中。

**9月** 自治州总工会被自治区总工会研究室评为自治区工会统计

工作先进单位。

**10 月 8 日**　经自治州机构编制委员会批准,在州总工会成立博尔塔拉蒙古自治州困难职工帮扶中心。中心隶属自治州总工会管理的事业单位,定级为科级,领导职数 1 名。

**10 月 15 日**　自治州总工会干部职工在机关会议室集中收看了中央电视台播放的党的十七大开幕式盛况。

**同日**　州县市总工会领导及州总工会机关全体党员干部集中学习党的十七大报告。自治州人大常委会副主任、州总工会党组书记、工会主席龚玉梅参加学习。

**11 月 20 日**　为关爱女性健康,自治州总工会女职工委员会特邀西安大学主任医师魏君玲等医学专家一行,在博州举办为期 21 天的女性健康知识讲座,先后有 4000 余名各族女职工参加授课。

**12 月 4 日**　自治区总工会主要领导来博尔塔拉蒙古自治州总工会进行工作调研。其间慰问了工会老干部、部分困难劳动模范和困难职工。州人大常委会副主任,州总工会党组书记、工会主席龚玉梅向自治区总工会主要领导汇报了全州工会工作情况,各县市工会主席参加了会议并作了汇报。

**12 月 12 日**　自治州总工会“三节”送温暖活动正式启动。古尔邦节前夕,博州总工会走访慰问州特困职工 34 户、劳动模范 5 人,并为他们送去慰问金及大米、面粉、清油等慰问品。

**12 月 26 日**　自治州劳动人事和社会保障局、州总工会、州旅游局、州工商局联合举办了自治州第二届客房、餐厅服务职业技能竞赛活动,来自全州各县市 21 家宾馆餐饮服务业的 48 名选手参加了比赛,两名选手获得自治州“劳动能手”称号。此次竞赛活动项目,带动了全州劳动竞赛的新发展。

**同年**　自治州厂务公开领导小组荣获全国推动厂务公开民主管理

工作先进单位。

## 2008 年

**1 月 25 日**　自治州总工会召开七届四次全委(扩大)会议,自治州党委常委、组织部部长杨育清及州人大、州政府等领导出席了会议。州人大常委会副主任、州总工会党组书记、工会主席龚玉梅代表七届常委会作了题为《以党的十七大精神为指导,不断开拓博州工会工作新局面》的工作报告。

**1 月 28 日**　自治州总工会开展对困难职工“三节”慰问活动。活动期间,共走访慰问困难职工 500 余户,发放慰问金 10 万余元。

**2 月 5 日**　自治州总工会七届四次经审委员会议对州总工会本级 2007 年度经费决算和 2008 年度经费预算进行了审计,并对博乐市、精河县、温泉县总工会机关工会和部分州直属重点单位工会几年来的经费收支情况进行了审计。

**4 月 24 日**　自治州总工会为切实保障各级劳动模范的身体健康,充分发挥劳模在我州各项建设事业中的模范带头作用,努力形成全社会尊重劳模、关心劳模、爱护劳模的浓厚社会氛围,更好地为各级劳模办实事、办好事,在“五一”国际劳动节期间组织劳动模范、先进工作者进行体检。

**4 月 26 日**　自治州总工会组织全州 18 名劳动模范及优秀干部赴北京参观。

**4 月 27 日**　自治州总工会在州宾馆举办企业工会干部培训班,邀请自治区总工会干部学校讲师对全州 1000 名企业工会干部进行培训,培训内容为《企业工会工作条例》《工资集体协商实施办法》《中华人民共和国劳动法》。

**4 月 28 日**　自治州党委常委、组织部部长杨育清，自治州人大常委会副主任，州总工会党组书记、工会主席龚玉梅带领工会干部赴精河县对博尔塔拉境内高速公路交警支队和阿拉山口口岸（落地博州企业）进行慰问，送去了价值一万余元慰问品。

**5 月 1 日**　“五一”国际劳动节期间，自治州总工会联合州医院、农五师医院，组织近 20 名专家医生对在博州的外来务工人员开展义务就诊活动。

**6 月 19 日**　自治州总工会召开七届五次委员会议，会议对有关人事情况进行调整安排。会议选举王丽华为自治州总工会七届委员会常委，七届经费审查委员会委员、主任，女职工委员会主任。根据自治州党委任免通知，王丽华任州总工会党组成员。希尔买买提·阿不拉为州总工会副调研员，免去其党组成员、副主席职务，免去蒋国庆州总工会党组成员、纪检组组长职务。

**8 月 27 日**　自治州困难职工帮扶超市举行揭牌仪式，自治州党委常委、副州长帕力旦·阿德尔汗，自治州党委常委、组织部部长杨育清参加了帮扶超市揭牌仪式。

**9 月 26 日**　自治州总工会下发《关于加强全州乡镇街道工会工作的实施意见》（博州工发〔2008〕46 号），在全州开展了第三个维权月活动。其间，开展以学习《自治区厂务公开条例》，维护职工合法权益为主题的宣传咨询活动。全州共设立维权宣传活动现场 4 个，发放宣传资料 5000 多份，参加咨询的职工达 1000 多人。此外。还联合州、市劳动人事局、工商联等部门举办了民营企业招聘会，发放《工会法》《工会维权知识与问答》等宣传材料。

**10 月 16 日**　自治州总工会赴博乐市新市区建筑工地，对一线农民工进行了慰问。组织州总工会常年法律顾问为农民工现场授课，进行法律培训，讲解《中华人民共和国劳动合同法》和《企业工会工作条例》等有关内容。

**10月17日**　中华全国总工会第十五次代表大会在北京召开，自治州人大常委会副主席，自治州总工会党组书记、工会主席龚玉梅作为新疆工会代表赴北京参加中华全国总工会第十五次代表大会。

**10月28日**　自治州总工会召开全体干部大会，会议传达学习了中华全国总工会第十五次代表大会会议精神。

**11月4日**　自治区总工会党组成员、副主席靳全胜、自治区总工会研究室（史志办）主任苏峰等一行来博尔塔拉进行调研，对博州总工会开展学习实践科学发展观活动工作情况进行了检查，其间对两年一次的先进地州工会、先进县（市）工会进行了考核验收。

**12月2日**　自治州总工会领导与州困难职工帮扶中心的同志们一起，带着大米、清油、面粉等慰问品前往州广源建筑安装公司困难职工迪力夏提家中慰问。

## 2009年

**1月9日**　自治区总工会党组成员、经费审查委员会主任王振北带领慰问组一行，对博州部分困难职工及困难劳动模范进行了慰问。此次送温暖活动，共慰问走访州级困难职工16名、困难劳动模范4名，发放慰问金共计1.41万元。

**2月24日**　自治州总工会召开七届六次委员（扩大）会议。会议传达了自治区总工会第十届二次委员（扩大）会议精神和自治州党委第十届九次全委（扩大）会议精神。审议通过了自治州总工会主席龚玉梅作的题为《围绕中心，服务大局，团结动员各族职工为自治州经济社会平稳较快发展做出新的贡献》的工作报告。审议了州总工会女职工委员会主任、经费审查委员会主任王丽华代表州总工会经审会作的经费审查工作报告。自治州党委常委、组织部部长杨育清作了重要讲话。会议替补了自治州总工会第七届委员会委员、常务委员。自治州党委常委、州人民政府副州长帕力旦·阿德尔汗,州党委常委、秘书长刘自重参加了会议。

**3月5日**　自治州总工会在开展的“三八”国际劳动妇女节活动中,分别对州级5名单亲困难女职工进行了慰问,给她们送去了慰问金。

**3月8日**　自治州总工会在“三八”国际劳动妇女节期间,开展了自治州职工“节能减排竞赛”活动。此次活动,使全体各族职工充分认识到节约能源,减少排放的重大意义。

**4月17日**　自治州总工会在博乐市南城区建筑工地开展科学发展观实践活动,结合当前工会工作实际,以职工为本,关心和爱护施工一线的职工和农民工,对南城区两个建筑工地开展了送健康、送工资、送培训、送政策、送法律、送教育、送岗位、送温暖“八送”慰问活动,让农民工感受到了党和政府的关心关爱和真诚的温暖。

**4月27日**　自治州总工会、州安监局联合举办了自治州“安全伴我行”演讲比赛活动。活动传播了安全知识,弘扬了安全文化,提高了职工群众的安全素质。在这次演讲活动中,来自全州各行各业的选手们,以真挚的感情和自身行业的特点讲述了“安全伴我行”的重要性和必要性,通过演讲活动,启发和教育广大各族职工珍爱生命、遵章守纪、远离事故、享受安全的思想,进一步营造浓厚的“关爱生命、安全发展”的良好氛围和社会风尚。赛后评出一等奖一名、二等奖两名、三等奖五名。

**4月29日**　自治州总工会在博乐市街心广场举办了庆“五一”国际劳动节“移动通讯杯”音乐欣赏会活动。五月情系博州,热烈庆祝新中国成立60周年,歌颂祖国、歌颂家乡,弘扬爱国主义精神,弘扬劳动模范精神,演出单位由两县一市及20个基层工会组织组成。演奏内容以乐器演奏为主,歌舞为辅。演奏乐器有马头琴、二胡、古筝、小提琴、钢琴、电子琴、手风琴、萨克斯等。

**5月1日** 自治州总工会开展全州2000年以来各级劳动模范和先进工作者免费体检活动。组织全州18名劳模及优秀工会干部进京参观。

**5月8日** 自治州总工会为提高企业工会工作水平,举办了基层工会干部培训班,邀请自治区工会干部学校讲师对部分企业100多名干部进行业务培训,培训内容涉及《企业工会工作条例》《工资集体协商实施办法》《中华人民共和国劳动法》等。

**5月19日** 自治州总工会召开党员领导干部专题民主生活会。除班子成员外,州总工会科级干部、两县(市)工会主席列席了会议。自治州学习实践活动第七指导组刘伟全程参加了会议,并给予指导。

**6月1日** 自治州总工会女职工委员会、博州困难职工帮扶中心,为州直困难职工和外来务工人员部分家庭的孩子们举行了庆祝“六一”国际儿童节活动。

**6月4日** 自治区总工会党组书记李明一行,来博州调研指导工会工作,对州总工会工作情况按照科学发展观的要求进行了实地调研。

**6月30日** 自治州总工会党支部全体党员干部与城乡共建联系点温泉县塔秀乡奎屯布拉格村举行了庆祝建党88周年座谈会。

**7月27日** 自治州总工会机关党支部一行来到联系共建村温泉县塔秀乡奎屯布拉格村,与村党支部一起进家入户向村民宣讲“7·5”事件真相,讲民族团结和宗教政策,讲维护稳定的具体措施,并向每户村民发放了宣传单和报案联系卡。

**8月7日** 自治州总工会机关党支部为联系共建村温泉县塔秀乡奎屯布拉格村送去了四套办公桌椅和一台电脑打印机,制作了党建、精神文明建设制度版面,共计投入4000余元。

**9月30日** 自治州困难职工帮扶中心在全州开展生活救助活动,

困难救助614人次,共计18.3万元。大病救助48人次,共计6.7万元。法律政策咨询等职工来访407人次,就业帮扶278人,技术信息帮扶187人次、文化帮扶650人次,物资帮扶1000余件。

**10月27日** 自治区总工会副主席胡尔曼巴依·阿德尔毛拉一行来博州检查工作,就职工队伍稳定、工会组建、困难职工帮扶、工会维权等工作进行了为期4天的调研。

**11月25日** 在古尔邦节来临之际,自治州总工会领导带队,慰问州直72户困难职工家庭,了解他们的基本生产生活情况,详细询问冬季取暖问题,并向每户困难职工家庭送去了500元慰问金和慰问品,使困难职工度过一个愉快祥和的节日。

## 2010年

**1月24日** 中华全国总工会副主席、自治区党委常委、自治区总工会主席尔肯江·吐拉洪,中国农林水利工会党组书记、主席盛明富等全总慰问团一行,在自治区总工会党组书记李明陪同下,来到博尔塔拉蒙古自治州走访慰问困难职工。慰问团一行在博州深入困难职工、困难劳动模范家中走访慰问,为他们送去了慰问金和慰问品。随后,尔肯江·吐拉洪主席一行还考察了博州困难职工帮扶中心,了解帮扶中心的工作情况,对帮扶工作给予了高度肯定。

**2月2日** 春节前夕,自治州总工会机关党支部走访慰问了温泉县塔秀乡奎屯布拉格村困难村民,为他们发放慰问金1000元。

**3月2日** 自治州总工会投入近万元帮扶资金,为州直127名困难女职工及困难男职工的配偶(涵盖了在州总工会困难职工档案中备案的州直单位所有困难职工家庭)购买涉及29种重大疾病的团体重大疾病保险。

**3月4日** 自治州总工会女职工委员会在“三八”国际劳动妇女节即将来临之际，走访慰问了部分困难单亲女职工家庭，向她们送去了节日的问候和节日的祝福，并为每人送去300元慰问金。

**3月15日** 为纪念“三八”国际劳动妇女节10周年，自治州总工会专门组织了新疆“五一巾帼奖”个人、行业模范和基层单位推荐的优秀女职工代表共7人，赴北京开展为期一周的参观学习活动。通过参观学习内地的先进经验和做法，为大家提供一个相互交流，开拓视野，共同提高，展示风采的机会。同时，也通过先进女职工代表积极宣传新疆的政治稳定、民族团结和社会进步。

**4月9日** 自治州总工会七届七次委员（扩大）会议召开。会议传达了自治区总工会十届四次全委（扩大）会议精神，全面总结2009年工作，安排部署2010年的工作任务，表彰一批工会单项先进集体和个人。自治州党委常委帕力旦·阿德尔汗出席会议并作讲话。州人大常委会副主任、州总工会党组书记、工会主席龚玉梅代表七届常委会作工作报告。

**4月14日** 自治州总工会组织发动全州各级工会组织为青海省玉树藏族自治州玉树县地震灾区捐款252207.8元。

**4月26日** 自治州劳动模范和先进工作者表彰大会在博乐市召开。自治州人民政府决定授予米加等39人自治州劳动模范荣誉称号，授予杨权等27人“自治州先进工作者”荣誉称号。

**同日** 为庆祝“五一”国际劳动节，自治州总工会组织37名劳动模范、先进工作者和优秀工会工作者参加了自治区总工会组织的赴北京参观学习交流考察团。

**5月5日** 根据自治区总工会的安排，自治州总工会选派博州职工技术办公室主任赵志远参加在中国劳动关系学院举办的全国地州市级工会主席第三轮培训学习班。

**5月31日** 在"六一"国际儿童节来临之际,自治州总工会携手博乐市步行街百富汉堡店开展了"六一"国际儿童节慰问活动,共同为21名困难职工和外来务工人员家庭的孩子们送上节日的祝福。

**6月11日** 自治区总工会党组成员、副主席激浪·阿不都拉一行3人来自治州调研检查指导工会工作。

**6月29日** 自治州总工会机关党支部与温泉县塔秀乡奎屯布拉格村党支部全体党员一起共庆"党的生日",并为村里带去了健身娱乐体育用品。

**7月22日** 自治州总工会举行困难职工脱贫帮扶资金发放仪式,自治州党委常委帕力旦·阿德尔汗出席发放仪式,并作讲话。为全州20名困难职工发放60万元的无息就业创业帮扶资金。

**8月13日** 自治州总工会党组成员、女职工委员会主任王丽华带领机关党支部全体委员一行来到温泉县塔秀乡奎屯布拉格村与该村党支部开展结对帮扶、牵手共建活动。

**8月25日** 自治州党委常委帕力旦·阿德尔汗在州总工会党组成员、女职工委员会主任王丽华的陪同下,为困难职工姚建忠考上天津财经大学的女儿姚娜送去了2000元的助学金,2010年"金秋助学"活动拉开序幕。

**8月27日** 自治州总工会联合中国人民银行博州中心支行共同举办了"2010年度博州银行业职工技能大赛",来自全州12家银行机构的36名业务尖子参加了计算机汉字输入、计算机数据录入等项目的比赛,排名前三的先进集体和先进个人获得表彰奖励。

**8月** 自治州总工会被自治区厂务公开领导小组评为"厂务公开民主管理"工作先进单位。

**9月21日** 博州党组干字〔2010〕62号文件,任命弓联坤为自治州困难职工帮扶中心主任，赵志远任职工技术办公室主任，谢庭强任总工会主任科员，隆梅任工人文化宫副主任，凤小爱任工人文化宫副主任。

**9月26日** 自治州总工会组织13名劳动模范、先进工作者和优秀工会工作者赴北京参观学习。

**9月30日** 自治州选派13名自治区级劳动模范和先进工作者参加自治区召开的劳动模范和先进工作者表彰大会，会议前，中共中央政治局委员、自治区党委书记张春贤亲切接见了与会代表。

**10月20—22日** 自治州工会第八次代表大会在博乐市隆重召开。出席大会正式代表共200人，包括汉族、蒙古族、维吾尔族、哈萨克族、回族、藏族等六个民族。大会听取了自治州工会七届委员会的《工作报告》《财务工作报告》和《经费审查委员会工作报告》。大会讨论通过《扎实工作，开拓创新，在推动自治州经济社会平稳较快发展中进一步发挥工会组织的作用》工作报告。自治州党委主要领导到会看望与会代表并作了重要讲话。大会选举产生自治州工会第八届委员会委员，第八届经费审查委员会委员。八届一次全体委员会议选出常务委员会委员，主席1名，副主席1名。龚玉梅当选为自治州总工会第八届委员会主席，希尔买买提·阿不拉当选为自治州总工会第八届委员会副主席。王丽华当选为新一届经审委员会主任，柳振江当选为副主任。

**11月11日** 自治州总工会职工技术办公室主任赵志远一行3人赴湖南省长沙市总工会学习考察职工技术协会、困难职工帮扶等工作。

**11月15日** 在古尔邦节前夕，自治州总工会副主席艾来提一行走访看望困难职工家庭，共慰问州直困难职工64户，发放慰问金2.18万元，县(市)工会同期开展“三节”送温暖活动。

**11月16日** 古尔邦节到来之际，自治州党委、政府领导帕尔哈提·艾孜木、帕力旦·阿德尔汗、诺明达拉、王新和、刘自重、朱剑峰等一行慰问了州直困难职工莫依丁江(州宾馆)、帕提古丽(州广源公司)、萨吉代木(州社保局)等困难职工家庭并送去了慰问金。

**11月26日** 自治州人大常委会副主任、自治州总工会党组书记、工会主席龚玉梅,自治州总工会党组成员、女职工委员会主任王丽华赴乌鲁木齐参加中华全国总工会在乌鲁木齐举行的全国工会对口援疆工作座谈会。

**11月27日** 湖北省总工会党组书记、常务副主席黄国庆一行4人来博州就如何开展好工会系统援博工作进行了充分的接洽与商谈。

**12月31日** 自治州总工会召开离退休老干部迎新春座谈会。自治州人大常委会副主任、州总工会党组书记、工会主席龚玉梅及州总工会其他领导班子成员参加了座谈会。州总工会党组成员、副主席艾来提在会上向老干部们介绍了2010年全州工会工作情况,征求了老干部对2011年工会工作的意见。老干部们就州总工会如何更好地履行职能作用,提出了建设性的意见和建议。

## 2011年

**1月7日** 自治州人大常委会副主任、州总工会党组书记、工会主席龚玉梅带领博州工会代表团参加了湖北工会对口援疆座谈会。

**1月10日** 自治区厂务公开民主管理工作经验交流暨先进单位表彰电视电话会议召开。自治州人民政府副州长巴哈特·何德尔拜、州厂务公开领导小组成员及70多个企事业单位负责厂务公开的负责人在博州电信局分会场参加会议。

**1月19日** 自治州总工会在春节期间,走访慰问了州直56户困难职工家庭、22位国家和自治区级劳动模范,送去慰问金和困难补助金5.5万余元。

**1月31日**　自治州总工会副主席、机关党支部书记艾来提一行4人，对温泉县塔秀乡奎屯布拉格村3户困难党员群众进行慰问。

**3月7日**　在“三八”国际劳动妇女节到来之际，自治州总工会党组成员、女职工委员会主任王丽华，州困难职工帮扶中心主任弓联坤和州直基层工会主席一行走访慰问了自治州44名困难单亲女职工，发放健康包及药品44份，价值5280元。

**3月16日**　自治州总工会召开机关全体干部大会，自治州人大常委会副主任、州总工会党组书记、工会主席龚玉梅传达了全国两会精神，党组成员、副主席艾来提重点传达学习了温家宝总理作的《政府工作报告》。

**4月16日**　自治州总工会联合州劳动人事和社会保障局、博乐市总工会、博乐市劳动人事和社会保障局在市体育中心开展了一场以“依法推进企业普遍建立工会组织，大力推动工资集体协商工作普遍开展”为主要内容的维权宣传咨询活动。为职工群众解答维权问题200多条，发放宣传资料1000多份。

**4月29日**　自治州总工会组织州劳动竞赛委员会各成员单位领导、各县市(口岸)工会领导和工会干部以及企事业单位职工和工会干部代表80余人收看了自治区庆祝“五一”国际劳动节暨劳动竞赛推进电视电话会议，自治州党委常委帕力旦·阿德尔汗出席了此次会议。

**5月26日**　自治州总工会机关党支部举行了庆祝“建党90周年”读书推荐活动。

**5月27日**　自治州总工会与州劳动人事和社会保障局、州教育局、州建设局、州疾控中心、州蒙医院等单位在锦绣花园建筑工地联合开展了以“关爱农民工、携手促和谐”为主题的“八送”活动。此次活动，共发放宣传资料600余份，送去价值700元的生活用品，免费发放1000元的常用药品，现场吸纳农民工会员300多人。

**5月29日** 自治州总工会举行“心手相连,快乐成长”六一儿童节慰问活动,慰问了27名州直困难职工子女。

**6月23日** 自治州总工会开展庆祝“建党90周年”系列活动,自治州总工会党组成员、副主席艾来提慰问了5名离退休的老党员,为他们每人送上了慰问金200元,共计1000元。

**6月24日** 自治州总工会机关党支部与结对共建村温泉县哈日布呼镇奎屯布拉格村党支部共同举行了“佩戴党徽,重温誓词”仪式,30余名党员重温入党誓词,并赴兵团农五师86团场,参观学习滴水灌溉、万亩红提葡萄园等先进的设施农业技术和精神文明建设、党支部建设等。

**6月28日** 在中国共产党成立90周年来临之际,州总工会与武警博州支队警勤中队联合举行“军民共建”协议书签约仪式。

**7月1日** 自治州总工会组织全体机关干部职工观看了庆祝中国共产党成立90周年大会实况。

**7月4日** 自治州总工会召开第十三个党风廉政教育月活动动员大会。会上,自治州人大常委会副主任、州总工会党组书记、工会主席龚玉梅传达了自治区、自治州第十三个党风廉政教育月活动动员大会精神,宣传了州党委办公室的安排意见,并对州总工会开展活动进行了具体的安排。

**同日** 自治州总工会召开创建自治区级文明单位再动员大会,对创建区级文明单位各项工作进行了再一次的深入动员和全面部署。

**7月7日** 湖北省总工会党组成员、副主席何忠琦率领湖北省工会援疆考察团一行27人来博尔塔拉考察座谈。

**7月28日** 自治州总工会开展夏季“送清凉”活动,州总工会党组成员、副主席艾来提,党组成员、女职工委主任王丽华分别带领慰问组一行,赴自治州四家企业和建筑工地,看望慰问高温天气仍工作在一线的职工。

**7月29日** 自治州总工会党组成员、副主席艾来提一行来到武警博州支队警勤中队慰问子弟兵，并为他们送去了慰问品。

**7 月 30 日**　湖北省委常委、省总工会主席张昌尔一行 9 人来博考察。在博州期间，重点考察了湖北省工会系统对口援疆工作。湖北省总工会党组书记、常务副主席黄国庆等随同考察。考察团分别与自治州总工会、兵团农五师工会举行赠款仪式，共赠 1100 万元。自治区总工会党组书记、副主席李明，自治州党委书记赵青，州人大常委会副主任、州总工会党组书记、工会主席龚玉梅等领导陪同考察。

**7 月**　全国总工会授予自治州总工会“2010 年度全国市级工会财务工作先进单位”。

**8 月 21 日**　自治区“安康杯”劳动竞赛互检组一行来博州，对自治州开展“安康杯”竞赛活动进行了全面检查。

**8 月 22—30 日**　湖北省总工会组织了省级优秀教师和省总工会干部学校的教师来博州讲学送教 15 期，培训教员和工会干部 1340 人。

**8 月 31 日**　湖北省总工会副主席李如春率省总工会代表团一行来博州进行考察。同时，湖北省总工会副调研员王均荣来博尔塔拉蒙古自治州挂职，任博州总工会党组成员、副主席（州党干字〔2011〕91、92 号）。

**9 月 6 日**　自治州总工会在全州开展“金秋助学”活动，资助 9 名困难职工子女，发放助学资金 20500 元。

**9 月 29 日**　自治州总工会通过了创建自治区级文明单位验收工作。

**9 月**　自治州总工会被自治区总工会评为“自治区工会财务工作先进集体”。

**10 月 20 日**　自治州总工会考察团一行 10 人，在王均荣副主席带领下赴湖北考察困难职工帮扶中心工作，开展了为期 10 天的考察学习。

**10 月 31 日**　自治州总工会通过了自治区级卫生红旗单位复验

工作。

**11 月 4 日**　自治州总工会举行古尔邦节慰问金发放仪式，自治州总工会副主席王均荣，州女职工委员会主任王丽华参加了此次活动。活动共慰问困难职工 143 户，发放慰问金 58300 元，同时对自治州困难职工再就业培训情况进行了摸底，并对慰问对象进行了现场采访。

**12 月 18 日**　湖北省总工会在武汉市举行了新疆博尔塔拉蒙古自治州在鄂的困难职工大学生资助仪式。湖北省总工会党组书记、常务副主席黄国庆出席了资助仪式，给 35 名来自新疆博州在鄂困难大学生每人发放助学金 2000 元。自治州人大常委会副主任、州总工会党组书记、工会主席龚玉梅赴湖北参加了此次活动。

**同日**　自治州人大常委会副主任、州总工会党组书记、工会主席龚玉梅在武汉慰问了援疆干部王均荣（博州总工会副主席）家属。

**12 月**　自治州总工会机关被自治区文明委授予“自治区精神文明单位”称号。

## 2012 年

**1 月 10 日**　自治区总工会党组成员、经审会主任王振北，自治区总工会经审办主任赵兵发，自治区总工会经审办副主任韩颖，自治区总工会经审办副处级调研员原洋一行来到博州，召开了自治区总工会 2012 年春节“送温暖”座谈会。

**1 月 11 日**　自治区总工会党组成员、经审会主任王振北一行，在自治州人大常委会副主任、州总工会党组书记、工会主席龚玉梅的陪同下，走访慰问了 15 名劳模和困难职工，为他们送去了 28 万元慰问金。

**1 月 27 日**　自治州总工会领导在春节期间，走访慰问各县（市）少数民族干部职工。

**1月29日** 为保证服务职工活动的顺利进行，自治州总工会成立了工会系统“面对面、心贴心、实打实服务职工在基层”活动领导小组。按照自治区总工会的统一部署，州总工会机关成立3个服务职工工作组，由州总工会领导分别带队，每个工作组由5人左右组成，在联系的县市口岸集中开展服务职工活动。

**2月3日** 自治州总工会副主席、机关党支部书记艾来提一行4人，带着全体干部职工的关怀，来到博州武警支队进行了慰问，并与部队领导进行座谈。

**2月20日** 按照开展“面对面、心贴心、实打实服务职工在基层”活动的统一安排部署，为及时掌握职工思想动态，不断增强服务职工的针对性和时效性，博州各级工会组织继续推行工会干部服务职工群众联系卡制度。

**2月27日** 自治州各级工会组织开展“面对面、心贴心、实打实服务职工在基层”活动中继续推行工会干部“十知十清十掌握”，进一步提高工会干部业务素质，规范工会工作，使服务职工活动得以扎实有效地开展，增强了活动的针对性和有效性。

**3月2日** 自治州总工会召开第八届二次全委扩大会议。自治州政协副主席、州总工会党组书记、工会主席龚玉梅作工作报告。

**3月6日** 自治州总工会开展了以“关爱妇女身体健康，特别的爱给特别的你”为主题的庆“三八”国际劳动妇女节慰问活动。州总工会慰问组在副主席王均荣的带领下，走访慰问基层工会和困难职工，为困难女职工送去意外伤害保险和六大女性癌症保险。此次活动为州直属基层工会在册的105名困难女职工每人免费办理价值130元女性大病保险，累计金额为13650元。

**3月11日** 自治州总工会为温泉县哈日布呼镇奎屯布拉格村赠送

了一批价值2200余元的办公桌椅、沙发、文件柜等办公设施，为他们提供力所能及的帮助，为他们排忧解难，让他们感受到工会组织的温暖，从而实现工会组织在围绕中心、服务大局中的作用，提升工会组织的地位。

**3月12日** 自治州总工会对“面对面、心贴心、实打实服务职工在基层”活动第一阶段工作进行总结。自治州政协副主席、州总工会党组书记、工会主席龚玉梅在听取了活动领导小组办公室关于活动进展情况的汇报后，对第一阶段的工作给予了充分的肯定并指出，各工作组要将活动的开展同工会重点工作相结合，按照职责分工，领导干部要带头示范、以身作则，广大工会干部要深入基层、深入一线，走到职工群众当中去。

**3月15日** 按照自治区总工会“面对面、心贴心、实打实服务职工在基层”活动的统一部署，自治州总工会成立了机关三个服务职工工作组。三个工作组对全州两县一市和口岸、企业、街道、社区开展走访调研活动。

**3月16日** 自治州政协副主席、州总工会党组书记、工会主席龚玉梅一行7人，赴精河县开展“面对面、心贴心、实打实服务职工在基层”调研活动，精河县人大常委会主任苏噶、精河县总工会主席郑福全等陪同调研，先后走访慰问了全国劳动模范散·吾尔马，自治区劳动模范周长明、吐尔逊娜依。

**3月17日** 自治州总工会机关召开民族团结工作会，研究今后开展的民族团结工作计划。

**3月19日** 自治州总工会召开“面、心、实”活动工作协调会，由各县市、口岸工会主席及相关工作人员参加。会议期间，各县(市)、口岸工会主席对近期开展“面、心、实”活动情况分别进行了汇报总结，并提出了下一步工作思路。此次会议共有26人参会。

**3月20日** 自治州总工会党组成员、副主席艾来提及工作人员，赴温泉县哈日布呼镇奎屯布拉格村，开展“面对面”宣传教育，发放宣传单

130余份，慰问农牧民3户，慰问金共计1500元。

**3月20—27日** 自治州总工会党组成员、经费审查委员会主任、女职工委员会主任王丽华一行7人，走基层，进企业，深入一线开展服务职工活动。先后走访调研了16家民营企业，访谈了近20名企业负责人或工会主席。与一线职工“面对面”进行沟通交流，全面了解企业生产经营情况、工会建设和职工的薪酬福利、劳动安全、权益保护、文化生活状况以及企业面临的发展难题和存在问题，发放并收回了800余份《企业职工调查问卷》。

**4月16日** 自治州总工会召开“面、心、实”活动碰头会，会议由自治州政协副主席、州总工会党组书记、工会主席龚玉梅主持。在听取了总工会党组成员、女职工委员会主任王丽华走访调研企业的情况汇报后，对下一步的工作作了安排部署，要求把工作重点放在“实打实”为职工解决困难办实事上来，让职工群众切切实实地感受到党和政府温暖和工会组织的关怀。

**4月20日** 自治州总工会副主席艾来提和女职工委员会主任王丽华带领“面、心、实”服务职工活动小组一行9人来到温泉县哈日布呼镇奎屯布拉格村，查阅村工会档案资料，仔细询问日常工作进展情况，走家串户，“面对面”地与村民进行心贴心的攀谈，了解他们的所思、所想、所盼、所急，实打实地为村民服务，进一步转变工作作风。

**4月28日** 自治州总工会联合州歌舞团、州建设局、州劳动人事和社会保障局、州蒙古医院、州疾病预防控制中心等部门在博乐市南城区某建筑工地开展“面对面、心贴心、实打实服务职工在基层”活动，为奋战在施工一线的工程建设者们开展以“送政策、送法律、送文化、送卫生”为主题的“八送”慰问演出活动。为200多名农民工赠送了衣服、洗衣粉、矿泉水和毛巾、牙刷牙膏等日常用品，共同观赏了精彩的文艺演出。

**5月8日** 自治州总工会在工人文化宫举行了开工奠基仪式。湖北省总工会副主席冀群风，自治区总工会党组成员、副主席桑晓勇，自治州党委常委帕力旦·阿德尔汗，州政协副主席、州总工会党组书记、工会主席龚玉梅等领导出席了奠基仪式。

**5月12日** 自治州总工会联合州、市人力资源和社会保障局举办了一场以“面对面、心贴心、实打实服务企业和职工”为主题的民营企业就业服务招聘会，正式拉开了2012年民营企业招聘周活动的序幕。在人力资源服务大厅举行为期一周的招聘会，共有60多家企业到现场招聘。

**5月18日** 自治州总工会组织全体干部职工学习了州党委书记赵青在自治州稳定工作会议上的讲话精神。

**5月27日** 自治州总工会、州新华书店为困难职工家庭联合开展庆“六一国际儿童节”送关爱的慰问活动，为20名孩子每人送上了价值332元的购书卡、一套工具书和护眼灯等学习用具。

**5月31日** 自治州政协副主席、州总工会党组书记、工会主席龚玉梅带领总工会全体机关党员和干部职工前往温泉县，与温泉县总工会机关党员一起，开展了一场以“服务职工群众，转变工作作风”为主题的党日活动。

**6月4日** 自治州总工会党支部组织全体干部职工，认真学习了《新疆维吾尔自治区民族团结教育条例》。

**6月9日** 自治州总工会党组成员、副主席艾来提和州总工会宣讲组一行参加了自治区召开制止非法宗教活动宣讲教育工作视频会暨宣讲员培训班开班仪式。各县(市)总工会宣讲员，同步参加了自治区远程视频培训。此次视频培训共40人参加。

**6月10日** 自治州总工会参加了在博乐市体育中心广场举行的以“科学发展，安全发展”为主题的“第十一个安全生产日”集中宣传咨询活动，面对面地向广大职工宣传安全生产和职工权益保护等方面的法律法规,共发放宣传材料500份。

**6月27—28日** 自治州总工会党组成员、副主席艾来提与来自州直5个单位的7个宣讲员参加了自治区召开制止非法宗教活动宣讲教育工作视频会暨宣讲员培训班。

**7月2日** 自治州总工会召开第十四个党风廉政教育月动员会,贯彻落实自治区第十四个党风廉政教育月动员大会重要精神。自治州总工会党组成员、副主席艾来提传达了自治区党委第十四个党风廉政教育月电视电话会议精神。州总工会党组成员、副主席王均荣宣读《博州总工会"第十四个党风廉政教育月"活动实施方案》,州总工会全体干部职工参加了会议。

**7月4日** 自治州总工会在博乐市举办关于制止非法宗教活动宣讲员开班仪式。开班仪式邀请了州党校教师赵红珊对州总工会机关干部、州直基层工会、各县(市)总工会进行了宣讲,共计44人参加了宣教仪式。

**7月24—26日** 湖北省工会干部学校应邀来博州,举办了工资集体协商指导员培训班,来自州直、市直机关企事业单位、各街道、社区负责工资集体协商工作的领导、具体工作人员、基层工会主席及州、市总工会机关全体人员共200多人参加了培训。

**7月31日** 自治州总工会党组成员、副主席艾来提组织全体干部职工学习了自治区纪委关于焦宝华、苏继赏、周斌文等干部严重违纪违法案件的通报,以案明纪、以案说法,为党员干部敲响警钟。

**7月** 自治州总工会被中华全国总工会评为2011年度市级工会财务工作先进单位。

**8月10日** 由自治州总工会牵头,州国资委、州人力资源和社会保障局、州商务局、州工商局、州工商联、州私营企业工会联合会、非公有制经济组织党工委等8家单位,联合下发了《博尔塔拉蒙古自治州企业工资集体协商办法》。办法共分 9 章、58 条，分别对工资集体协商的适用范围、原则、协商代表、协商内容、协商程序、审查监督、争议处理和法律责任等作出了明确规定。

**8 月 16—17 日**　自治州总工会党组成员、副主席艾来提先后来到工人文化宫、州人民医院、州技工学校等建筑工地，看望慰问在一线的建筑工人，为他们送去价值约 1.25 万元的日常用品和西瓜等慰问品。

**8 月 23 日**　自治州总工会召开自治州非公有制企业工会工作现场交流会，总结交流非公企业工会工作经验，研究部署下一步工作。州党委常委帕力旦·阿德尔汗出席会议并作重要讲话。州工商局副局长张天虎，州供销社党委委员副主任尼·巴特，州工商联党组成员秘书长乔龙巴特，州总工会党组成员、女职工委员会主任王丽华，州党委组织部基层办主任赵梦云出席会议，会议由州总工会党组成员、副主席艾来提主持。

**8 月 30 日**　自治州总工会召开企业工资集体协商工作经验交流会。州总工会党组成员、副主席艾来提作了《关于博州企业开展工资集体协商工作情况的报告》，会议总结了全州企业开展工资集体协商工作以来所取得的成效。博州博圣酒业酿造有限责任公司、博乐市莹雪碳酸钙制造有限责任公司、精河县盐化有限责任公司、温泉县广电信息传输有限责任公司 4 家企业工会主席分别作了推进工资集体协商工作的经验交流发言。

**8 月 31 日**　自治州总工会党组成员、副主席王均荣（援疆干部）为州糖厂困难职工古丽娜孜送去 4000 元助学金，为州广源建筑安装公司困难职工张双明发放了 3500 元助学金。

**同日**　自治州总工会党组成员、副主席王均荣（援疆干部）赴温泉县哈日布呼镇，看望慰问了自治区劳动模范白晓英，送去了慰问金1000 元。

**9 月 24 日**　自治区总工会制止非法宗教活动宣讲团一行来到博尔塔拉蒙古自治州进行宣讲，宣讲团由自治区总工会宣传教育部副部长哈提热·艾合买提江带队,宣讲团共11人。在自治州社会主义学院和州党校学术报告厅进行了宣讲,来自州直和博乐市的各族职工200余人参加了宣讲会。

**9月28日** 自治州总工会开展以“中秋送温暖、喜迎十八大”为主题的大型送温暖慰问活动,自治州政协副主席、州总工会党组书记、工会主席龚玉梅带领慰问组一行,首先来到华师一附中博乐分校,看望慰问湖北援博教师,慰问走访困难、改制企业5个,援疆项目及重点项目工地3个,慰问援博教师、困难职工、一线职工284人,共送去价值3.5万元的慰问品,向他们表示节日的问候。

**9月29日** 湖北省宜昌市、咸宁市总工会援建温泉县总工会“职工之家”建设项目举行开工奠基仪式。宜昌市总工会直属企业工会主任、财务部长何平,宜昌市工人文化宫主任姚正威,自治州总工会党组成员、副主席王均荣,县委常委、组织部部长张梦帆出席奠基仪式。

**10月6日** 自治州党委常委帕力旦·阿德尔汗,州组织部副部长刘尹芬到工会宣布干部任免通知;蒲一兴、赵志远任副调研员。

**10月11日** 自治区党委常委、中华全国总工会副主席、自治区总工会主席尔肯江·吐拉洪,自治区总工会党组书记、副主席李明,自治州党委书记、州人大常委会主任赵青,自治州党委副书记、州长奥曲尔,自治州政协副主席、州总工会党组书记、工会主席龚玉梅等领导看望慰问了州直企业困难职工。

**10月12日** 自治区党委常委、全国总工会副主席、自治区总工会主席尔肯江·吐拉洪,自治区总工会党组书记、副主席李明,自治州党委书记、人大常委会主任赵青,自治州党委副书记、州长奥曲尔,自治州政协副主席、州总工会党组书记、工会主席龚玉梅一行考察博州工人文化宫建设项目。

**11月8日** 自治州总工会机关全体干部职工收看了党的十八大会

议开幕会实况直播，认真聆听了胡锦涛总书记代表第十七届中央委员会所作的报告。

**11 月 20 日** 自治州总工会组织全体干部职工传达学习党的十八大精神。会议期间，全体干部职工认真学习了《中国共产党第十八次全国代表大会精神传达提纲》。

**11 月 26 日** 自治州总工会对全州各级工会组织下发了《博州总工会关于认真学习宣传贯彻党的十八大精神的通知》。

**12 月 28 日** 中粮屯河博州糖业有限责任公司党委书记、总经理王世录和副书记赵新平为州总工会送锦旗一面，感谢州总工会的关心和帮助。

**12 月 30 日** 党的十八大胜利闭幕，为把党中央对继续保障和改善民生作出的全面部署落在实处，自治州总工会开展了“走基层、察实情、解民忧、送温暖”活动。州总工会党组成员、副主席王均荣一行 5 人，对州财政局、州审计局、州人民医院、州地税局、中粮屯河博州糖业有限责任公司等单位进行走访慰问。此次活动，共发放慰问金 1.7 万元，各县(市)口岸总工会也同时开展此次活动。

## 2013 年

**1 月 14 日** 自治州总工会工人文化宫副主任凤小爱被博州人力资源和社会保障局表彰为 2011 年度工资统计工作先进个人。

**1 月 20 日** 自治州总工会录用李珺楠为参照公务员法管理单位工作人员。

**1 月 23 日** 自治区总工会党组成员、自治区总工会经费审查委员会主任索萍在自治州党委常委帕力旦·阿德尔汗的陪同下，走访慰问了自治州 16 户困难职工及 4 户劳动模范，为他们送去了慰问金，总计 2.1

万元。

**1月25日**　自治州总工会被州党委办公室评为“好”的县级领导班子。州总工会被博州党委组织部定为2012年度考核“好”的领导班子。州总工会副主席王均荣和女职工委员会主任王丽华被评为2012年度考核优秀的县级干部。

**1月31日**　春节前夕，自治州各级工会对全州困难职工进行慰问。本次活动，按照职工的困难层次划分为三个等级进行慰问，同时可凭身份证到总工会领取一张粮油优惠券，到指定帮扶超市免费领取生活物资。活动中，共慰问困难职工1433户，困难农民工24户，困难劳模12户，慰问款物金额达55.27万元。

**3月5日**　自治州总工会开展庆“三八”国际劳动妇女节送健康活动，为辖区43名困难女职工免费提供了“两癌”筛查。此次“送健康”活动包括妇科检查、病理检查、白带常规、乳腺、防癌涂片和盆腔B超等常规检查项目，共出资1.4万多元。

**3月17日**　自治州总工会、博乐市总工会联合参加了“3·15”维权宣传咨询服务活动。设立宣传展台拉起条幅，向过往群众发放维权宣传资料350余份、维权宣传手册60余份，现场向职工群众政策咨询、法律咨询，解答职工群众消费维权方面的疑问。

**4月2日**　自治州总工会在工人文化宫召开2013年度工会工作会议。自治州政协副主席、州总工会党组书记、工会主席龚玉梅主持传达了自治区总工会第十届七次委员(扩大)会议精神，并对2013年的工会工作要点进行了安排。州总工会第八届常委、各县(市)、阿拉山口口岸工会主要领导及州总工会机关工作人员参加了会议。

**4月10日**　自治州总工会不断创新工作思路，与州技校等师资力量较强的培训基地联手，出资3万余元，为直属单位的10名困难职工及其子女免费提供汽车驾驶职业技能培训。

**4月16日** 自治州总工会党组聘任冯体权为自治州工人文化宫副主任。

**同日** 自治州困难职工帮扶中心主任弓联坤、自治州工人文化宫副主任凤小爱被评为2012年度自治州州直单位考核优秀等次。

**4月26日** 自治州党委组织部下发文件,赋予博州总工会科级干部任免权。

**5月2日** 自治州总工会积极开展向四川雅安地震灾区捐款活动。此次活动共22人捐款,捐款金额1120元。

**5月31日** 自治州总工会党组成员、副主席王均荣一行4人,先后到州报社印刷厂、广源公司、运输公司、客运服务总站、三台林场等单位,与特困职工子女共度“六一”国际儿童节,为孩子们送去了节日的祝福和价值400元的购书卡、书包、学习文具等物资,鼓励他们要好好学习,努力成才,争做有理想、爱学习、有爱心的好孩子。

**6月3日** 自治州总工会全体党员赴温泉县哈日布呼镇奎屯布拉格村开展调研走访活动。此次活动由州总工会领导班子带队一行106人,分成5个调研组,分别对联系的贫困户进行了走访摸底,与他们亲切交谈,详细询问了解他们的生活、生产情况及当前存在的困难。活动中,州总工会还为村里的贫困户送去了棉被、褥子、衣服等物资。

**6月4日** 自治州总工会荣获自治区总工会2012年度组建工作三等奖。

**6月13日** 自治州工人文化宫副主任凤小爱,被自治区总工会评为2012年度地税代收工会经费和建会筹备金工作先进个人。

**6月26日** 自治州总工会机关党支部在机关召开庆“七一”座谈会,庆祝中国共产党成立92周年。在职的机关干部职工、离退休党员干部参加了座谈会。座谈会上,自治州总工会党组成员、副主席艾来提对州总工会近期工作情况作了汇报。对州总工会党支部在职工维权、扶贫帮困、职工文体活动等各项工作顺利开展中所发挥的战斗堡垒作用和党员先锋模范作用做了回顾。座谈会中，退休党员、原州总工会主席封连城给机关党员上了一堂党课。

**同日** 自治州总工会配合开展禁毒宣传活动。宣传以现场咨询、发放宣传资料、悬挂宣传标语等形式，围绕“依法禁毒、构建和谐”的主题进行，取得了一定的宣传效果，在活动现场共发放宣传资料100余份。

**6月27日** 在建党92周年来临之际，自治州总工会组织机关党支部和机关党员干部，赴温泉县哈日布呼镇奎屯布拉格村开展组织生活活动。双方以“不忘党的历史，开创美好未来，明白党和国家的不易，珍惜今天的幸福生活”为主题进行了座谈。在生活会上，州总工会党组成员、副主席艾来提就上半年的共建工作同党员进行了交流，结合结对共建的意义、目的、任务等内容给党员们上了一堂党课，并就下一步结对共建工作征求广大党员们的意见，同时慰问了该村2名生活比较困难的党员。

**7月1日** 在建党92周年到来之际，自治州总工会慰问小组走访慰问了部分企业的困难劳动模范、先进工作者，并为他们送上了价值200元的读书卡。

**7月9日** 自治州总工会被博乐市依法治市领导小组办公室命名为“2011—2012年度普法依法治理合格单位”。

**同日** 自治州总工会慰问了州联合指挥部带班领导和维稳一线工作人员，为他们送去了价值5000余元的牛羊肉。慰问中，州公安局领导介绍了自治州近期维稳工作开展情况。为落实自治州稳定工作会议精神，州总工会工作小组一行走访了全体离退休老干部，转发了州老干部局致全州各族离退休干部的公开信，并把自治州党委书记赵青，州党委常委、纪委书记、政法委书记郭为民的讲话精神，传达到了每一位离退休干部当中。

**7月11日** 自治州总工会党组成员、副主席、州总工会“面、心、实”活动领导小组副组长艾来提一行来到博乐市交警大队城区中队执勤点、湖北援博项目建筑工地和博乐市统建房建筑工地开展送清凉慰问活动。

**7月12日** 经自治州党委常委会议研究决定:陈新燕任自治州总工会党组成员;免去王丽华自治州总工会党组成员、女职工委员会主任职务。

**7月19日** 组织机关全体干部职工开展“道德讲堂”宣讲活动,并邀请市文明办、锦绣社区相关领导及三位困难职工参加此次活动。在活动中,州总工会按照唱歌曲、学模范、诵经典、发善心、送吉祥等环节,集体开展了歌唱“感恩的心”、听取优秀公务员弓联坤先进事迹、诵一段论语经典、赠送困难职工代表爱心凉被及干部职工互送吉祥的“五个一”活动。

**7月26日** 自治州总工会召开了第八届三次委员会议,选举产生了自治州总工会第八届三次委员会替补委员、经费审查委员会替补委员及副主席。第八届三次委员会议应到委员31人,实到21人,符合法定人数。经选举,陈新燕以全票当选为博州总工会八届委员会委员、常委、副主席;李建庆、李玉枝两位当选为博州总工会八届委员会委员、常委;路新红、武儒波、马绍喜、夏依旦·希尔买买提、李艳、黎莉六位当选为博州总工会八届委员会委员;陈新燕当选经费审查委员会委员、主任。

**7月30日** 自治州总工会档案业务工作被州档案局在检查中评为合格单位。

**8月6日** 经自治州党委组织部部务会议研究,同意:隆梅任自治州职工技术办公室主任,免去其自治州工人文化宫副主任职务;凤小爱任自治州工人文化宫主任;刘婷婷任自治州工人文化宫副主任;免去赵志远自治州职工技术办公室主任职务。

**8月11日** 自治州总工会组织全体干部职工观看了《作恶者下火狱,必将永居其中》视频。

**8月20日** 经自治州总工会党组会议研究,自治州党委组织部8月6日批复,决定聘任:隆梅为博州职工技术办公室主任,聘任期从2013年8月到2016年8月,免去其博州工人文化宫副主任职务;凤小爱为博州工人文化宫主任,聘任期从2013年8月到2016年8月;刘婷婷为博州工人文化宫副主任,聘任期从2013年8月到2015年8月;免去赵志远博州职工技术办公室主任职务。

**8月27日** 自治州总工会机关工会被自治区总工会评为模范职工小家;刘婷婷被评为优秀工会工作者。

**9月9日** 自治州州直属机关工作委员会研究同意州总工会党支部的选举结果,党支部委员由蒲一兴、刘鹏、郭长江、谢庭强、迪里格尔五人组成。蒲一兴任党支部书记、刘鹏任党支部副书记兼组织委员,谢庭强任纪检委员,郭长江任宣传委员,迪里格尔任青年委员。

**9月15日** 湖北省总工会援建工人文化宫竣工,工人文化宫共6层,占地面积5321.71平方米,总建筑面积5964.32平方米,其中,多功能厅面积1092.99平方米。

**9月16日** 自治州总工会被自治区总工会评为2012年度"工会统计"先进单位。

**9月17日** 湖北省总工会在博州对口重点援建项目——"博州工人文化宫"顺利落成并举办揭牌仪式。湖北省政协主席杨权和博州党委书记、州人大常委会主任赵青共同为工人文化宫揭牌。湖北省考察团领导刘安民、马建中、吴忠强、葛琳、陈华志,自治区总工会党组书记、副主席王军,州政协副秘书长曹新华,自治州党政领导奥曲尔、丁怀山、施真强、帕力旦·阿德尔汗、巴图等出席揭牌仪式。揭牌仪式上,湖北省总工会党组书记、常务副主席马建中代表湖北省总工会向博州总工会捐助资金200万元。

**9月28日** 自治州总工会、博乐市总工会联合举办了迎国庆拾棉花大赛活动，活动在贝林哈日莫墩乡轰轰烈烈地开展，来自全疆各地的32名拾花工参加了比赛。经过两个小时的紧张比赛后，伊犁州的拾花小伙苏明以32.5公斤的成绩夺得第一名。比赛结束后，为前三名选手分别发放了300元、200元不等的奖金，同时为每位拾花工送上一件新衣。

**11月8日** 自治州总工会召开全体干部职工会议。会议传达学习县级领导干部会议精神，会议通报了10月28日北京金水桥事件真相，要求广大干部职工认清事实、坚定立场，旗帜鲜明、团结一切可动员的力量参与到维护博州社会安全稳定的工作中来。全体干部职工一致对此次事件表示谴责，并表示一定会发挥积极作用，以身作则，为维护社会稳定出一份力。

**11月11日** 自治州总工会被自治区总工会经费审查委员会办公室评为“2012年度经审工作考核特等奖”。

**11月26日** 自治州总工会被新疆维吾尔自治区精神文明建设指导委员会命名为“自治区文明单位”。

**12月12日** 自治州总工会郭银明取得相应工种高级工技术等级资格，汽车驾驶员高级工。

## 2014年

**1月6日** 自治州总工会党组成员、副主席王均荣被自治州党委、自治州人民政府表彰为湖北省第五批优秀援博干部。

**1月15日**　自治州总工会对2013年度优秀党员、公务员（工作人员）等进行通报。迪里格尔（上报州党工委）、刘鹏、艾尼瓦尔·斯德克等被评为优秀党员；郭长江被评为优秀党务工作者；刘鹏、冯体权（上报州党委组织部）被评为优秀公务员（工作人员）；弓联坤、隆梅、凤小爱被评为先进工作者；迪里格尔被评为民族团结先进个人；隆梅被评为优秀信息员；王红霞被评为优秀协理员。

**1月16日**　在新春佳节即将到来之际，中华全国总工会援疆干部、自治区总工会党组成员、副主席郭孝实一行，在博州开展春节慰问活动。先后到精河县、博乐市、温泉县、阿拉山口市慰问了全州8户困难职工及3户困难劳动模范，并带去慰问金1.2万元。

**1月24日**　自治州总工会第八届五次委员（扩大）会议在州工人文化宫多功能厅召开。自治州政协副主席、州总工会党组书记、工会主席龚玉梅主持会议，并代表委员会作了工作汇报。

**2月14日**　自治州总工会被自治州党委组织部评定为“好”的县级领导班子。自治州总工会党组成员、副主席王均荣被自治州党委、自治州人民政府评为2013年度考核优秀的县级干部。

**同日**　自治州党委常委会议研究，决定免去希尔买买提·阿不拉自治州总工会副调研员职务。

**2月17日**　自治州总工会召开全体干部职工大会。会议认真传达学习了《关于深入学习宣传贯彻落实十八届中央纪委第三次全会精神的通知》文件精神。

**2月18日**　根据《中华人民共和国公务员法》的相关规定，希尔买买提·阿不拉符合退休条件，同意退休。退休时间从2014年3月1日起执行。

**同日**　自治州总工会被州党委绩效考评工作领导小组评定为2013年度自治州绩效考核良好等次的部门单位。

**2 月 25 日** 自治州总工会党组召开干部职工扩大会议。会议传达学习了自治州党委书记赵青在自治州党的群众路线教育实践活动动员部署会议上的讲话，学习了自治州党的群众路线教育实践活动实施方案，并结合工会工作实际研究制定了自治州总工会党的群众路线教育实践活动实施方案。

**2 月 26 日** 自治州总工会在州工人文化宫五楼会议室举办消防安全知识讲座活动。活动邀请了乌鲁木齐政安防火知识宣传中心的专业人员，讲座中从消防安全制度的落实、消防器材的管理，发生火灾组织自救与逃生等方面进行讲解。州总工会干部职工共 16 人参加了培训。

**同日** 自治州总工会被州直属机关工作委员会评定为 2013 年州直党建目标管理考核结果“好”的直属党支部。

**3 月 3 日** 自治州总工会召开党的群众路线教育实践活动动员大会。自治州政协副主席、州总工会党组书记、工会主席龚玉梅作动员讲话，州直第三督导组组长李兴运出席会议并讲话。

**3 月 4 日** 自治州总工会干部刘鹏、冯体权被自治州党委组织部考核定等为 2013 年度州直党群系统科级及以下优秀公务员和优秀工作人员。

**3 月 4—5 日** 自治州总工会党支部组织党员干部集中收看了自治区远程教育轮训基层干部培训班公共课程。主要内容包括在服务型基层党组织建设，当前基层社会管理的形势与任务、新疆宗教现状与特点和意识形态领域渗透与反渗透斗争等 5 个公共课程。

**3 月 5 日** 自治州总工会与州人民医院合作，为 79 名州直基层工会困难女职工提供免费体检。

**3 月 7 日** 自治州总工会党组成员、副主席陈新燕带领慰问组一行，深入企业走访慰问了 10 名在生产一线的女职工，为他们送去了价值 2850 元的慰问品。

**同日** 在乌镇党委委员兼青得里卓南村第一书记熊国锋、党支部书记阿迪力的带领下，州总工会、州银监局驻村工作组实地走访博乐市乌图布拉克镇青得里卓南村清真寺。

**3 月 8 日** 在第 104 个“三八”国际妇女节到来之际，自治州总工会女职工委员会与州妇女联合会联合举行“健康与靓丽同行 · 共建和谐幸福家园”关爱万名女性健康活动。

**3 月 11 日** 自治州总工会党组成员、副主席王均荣中共党员组织关系，由州总工会转到州直机关党工委。

**3 月 12 日** 为检验和巩固党的群众路线教育实践活动理论成果，自治州总工会举行了党的群众路线知识测试。自治州政协副主席、州总工会党组书记、工会主席龚玉梅及全体机关党员干部参加了测试。

**同日** 自治州总工会组织党员干部举行党的群众路线教育实践活动集中学习讨论会。自治州政协副主席、州总工会党组书记、工会主席龚玉梅与 3 名党员带头讲述了自己对深入开展党的群众路线教育实践活动的深刻认识。

**3 月 13 日** 自治州总工会入驻乌图布拉格镇卓南村，传达了镇党委安排的八项工作任务，进行了具体安排部署，积极开展了入户走访、了解民情、宣传党的宗教维稳政策等工作。

**3 月 15 日** 自治州总工会、博乐市总工会联合开展了“3 · 15”维权宣传咨询服务活动。在体育中心设立宣传展台拉起条幅，向群众和农民工散发维权宣传资料 350 余份，维权宣传手册 60 余份，现场向职工群众政策咨询、法律维权，向职工群众解答消费维权方面的疑问，向农民工兄弟解答如何保护自己的劳动权益。

**3 月 20 日** 阿拉山口市总工会召开第一次代表大会，选举产生了市总工会第一届委员会，肖拉提 · 巴拉吉当选为市总工会第一届委员会主席，李鸿娟当选为市总工会第一届委员会副主席。

**3 月 25 日晚** 自治州政协副主席、州总工会党组书记、主席龚玉梅来到博乐市乌图布拉格镇青得里卓南村检查驻村工作，与州总工会和博尔塔拉银监分局共 7 位驻村干部开展了座谈。

**3 月 26 日** 自治州党委常委会议研究，决定陈维任自治州总工会党组成员、副主席（湖北援博干部）；免去王均荣自治州总工会党组成员、副主席职务。

**3 月 27 日** 自治州总工会邀请州党校高级讲师杨华老师到州总工会为全体机关干部上了题目为“以群众路线统领宗教工作”的专题讲座，其间，杨华老师从新疆的宗教状况、以群众路线统领宗教工作和引导宗教情感和宗教思想等几个方面，用亲身经历并结合新疆实际情况为大家上了一堂课。大家积极发言，结合工作实际提出了想法看法，积极参与交流。

**4 月 1 日** 自治州总工会为了学习先进楷模，接受革命传统再教育，组织机关全体干部职工认真观看学习了《焦裕禄》等 8 部影片。

**4 月 3 日** 为进一步深化党员干部群众路线理论学习教育，增强学习教育的针对性、时效性，扩大学习效果，州总工会充分利用远程教育平台，积极组织广大党员干部及职工重点观看了《群众路线的理论解读》《党的群众工作的历史传统和经验》和《认真开展新形势下群众路线教育实践活动》等专题片，让远程教育真正成为群众路线教育实践活动开展的“助推器”。

**4 月 11 日** 自治州总工会干部刘婷婷被中华全国总工会评为落实“建会三年规划”先进个人。

**4 月 13 日** 自治州总工会、博尔塔拉银监分局在博乐市乌图布拉格镇青得里卓南村工作组和驻村干部沟通开展座谈交流，针对村广播设备老旧，工作组积极向所在单位筹集资金 7000 余元，购置了音响、功放、喇叭等一整套设备，确保广播内容覆盖村内所有角落和村庄周围田地。

**4月16日** 自治州总工会组织全体党员干部集中学习了习近平总书记在河南省兰考县调研指导党的群众路线教育实践活动时的重要讲话精神,学习了自治区党委书记张春贤在呼图壁县调研指导教育实践活动时的讲话。自治州总工会党组成员、副主席陈新燕主持了此次集中学习。

**4月22日** 博乐市委副书记钱乔来到博乐市乌图布拉格镇青得里卓南村调研指导工作,青得里卓南村第一书记熊国锋汇报了近期农业生产、稳定形势、群众路线教育实践活动和"三民"活动开展情况。调研结束后钱乔副书记对三民驻村工作组进行了慰问。

**4月30日** 习近平总书记在乌鲁木齐接见新疆劳动模范和先进工作者、先进人物代表时发表了重要讲话。博州精河县全国劳动模范散·吾尔马参加了会议并受到接见。

**5月6日** 为了深入开展好党的群众路线教育实践活动,做好"访惠聚"驻村工作,自治州总工会组织全体干部职工开展了维吾尔语学习。为职工购买了维吾尔语会话300句速成本,决定在每周一、三、五下午政治学习后学习五句维吾尔语。通过多种形式、多种途径学习维吉尔语,为更好地推进"访民情、惠民生、聚民心"工作奠定基础。

**5月19日** 自治州总工会2013年的组建工作,被自治区总工会评为组建工作一等奖。

**5月20日** 自治州总工会组织机关全体干部职工到廉政警示教育基地接受廉政警示教育活动。

**5月23日** 自治区总工会调研组一行来到博州调研。调研期间就学习贯彻习近平总书记考察新疆时的重要讲话精神及在乌鲁木齐接见劳动模范和先进工作者、先进人物代表时的重要讲话精神等进行了宣讲。全州各县(市)总工会主席、教育工会主席,州直各基层工会主席以及博州总工会全体干部职工100余人参加了宣讲,并特别邀请了全国劳动模范散·吾尔玛和全国五一劳动奖章获得者王树元参加宣讲。

**5月24日**　自治州政协副主席阿不来提·胡达拜尔地、州“访惠聚”领导小组办公室相关负责人来到博乐市乌图布拉格镇青得里卓南村检查指导工作。

**5月27日**　自治州“访惠聚”活动住乌图布拉格镇工作队队长扎尔丁·黑里力一行5人到博乐市乌图布拉格镇青得里卓南村开展“5·22”暴恐案件声讨大会。会议传达中央、自治区领导讲话精神。村第一书记熊国锋、村两委班子成员、驻村工作组成员、老党员、村民代表、民兵等20余人参加了此次声讨活动。

**5月30日**　自治州总工会党组成员、副主席陈维一行赴联系共建村博乐市乌图布拉格镇卓南村开展共建活动,进一步发挥了工会职能,更好地维护民族团结。随着“六一”国际儿童节的临近,为了让困难职工、困难村民子女真切感受到工会组织的关怀,感受到民族大家庭的温暖,州总工会为10名州直企业困难职工、10名卓南村困难家庭的孩子每人赠送了价值300元的书包、文具、工具书等学习用品。

**6月6日**　自治州总工会驻博乐市青得里卓南村“访惠聚”工作组与村两委党委班子定思路、找项目、拉资金,主动为村民办实事、做好事。2014年以来,积极向博州交通局争取资金,投入8.8万元,新修205线旁村级田间道路1558米,惠及100多名群众和耕地200亩,进一步改善了农业生产条件,加快了新农村建设的步伐。

**6月10日**　自治州总工会组织全体干部职工,为工业园社区居民任霞因患先天性髋关节脱位和多关节挛缩症的孩子毛玉程捐款520元。

**6月25日**　根据《新录用公务员任职定级规定》,李珺楠试用期满考核合格,自治州总工会党组经研究,同意李珺楠为自治州总工会科员。

**7月2日**　自治州总工会慰问组一行5人,对湖北援博项目五台工业园区的一线职工、农民工,博州交警大队五台中队一线干警、湖北前指援博干部及驻村"访惠聚"工作组进行走访慰问。同时,组织有关人员对防暑降温设施进行专项检查,重点针对大型建设工地、露天作业和高温作业场所。要求及时发现问题并提出整改意见,督促用人单位认真解决生产作业和生活环境存在的高温危害问题,把防暑降温工作落实到每个车间、工地、班组、岗位和职工个人。有效防止作业人员以天热为理由,违反劳动纪律,违章作业,不戴安全帽,赤膊,穿拖鞋、凉鞋等现象的发生。

**7月30日** 自治州总工会党组成员、副主席陈维一行代表州总工会全体干部职工,专程赴双拥共建单位武警博州支队勤务中队,看望慰问中队官兵,并送去慰问品,表达对人民子弟兵的节日问候。

**8月6日** 自治州总工会召开全体党员干部大会,传达学习了自治区党委书记张春贤8月2日在自治区党委常委(扩大)会议和8月5日在自治区副省级以上干部会议上的重要讲话精神。

**8月8日** 自治州总工会召开领导班子专题民主生活会。

**8月11日** 自治州总工会组织全体干部职工观看了《作恶者下火狱,必将永居其中》视频。

**8月18日** 自治州总工会党支部召开了党的群众路线专题组织生活会和民主评议党员大会,州直第三督导组组长李兴运、州直机关党工委副书记杰恩斯到会指导。会议由州总工会机关党支部书记蒲一兴主持。

**8月22日** 湖北省总工会党组书记、常务副主席马建中等一行4人赴博州、兵团第五师,实地调研工会援博工作,看望慰问援博干部。

**9月9日** 自治州总工会被自治州党委、自治州人民政府评为自治州民族团结进步模范集体。

**9月22日** 自治州总工会组织机关全体干部职工,参加"新广行风热线"微信投票活动,共有15人参与了投票。

**9月18日** 自治州总工会组织在职干部职工学习了5位8月“中国好人”候选人的先进事迹。在会议室，大家共同对这5位候选人的先进事迹谈了自己的看法与感想，大家纷纷表示以后要以他们为榜样，学习他们的光荣事迹。会后，工作人员立即组织干部职工积极开展网上评议投票，共计16人。

**10月10日** 湖北省总工会第二次对口援疆工作座谈会在武汉召开，自治州政协副主席、州总工会党组书记、工会主席龚玉梅，各县(市)工会主席等8人应邀参加会议。会议学习贯彻全国工会第二次对口援疆工作座谈会精神，总结交流前一阶段对口援疆工作，安排部署2015—2018年对口援疆工作任务。湖北省援疆工作前方指挥部党组书记、总指挥，省发改委党组成员、副主任，博州党委副书记施真强和省总工会党组书记、常务副主席马建中出席会议并发表讲话。

**同日** 自治州总工会被自治区总工会评为2013年度“统计调查”工作完成较好的单位。

**10月17日** 自治州总工会召开全体干部职工大会，集中学习了10月8日习近平在中央党的群众路线教育实践活动总结大会上的重要讲话精神，以及10月12日自治区委书记张春贤和宋育英组长在自治区教育实践活动总结大会上的讲话精神。

**10月28日** 自治州总工会召开全体干部职工大会，对州总工会深入开展党的群众路线教育实践活动进行总结。会议由州总工会党组成员、副主席陈新燕主持。

**11月3日** 自治州工人文化宫工作人员陈亚萍被自治州党委宣传部评为2014年度党报党刊征订工作先进个人。

**11月10日** 自治州党委组织部经核实，州工人文化宫工作人员陈亚萍符合退休条件，同意退休。退休时间从2014年12月1日起执行。

**11月17日** 经自治州党委常委会议研究，决定免去陈新燕自治州总工会党组成员、副主席职务。

**同日** 自治州党委组织部经研究,决定免去陈新燕任自治州女职工委员会专职副主任职务。

**11月24日** 自治州党委常委、组织部部长赵天杰来州总工会看望工会干部并调研工会工作。

**11月27日** 自治州总工会召开党员干部职工大会,深入学习自治区党委第八届八次全委(扩大)会议精神。会议由州总工会党组成员、副主席陈维主持。

**12月4日** 自治州总工会参与“12·4”宪法日法治宣传咨询活动。

## 2015年

**1月13日** 博州党干字〔2015〕11号,任命袁立玲为自治州总工会主席;博州党干字〔2015〕12号,任命袁立玲为自治州总工会党组副书记。

**1月26日** 自治州总工会党组副书记、工会主席袁立玲带领调研组一行4人对驻博乐市乌图布拉格镇青得里卓南村工作组开展了调研和慰问,并送去羊肉、牛奶、水果等生活物资。

**2月15日** 自治州政协副主席、州总工会党组副书记、工会主席袁立玲带领慰问组一行4人来到“双结双促”结对户依马木·哈斯木的家中,为他们送上慰问金1000元和生活用品。此外,州总工会的党员干部群众,分为劳模慰问组、基层单位慰问组、困难职工慰问组、社区困难户慰问组、离退休人员慰问组共五组分别对全国、自治区、自治州三级劳模30人,支持工会工作的各类先进单位13个,建档困难职工73户,党员群众与东方红四队贫困户结对帮扶18户,东方红四队老党员5人,社区困难户 2 户,基层工会主席及工会干事 11 人,州总工会离退休人员 12 人,县(市)总工会 4 个,援疆指挥部 1 个,援疆干部 1 名进行慰问,共送去慰问金 117200 元整。

**3 月 2 日** 自治州党委召开“访惠聚”工作表彰大会,州总工会副调研员赵志远获得“访惠聚”先进个人荣誉,迪里格尔受到博乐市表彰。

**3 月 5 日** 自治州总工会和博州妇联开展了纪念“三八”国际劳动妇女节 105 周年表彰大会暨演讲会和就业援助月暨女职工维权行动月活动。

**3 月 15 日** 自治州总工会、博乐市总工会联合参加了“3 · 15”活动和宣传新“消法”工作。州、市总工会工作人员在友好时尚购物中心前面设立宣传展台并拉起条幅,向过往职工群众和农民工散发《新“消法”》《劳动合同法》《中华人民共和国就业促进法》《非法宗教活动 26 条界定的具体内容》及计划生育宣传手册等宣传资料。

**3 月 18 日** 自治州政协副主席、州总工会党组副书记、工会主席袁立玲慰问组一行赴湖北援疆指挥部慰问援博干部。

**3 月 19 日** 湖北援博干部、博州总工会党组成员、副主席陈维一行,到博州博乐市两户享受工会小额无息创业借款帮助的困难职工创业场所进行座谈,了解创业情况。

**3 月 20 日** 博州党组干字〔2015〕33 号,任命张秀红为自治州女职工委员会(工会经费管理办公室)专职副主任。

**3 月 21—22 日** 自治州政协副主席、州总工会党组副书记、工会主席袁立玲赴两县一市走访一线困难职工,考察调研困难职工小额创业无息借款工作,详细了解湖北省总工会拟受援项目“困难职工就业培训示范点”“困难职工创业帮扶示范点”建设情况。

**3 月 23 日** 自治州总工会退休老干部、原州总工会主席封连城赴博乐市乌图布拉格镇青得里卓南村,看望慰问了州总工会驻村工作组全体成员。

**同日** 自治州政协副主席、州总工会党组副书记、工会主席袁立玲，州银监局局长巴亚一行赴驻村工作组，与博乐市乌图布拉格镇青得里卓南村党支部书记阿迪里和驻村工作组全体成员召开了座谈会，研究对接了2015年“访惠聚”工作，确定了2015年工作规划，明确了工作目标、主要任务、重点项目等。

**3月24日** 自治州政协副主席、州总工会党组副书记、工会主席袁立玲赴博乐市乌图布拉格镇青得里卓南村，对该村缝纫合作社生产、销售、创收情况进行了实地调研。

**3月26日** 自治州总工会举办了一场以“去极端化，做靓丽女性”为主题的专题讲座会。本次讲座邀请了州妇联主席、国家二级心理咨询师黄萍主讲。

**4月17日** 自治州总工会全体干部职工在会议室开展了“学习宪法遵法守法”知识竞赛活动。此次活动共23人参加。

**4月18日** 自治州总工会工作人员与困难职工开展座谈会，进行面对面交流，针对“去极端化”进行宣讲，化解疑虑，就如何抵制宗教极端思想的侵蚀和渗透进行深层次的解析。就如何维护民族团结，提升大局意识，共同建设美好家园进行交流。

**4月21日** 自治州总工会“去极端化”宣讲组在锦绣家园物业服务中心开展宣讲。来自锦绣家园物业服务中心的40多名职工参加了此次宣讲活动。

**4月30日** 自治州赴京受表彰的全国劳动模范温泉县安格里格镇达生哈日村村委会主任叶尔代从首都载誉归来。自治州党委常委、州组织部部长赵天杰，自治州政协副主席，州总工会党组副书记、工会主席袁立玲以及总工会各科室负责人到机场迎接并召开座谈。

**同日** “五一”国际劳动节前夕，自治州总工会、博州锦绣家园物业服务中心联合开展庆“五一”国际劳动节职工手工制作技能竞赛活动。

**同日** 自治州总工会副主席、调研员艾来提带领机关科室工作人员赴博乐市乌图布拉格乡青得里卓南村看望慰问州总工会、州银监局驻村开展“访民情、惠民生、聚民心”的工作组。

**5月7日** 自治州总工会组织全体党员干部职工开展了“博爱一日捐”募捐救助活动，共募集到捐款720元，为贫困家庭和需要帮助的人献上一份爱心。

**5月12—15日** 自治州总工会首届全州职工全健排舞培训班在州工人文化宫多功能厅举办，来自全州各企事业单位的40余名学员参加了培训。

**5月18日** 自治州总工会召开专题党课学习“三严三实”专题教育，并对今后的工会工作提出了要求。

**5月20日** 自治州总工会邀请州劳动人事和社会保障局、州教育局、州歌舞团、州疾病预防控制中心的工作人员到农民工集中的建筑工地南城新疆宏泰建工集团进行了现场援助。

**5月21日** 自治州政协副主席、州总工会党组副书记、工会主席袁立玲一行，赴精河县大河沿子镇呼和哈夏北村创业帮扶培训基地进行调研，实地参观了服装厂、地毯厂、扎丝网花花店和幼儿园等。

**5月22日** 自治州政协副主席、州总工会党组副书记、工会主席袁立玲一行，来到博乐市乌图布拉格镇青得里卓南村2户“双结双促”对象家里走访慰问，并给结对户送去了10万元小额无息贷款，此款用于发展村里的养殖业，建设援疆项目带动就业示范点。

**5月27日** 自治州总工会副主席、调研员艾来提走访慰问州报社印刷厂困难职工尼加提·托呼塔西等3名大病患者家庭，为他们送去了大病救助资金1.1万元。

**5月29日** 自治州总工会开展庆“六一”国际儿童节慰问暨“去极端化”宣讲活动。州总工会副主席、调研员艾来提向30户困难职工及外来务工人员家庭的孩子赠送了每人价值500余元的衣服、鞋子等慰问品，同时每到一处都开展了去极端化宣传教育。

**6月2日** 自治州总工会开展消防安全知识讲座。邀请了乌鲁木齐政安防火知识宣传中心李虹昕老师对全体职工进行消防安全知识讲座，为大家讲解火灾逃生和自防自救能力等知识。

**6月9日** 自治州总工会召开劳动模范赴鄂疗休养活动启动仪式暨迎（送）座谈会。湖北省总工会副主席胡碧辉，州党委常委、州组织部部长赵天杰，州政协副主席、州总工会党组副书记、工会主席袁立玲及本次赴鄂疗休养的各级劳动模范、先进工作者、维稳一线和“访惠聚”工作先进个人、基层优秀工作者参加了启动仪式和座谈会议。

**同日** 湖北省总工会副主席胡碧辉一行，在自治州政协副主席、州总工会党组副书记、工会主席袁立玲的陪同下，赴博乐市乌图布拉格镇青得里卓南村，考察了新一轮援博工作开展以来，援博项目取得的新成果。

**6月18日** 自治州派往湖北省疗休养的各级劳动模范、先进工作者、维稳一线、“访惠聚”工作先进个人、基层优秀工作者等平安返回博乐市。

**6月26日** 由自治州总工会举办的博州首届“中国梦劳动美新疆好”全健排舞大赛在南城体育馆隆重举行，自治州政协副主席、州总工会党组副书记、主席袁立玲和副主席艾来提等领导出席。

**6月30日** 自治州总工会党支部联合博乐市乌图布拉格镇青得里卓南村党支部，在博州三台林场，开展了以“迎七一，重温入党誓词，践行三严三实”为主题的党日活动，进一步增强党组织的凝聚力和战斗力，激发广大党员干事创业的积极性、主动性和创造性，增强党员干部的模范带头作用。

**7月2日** 自治州总工会围绕“加强党性修养,坚定理想信念,把牢思想和行为‘总开关’”主题,召开了“三严三实”专题研讨会。会议由自治州政协副主席、州总工会党组副书记、工会主席袁立玲主持,在会议中作了讲话。

**7月8日** 自治州总工会召开第十七个党风廉政教育月动员大会,州总工会副主席艾来提主持会议,全体党员干部职工参加会议。

**7月8—9日** 由自治州政协副主席、州总工会党组副书记、工会主席袁立玲及副主席艾来提带队,共分成五个小组,对青得里卓南村的20户贫困户进行一对一慰问,小组每位成员都亲自为结对对象送上一壶清油、一袋大米。

**7月9日** 自治州政协副主席、州总工会党组副书记、工会主席袁立玲一行,赴驻村工作组调研,为工作组送去大米、清油等慰问品。

**7月16日** 湖北省教育工会主席马建才一行来博州调研。自治州政协副主席、州总工会党组副书记、工会主席袁立玲汇报了湖北省总工会援助博尔塔拉自治州各级工会工作情况。

**7月22日** 自治州总工会领导率慰问组一行,先后慰问了湖北省援疆工作前方指挥部干部、州公路局一线职工、州公安交警支队五台大队一线民警、“访惠聚”工作组人员和建筑工地工人等,为大家送来了西瓜、水等消暑解热物品。

**7月24日** 自治州总工会组织在职干部职工学习了第四届自治区道德模范候选人的先进事迹。在会议室,大家共同对2位候选人的先进事迹谈了自己的看法与感想,大家纷纷表示以后要以他们为榜样,学习他们的光荣事迹。

**7月28日** 自治州总工会党支部、博乐市乌图布拉格镇青得里卓南村党支部组织党员干部参观博州反腐倡廉教育基地,接受廉政警示教育。

**7月31日** 自治州总工会党组成员、副主席艾来提率慰问组一行5人,走访慰问了博州武警支队勤务中队,向他们赠送了笔记本电脑、水果等慰问品。

**8月6—8日** 自治州总工会领导分为两个小组,对基层工会工作进行调研和检查。

**8月7日** 自治州政协副主席、州总工会党组副书记、工会主席袁立玲赴博乐市调研,并与基层工会干部、企业经营者和职工进行了交流。

**8月14日** 自治州政协副主席、州总工会党组副书记、工会主席袁立玲赴博乐市乌图布拉格镇青得里卓南村对半年来联系共建情况、驻村工作开展情况、“访惠聚”活动落实情况进行实地调研,对半年来的工作给予充分肯定,并对今后工作提出了要求。

**9月2日** 自治州总工会在州文化宫举行了2015年“金秋助学”启动仪式,仪式上为8名困难职工子女发放了1500~3500元不等的助学金,共计发放助学金23500元。

**9月10—11日** 自治州工会第九次代表大会在博尔塔拉宾馆召开,来自全州各条战线、各行业的230余名代表出席大会,出席大会的正式代表200人,特邀代表10人,列席代表20人。大会听取并审议了自治州总工会第八届委员会《工作报告》《财务工作报告》和《经费审查委员会工作报告》。讨论通过了《服务职工促和谐,凝心聚力谋发展,为实现博州社会稳定和长治久安再立新功》工作报告。自治州党委书记赵青出席大会并作重要讲话,自治区总工会党组书记、副主席王军到会致辞,自治州党委、人大、政府、政协有关领导出席大会。大会选举产生了自治州总工会第九届委员会主席1名,副主席4名。袁立玲(女)当选为自治州总工会第九届委员会主席,艾来提(维吾尔族)、陈维(援疆)、郭木苏荣(蒙古族)、陈盛当选为副主席。陈维(援疆)当选为自治州总工会第九届经费审查委员会主任,张秀红当选为副主任。

**9月14日** 在古尔邦节、中秋节、国庆节及新疆维吾尔自治区成立60周年来临之际,自治州总工会党组成员、副主席艾来提,党组成员、副主席陈维一行,来到博乐市乌图布拉格镇青得里卓南村“双结双促”对象家中,为他们送去了党的温暖和慰问品。

**9月15日** 自治州总工会在办公大楼举行了援疆“暖心工程”金秋助学发放仪式,此次活动共资助16名贫困大学生,共捐赠助学资金8万元。

**9月16日** 博乐市东方红社区、博乐市乌图布拉格镇青得里卓南村村委、州总工会、州银监局驻青得里卓南村工作组在村委大院联合组织开展了庆古尔邦节、迎“十一”、庆祝自治区成立60周年暨“去极端化”宣传教育活动。

**同日** 在古尔邦节来临之际,博乐市乌图布拉格镇青得里卓南村村委会、州驻村工作组与博州蒙医院共同开展了“送医、送药、送健康”活动。

**10月13日** 在全国第二个“扶贫日”来临之际,自治州总工会组织机关全体干部职工举行“扶贫日”捐款活动,本次活动共捐款780元,用于“访惠聚”活动定点帮扶村对贫困户的帮扶。

**10月15日** 湖北省总工会党组成员、副主席谭必元率考察团一行12人来博州调研考察援疆项目。

**10月20日** 自治区总工会组织“法治天山行”宣讲团一行来博尔塔拉开展宣讲活动。来自各县市总工会、州教育工会、州直各基层工会的各族职工和工会干部500余人参加了宣讲活动。

**10月** 自治州总工会被中华全国总工会评为2014年度“市级工会财务工作”先进单位。

**11 月 27 日** 自治州总工会开展了以“树立法治思维，运用法治方式，推动新疆社会稳定和长治久安”为主题的“与法同行万人宣讲”宣讲活动。

**12 月 28 日** 自治州总工会举办“热爱伟大祖国，维护民族团结，共建和谐机关”主题实践活动，州总工会全体干部职工参加了活动。

**12 月 31 日** 自治州政协副主席、州总工会党组副书记、工会主席袁立玲一行参加精河县驼露地毯有限公司首届职工代表大会。

**同日** 自治州总工会发放第三批困难职工小额无息借款，分别为 5 名困难职工共发放了 3 万 ~5 万元不等的无息借款，共计 21 万元，借款期限为 3 年。

# 2016 年

**1 月 12 日** 博州职工 e 家微信公众平台已正式开通。这是宣讲博州工会工作的平台，是了解职工需求的窗口，是联系职工的桥梁，是服务职工的载体。

**同日** 自治州政协副主席、州总工会党组副书记、工会主席袁立玲，州总工会党组成员、副主席、调研员艾来提一行走访慰问州总工会部分退休老干部，共慰问 12 名老干部老职工，慰问金达 5800 元。

**1 月 13—14 日** 自治州政协副主席、州总工会党组副书记、工会主席袁立玲，带领慰问组一行 4 人来到精河县、温泉县，分别对全国、自治区、自治州三级劳动模范进行了走访慰问，其间先后慰问三级劳模 17 人，困难职工 152 户，贫困户结对帮扶 20 户，东方红四队“双结双促”6 人，东方红四队老党员 3 人，州总工会离退休人员 12 人，县(市)总工会离退休人员 4 人。为他们送去慰问金共计 104100 元。

**1月15日** 自治州总工会联合博乐市索永布民族用品有限公司，为来自州直基层工会困难职工家庭的10余名学员免费提供了此次职业技能培训。为了鼓励困难职工利用休息时间好好学习技能，为创收奠定基础，早日脱贫，此次培训班每月特设全勤奖。此次培训班积极学习的5位学员每人喜领390元奖学金。从2015年11月12日开始连续举办了多期妇女手工制作技能培训班。

**同日** 自治州总工会召开2016年“春节”困难职工慰问金发放暨民族团结宣讲大会。此次春节慰问共有152名困难职工领取慰问金，共计金额6.47万元。并宣读了困难职工去极端化承诺书，124名困难职工签订了承诺书。同时邀请州广播电视大学讲师团讲师王建新，为困难职工作了精彩的民族团结宣讲。

**1月18日** 自治州政协副主席、州总工会党组副书记、工会主席袁立玲一行3人，赴博乐市乌图布拉格镇青得里卓南村缝纫合作社，积极与其沟通为州非公企业工会示范点精河县驼露地毯有限公司即将开展的职工劳动竞赛，提供各类总价值35000元的奖品。

**1月20日** 自治州政协副主席、州总工会党组副书记、工会主席袁立玲一行，深入博乐市乌图布拉格镇青得里卓南村乡绿佳果蔬农民专业合作社看望慰问受灾企业和群众，为他们送去5000元慰问金。

**同日** 自治州总工会机关党支部召开全体党员大会，进行支部委员会换届选举活动。会议采取无记名投票方式进行了等额选举，艾来提、张秀红、刘鹏、迪里格尔、旦娜古丽·吐尔逊等5人当选为新一届州总工会党支部委员会委员。

**1月25日** 自治州总工会邀请州政协党组成员、秘书长王有明为全体干部职工进行计算机数据大师培训。

**1月26日** 自治州政协副主席、州总工会党组副书记、工会主席袁立玲，博乐市索永布民族用品有限公司刘兴航经理，精河县工会主席朱旭明一行，赴精河县全国劳动模范散·吾尔玛的民族服饰手工坊进行实地考察，并与其进行了交流。

**1月26—27日** 自治州政协副主席、州总工会党组副书记、工会主席袁立玲一行，走访慰问了州地税局、精河县地税局和温泉县地税局，并为他们送去了慰问品。

**1月29日** 自治州总工会召开2016年“迎新春”劳动模范座谈会。全国、自治区、自治州部分劳动模范参加座谈会。

**2月1日** 自治州总工会向全州25名乡镇、街道、社区工会聘用工作人员发放9万元补助金。

**2月2日** 自治州总工会经费审查委员会召开九届二次经审会议，各县市总工会、各基层工会的经审工作人员参加了会议。

**2月3日** 自治州总工会机关党支部举办“迎新春、讲团结、重和谐、比贡献”K歌比赛活动，州总工会全体干部职工参加了活动。

**2月19日** 自治州总工会召开九届二次委员（扩大）会议，学习自治区总工会十一届六次委员（扩大）会议及自治州党的群团工作会议精神。会议总结2015年全州工会工作，安排部署2016年工作任务。

**2月26日** 自治州总工会开通了“博州职工e家”、博尔塔拉蒙古自治州总工会网站、博州工会系统工作群、博州总工会乐动力健步走活动群、博州工会一家亲等微信群和网站。

**3月4日** 自治州总工会开展自治州首届“漫步美丽博州分享健康人生”快乐健步走职工竞赛活动，各县市、州直各单位职工参加了竞赛活动。

**3月18日** 自治州总工会组织全州基层工会干部及机关干部职工赴自治区工会干部学校开展专题培训，全州60余人参加培训。

**3月19日** 自治州总工会参加州、市工商局等39家消费维权成员单位举办的“3·15”国际消费者权益日宣传服务活动。

**4月14日**　自治州总工会组织召开机关干部职工学习例会。学习了自治区卫生计生委关于做好实施全面两孩政策工作的具体通知。通过学习,全体干部职工充分认识到了修改《中华人民共和国人口与计划生育法》的重要意义,并了解了实施全面两孩政策的相关知识。

**4月15日**　为提高职工抵御疾病风险的能力,解决困难职工医疗难题,自治州总工会决定在州直单位困难职工中率先开展团体补充医疗保险工作,并向全州困难职工延伸。州总工会为州直属单位79名困难职工缴纳了18710元团体补充医疗保险。

**4月19—20日**　自治州总工会组织退休干部带队赴州电大参加学习贯彻"两文件一条例"坚决维护社会稳定报告会。

**4月21日**　自治州总工会开展"找准四个载体、推进团结进步"年活动。

**4月25日**　根据全国总工会关于《工会经费审查委员会对下一级工会经费审计监督暂行办法》的规定,州总工会审查委员会开始对所属县(市)总工会2014—2015年的资金管理使用情况进行审计检查。

**4月26日**　自治州总工会召开"两学一做"学习教育工作会议。

**4月27日**　自治州总工会联系博乐友好国际影城,投入8万元,购买3000张电影票。依托博州职工e家公众微信平台,开展了"欢乐砸金蛋e起过五一"、工会送福电影票大放送活动,活动连续15天,不间断为职工送福利,以回馈广大职工对工会工作的关心关注和支持,切实为职工提供上下联动、线上线下互动、职工需求推动的网上普惠制服务。

**4月29日**　自治州劳动模范、先进工作者载誉归来。自治区党委、政府在乌鲁木齐市召开庆祝"五一"国际劳动节暨表彰劳动模范和先进工作者大会。自治区党政领导出席会议并作重要讲话。在会议前,自治区领导还会见了受表彰的先进个人和集体代表,亲切交谈并同大家合影留念。

**5 月 6 日**　自治州政协副主席、州总工会党组副书记、工会主席袁立玲赴湖北援博项目博乐市索永布有限公司合作的困难职工民族服饰培训就业示范点、博乐市总工会、博乐市西郊社区工会服务站困难职工培训就业示范点、博乐市乌镇青得里卓南村“80、90”装饰装修合作社、博乐市乌镇青得里卓南村缝纫合作社开展实地调研。

**5 月 10 日**　自治州总工会副调研员蒲一兴赴联系点——阿拉山口市总工会进行了调研。

**5 月 11 日**　自治州总工会机关开展“去极端化”宣讲活动，开展了以怎样做好“文化对冲”工作为内容的去极端化宣讲，18 名干部职工参加了宣讲活动。

**5 月 13 日**　博州总工会组织开展“博爱一日捐”“献出您一天的收入，为一个贫困家庭和需要帮助的人提供救助”为主题的募捐活动，共有 22 名党员、干部职工参加，共计捐款 1040 元。

**5 月 16 日**　自治州总工会召开“两学一做”学习教育“纪律教育年”动员会。动员会在五楼会议室召开，州总工会全体机关党员干部职工、退休老党员干部和驻村工作组全体人员共 40 余人参加了会议。会议由州总工会党组成员、副主席、调研员艾来提主持，州政协副主席、州总工会党组副书记、工会主席袁立玲作重要讲话。

**5 月 18 日**　自治州总工会“去极端化”宣讲组在博州客运服务总站宣讲。来自州客运服务总站的 40 多名职工参加了此次宣讲活动。

**5 月 20 日**　自治州总工会组织 10 名党员干部到州党委一楼会议室参加自治州民族团结进步年和全国民族团结进步示范州巡回宣讲报告会。

**5 月 22 日**　根据《2015—2018 年湖北工会对口援疆援藏工作实施意见和 2016 年对口援疆工作计划》，自治州政协副主席、州总工会党组副书记、工会主席袁立玲一行七人,赴湖北省总工会对接交流援博工作。

**5月25日** 自治州总工会开展“去极端化”每周一次宣讲活动,宣讲组走进州报社印刷厂对各族职工进行了宣讲。

**5月30日** 湖北省总工会党组成员、副主席冀群风带领湖北省总工会女职工委员会慰问团来到博州,对博州的困难女职工和困难职工子女以及贫困学生和优秀少年儿童进行为期5天的走访慰问。为两所学校的60名儿童赠送了300元的学习大礼包,为10名困难女职工各发放了500元的慰问金,并向64名州直单位困难职工子女发放了学习用品、画板和服装等。每一份礼包价值约1000元。慰问资金总额达20万元,其中湖北省总工会女职工委员会出资15万元,州总工会出资5万元。

**6月1日** 自治州总工会开展2016年“畅想团结,放飞梦想”庆“六一”、民族团结暨去极端化宣讲活动。

**6月13日** 自治州总工会召开机关党员干部大会,会议期间全体党员干部集中进行廉政承诺,机关全体干部职工参加了大会。

**6月14日** 自治州总工会开展“德润工会善行博乐”道德讲堂活动。

**6月15日** 自治州政协副主席、州总工会党组副书记、工会主席袁立玲在机关深入开展带头学习推进“两学一做”。

**6月16日** 自治区调研组一行来博州开展建筑业参加工伤保险“同舟计划”专项扩面行动调研。

**6月17日** 自治州总工会开展结对帮扶贫困户工作。

**6月18日** 自治州工人文化宫免费对外开放:劳模服务室、女职工爱心驿站、SD影院、职工书友之家、法律援助站、职工创新成果展示厅、困难职工产品展示厅。多功能厅设置大屏无线点评系统,并制定相应的管理运行办法，倾情推出读书卡、健身卡，瑜伽、健身操、拉丁舞、民族舞等免费培训项目。

**6月20日** 根据自治州总工会与湖北省总工会签订的《2015—2018年对口援疆工作框架协议书》所确定的目标任务，湖北省总工会落实“暖心工程”“联谊工程”“解忧工程”和“强智工程”四大援疆项目，到位资金196万元，投入资金171.7万元，不断推动援疆工作落到实处。

**同日** 自治州总工会“去极端化”宣讲组在新疆博圣酒业酿造有限责任公司进行宣讲，公司全体员工参加了宣讲活动。

**6月23日** 自治州总工会组织的民族团结、去极端化宣讲组在博州蒙医医院进行了宣讲，医院全体医护人员参加了宣讲活动。

**6月24日** 自治州总工会开展了向基层工会赠送书画作品活动以及“中国梦·劳动美·新疆好”“百万职工共建美丽新疆”签名活动。

**6月28日** 自治州总工会成功举办“全面禁绝毒品 共建美丽新疆”禁毒签名活动。

**6月29日** 自治州总工会开展庆“七一”学党章专题党课，自治州政协副主席、州总工会党组副书记、工会主席袁玉玲为全体党员干部上了《扎实认真学习党章切实履行党员义务》专题党课，机关全体干部职工参加了活动。

**6月30日** 自治州总工会开展慰问老党员、感受党的温暖活动。组织观看影片《焦裕禄》，学习先进事迹，争做时代先锋。

**6月31日** 自治州总工会组织干部职工观看全国优秀公益广告获奖作品展。

**7月2日** 自治州总工会开展“中国梦·劳动美·新疆好”百万职工抵御宗教极端、加强民族团结签名活动。

**7月4日** 自治州总工会在全州举办了以“中国梦·劳动美·新疆

好”为主题的“团结杯”职工全健排舞培训班。

**7月11日**　自治州总工会积极开展“一帮一”结对帮扶慰问活动。

**7月12日**　自治州总工会用新媒体互动方式开展“学法达人”月月赛活动。

**7月13日**　自治州总工会、博乐公路局联合举办“创唯一、争第一、建功十三五”职工技能竞赛活动。

**7月14日**　自治州总工会开展送清凉活动。为博乐市环卫工人、建筑工地工人、公安系统干警等工作在一线的干部职工送去了价值1.6万多元的降暑食品。

**7月15日**　自治州总工会开展“四个自我”深化作风建设“三项治理”活动。

**7月16日**　自治州政协副主席、州总工会党组副书记、工会主席袁立玲赴州直基层工会、州党委机关、博尔塔拉宾馆、博圣酒业酿造有限责任公司、中国移动博州分公司、州人民医院5个州直基层工会联系点进行了调研。

**7月20日**　自治州总工会在全州工会系统开展了慰问交通文明劝导者活动。

**7月27日**　自治州总工会在全州工会系统开展了手抄党章活动。

**8月9—11日**　湖北省总工会一行10人，对口援助项目并带来了260万元的援助博州资金，对博州各市（县）湖北援助博州项目工作情况进行实地调研，同时对湖北省总工会领导“双结双促”户进行走访慰问，并且在返程时邀请20人（2016年博州劳模、先进工作者）到湖北省进行疗休养。

**8月23日**　自治州总工会开展组织学习“第十三届全国见义勇为英雄模范”候选人先进事迹及投票工作活动，共19人参与投票。

**8月26日**　自治州工会系统首届“团结杯”职工运动会在温泉县成

功举办，本次运动会共有6支工会代表队150余人参加。

**8月28日**　自治州总工会开展工会会员实名认证信息采集工作。

**8月29日**　自治州总工会在机关召开机关干部联系基层工会工作汇报会，机关全体干部职工参加汇报会议。

**8月30日**　自治州总工会5名党员干部，参加了州党委宣传部举办的“长江讲坛”走进博州暨2016年博州“双河讲坛”第二期讲座“中国传统文化的理想人格”活动。

**8月31日**　自治州总工会举行2016年“金秋助学”启动仪式，根据困难家庭困难程度、高校录取批次等情况为17名困难职工子女发放了1000～5000元不等的助学金共39500元。

**12月1日**　博州总工会荣获2015年度中华全国总工会“市级工会财务工作”先进单位。

## 2017年

**1月9—10日**　自治区总工会巡视员史志昌一行3人来到博州，开展走访慰问部分困难职工和劳动模范活动。慰问组一行走访慰问了困难职工、劳动模范10户，每到一户都送去节日的美好祝福和慰问金。

**1月22日**　自治州总工会领导分成8个慰问组，分别对全国、自治区、自治州三级劳模162人，困难职工51户，党员结对帮扶16户，民族团结一家亲14户，乌图布拉格镇东方红四队“双结双促”6人与老党员3人，州总工会离退休人员13人，县(市)总工会4个，特警、武警、保安等维稳一线人员进行慰问。共计发放慰问金和慰问品25.99万元。

**1月26日**　自治州党委常委、州组织部部长胡艳桢在自治州政协副主席、州总工会党组副书记、工会主席袁立玲陪同下，走访慰问执勤在维稳一线的便民警务站公安干警。

**2月1日** 自治州党委、州人民政府授予州总工会自治区“访民情、惠民生、聚民心”驻村工作先进工作队称号。

**2月14日** 自治州总工会在自治区总工会召开的首届“十佳职工民族团结之星”暨“三好职工”评选新闻发布会上荣获三好职工评选优秀组织奖。州总工会推选了50名职工参加评选，通过评选活动，博州地区1名职工（欧龙巴依尔）荣获“十佳职工民族团结之星”，4名职工（潘文学、王勇华、米克拉依·艾山、马乐）荣获“三好职工”。

**2月21日** 自治州总工会荣获2016年度综合治理维稳（平安建设）优秀单位。州总工会组织机关全体干部传达学习《新疆维吾尔自治区总工会关于表彰十佳职工民族团结之星暨三好职工的决定》（新工发〔2017〕3号）文件精神，并参与自治州“最美新疆人”投票评选活动。

**2月24日** 自治州总工会召开九届三次经费审计会议。此次经费审计会议专门对博州总工会2016年工会经费预算执行情况和2017年工会经费预算进行审查审计和把关。

**2月27日** 自治州总工会参加了自治区总工会召开的首届十佳职工民族团结之星暨“三好职工”评选新闻发布会。

**2月28日** 自治州总工会与博乐市总工会在博乐市区共同开展企业工资集体协商工作。

**3月6日** 自治州总工会、博乐市总工会组织开展庆“三八”国际劳动妇女节·共建结亲一世缘联谊活动。

**3月9日** 自治州总工会召开九届三次委员（扩大）会议，会议对全州工会系统在2016年荣获全国及自治区的先进集体和先进个人进行表彰，总结2016年度全州工会工作，安排部署2017年的各项工作任务。同时，大会进行了学习宣传总目标、聚焦落实总目标大宣讲活动。

**3月11日** 自治州党委组织部常务副部长、州新兴组织党工委书记李东罡一行5人来州总工会进行调研。州总工会党组成员、副主席艾来提及文化宫负责人陪同调研。

**3月17日** 自治州总工会与博乐市和平社区联合举办“共创全国文明城市、人人争做文明模范”道德讲堂活动。和平社区全体工作人员、结对亲戚、访惠聚工作队成员和十户长、副十户长等60余人参加活动。

**3月21日** 自治州总工会组织开展了3月博州典型人物评选投票活动。

**3月24日** 在博乐市总工会举办了全市企业工资集体协商培训动员会,在动员会上,市工会主席李玉枝作了动员讲话,州总工会刘鹏讲解了《新疆维吾尔自治区企业工资集体协商条例》、工资集体协商在西方的发展渊源,以及我国工资集体协商的发展历程,州总工会专职工资集体协商指导员郭长江详细讲解了工资集体协商的程序、方法、技巧,并开展了工资集体协商模拟洽谈会。通过大力宣传,下基层了解职工难点热点问题,对于条件成熟的4家企业开展了工资集体协商,一是市自来水公司,经协商提高职工工资10%;二是吐尔洪大厦,提高了最低工资标准;三是市新鑫汽车修理厂,提高了职工工资标准,改善了职工伙食福利;四是市索永部民族服装厂,经协商提高了同行业制衣计件标准。经企业行政方和企业工会方平等协商,提高了广大职工的劳动积极性,促进了企业和谐发展。在开展企业工资集体协商过程中,培训了企业工会主席和协商代表78名,走访各类企业50多家,宣传工资集体协商受益职工800余人次。

**3月25日** 自治州总工会参加了博乐市举办的“邻里守望、我为好人点赞”水滴公益志愿活动,500多名来自社会各界的代表及市民参加了此次公益活动。

**3月27日** 自治州总工会荣获自治区“三好职工”评选优秀组织奖。

**4月10日** 自治州总工会领导班子在2016年绩效考核中作为自治州党委管理的县级领导班子和县级领导干部定等为“好”。

**4月11日** 自治州总工会组织开展《让民族团结之花常开长盛——习近平总书记关于民族团结的重要讲话》精神的学习活动。

**4月** 自治州党委在州总工会会议室宣布干部任免通知,任命王玉明为自治州总工会党组书记,赵志远为党组成员。

**5月3日** 自治州总工会下发了《关于调整自治区文明单位创建领导小组的通知》的通知。

**5月12日** 自治州总工会下发了《博州总工会调整创建“文明科室”领导小组的通知》的通知。

**5月20日** 自治州总工会下发《博州总工会关于调整“十花文明户”领导小组的通知》的通知。

**5月23日** 自治州总工会、州银监局、博乐市总工会和“访惠聚”驻村工作队联合举办“学身边人、讲身边事”宣传先进事迹活动。州总工会组织全体干部职工学习《新疆维吾尔自治区民族团结进步工作条例》,组织开展了“民族团结一家亲”活动。

**6月8日** 自治州总工会组织单位干部职工开展博州总工会“最美女性”评选活动。

**6月9日** 自治州总工会向社区上报“最美女性”博州总工会科员旦娜古丽·吐尔逊先进事迹材料。

**6月29日** 自治州总工会党组成员、副主席、调研员艾来提一行带着湖北省总工会的特别爱心礼物到博乐市第七中学奉献爱心捐赠校服。此次活动共向博乐市第七中学全体小学生捐赠校服569套,金额11.95万元。

**7月1日** 自治州总工会组织全体干部职工观看纪录片《廖俊波》，向先进事迹学习，喜迎中国共产党成立96周年。

**7月7日** 自治州总工会党支部荣获自治州州直2016年度先进基层党组织。

**8月2日** 根据《中国工会审计条例》有关规定，博州总工会经费审查委员会组成审计组，8月2—5日，对州总工会2016年度工会经费收支情况进行审计。

**8月14日** 自治州总工会在全州工会系统组织开展对（博州篇）全区百万职工“加强民族团结、揭批暴恐活动、敢于发声亮剑”承诺书进行留言、承诺、点赞活动。在博州党委网信办的大力支持和配合下，博州工会会员在自治区“职工e家”微信公众平台发布的（博州篇）全区百万职工“加强民族团结、揭批暴恐活动、敢于发声亮剑”承诺书阅读人数5437人，点赞数1778条。

**8月28日** 自治州总工会党组书记、副主席王玉明和州总工会副主席、调研员艾来提分别带队走访慰问了部分劳模、困难职工、“双结双促”结对户、“一帮一”结对帮扶户、州总工会退休干部职工，每到一户都送去党和政府的关心关怀。同时，各县（市）总工会在当地的慰问活动也拉开序幕。此次送温暖慰问活动，州总工会本级走访慰问了各民族困难职工49户、“双结双促”结对户6户、州总工会退休干部职工13户、“一帮一”结对帮扶户16户、劳动模范5户，共计慰问金额4.12万元。

**9月22日** 自治州总工会组织宣讲团到博尔塔拉宾馆为百余名职工宣传《新疆维吾尔自治区去极端化条例》精神。

**9月27日** 自治州总工会被自治区总工会评为2016年度地州市、产业厅局经费审查工作规范化建设“特等奖”。

**10月1日** 自治州总工会荣获中华全国总工会2016年度“市级工

会财务工作”先进单位。

**10月17日** 自治州总工会组织全体干部职工开展了“扶贫日”捐款活动。

**10月18日上午9时** 自治州总工会组织下沉社区干部与博乐市红星路社区干部、社区居民代表、百涛户外服装店员工一起收看了党的十九大开幕式。

**10月** 自治州总工会组织基层工会干部由州总工会经审委员会副主任张秀红带队赴湖北工会干部学校参加培训。

**12月7日** 自治州总工会举办以“爱岗敬业,团结奉献”为主题的职工“道德讲堂”活动。

**12月22日** 为把民族团结一家亲和“结亲周”活动进一步引向深入,博州总工会开展“走亲戚迎亲人 宣传十九大”民族团结一家亲“结亲周”座谈会,博州总工会全体干部职工与结对亲戚一起参加。

## 2018年

**1月** 在元旦、春节期间,自治州总工会全面深入开展“走基层、察实情、解民忧、送温暖”活动,走访慰问了一线职工和困难职工、困难劳模等。此次共慰问困难家庭总数670户,其中困难职工581户,困难农民工53户,慰问劳模87户,走访企业20家,走访一线职工550人,共发放慰问金90.81万元。

**2月** 自治州总工会赵志远结束驻村管寺工作返回单位,州总工会党组书记、副主席王玉明参加驻村管寺工作。

**3月22日** 经自治州党委常委会研究(博州党干字〔2018〕82号),原博州总工会女职工委员会专职副主任张秀红(女)任自治州纪委委派自治州教育局纪检组组长。

**7 月 21 日** 自治州总工会召开会员代表会议，进行了自治区总工会第十二次代表大会代表选举工作。州总工会第九届委员会委员及部分州直及各县市基层工会主席等共 70 人参加了会议，按照 15% 的差额比例，选举出 12 名新疆维吾尔自治区工会第十二次代表大会代表。选举出 2 名自治区总工会机关代表。

**7 月 27 日** 自治州总工会开展 2018 年中秋节、国庆节走访慰问活动，组织机关和“访惠聚”驻村干部职工，深入结对帮扶贫困户家中开展访贫问苦、送温暖活动。此次走访慰问贫困户 37 户，累计发放大米、面粉、清油等 7800 余元。“‘访惠聚’驻村工作队”和村干部同时也结合“结亲周”积极开展了走访贫困户工作。州总工会党组成员、副主席、调研员艾来提等参加了慰问活动。

**8 月 30 日** 湖北省总工会党组书记、常务副主席董永祥率考察团一行 4 人，来博考察调研对口援疆工作。在博州总工会召开了湖北省总工会 2018 年援疆工作座谈会，会上自治州政协副主席、州总工会党组副书记、工会主席袁立玲汇报了湖北援助博州总工会项目实施情况。会上湖北省总工会还向博州总工会捐赠 130 万元援疆资金。

**10 月 22—26 日** 中国工会第十七次全国代表大会在北京召开，会期 4 天半。自治州工会代表青格力参加了中国工会第十七次代表大会，会后向全州工会系统传达了中国工会十七大的盛况和工会十七大精神。

**11 月 7 日** 自治州总工会面向全州工会系统举办学习贯彻中国工会第十七次代表大会精神及《中国共产党纪律处分条例》等 3 个条例专题辅导培训会。各县市工会主席、州直各基层工会主席及劳模代表共 120 余人参加了此次专题辅导培训会。

**截至 12 月** 全州共有基层工会组织 1364 个（非公企业工会组织 1041 个），其中独立基层工会 1244 个，联合基层工会 120 个，基层工会涵盖单位2680个；涵盖工会会员103162人，其中农民工会员50934人，工会组建率达99%。全州建档立卡的困难职工共98人，年内脱困职工55人。全州各基层工会共有60家法律援助站，提供法律援助54人，为800名农民工提供公益法律宣传服务，接待来访来电39次，涉及来访人数559人，为农民工追讨工资21.2万元。职代会覆盖企业960家，职代会建制率达到100%；签订工资集体协商专项集体合同覆盖企业301家，覆盖职工8495人。2017—2018年，全州共聘用专职工资集体协商指导员17名。

## 2019年

**1月16日** 自治区总工会副巡视员赵兵发一行3人来到博州开展送温暖慰问活动。区总工会送温暖慰问组共对7户困难职工、3户劳动模范及3名南疆赴博州转移就业人员进行了慰问，累计发放慰问金1.25万元。自治区总工会还给予博州总工会送温暖资金10万元，用于对建档立卡困难职工和下岗失业、患重病、遭受各类灾害或突发意外等生活困难的职工家庭以及节日期间坚守服务岗位一线职工进行走访慰问。

**2月1日** 自治州总工会分5个慰问组，分别为州直及两县两市的一线企业、“访惠聚”工作队、一线交警、保安、环卫工人、南疆务工人员、困难职工等28个集体、58名职工，送去了党和政府的关心和温暖，慰问品、慰问金总金额69650元。

**2月17日** 自治州总工会开展了民族团结一家亲，携手“迎新春·游赛湖·增团结·促和谐”联谊活动，自治州总工会干部职工与博乐市乌图布拉格镇青得里卓南村结对亲戚共58人参加了此次活动。

**3月** 自治州总工会被博乐市“访惠聚”驻村工作领导小组评为自

治区访民情、惠民生、聚民心驻村工作先进工作队。

**4 月 30 日** 为进一步弘扬劳模精神，自治州总工会应邀参加州人民检察院以“我将无我奋斗，不负人民重托——共和国建设者走进检察机关”为主题的“检察开放日”活动，州总工会组织 26 名全国、五一劳动奖章获得者、自治区级、自治州级劳动模范、先进工作者走进检察机关，参加此次活动。

**6 月 30 日** 为深入学习贯彻习近平新时代中国特色社会主义思想，认真践行“绿水青山就是金山银山”的发展理念，持续深入促进各族干部与群众交往交流交融，自治州总工会组织单位全体结对领导干部和亲戚一起到博州赛里木湖景区海西草原开展了 2019 年“庆七一、感党恩”“民族团结一家亲”徒步联谊活动。

**7 月 10 日** 根据湖北省总工会关于开展 2019 年对口援疆劳模疗休养活动的通知，湖北省总工会组织 50 名劳模来博参加疗休养活动。为认真贯彻博州党委关于援疆工作重要工作部署，自治州总工会党组高度重视，安排专人积极与湖北省总工会对来博疗休养活动进行工作对接和行程安排。

**7 月 17 日** 自治州总工会在全州开展了为期 3 天的以“情系一线职工”为主题的“送清凉”慰问活动。此次送清凉慰问活动对象主要为：便民警务站、公安检查站、武警、“访惠聚”工作队、社区、脱贫攻坚重点村、驻村管寺管委会、南疆籍务工人员、农民工、保安等，共计 422 人，慰问金额 20600 元。

**7 月** 自治州教育工会评选出 12 名“博州最美女教师”，组织成立了“最美女教师”宣讲团，先后在各县市开展了 5 场次宣讲，全州 6000 余名教职工聆听了最美教师的先进事迹。

**8 月 9 日** 自治州总工会党组成员、副主席库热西・库尔班和州总工会党组成员、副调研员、机关党支部书记赵志远一行 5 人携带慰问金、送学书籍以及全体干部职工的关心问候，看望慰问了原博州总工会主席封连城和副主席希尔买买提·阿不拉等离退休老党员老干部 14 人以及博州总工会“访惠聚”驻村工作队全体成员，向他们送去了单位党组的关怀和全体干部职工的浓浓关爱之情。

**9 月 18 日** 根据自治州党委安排部署，在自治州“不忘初心、牢记使命”主题教育第六指导组的帮助指导下，自治州总工会正式开始“不忘初心、牢记使命”主题教育集中学习，第六指导组长，原自治州农业局党组书记、局长肖师明前来指导学习。会议重温了入党誓词，学习了《习近平关于“不忘初心、牢记使命”重要论述摘编》。

**11 月 15 日** 自治州总工会深入各县（市）工会开展了城市困难职工解困脱困工作业务指导，通过和各县（市）党政分管领导、工会主席见面座谈，提高了党政分管领导对城市困难职工解困脱困工作重视程度，在困难职工解困脱困工作中党政分管领导能够亲自安排部署，整合社会各方面资源，增强工作实效。通过入户走访，和困难职工交谈，将纸质档案与电子档案进行比对核实信息，要求各县（市）工会对区总调研提出的问题举一反三，加快整改进度。

**12 月 31 日** 阿拉山口总工会召开第二次代表大会，肖拉提·巴拉吉当选为市总工会第二届委员会主席，张贺琤、刘勇分别当选为市总工会第二届委员会副主席。

## 2020 年

**1 月 3—4 日** 自治区总工会党组成员、教育工会主席朱莉莉，自治区总工会女职工部副部长王英赴博州开展 2020 年元旦、春节“送温暖”慰问活动，为劳模、困难职工送去新春的祝福以及党和政府、工会组织的关怀和温暖。

**1月7—9日** 自治州总工会分5个慰问组,分别为州直及两县两市的一线企业、访惠聚工作队、一线交警、保安、环卫工人、南疆务工人员、困难职工等15个集体、65名职工,送去了党和政府的关心和温暖,慰问品、慰问金总计76500元。

**1月25日** 自治州总工会根据自治区总工会关于开展慰问防疫一线职工工作要求,对州人民医院进行慰问,发放慰问金1万元。

**1月26日** 自治州职工技术办公室主任隆梅被抽调到州党委巡察组参加巡察工作。

**1月27日** 自治州总工会对防疫诊治工作主要工作单位博乐市人民医院进行慰问,发放送温暖慰问金5万元。

**5月20日** 自治州总工会召开脱贫攻坚专项巡视"回头看"反馈问题整改专题民主生活会。州总工会党组书记、副主席刘季洲代表党组班子进行对照检查。

**5月22日** 自治州总工会开展走访慰问困难职工活动,共计慰问5户困难职工,发放慰问金1万元。

**6月28日** 自治州总工会与博乐市达勒特镇夹河子村共同开展庆祝中国共产党成立99周年"党旗映天山"主题党日活动。

**7月6日** 自治州总工会开展了夏送清凉走访慰问活动。共计慰问公安干警、武警官兵、驻村干部、一线职工等50个单位1000余人,送去西瓜19吨、矿泉水197件,价值2.1万元。

**9月6日** 自治州教育工会在全州教育系统组织开展"最美抗疫教育工作者"和"最美抗疫教师"评选表彰活动。

**9月8日** 自治州教育工会召开表彰大会对评选出的11名最美抗疫教育工作者和19名最美抗疫教师进行了表彰,并在州电视台进行了宣传报道。

**9月16日** 自治州教育工会组织开展线上活动，组织全州1000余名教职工参与自治区总工会组织的线上健步活动，获得“优秀组织奖”；组织30余名教育职工参加线上围棋、国际象棋、中国象棋比赛，获得个人国际象棋二等奖。付惠兰老师代表自治区参加全国象棋比赛。

**10月7日** 湖北省党政代表团一行来博考察调研，自治州总工会同随行的湖北省总工会代表团，就2020年援博项目和招商引资工作进行了积极沟通。湖北省总工会已拨付200万元援疆项目资金，用于博州、博乐市党校建设项目。

**10月17日** 自治州总工会、州人力资源和社会保障局、国网博尔塔拉供电公司联合举办博州电力行业配网专业职工技能竞赛。共有5支代表队参加，涉及个人项目29人、团体项目40人。按照综合成绩共评出团体“优秀组织奖”2名，团体一等奖、二等奖、三等奖各1名，授予10名选手《博州电力行业配网专业技术能手》荣誉称号。

**11月11日** 根据自治州党委安排部署，自治州党委第三巡察组巡察州总工会党组工作，自治州纪委副书记、监委副主任张照云前来指导工作；自治州党委第三巡察组组长宋新莹作了巡察动员讲话；州总工会党组书记、副主席刘季洲作表态发言，州总工会全体干部职工参加了动员会。

**11月24日** 新评选10名自治区劳动模范和先进工作者，1名全国劳动模范——“温泉县全国劳动模范”甫尔布，赴北京参加全国劳动模范和先进工作者表彰大会。

**11月28日** 自治州总工会机关干部职工分成8个组，开展了联系服务企业慰问一线职工活动，共联系慰问州直企业20家，慰问一线职工120人，发放慰问品价值3.6万元。

**12月10日** 根据自治州市域社会治理现代化工作领导小组要求，自治州总工会召开自治州市域社会治理现代化工作推进会议。组织学习市域社会治理现代化相关通知及责任分解。听取了博乐市总工会、国网博尔塔拉供电公司工会、新疆天莱牧业集团有限责任公司工会开展情况汇报。州总工会党组书记、副主席刘季洲对前期工作予以肯定,对下一阶段工作提出要求。

**12 月 16 日** 自治州党委书记何永慧来州总工会调研,看望了机关全体工作人员,并与大家进行了交流。

**12 月 21 日** 自治区召开 2020 年自治区劳动模范和先进工作者表彰大会,博州地区 4 名劳动模范和先进工作者参加会议,其中 1 名劳动模范代表(景冬冬)上台领奖。

**12 月 22 日** 自治州总工会开展走访慰问困难职工活动,共走访慰问州直困难职工 8 户,发放慰问品价值 4 万余元。

**12 月 23 日** 自治州党委第三巡察组巡察州总工会党组巡察情况的反馈情况,自治州纪委副书记、监委副主任张照云前来指导工作;自治州党委第三巡察组副组长周思作了意见反馈;州总工会党组书记、副主席刘季洲作了表态发言,州总工会全体干部职工参加会议。

**12 月 25 日** 自治州总工会在全州 88 位全国、自治区级劳模中,开展 2020 年全州劳模生活状况调查。为 33 名全国及自治区劳模提交了低收入、特殊困难补助及健康体检资金的申请,自治区下拨 2020 年度自治区劳动模范和先进工作者专项补助金 255580 元,用于节日慰问及低收入、特殊困难补助。

**12 月 28 日** 自治州总工会起草《关于进一步做好博州城市困难职工解困脱困工作的方案》,并上报州政府。由州政府统筹协调民政、人社、财政、住建等 18 个有关责任单位相互配合,共同确保困难职工各项救助政策落到实处。

**12 月 30 日** 自治州总工会组织全州基层工会组织对全州劳动模范、困难职工和一线工人开展送温暖活动,共慰问困难家庭 226 户,劳动模范34户，走访企业93家，走访慰问一线困难职工3767人，累计发放慰问金91.81万元。

**至2020年底** 自治州总工会向全州困难职工和送温暖对象，发放500份价值15万元的南疆消费扶贫产品。对博州宾馆、博州国有资产投资经营有限公司等4家困难国有企业补助资金20.55万元。为在建重点工程一线工人，农民工，驻村工作队、脱贫攻坚重点村等送去价值2.11万元的防暑物资，惠及职工近千人。为解决精河县农户甜瓜滞销难题，出资37.4万余元，购置甜瓜233.9吨，用于慰问在疫情防控期间工作在一线的企事业单位职工，惠及职工2.3万人。

# 2021年

**1月2日至2月1日** 自治州总工会联动在全州范围内开展了“两节”送温暖慰问活动，为4764名一线职工、基层岗位工作干部、困难职工等群体送去了党委政府及工会组织的温暖，共计发放慰问金及物品43.318万元。

**1月8日** 赵志远被抽调到州党委巡察组参加巡察工作。

**1月13日** 自治州总工会为2020年博州自治区级10名劳模发放2020年自治区劳动模范和先进工作者一次性奖励金，标准为2万元/人，共计奖励金20万元。

**1月20日至2月1日** 自治州总工会在元旦、春节期间开展劳模慰问活动，共慰问自治区劳动模范、先进工作者、全国五一劳模奖章72人，发放春节慰问金72000元、低收入补助金127080元、特殊困难补助金56500元，共计255580元。

**2月2日** 组织召开了自治州总工会领导班子2020年度民主生活

会，自治州总工会党组书记、副主席刘季洲代表班子作对照检查发言，其他班子成员作补充，并依次对班子提出批评意见建议。州总工会党组书记、副主席刘季洲及其他班子成员轮流作个人发言，发言结束后逐一面对面开展批评，由自治州民主生活会督导七组组长曲志国作点评。

**2 月 6 日**　自治州教育工会在北京冬奥会来临之际，组织开展了“冰雪嘉年华　牵手蓝冰之约”（包含冰雪嘉年华牵手蓝冰之约线上健步走，冰雪嘉年华牵手最美教师微视频、摄影比赛）等系列活动，全州 8000 余名教师参加各类活动。

**2 月 8—12 日**　州县工会联动，组织开展了“稳岗留工暖心迎春”慰问活动，先后慰问了留博过年的建筑工人、外卖员、大学生志愿者等职工群体 355 人，同时送去了新春祝福、慰问信及“年货大礼包”等，此次慰问“年货大礼包”价值 5.56 万元。

**3 月 3 日**　自治州总工会召开党史学习教育动员会，自治州总工会党组书记、副主席刘季洲主持此次会议，全面启动党史学习教育。

**3 月 16 日**　自治州党委组织部常务副部长庄志斌到州总工会宣布任职通知，周文泽任自治州总工会党组书记、副主席、一级调研员，周文泽作了表态发言。

**4 月 11 日**　组织召开了自治州总工会领导班子 2021 年度巡视整改专题民主生活会，州总工会党组书记、副主席、一级调研员周文泽代表班子作对照检查发言，其他班子成员作补充，并依次对班子提出批评意见建议，州总工会党组书记、副主席、一级调研员周文泽及其他班子成员轮流作个人发言，发言结束逐一面对面开展批评。自治州巡视整改专题民主生活会第七督导组组长艾海提作了点评。

**4 月 12 日**　自治州总工会党组书记、副主席、一级调研员周文泽，协同各县（市）工会主席赴湖北省总工会开展对口援疆工作，参观了武汉市总工会，与湖北省各对接县（市）开展了交流座谈学习。参观考察了中交第二航务工程局有限公司、劲牌有限公司,宣传推介博州经济发展情况、市政建设需求及博州特色产品等,并邀请来博参观考察投资兴业。

**4 月 22 日** 按照党史学习教育开展"我为群众办实事"活动要求,助力"团结稳州、生态立州、口岸强州、旅游兴州"四大战略实施,配合自治州"引人聚才"工作,自治州总工会提出 2021 年为干部职工办 15 件实事,在博州零距离、搜狐网、新华网新疆频道发出,以优异成绩迎接建党 100 周年。

**4 月 26—28 日** 州县工会联动,在全州范围内开展了"帮助环卫清洁工人实现微心愿"慰问活动,为 545 名环卫清洁工人送去了大礼包(帽子、口罩、手套、冰袖、水杯等),慰问资金 7.64 万元。

**4 月 27 日** 按照自治州党委巡察工作安排,组织召开了自治州党委第十二轮巡察博州总工会党组整改督查评估工作动员会,州总工会党组成员、副主席库热西·库尔班进行了专题汇报,对查阅的巡察整改档案资料给予了好评,巡察整改评估得分 97.98 分。

**4 月 29 日** 新疆维吾尔自治区总工会关于表彰 2021 年开发建设新疆奖和自治区工人先锋号的决定——开发建设新疆奖状(1 个):阿拉山口振德医用纺织有限公司;开发建设新疆奖章(4 个):戴旭升(新疆精杞神枸杞开发有限责任公司总经理)、戴爱梅(博州农业技术推广中心技术员推广研究员)、郭立新(博乐市市容环境卫生服务中心清扫队主任)、胡泉(温泉县委常委、副县长,援疆);自治区工人先锋号(3 个):新疆赛湖渔业科技开发有限公司繁育中心、新疆友好(集团)股份有限公司博乐友好时尚购物中心博乐友好超市、国家税务总局博乐市税务局第一税务分局(办税服务厅)。

**5 月 1 日** 自治州劳模代表参加"五一"升国旗活动,自治州党委书记何永慧与劳模代表方队一一握手表达节日问候。

**同日**　自治州党委书记、州人大常委会主任何永慧，自治州党委副书记、州长巴德玛拉等自治州领导，在州党委常委会议室与自治州的全国、自治区劳动模范和先进工作者代表座谈，共同庆祝“五一”国际劳动节。州领导达楞塔、刘自重参加座谈会。州党委常委、州委组织部部长李荣年主持座谈会；州政协副主席、州总工会党组副书记、工会主席袁立玲通报自治州工会劳模服务管理工作情况。会上，全国劳动模范甫尔布、自治区劳动模范秦松祥、自治区先进工作者佳恩古丽·阿布里孜、巴吐鲁呼等代表结合自身经历，谈体会、吐心声、提建议，会场气氛热烈。会后，组织劳模代表参观博乐市万亩海棠生态园、自治州博物馆、博乐市馕产业园。

**同日**　自治州总工会举行“五一”颁奖仪式，为 2020 年荣获全国模范职工之家、全国模范职工小家、全国厂务公开民主管理工作先进单位等 18 家单位，4 名开发建设新疆奖章获得者颁发荣誉牌匾及证书。

**5 月 16—17 日**　自治州总工会党组成员、副主席库热西·库尔班赴自治区总工会，汇报 2021 年近期主要工作及招商引资项目推进情况，并邀请自治区总工会来博参加博州工会第十次代表大会。

**6 月 12—13 日**　组织开展了自治州总工会招聘社会化工会工作的笔试、面试工作，邀请派驻纪检组全程参与，笔试和面试成绩均在第一时间在“博州职工 e 家”公众号进行公示，并参照公务员录用程序开展体检和政审等工作，按照高分依次录用前三名为社会化工会工作者。

**6 月 15 日**　自治州工会第十次代表大会在博乐市隆重召开。出席大会的正式代表 200 人，特邀代表 10 名，列席代表 20 名。大会听取和审议自治州总工会第九届委员会《工作报告》《财务工作报告》和《经费审查委员会工作报告》。大会选举产生了自治州总工会第十届委员会委员，经费审查委员会委员。州党委书记何永慧出席会议并作了重要讲话。州党委常委、组织部部长李荣年主持会议，十届一次全委会议选出常务委员会委员，主席 1 名，副主席 4 名。袁立玲（女）当选为自治州工会第十届委员会主席。周文泽、库热西·库尔班（维吾尔族）分别当选为自治州工会第十届委员会副主席。巴吐鲁呼（蒙古族）、丁正当选为第十届委员会副主席（兼职）。弓联坤当选为自治州工会第十届经费审查委员会主任，田永凤当选为第十届经费审查委员会副主任。

**6 月 22 日** 自治州总工会组织开展劳模免费体检活动，为 5 名全国劳模提供血常规、尿常规、肝功能全检、肾功能、癌胚抗原等 20 余项检查，并建立劳模个人健康档案。

**6 月 23 日** 自治州总工会党组书记、副主席、一级调研员周文泽，党组成员、副主席库热西·库尔班分组，率队走访慰问博州总工会机关老党员、老干部，送去党组织的一份浓浓的关怀和深切的祝福，让老党员、老干部感受到党组织的温暖，此次共慰问老党员、老干部 17 人。

**同日** 自治州总工会党组书记、副主席、一级调研员周文泽为博州总工会 2 名退休党员封连城、斯德克·库尔班颁发“光荣在党 50 年”纪念章，并向他们致以崇高的敬意和亲切的问候。

**6 月 21 日至 7 月 24 日** 为贯彻落实对口援疆援藏工作精神，助力博州“团结稳州、生态立州、口岸强州、旅游兴州”四大战略实施，湖北省总工会与自治州总工会继续加强交往交流交融，开展 5 批 200 名劳模赴博疗休养项目，确保工会对口援疆工作取得职工群众看得见、摸得着、能受益的效果，让鄂博两地各族职工切实感受到党和政府的关怀。

**6—7 月** 自治州县工会联动，在全州范围内启动了“夏送清凉”慰问活动，对州直“访惠聚”工作队、驻村管寺干部、医疗、公安等集体、重点在建工程等进行了全覆盖慰问，慰问干部职工 5591 人、投入慰问资金 75 万余元。

**7 月 23 日** 自治州总工会、州团委共同举办了“青春有约·团聚青年”交友联谊活动，共 80 人参加活动。

**7月26日** 自治州总工会、州纪委监委、州妇联在博乐市东方红社区联合举办了“清风满天山”家庭助廉故事大赛,来自州直机关不同工作岗位的15名选手参加了比赛。最终产生一等奖1名、二等奖2名、三等奖3名、鼓励奖10名。

**7月29日** 自治州总工会召开“学党史、悟思想、办实事、开新局”组织生活会,会议由州总工会党组书记、副主席、一级调研员周文泽主持,州总工会党支部高质量完成了党史学习教育专题组织生活会。

**8月7日** 自治州总工会与第五师双河市总工会开展兵地交流会,签订兵地融合发展框架协议,协议内容涉及劳动模范事迹宣传资源共享,工会工作先进成果、信息资源共享,职工科技创新、技能培训师资共享,职工文艺会演、兵地产学研科技成果推广共融,湖北省总工会对口援建成果共享,兵地劳动力就业信息资源互通共享,对外招商引资等十个方面。

**8月9日** 按照自治州党委部署要求,自治州总工会党组学习贯彻习近平总书记“七一”重要讲话精神专题读书班开班仪式在博州总工会五楼会议室举行。

**8月18日** 疫情期间,发出《致全州各级工会组织、工会干部和广大职工的一封信》,号召全州各级工会组织和机关、企事业单位工会干部主动投身疫情防控主战场,为广大职工鼓劲加油,传递正能量。

**8月22日** 自治州总工会组织开展慰问抗疫一线在岗职工活动,走访慰问6家单位,送去价值5980元的瓜果和日用品,让奋战在一线的职工感受到工会组织的温暖。

**8月** 在全州范围内大力开展了困难职工家庭子女帮扶工作,对全州6户困难职工子女发放金秋助学金1.64万元;针对困难职工家庭子女就业问题,在全州范围内开展了困难职工家庭应届毕业生阳光就业行动,帮助1名困难职工子女实现就业。

**9月28日** 自治州总工会党支部召开换届选举工作会议，选举产生党支部书记周文泽，党支部副书记库热西·库尔班，组织委员迪里格尔，纪检委员邱宏波，宣传委员朱娜共5名支部委员。

**9月30日** 自治州总工会在五楼会议室举办了助力农民工"求学圆梦"助学金发放仪式，共帮助农民工提升学历3人，发放助学金5658元。

**9月** 按照自治州党委工作会议部署要求，结合州总工会年度重点工作安排，确定了州总工会大干100天推进落实的50项重点工作任务，同时，梳理出各县（市）大干100天推进落实的26项重点工作任务清单。

**11月4日** 在自治区总工会召开全区工会系统学习交流宣讲自治区第十次党代会精神视频会议上，博州总工会作了大会发言，自治区总工会主要领导对博州工会工作给予充分肯定，州党委主要领导给予高度评价。

**11月5日** 博乐市总工会组织困难职工、下岗失业职工等50名开展家政服务培训班，培训主要采取理论和实操相结合的方式开展，经系统培训后，为45名考核合格的学员颁发合格证书，投入资金42500元。

**12月21日** 在自治州总工会多功能厅举行自治州模范职工之家红旗单位、模范职工之家、模范职工小家、职工书屋、户外劳动者服务站点、女职工休息哺乳室等授牌仪式，全州各级工会干部职工代表90人到会，共命名自治州级模范职工之家红旗单位20个、模范职工之家51个、模范职工小家49个、职工书屋50个、户外劳动者服务站点25个、女职工休息哺乳室20个。

**12月25日** 自治州总工会在博尔塔拉会议中心举行了自治州模范"职工之家"红旗单位授牌仪式。在授牌仪式上，自治州党委常委、组织部部长李荣年作了重要讲话，自治州政协副主席、州总工会党组副书记、工会主席袁立玲主持了授牌仪式。自治州总工会党组书记、副主席周文泽宣读《关于对自治州“十佳团结标兵”等十个“十佳”命名授牌的决定》,并作讲话。自治州总工会副主席库热西·库尔班宣读《自治州总工会关于命名模范职工之家红旗单位、模范职工之家、模范职工小家、职工书屋、户外劳动者服务站点、女职工休息哺乳室的决定》,为自治州“十佳团结标兵”“十佳生态卫士”等十个“十佳”进行了授牌。“十佳团结标兵”等十个“十佳”命名的3个单位代表分别进行发言。

**12月28日** 自治州总工会女职工委员会专职副主任迪里格尔被自治州精神文明建设指导委员会评为第七届自治州道德模范(孝老爱亲模范)。

**12月30日** 阿拉山口市总工会第二届二次委员会召开,姜虹当选为市总工会第二届委员会主席,张贺琤、郭伟分别当选为市总工会第二届二次委员会副主席。

**同年** 在全州范围内开展“护林员、护路员、护边员”集中入会工作,自治州总工会联合政法委、林业局、公路管理局等部门摸清“护林员、护路员、护边员”底数,发展会员5067人,入会率达100%,做到了护林员、护边员、护路员有会可入、有家可依。为丰富“护林员、护路员、护边员”业余文化生活,让其感受到党委政府及工会组织的温暖,按每人200元给予入会补助资金101.34万元。

# 第一章　工业企业发展

博尔塔拉的手工业历史悠久，博乐市达勒特古城遗址出土的陶器、石纺轮、铸铁块等宋元文物，证明当时手工业已有一定的基础。清光绪三十四年(1908 年)，经济发达的精河县有裁缝、木匠、铁匠等 17 户，民国三十二年(1943 年)，博乐县有私营手工业 13 个行业、59 户，从业人员 119 人。

新中国成立初期，博尔塔拉境内的工业主要是精河的盐场，此外还有一些个体小手工业。全州有个体手工业 56 户，职工 60 人，年产值18.3万元。1954 年，手工业者逐步组织起来，走上了合作化道路。新中国成立后，随着国民经济的恢复和发展，新疆从 50 年代开始，对手工业和私营工商业进行了社会主义改造，随着时代的发展，建立了一大批现代工矿工业企业和采矿业企业。这些企业涉及钢铁、建材、纺织、机械、煤炭、粮食、化学、电力、皮革等多个工业部门，初步奠定了新疆现代化工业的基础，职工队伍也随之不断发展壮大。

## 第一节　建立互助合作社

### 一、手工业

新疆对私营工商业的社会主义改造，主要是对个体手工业和私营工商业的改造。博尔塔拉属于半农半牧地区，作为古丝绸之路“皮毛道”

的博尔塔拉，历史上曾经有过东来西往，商旅不断的兴盛时期。手工业、私营工商业有了一定的发展。但到了近代，随着丝绸之路的衰落，手工业和私营工商业逐步减少。

解放前，博尔塔拉地区没有一家工业企业，只有一些私人手工业作坊，谈不上工人阶级队伍和建立工会组织。

中华人民共和国建立初期，博尔塔拉地区手工作坊，主要是与人民生活息息相关的行业。主要从事皮毛、铁木器、烧酒、制砖、鞋帽、磨坊、榨油、粮油、缝纫等一些日常生活品的加工。从事手工作坊的劳动者大多是当地的农民，作坊经营者也是农村的一些能工巧匠。所有这些行业均为手工操作，工艺比较简陋，生产水平低下。但是，这些手工企业在那个年代却发挥其积极作用。当年在交通不便、经济落后、商品奇缺的情况下，对于满足当地广大各族人民群众正常生活需求，恢复和发展生产起到了重要的推动作用。

由于这些手工业工具简陋，规模狭小，工艺落后，经营分散，日益暴露出不能满足迅速发展的社会主义建设的需求。个体手工业作为小商品经济，抵御经济风险的能力比较弱，基础又不稳固，再加上生产方式落后，商品销售日益困难。经过多年的经营，如果任其发展，除少数经营者能生存下来外，大多数经营者面临破产。早在国民经济恢复时期，博尔塔拉地区在大力扶持手工业和私营商业发展的同时，积极为个体工商企业进行社会主义改造创造条件。对个体手工业和私营商业的改造就是逐步引导劳动者走上社会主义集体化道路，尽快与社会主义发展要求相适应。

新中国成立初期，博尔塔拉地区境内的工业，以精河的盐场为主，此外还有一些个体手工业。手工业和私营工商业在博乐、精河两地较多，温泉较少，而且70%以上是兼营农牧业生产。1949年，全州有个体手工业56户，职工60人，年产值6.4万元。1953年，博尔塔拉个体手工业迅速发展，有了铁工、木工、制砖、皮毛、皮革加工、靴鞋帽、磨坊、榨油、碾米、烧酒、酱油醋、豆腐加工、缝纫、莫合烟等加工手工企业。

1953 年，博乐县根据中华全国合作总社第三次全国手工业合作社会议精神和中共中央新疆分局的指示精神，先以互助合作形式开始对个体手工业进行了社会主义改造。

## 二、互助合作社

1954 年，全州的个体手工业者被逐步地组织起来，使个体手工业者走上了合作化的发展生产道路。博乐县的 36 个个体手工业者组成了铁木工、缝纫、皮鞋等 7 个互助合作组。当时互助合作组的厂房是租用的，工具全部是个人的，组长与组员们一起参加生产劳动。实践表明，对手工业改造是可行的，当年互助合作组全部收入除上缴税金和提取20% ~ 30% 的生产费用外，其余部分用于按劳分配，每个劳动者每日生产的产品数量、质量分 3 等级评工记分，按劳取酬，工人工资每 10 天发一次，随之职工队伍也有了一定的发展。

1955 年 3 月，新疆召开了第一次手工业工作会议，会议传达了全国第四次手工业工作会议精神。会议传达了朱德《要把手工业生产合作社办好》的讲话，着重讨论了手工业生产合作化的问题。5 月 6 日，新疆分局召开了常委会议，专题研究新疆手工业社会主义改造工作，要求各级党委加强对手工业社会主义改造的领导，贯彻“统筹兼顾、全面安排、积极领导、稳步前进”的方针。

各地从本地实际特点出发，按照社会需求，有计划、有步骤地开展手工业合作化运动。博尔塔拉蒙古自治州各级党委根据中央和自治区的要求，制定了对手工业改造的方案，明确了手工业合作社的性质、目标和任务，并规定了入社自愿、按劳分配的工资制和劳动分红制等办社原则。

1955 年 6 月，精河县成立第一家手工业合作小组——靴子匠生产小组，11 月又成立了铁匠、木匠、砖瓦、油坊、皮革、鞋帽、磨坊、豆腐、缝纫等 13 个行业小组，职工 146 人。

1956 年 3 月，博乐县在成立互助合作组的基础上，成立了手工业联社，职工 105 人，同年又成立下属 4 个基层互助合作社。9 月，精河县手工业合作联社成立，标志着手工业的改造已完成。至此，博尔塔拉蒙古自治州对全州个体手工业的社会主义改造已基本完成。改造前，全州有手工业 378 家，职工人数 418 人。改造后，手工业有 202 家，职工有 208 人。

1958 年“大跃进”期间，个体手工业社会主义改造的完成，使以往规模狭小的个体手工业生产走上了集体合作化的道路，集体所有制的手工业合作社大部分并入地方国有企业，部分手工业合作社组织起来成立了集体手工业合作社（联社）。手工业生产合作社的建立与国营商业合作社建立紧密联系，保障了原料的供应和产品的销售，手工业生产纳入国家计划轨道。由于将个体手工业者组织了起来，实行了分工协作，改进了工艺流程，使用了新的工具、新的技术，因而在一定程度上提高了劳动生产力和产品质量，降低了生产成本，增加了职工的收入，既促进了生产力的发展，也推动了地区经济的发展。

但是，由于在手工业改造过程中认识不到位，片面认为只有实行集中生产、统一核算才属于社会主义性质，因此在入社操作过程中采取了“一刀切”的方式，由于入社过程过快、过粗、过急，使一些本适合于个体经营的、独具特色的特殊用品生产手工业也全部实行合作化管理，在营运过程中，手工业生产的自购自销方面受到了限制，因而出现了生产品种单一、花色减少、生产销售脱节、传统工艺失传的现象，这在一定程度上影响了手工业的发展。

1978 年党的十一届三中全会以后，一些富余劳动力和能工巧匠纷纷从事运输、加工等个体经营。1983 年全州有个体经营工业户 44 户，1984 年发展到 208 户。1985 年全州个体经营工业户发展到 644 户。

## 第二节　工业企业发展

中华人民共和国成立前，自治州没有全民所有制国营工业企业。1951 年 5 月 1 日，精河县成立了盐务管理处，接管了精河县税务局管理和精河县盐场，自治州开始有了第一个地方国有企业。1958 年自治州开始合并手工业企业，兴办地方国有企业，到 1959 年，全州共建成国营工业企业 22 家。特别是党的十一届三中全会以来，党中央提出“调整、改革、整顿、提高”的方针，自治州的工业企业得到了快速发展。

### 一、大炼钢铁运动

1958 年“大跃进”开始以后，工业战线要大干快上。1958 年大炼钢铁运动遍及全国，自治州也不例外，紧跟全国形势而上。9 月 12 日，全州各县积极行动了起来，先后开展了大炼钢铁运动。自治州、县（市）、公社各级都成立了钢铁工业办公室，各级党委一名领导主抓炼铁运动。由于时间紧，任务急，为了尽快完成炼钢任务，动员各路人马仓促上阵，当时组织了上千人参加了博乐、精河、温泉等地的大炼钢铁会战。运动中，全州共动员各族职工群众 3015 人，抽调大车 200 辆、马 406 匹、毛驴 146 头、骆驼 130 峰和 14 辆汽车，分别组成了 3 个钢铁团、3 个采矿营，由州党委书记谢玉田亲自挂帅，苦战 3 个月。抽调大量农村劳动力，建成土高炉 15 座、土平炉 600 个、炼钢土炉 20 座，采铁矿石 3000 吨、铜矿石 1500 吨。

由于人民公社化运动和“大跃进”运动交织在一起，农村中大量的青壮年劳力和畜力都投入大炼钢铁之中，使农业生产也受到严重的影响。

## 二、工业企业发展

1958 年，自治州开始合并手工业，兴办地方国有企业，在“大办工业”的口号下，自治州也兴起“大办工业”的高潮。同年，自治州党委书记谢玉田在博乐县四干会议上提出要求：办地方工业，首先贯彻为农牧服务的方针，各公社要把现有的副业生产组织起来，将这些副业生产工作组转成不同类型的大小工厂。当时要求：博乐县建 250—300 个工厂，精河县建 150—200 个工厂，温泉县建 100—150 个工厂。会后要求各县尽快制定出具体的计划和实施方案，抓紧时间完成建厂工作。全州各地按照自治州党委提出的“小型、民办、土法生产”的方针，兴办了一些为农牧业生产服务和自给性的地方工业企业 40 余项。当时有小工厂（作坊）621 个，其中自治州所属工厂 13 个，可以制出滚珠轴承、鼓风机、土化肥、水泥、硫酸、三用中耕机、脱粒机等 50 余种产品，有力地支持了农业的发展。但由于缺乏经验，技术设备条件差，大部分是土法操作，难以正常生产，浪费现象严重，此后这些兴办的工厂大都纷纷下马。

## 三、乡镇企业发展

中华人民共和国成立前后，自治州境内的城镇和农村仅有为数不多的手工业作坊和零星的土木建筑。1958 年人民公社化后，在城镇大办工业的同时，自治州农村建有设备简陋的铁木工厂、面粉加工厂、榨油厂、水泥厂、皮革制品厂、莫合烟厂、酱醋厂、石灰厂、砖厂等 200 多家社办工业，对活跃农村经济发展，为社员生产生活服务起到了一定作用。1960—1962 年国民经济困难时期，许多工厂关闭停产。

1978 年，党的十一届三中全会后，随着农村经济体制改革，乡镇企业成为农村多种经营的重要组成部分。自治州把发展乡镇企业作为调整农村产业结构、多种经营的重要举措来抓,使乡镇企业有了较快的发展。

1979 年 1 月 19 日,自治州成立了社队企业管理局,1982 年以后,自治州部分农牧区开始推行大包干形式的生产责任制,农业专业户和经济联合体日益增多,一些能工巧匠开办了农机修理厂、铁木农具加工厂、烧砖制陶厂、缝纫店、皮革加工厂等个体和联合户企业。1983 年全州发展乡镇企业 162 家,职工人数为 7013 人,占农业总劳动力的 10%。乡镇企业的迅速发展,不仅增加了广大农牧民的收入,也为自治州的经济发展注入了活力。

随着生产责任制的广泛推行和不断完善,大量的农村劳动力从传统的种植业转入其他经济领域,使自治州的乡镇企业迅速发展起来,全州乡镇企业已拥有工业、农业、建筑、运输等产业。为了适应乡镇企业的发展,自治州总工会加强了乡镇企业工会工作。同年,转发了全国总工会《关于在乡镇企业建立工会组织的通知》,为乡镇企业工会组织的发展提供了政策保障。

1985 年,全州共有乡镇企业 2389 个,职工人数为 11072 人。1990 年,全州乡镇企业发展到 3721 家,职工人数已达 12558 人。自治州乡镇企业的发展由小到大、由少到多、由弱到强,许多项目填补了自治州工商企业的空白,促进了农村经济结构的调整,成为自治州经济发展的主力军。

### 四、工业学大庆

由于“文化大革命”开始,自治州工业企业停工停产,1967—1968 年,自治州工业企业生产出现下滑,物资供应紧张,尤其是以农业为中心的工业企业生产遭受损失。自治州革委会成立后,抓紧配备和加强工交、财贸等部门和企业革委会、革命领导小组班子，主要任务是着力稳定、恢复和发展生产。

到1970年，自治州工业总产值恢复到500万元。1971年9月，自治州第五次党代会针对工业战线特别提出：高举“鞍钢宪法”的旗帜，深入开展“工业学大庆”的群众运动，积极开展“五小”（小钢铁、小水泥、小水电、小机械、小加工）工业企业，大力开展技术革新，大搞综合利用，降低企业成本，增加产品品种，提高产品质量。财贸部门要坚决贯彻执行“发展经济，保障供给”的总方针，进一步整顿队伍建设，全心全意为工农牧业生产服务，为工农兵服务。

博尔塔拉蒙古自治州在“工业学大庆”运动中，坚持工业为农业生产服务的方向。如博乐县农机修造厂就把农机具生产工作放在优先地位，在劳动力、材料、配件等方面给予充分保证，该厂产品生产产值占总产值的90%以上。许多企业为促进生产积极开展了社会主义劳动竞赛，大搞技术革新的群众运动，如自治州工程队开展了“比、学、赶、帮、超”劳动竞赛活动，定期开展评比总结活动，极大地调动了各族职工的积极性和主动性。博乐县粮油加工厂在开展“工业学大庆”群众运动中，破除迷信、大搞技术革新，推动了企业的发展。1972年，该厂自己设计制造MF2-250型复式制粉机3台，通过鉴定并投入使用，其优点是体积小、产量高、便于操作。接着又试验成功6-30型风机和配电盘、闭风器电磁式自动磅秤及面粉打包机等设备。粮油加工厂试验成功风力提粉工艺后，使面粉由原来日产15吨，提高到30吨，出粉率由78%提高到82%，成本由14.1元/吨降至11.7元/吨。全州各类粮油加工企业，在博乐县粮油加工厂的带动下，精河县粮油加工厂也安装了125型磨粉机6台，挑担平筛2台，使用风力输送。温泉县粮油加工厂安装125台风力机，采用单机单筛全风力输送的技术，大大地提高了企业生产效率。

全州公社、农牧场的粮食加工也很快使用风力输送技术。博乐县粮油加工厂首创的粮油加工风动力运送生产一条龙作业法，在全疆粮油系统工作会议上作了经验介绍。该厂还为兄弟单位制造 8－18 型、9－27 型、6－30 型等多种型号的风机 20 多台，并完成自治区粮食厅下达 50 台面粉检验筛、50 台闭风器、10 台 12 米环式输送机的制造任务，受到自治区粮食厅的表彰。

在此期间，自治州汽车队也大搞群众运动，革新了许多项目，制成了冲床电刨、半拖挂、三用小油镜、水箱、试验台、汽车吊车、轮胎螺丝装卸机、钢板卡子装卸机、变速箱拆装架、差速器拆装小车、电动千斤顶等多种革新产品。通过技术革新后，州汽车队大大提高了工作效率，有力地减轻了劳动强度。

1973 年 11 月，博尔塔拉蒙古自治州召开“工业学大庆”经验交流会。与会代表专门参观学习了博乐县粮油加工厂和自治州汽车修理厂的经验。经验交流会评选出精河盐场、精河县革委会汽车班、精河县水电站、精河县农机修造厂、精河县手工业联社，博乐县粮油加工厂、博乐县农机修造厂、博乐县手工业联社，温泉县水电站、温泉县手工业联社，自治州农机修造厂、自治州工程队施工一排等 10 个先进班组。

1974 年，博尔塔拉蒙古自治州第二次工会代表大会向全州广大各族职工发出号召，要求积极行动起来开展“工业学大庆”的群众运动，号召大家向模范驾驶员刘世雄、热依木江二位学习。

1976 年，自治州汽车二队驾驶员沙吾提·阿西木作为先进个人代表出席了自治区第二次“工业学大庆”先进集体和先进个人表彰大会。1977 年 5 月，博乐县粮油加工厂被评为全国“工业学大庆”先进单位。同年 6 月 4 日，自治州举办“工业学大庆”展览活动，活动以图片、图表、模型和实物反映了自治州工业战线技术革新所取得的成果。8 月，博乐县粮油加工厂又被全国粮食系统评为粮油系统先进单位。

1978年11月6—11日，博尔塔拉蒙古自治州召开了工业“学大庆”、财贸“学大庆”会议，大会对自治州水电局红星水电站等21个先进企业，精河县石油公司业务股等79个先进集体和张继秋等150名先进生产（工作）者进行了表彰。

1978年以前，自治州个体工商户只有十几家，从业人员30多人。党的十一届三中全会以后，1982年全州个体工商户发展到681家，从业人员达760人。集体企业发展到68个，个体企业14个，共安置城镇待业青年510人，成为自治州富有活力的新的经济增长点。

1978年10月，博尔塔拉蒙古自治州哈日图热格林场被命名为自治区级大庆式企业。同年自治州汽车队职工杜风昌、自治州农机局修造厂职工李德新被评为自治区劳动模范。杜风昌从1978年1月至1979年7月，为企业完成了3年的生产任务，上缴利润2.8万元，节油1500公斤。杜风昌在工作岗位上爱车如命，每次出车都要细心保养并认真检查。李德新在修造厂二十年如一日，刻苦钻研技术，大搞技术革新，先后试制出三辊卷板机、50吨压力机、25吨冲床等多种机械设备，既降低了生产成本，又提高了工作效率。他带领的铆焊组完成产值21万元，取得了平均每人创造产值1.6万元的好成绩。

## 五、地方国有企业发展

1956年，博尔塔拉蒙古自治州的国有企业创建是从社会主义工商业改造开始的。在工商业改造后，一些县办的私营企业和手工业联社被改造为国有企业。最早的是1952年创建的精河盐场，这是博尔塔拉地区第一家国有企业。

1954年7月，博尔塔拉蒙古自治州宣告成立，全州手工业全部并入国有企业，自治州兴办了生产土水泥、土化肥等地方工业企业。到了1959年，全州已有国有企业22个，除了精河盐场，新建自治州红旗加工厂(州农机修造厂前身)、自治州建筑工程队(州建筑公司)、自治州食品厂和三个县粮油加工厂,各公社也兴办了农具、缝纫、食品、莫合烟等小型企业,共计15个。1961—1965年,根据中央和自治区统一部署,国民经济实行了"调整、巩固、充实、提高"八字方针,自治州关、停、并、转一些条件不具备的企业,初步扭转局面,一些较突出的问题得到了有效解决,企业生产得到稳步发展。1966—1971年,自治州先后又新建了州酒厂、博乐县棉花加工厂、水泥厂等企业。

1978—1979年,自治州开始对国有企业进行治理整顿,工业企业逐步走上正轨。1982年,自治州对13个县属以上企业实行不同形式的经济责任制。对自治州汽车运输公司等5个企业进行了试点工作,通过试点,这些企业取得了较好的成绩。1月12—15日,博尔塔拉蒙古自治州党委召开了企业民主管理会议,会议传达学习了中央《国营企业职工代表大会暂行条例》和自治区召开的全区企业民主管理会议精神,会议要求全州工业企业要建立完善职代会制度,当年全州有70%以上企业均建立了职代会。

1983年改革开放初期,自治州有独立核算工业企业37个,主要有从事电力、化工、建材、机械加工、棉纺、制糖、食品加工等工业企业,工业产品大多为初级产品。随着改革开放的深入,国营企业的弊端开始显现。1985年,全面完成了企业整顿任务,全州共有国营工业企业56家。自治州农机厂实行以班组为基础的成本核算和定额管理制度,当年超额9%,完成全年产值计划,为国家上缴利润6万元。温泉县前进公社农机修造厂实行了生产岗位责任制,制定管理定额,实行了奖罚制度,该厂在1年内扭亏为盈,有了效益和利润。博乐县水泥厂由于实行了生产责任制,扭转了自1971年建厂以来连年亏损的局面,首次向国家上缴利润,充分调动了职工的积极性。

由于自治州积极推行了经济责任制,企业经济效益日益好转。到

1991 年，自治州城镇、农村个体工商户达 2104 家，职工已达 4037 人，所从事的行业也由过去的第二产业逐步向第三产业扩展。

1992 年，全州 61 家国有工业企业中实现盈利的有 46 家，利润 889 万元。1993 年，自治州出台《关于认真贯彻落实〈全民所有制工业企业转换经营机制条例〉及〈新疆维吾尔自治区全民所有制工业企业转换经营机制实施办法〉的意见》，并通过放权转利、扩大企业自主权、承包经营责任制、产权制度改革和建立现代化企业制度等一系列不同形式的改革，建立优胜劣汰的竞争机制。

1998 年，全州国营企业改制完成 77 家，2000 年，基本完成国营工业企业改制工作，全州国营工业企业仅剩 33 家，实现总产值 1.1 亿元。全州逐步形成纺织、制糖、制革、木材加工、粮油加工、建材、盐化、钢铁、矿业开发等工业布局，工业生产的发展，为经济社会的发展奠定了物质和技术基础。

# 第二章　职工队伍

## 第一节　职工队伍的形成与发展

博尔塔拉地处亚欧大陆腹地、西部内陆，工业基础十分薄弱。博尔塔拉蒙古自治州职工队伍是随着当地工业企业的兴起而逐步形成和发展起来的。

### 一、职工队伍的形成

追溯历史，博尔塔拉属于半农半牧地区，作为古丝绸之路“皮毛道”的博尔塔拉，历史上曾经有过东来西往，商旅不断的兴盛时期。很早以前就有了手工业、商业和运输服务业，也就是从那时起就有了一定数量的工人。从此，手工业、私营工商业就有了一定的发展。但到了近代，随着丝绸之路的衰落，手工业和私营工商业逐步减少。当时博尔塔拉境内的工业企业主要是精河的盐场，此外还有一些个体手工业。手工业和私营工商业主要集中在博乐和精河两地，温泉较少，而且70%以上是兼营农牧业生产。到了1949年，全州个体手工业共有56家，职工人数60人，年产值6.4万元。

新中国成立初期，博尔塔拉地区基本没有什么工业企业，而且是以个体手工业为主。这些手工业都是与人民生活紧密相关的行业。当时工商业情况是:城镇分散的手工业作坊有几十家,规模小则几人、大则十几人。主要从事的是铁工、木工、制砖、皮毛、皮革加工、靴鞋帽、磨坊、榨油、碾米、烧酒、酱油醋、豆腐加工、缝纫、莫合烟等加工业,均为手工操作,工艺比较简陋,生产水平低下。从事手工作坊的劳动者大多数是当地的农民,作坊主也多是农村的一些能工巧匠,他们仅靠自己的力量很难形成工人阶级队伍的优势,也不可能发挥其领导阶级的主力军作用。为了组织起自治州的工人阶级队伍,唤起工人的觉悟,发挥工人阶级在经济建设中的主力军作用,维护手工业者的合法权益,开展自治州工人运动尤为重要。在地方各级党委领导下,博尔塔拉开始筹建自治州县级工会。

## 二、职工队伍的发展

新中国成立后,特别是 1958 年以来,地方的一些小工业从无到有,从小到大,有了一定的发展。随着博尔塔拉的手工业、商业和运输业等行业的逐步发展,职工队伍也在不断壮大。在当时那个年代,广大各族职工意气风发,斗志昂扬,焕发出极大的爱国主义精神和社会主义建设积极性,满怀国家主人翁的幸福感和自豪感,认真贯彻“抓革命,促生产”“深挖洞,广积粮、不称霸”的方针,鼓足干劲、力争上游,多快好省地建设社会主义,推动自治州的工业企业有了较快的发展。随着社会和经济的发展,私营手工业作坊和一些中小企业逐渐焕发生机,工人阶级当家做主,在社会主义国民经济建设中,起主导作用的全民所有制的工业企业也迅速成长起来。

1955 年,自治州在农业合作化运动高潮的推动下,对私营工商业和个体手工业在生产资料所有制方面实行了社会主义改造,组成了手工业生产合作社。1955 年 6 月,精河县成立了第一家手工业合作小组——靴子匠生产小组。精河县 11 月又成立了铁工、木工、砖瓦、油坊、皮革、鞋帽、磨坊、缝纫等 13 家行业生产小组,生产的品种有几十种,职工有

146 人。1954 年,博乐县有 36 家个体手工业组成立了铁木工、缝纫、皮革等 7 个互助合作组,在成立互助合作组的基础上成立了手工业联合社,职工有 105 人。广大各族职工在党和政府的领导下,积极发展生产,增加花色品种,改进生产工艺,提高产品质量,对促进自治州的经济发展做出了显著成绩。

1958 年"大跃进"运动遍及全国,工业战线要大干快上。自治州和全国一样也兴起大办工业的高潮。全州动员各县广大各族群众 3015 人,其中抽调大量农村劳动力参加大炼钢铁运动。当时全州各级均成立了钢铁工业办公室。

1974 年,全州已发展的企业有农机修造、交通运输、基本建设、发电、原盐、森林采伐、小水泥、小煤炭及农副产品加工等 40 多家工业企业。全州工交、基建、商贸等企业的职工人数达 3700 多人。自治州把发展乡镇企业作为调整农村产业结构、多种经营的重要举措来抓。经过产业结构的调整,在全州已初步形成了以采掘、建筑、电力、化工、机械、电器、制革、纺织、酿酒、食品等为支柱产业的格局和拥有一定技术力量及良好设备条件的工业体系。

党的十一届三中全会以来,随着各项经济政策改革的进一步落实,自治州改革开放不断深化,国有企业和集体企业生产持续增长。乡镇企业异军突起,私营、个体等多种经济类型的企业出现了新的生机。

1985 年,全州有乡镇企业 1289 个,其中乡办 81 个、村办 77 个、联户(合作)81 个、个体 1050 个,职工人数 10310 人,占农村企业总劳动力的 10%。乡镇企业的发展,不仅增加了广大农牧民的收入,也为自治州的经济发展注入了活力。在此期间,全州涌现出独立核算的国营工矿企业,职工队伍也随之不断发展壮大。如博乐棉纺厂、精河棉纺厂、博乐造纸厂、博乐珍珠岩厂、精河大河沿子皮革厂、微型水泵厂、榨油厂、温泉县水泥厂等企业。到了 1990 年,企业已发展到 3721 家,职工队伍发展到

12558 人,年产值 3699.52 万元。

## 第二节 职工队伍构成和分布

### 一、职工队伍构成

新中国成立以来,在自治州经济社会发展的同时,自治州的职工队伍也有了发展。全州职工队伍人数已从 1949 年的 60 人,增加到 2021 年的 110779 人(指建立工会组织的职工总数)。

博尔塔拉蒙古自治州职工队伍是随着当地工业的兴起逐步组织起来的。博尔塔拉很早以前就有手工业,境内达勒特古城遗址出土陶器、石纺轮、铸铁块等宋元文物,证明当时手工业就已经有了一定基础。清光绪三十四年(1908 年),博州境内有裁缝、木匠、铁匠等 17 个。民国三十二年(1943 年),博乐有手工业 59 个,职工 119 人,共有 13 个行业。其中皮鞋匠 13 个、屠夫 10 个、理发店 7 个、馕铺 6 个、酿酒店 5 个、铁匠 4 个、木匠 4 个、银匠、饭馆和制糖店各 2 个,铜匠、铝匠各 1 个。

新中国成立初期,博尔塔拉地区的工业企业(主要是个体手工作坊,有铁工、木工、制砖、皮毛、皮革加工、靴鞋帽、磨坊、榨油、碾米、烧酒、酱油醋、豆腐加工、缝纫、莫合烟等)有 56 个,职工人数 60 多人。从事手工作坊的劳动者大多是当地的农民,作坊主也多是农村的一些能工巧匠,他们仅靠自己的力量很难形成工人阶级队伍的优势,也不可能发挥其领导阶级的主力军作用。

1951 年 5 月 1 日,精河县成立了盐务管理处,接收精河盐场。从此,博尔塔拉有了第一家国营工业企业。为了组织起自治州的工人阶级队伍,唤起工人的觉悟,发挥工人阶级在革命建设中的主力军作用,维护手工业者的合法权益,开展工人运动,在博尔塔拉地区各级党委领导下,开始筹建县级工会。1953年以后,个体手工业被逐步组织起来,走上了合作化发展生产道路。1954年博尔塔拉蒙古自治州成立后,在自治区党委的关怀下,自治州开始了有规模的经济建设。

自治州成立初期,全州有161家小型工业企业,其中地方国营工业企业1个、手工业6个、个体手工业154个,职工分别为40人、22人、221人。1957年,全州手工业合作组织发展到11个,入社职工有252人,约占全州手工业总数的90%,基本上完成了对手工业的社会主义改造。

随着手工业联合社的发展,精河县把企业的职工组织起来,担负起工人阶级在新民主主义政权建设和经济发展建设中所肩负的领导阶级的历史使命。

随着经济的发展,自治州把手工业全部并入国营企业,兴办了生产土水泥、土化肥等的地方企业。到了1959年,全州拥有地方国营企业22个,职工1264人;人民公社办工业24个,职工387人;手工业合作组织2个,职工30人。

1961年,自治州贯彻"八字"方针,开始调整国民经济,淘汰一些急于求成、无资金、无效益的企业,兴建了交通、电力、粮油加工、农机修造等骨干工业企业。

到了1964年,自治州有全民工业企业15个,职工545人;集体企业22个,职工401人。年产值315万元,是建州时的6倍。

党的十一届三中全会后,自治州开始清理"左"的影响,贯彻"调整、改革、整顿、提高"的指导方针,逐步将工作重点转移到以经济建设为中心的轨道上来。自治区不断加大基本建设投资,使自治州工业企业开始走上健康发展的轨道,自治州的工业企业得到了快速发展。1978年开始对国有工业企业进行治理整顿,工业生产逐步走上正轨。

随着经济结构和产业结构的调整,自治州职工队伍的分布情况也发生了一些变化。"十五"期间,自治州把乡镇企业工业园区建设作为推进农村工业化与城镇化建设的结合点，开始积极引导乡镇企业集中连片发展。2003 年，全州各类工业企业 164 个，有职工 5746 人。

## 二、职工队伍分布

博尔塔拉蒙古自治州的职工队伍主要分布在农林牧、采掘业、制造业、建筑业、交通运输业、饮食和社会服务业、科教文卫和广播电视事业、金融保险业、党政群机关等行业。主要集中在 2 市（博乐市、阿拉山口市）和 2 县（精河县、温泉县）的城镇。从 1980 年开始，自治州先后扩建和改造了艾比湖盐场、州酒厂、博乐县水泥厂、粮油加工厂，此外还新建了州皮毛加工厂、州塑料厂、州磷肥厂和州葡萄酒厂等企业，职工队伍也有了一定发展。

随着经济结构和产业结构的调整，自治州职工队伍的分布情况也发生了一些变化。自治州工业的快速发展，带动了自治州交通、邮电、电力、农机、建材、商贸、金融以及教育、卫生等事业的发展，这些行业的职工队伍也不断发展壮大。进入 70 年代以来，工人阶级队伍发生了新老交替的大变化，特别是 1978 年党的十一届三中全会以后，随着改革开放的不断深化，职工的年龄结构、文化结构、专业知识结构等都发生了变化，同时职工队伍的素质越来越高。1991 年，全州职工队伍比较稳定，职工人数为 31492 人。1985 年，全州有全民、集体工业企业 2389 个，职工队伍总数为 10310 人。其中乡镇企业 81 个，职工 3967 人；工业企业 52 个，职工 605 人；建筑企业 34 个，职工 1866 人；交通运输企业 1 个，职工 12 人；其他行业 56 个，职工 1133 人。自治州经贸委所属单位有州汽配公司、州皮革厂、州木器厂、州药材公司和州乳品厂。到了 1990 年，全州职工队伍发展到 12558 人。

2018 年，有规模以上工业企业 103 个，实现工业总产值 865274 万元。新增职工 13573 人，实现城镇就业再就业人员 3695 人。

# 第三章　工会组织

中国工会是中国共产党领导的职工自愿结合的工人阶级群众组织，是中国共产党联系职工群众的桥梁和纽带，是会员和职工利益的代表者，维护职工合法权益、竭诚服务职工群众是工会的基本职责。工会组织以宪法为根本活动准则，按照《中华人民共和国工会法》和《中国工会章程》独立自主地开展工作，依法行使权力和履行义务。

## 第一节　工会代表大会

### 一、博尔塔拉蒙古自治州工会筹备委员会

博尔塔拉蒙古自治州工会委员会组织机构，成立于20世纪60年代初。为了加强对全州各级工会组织的领导，经州党委研究，拟成立自治州工会工作委员会。为了做好成立工会的准备工作，先成立工会筹备委员会。1959年10月10日，中共博尔塔拉蒙古自治州委员会下发《关于成立自治州工会筹备委员会的通知》，至于县一级暂不设立工会委员会，各县企业工会可以和州工会筹备委员会直接挂钩。1960年3月，自治州工会筹备委员会正式成立。工会筹备委员会由谢玉田、李耀峰、韩贵锁、徐德明、巴音恰汗（蒙古族）、赵树青（女，兼）、阿合买丁（维吾尔族）

等7位组成。谢玉田任自治州工会筹备委员会主任。

## 二、博尔塔拉蒙古自治州工会第一次代表大会

1965年8月17—21日，博尔塔拉蒙古自治州工会第一次代表大会在博乐召开。出席代表大会正式代表59人。代表中，妇女代表11人，占代表总数的19%；产业工人代表24人，占代表总数的41%。自治州党委常委、副州长王邦玉参加了会议并代表州党委讲话，自治区总工会副主席泽番到会讲话。与会代表听取和审议了题为《高举毛泽东思想伟大红旗，促进职工思想革命化》的工作报告，大会通过了关于《高举毛泽东思想伟大红旗奋勇前进》的决议，选举产生了博尔塔拉蒙古自治州总工会第一届委员会委员，正式成立博尔塔拉蒙古自治州总工会。吐尔巴依尔（蒙古族）当选为博尔塔拉蒙古自治州总工会第一届委员会主席。侯孝璋、那克（蒙古族，兼）、赵树青（女，兼）分别当选为自治州总工会第一届委员会副主席。

“文化大革命”开始后，自治州各级工会组织处于停滞状态，不能正常开展工作。1969年4月，博尔塔拉蒙古自治州革命委员会成立，工会工作被纳入自治州革命委员会政治工作组下设的群众工作组管理。

## 三、博尔塔拉蒙古自治州工会第二次代表大会

1974年11月20—24日，博尔塔拉蒙古自治州工会第二次代表大会在博乐召开。出席代表大会正式代表151人。其中妇女代表38人，占代表总数25%。代表中有老工人、青年工人、工程技术人员，有先进集体代表和先进个人代表。大会还邀请了人民解放军战士、军垦战士、职工家属、贫下中农、上山下乡知识青年、红卫兵、知识分子和有关部门的

负责人等20多人列席会议。会议学习了马克思、恩格斯、列宁、斯大林和毛泽东关于工会问题的论述,自治州党委副书记王邦玉参加了会议并代表州党委讲话,大会听取和审议了自治州总工会第一届委员会的工作报告,通过了《充分发挥工人阶级主力军作用,为迎接自治州国民经济新跃进而奋斗》的决议。按照老中青三结合的原则,大会选举产生了博尔塔拉蒙古自治州总工会第二届委员会委员21名。自治州总工会第二届一次全体委员会选出常务委员会委员9名,主席1名,副主席2名。王邦玉当选为博尔塔拉蒙古自治州总工会第二届委员会主席(兼),侯孝璋、阿不都热西提·哈斯木(维吾尔族)分别当选为博尔塔拉蒙古自治州总工会第二届委员会副主席。

选举产生的自治州总工会第二届领导机构,初步恢复了因“文化大革命”陷入瘫痪的工会工作。恢复后的自治州总工会,积极动员基层工会组织,加强思想建设和组织建设,整顿了企业工会组织,动员各族职工积极投身到“工业学大庆”的运动之中。

## 四、博尔塔拉蒙古自治州工会第三次代表大会

1980年1月15日,博尔塔拉蒙古自治州工会第三次代表大会在博乐召开。出席代表大会正式代表176人,列席代表5人。代表中,妇女代表18人,占代表总数的10%;党团员62人,占代表总数的34%。大会听取和审议了自治州总工会第二届委员会题为《充分发挥工人阶级主力军作用,为加快博州社会主义现代化建设而奋斗》的工作报告。大会选举产生了自治州总工会第三届委员会委员,选举产生了自治州工会第三届经费审查委员会委员。自治州总工会第三届一次全委会选举出常务委员会委员、经费审查委员会委员、主席、副主席。张河山(自治州革委会副主任)当选为自治州总工会第三届委员会主席(兼)。侯孝璋、魏

登先分别当选为自治州总工会第三届委员会副主席。邢培荣当选为自治州总工会第三届经费审查委员会主任，吾可拜、李素勤、张洪业、木斯林等分别当选为经费审查委员会委员。

## 五、博尔塔拉蒙古自治州工会第四次代表大会

1985 年 1 月 21—24 日，博尔塔拉蒙古自治州工会第四次代表大会在博乐召开。出席代表大会的正式代表 180 人，代表平均年龄 38.3 岁，大专以上文化程度占 30%。

大会审议通过了自治州总工会第三届委员会关于《认真贯彻党的十二届三中全会精神，努力搞好自治州工会组织的整顿和建设为开创工会工作新局面而奋斗的工作报告》《自治州总工会财务工作报告》和《自治州总工会经费审查委员会工作报告》。讨论并制定自治州总工会基层组织整顿方案，加强和建设“工人之家”“争当工人之友”活动规划。大会选举产生了自治州总工会第四届委员会委员 22 名，候补委员 5 名。自治州总工会四届一次全委会上选出常务委员会委员 11 名、主席 1 名、副主席 1 名，经审委员会委员 3 名。陈文波当选为自治州总工会第四届委员会主席，斯德克·库尔班（维吾尔族）当选为自治州总工会第四届委员会副主席。

1989 年 4 月，自治州党委任命封连城为自治州总工会主席。1993 年 6 月 15 日，自治区总工会批准补选刘忠效为自治州总工会第四届委员会委员、常委、副主席。1993 年 11 月 15 日，经自治州党委研究决定，任命封连城为自治州总工会正县级调研员。

## 六、博尔塔拉蒙古自治州工会第五次代表大会

1993 年 11 月 23 日，博尔塔拉蒙古自治州工会第五次代表大会在博

乐召开。出席代表大会的正式代表 150 人，特邀和列席代表 20 人。代表中，工会工作者占 55%，先进人物代表占 10%，大专以上代表占 32%，妇女代表占 32%，党团员占 71%。

大会听取和审议了自治州总工会第四届委员会工作报告和经费审查委员会工作报告，讨论通过了《抓住机遇，团结奋斗，在加快自治州改革开放和现代化建设中发挥工人阶级主力军作用的工作报告》《自治州总工会财务工作报告》和《自治州总工会经费审查委员会工作报告》。大会选举出自治州总工会第五届委员会委员和经费审查委员会委员。自治州总工会五届一次全委会上选举出常务委员会委员，主席 1 名，副主席 1 名。刘忠效当选为自治州总工会第五届委员会主席，斯德克・库尔班（维吾尔族）当选为自治州总工会第五届委员会副主席。孟庆州当选为自治州总工会第五届经费审查委员会主任，曹亚莉当选为自治州总工会第五届经费审查委员会副主任。

## 七、博尔塔拉蒙古自治州工会第六次代表大会

1999 年 12 月 6—8 日，博尔塔拉蒙古自治州工会第六次代表大会在博乐召开，出席大会的正式代表 160 人，特邀代表 16 人，列席代表 4 人。代表中，女职工代表占 38%，工会积极分子和劳模代表占 25%，各界知识分子代表占 17%。大会听取和审议了自治州总工会第五届委员会《工作报告》《自治州总工会财务工作报告》和《自治州总工会经费审查委员会工作报告》。酝酿讨论“五突破一加强”工会工作指导方针，选举产生了自治州总工会第六届委员会委员和经费审查委员会委员。自治州总工会六届一次全委会上选举出常务委员会委员，主席 1 名，副主席 1 名。龚玉梅（女）当选为自治州总工会第六届委员会主席，希尔买买提・阿不拉（维吾尔族）当选为自治州总工会第六届委员会副主席。希

尔买买提·阿不拉(维吾尔族)当选为自治州总工会第六届经费审查委员会主任,刘素兰(女)当选为自治州总工会第六届经费审查委员会副主任。

### 八、博尔塔拉蒙古自治州工会第七次代表大会

2005年7月26—28日,博尔塔拉蒙古自治州工会第七次代表大会在博乐召开。出席大会的正式代表159人。代表中,工会工作者89名,占代表总数的55.98%;工会积极分子25名,占代表总数的15.72%;先进工作者和劳模代表16名,占代表总数的10.06%;各类专业技术人员代表24名,占代表总数的15.09%;大专以上文化程度代表18名,占代表总数的86.8%;中共党员137名,占代表总数的86.16%;共青团员7名,占代表总数的4.4%;民主党派1名,占代表总数的0.6%;群众14名,占代表总数的8.81%;女职工代表53名,占代表总数的33.53%。

自治州党委主要领导出席大会,并代表州党委、州政府作讲话,大会听取和审议了自治州总工会第六届委员会《工作报告》《自治州总工会财务工作报告》和《自治州总工会经费审查委员会工作报告》。大会讨论通过了《"组织起来,切实维权"工作方针,团结动员各族职工在全面建设小康社会中发挥工人阶级主力军作用》的工作报告。大会选举产生了自治州总工会第七届委员会委员33人,自治州总工会第七届经费审查委员会委员7人。自治州总工会七届一次全委会议选出常务委员会委员13人,主席1名,副主席1名。龚玉梅(女)当选为自治州总工会第七届委员会主席,希尔买买提·阿不拉(维吾尔族)当选为自治州总工会第七届委员会副主席。希尔买买提·阿不拉当选为自治州总工会第七届经费审查委员会主任,李军当选为自治州总工会第七届经费审查委员会副主任。

## 九、博尔塔拉蒙古自治州工会第八次代表大会

2010 年 10 月 21—22 日，博尔塔拉蒙古自治州工会第八次代表大会在博乐召开。出席大会的正式代表 200 人。代表中工会工作者代表占总数的 56%；工会积极分子代表占总数的 16%；先进工作者和劳模代表占代表总数的 10%；各类专业技术人员，占代表总数的 15%；其他代表 6 名，占代表总数的 3%。大会听取和审议了自治州总工会第七届委员会《工作报告》《自治州总工会财务工作报告》《自治州总工会经费审查委员会工作报告》。大会讨论通过了《扎实工作，开拓创新，在推动自治州经济社会平稳较快发展中进一步发挥工会组织的作用》的工作报告。大会选举产生了自治州总工会第八届委员会委员 31 名，自治州总工会第八届经费审查委员会委员 7 名。自治州总工会八届一次全委会议选出常务委员会委员 13 名，主席 1 名，副主席 1 名。龚玉梅(女)当选为自治州总工会第八届委员会主席，希尔买买提·阿不拉(维吾尔族)当选为自治州总工会第八届委员会副主席。王丽华(女)当选为自治州总工会第八届经费审查委员会主任，柳振江当选为自治州总工会第八届经费审查委员会副主任。

## 十、博尔塔拉蒙古自治州工会第九次代表大会

2015 年 9 月 10—11 日，博尔塔拉蒙古自治州工会第九次代表大会在博乐召开。出席大会的正式代表 200 人，特邀代表 10 名，列席代表 20 名。代表中，工会工作者占代表总数的 58%；工会积极分子占代表总数的 9.5%；先进工作者和劳模占代表总数的 10%；各类专业技术人员占代表总数的 9.5%；生产一线工人占代表总数的 11%；其他代表占代表总数的 2%。

大会听取和审议了自治州总工会第八届委员会《工作报告》《自治

州总工会财务工作报告》《自治州总工会经费审查委员会工作报告》，会议讨论通过了《服务职工促和谐，凝心聚力谋发展，为实现博州社会稳定和长治久安再立新功》的工作报告。大会选举产生了自治州总工会第九届委员会委员33名，自治州总工会第九届经费审查委员会委员7名。自治州总工会九届一次全委会议选出常务委员会委员15人，主席1名，副主席4名。袁立玲（女）当选为自治州总工会第九届委员会主席。艾来提（维吾尔族）、陈维（湖北援疆）分别当选为自治州总工会第九届委员会副主席。郭木苏荣（蒙古族）、陈盛分别当选为自治州总工会第九届委员会副主席（兼职）。陈维当选为自治州总工会第九届经费审查委员会主任，张秀红（女）当选为自治州总工会第九届经费审查委员会副主任。

## 十一、博尔塔拉蒙古自治州工会第十次代表大会

2021年6月15日，博尔塔拉蒙古自治州工会第十次代表大会在博乐召开。出席大会的正式代表200人，特邀代表10名，列席代表20名。代表中，工会工作者占代表总数的61%；先进工作者和劳模占代表总数的10%；基层和一线职工占代表总数的63.5%。

大会听取和审议了自治州总工会第九届委员会《工作报告》《自治州总工会财务工作报告》《自治州总工会经费审查委员会工作报告》。大会通过了《建功新时代，奋斗新征程，为实现博州"十四五"宏伟蓝图而不懈奋斗》工作报告决议。大会选举产生了自治州总工会第十届委员会委员45名，自治州总工会第十届经费审查委员会委员9名。自治州总工会十届一次全委会议选出常务委员会委员15名，主席1名，副主席4名。袁立玲（女）当选为自治州总工会第十届委员会主席。周文泽、库热西·库尔班（维吾尔族）分别当选为自治州总工会第十届委员会副主席。巴吐鲁呼（蒙古族）、丁正（女）分别当选为自治州总工会第十届委员会副主席（兼职）。弓联坤当选为自治州总工会第十届经费审查委员会主任，

田永凤(女)当选为自治州总工会第十届经费审查委员会副主任。

## 第二节　组织机构及组成人员

### 一、博尔塔拉蒙古自治州总工会

1960 年 3 月,在自治州党委和自治区总工会领导下,成立了博尔塔拉蒙古自治州工会筹备委员会,内部未设机构。州筹备委员会由 7 人组成,设主任 1 名。1960 年 7 月 12 日,自治州工会筹备委员会建立以来,在自治州党委的坚强领导下,在自治区总工会领导和指导下,自治州也和全国各地一样,各项事业有了很快的发展,职工队伍也随之壮大。工会工作有了进一步的发展,结合党的中心工作,各厂矿、企业、机关、学校等单位,都先后建立了工会基层组织,有些单位还配备了工会专职干部,各项工作有了一定的发展,为今后开展工作奠定了基础。

1965 年 8 月 18—24 日,自治州召开了博尔塔拉蒙古自治州工会第一次会员代表大会,正式成立博尔塔拉蒙古自治州总工会,内部未设机构。自治州总工会在 1966 年 5 月"文化大革命"后停止工作。

1969 年 4 月,博尔塔拉蒙古自治州革命委员会成立,州总工会工作纳入自治州革命委员会政治工作组下设的群众工作组管理。1974 年 11 月,自治州召开了工会第二次代表大会后,工作恢复正常。

1978 年 12 月,党的十一届三中全会胜利召开,全党全国工作重心转移到了社会主义现代化建设上来,自治州总工会的各项工作也逐步走上健康发展的轨道,自治州总工会的基层工会组织逐渐发展壮大起来。1979 年,全州有基层工会组织、工会小组 80 个,会员 1361 人。1985 年,基层工会组织发展到 242 个,会员人数达 12200 人。

2004 年,自治州总工会认真贯彻执行全国总工会"组织起来、切实维权”工作方针,加大了工会的组建力度。2008年,全州职工队伍已有48819人。到了2021年,全州职工队伍已发展到11万余人。截至2021年,自治州总工会共召开十次代表大会。

(一)博尔塔拉蒙古自治州总工会历届领导名录

## 博尔塔拉蒙古自治州总工会历届领导名录表

表3－1

<table>
<tr><th>届次</th><th>届次时间</th><th>职务</th><th>姓名</th><th>性别</th><th>族别</th><th>任职起止时间</th><th>备注</th></tr>
<tr><td rowspan="8">自治州总工会筹备委员会</td><td rowspan="8">1960.6—1965.8</td><td>主任</td><td>谢玉田</td><td>男</td><td>汉族</td><td>1960.6—1965.8</td><td></td></tr>
<tr><td rowspan="7">委员</td><td>谢玉田</td><td>男</td><td>汉族</td><td>1960.6—1965.8</td><td></td></tr>
<tr><td>韩贵锁</td><td>男</td><td>汉族</td><td>1960.6—1965.8</td><td></td></tr>
<tr><td>徐德明</td><td>男</td><td>汉族</td><td>1960.6—1965.8</td><td></td></tr>
<tr><td>巴音恰汗</td><td>男</td><td>蒙古族</td><td>1960.6—1965.8</td><td></td></tr>
<tr><td>赵树青</td><td>女</td><td>汉族</td><td>1960.6—1965.8</td><td></td></tr>
<tr><td>阿合买丁</td><td>男</td><td>维吾尔族</td><td>1960.6—1965.8</td><td></td></tr>
<tr><td colspan="0" style="display:none"></td></tr>
<tr><td rowspan="4">自治州总工会第一届委员会</td><td rowspan="4">1965.8—1967.3</td><td>主席</td><td>吐尔巴依尔</td><td>男</td><td>蒙古族</td><td>1965.8—1967.3</td><td>兼</td></tr>
<tr><td rowspan="3">副主席</td><td>侯孝璋</td><td>男</td><td>汉族</td><td>1965.8—1967.3</td><td></td></tr>
<tr><td>那　克</td><td>男</td><td>蒙古族</td><td>1965.8—1967.3</td><td>兼</td></tr>
<tr><td>赵树青</td><td>女</td><td>汉族</td><td>1965.8—1967.3</td><td>兼</td></tr>
<tr><td rowspan="2">自治州总工会第二届委员会</td><td rowspan="2">1974.11—1980.1</td><td>主席</td><td>王邦玉</td><td>男</td><td>汉族</td><td>1974.11—1980.1</td><td>兼</td></tr>
<tr><td>副主席</td><td>侯孝璋</td><td>男</td><td>汉族</td><td>1965.8—1967.3</td><td></td></tr>
<tr><td rowspan="2">自治州总工会第三届委员会</td><td rowspan="2">1980.1—1985.1</td><td rowspan="2">主席</td><td>张河山</td><td>男</td><td>汉族</td><td>1980.1—1980.9</td><td>兼</td></tr>
<tr><td>陈文波</td><td>男</td><td>汉族</td><td>1984.5—1985.1</td><td></td></tr>
</table>

续表 3－1

| 届次 | 届次时间 | 职务 | 姓名 | 性别 | 族别 | 任职起止时间 | 备注 |
|---|---|---|---|---|---|---|---|
| 自治州总工会第三届委员会 | 1980.1—1985.1 | 副主席 | 侯孝璋 | 男 | 汉族 | 1980.1—1984.5 | |
| | | | 魏登先 | 男 | 汉族 | 1980.1—1984.3 | |
| | | | 斯德克·库尔班 | 男 | 维吾尔族 | 1984.2—1985.1 | |
| 自治州总工会第四届委员会 | 1985.1—1993.10 | 主席 | 陈文波 | 男 | 汉族 | 1985.1—1988.7 | |
| | | | 封连城 | 男 | 汉族 | 1989.4—1993.11 | |
| | | 副主席 | 斯德克·库尔班 | 男 | 维吾尔族 | 1985.1—1987.10 | |
| | | | 刘忠效 | 男 | 汉族 | 1989.4—1993.6 | |
| 自治州总工会第五届委员会 | 1993.11—1997.9 | 主席 | 刘忠效 | 男 | 汉族 | 1993.11—1997.9 | |
| | | 副主席 | 斯德克·库尔班 | 男 | 维吾尔族 | 1993.11—1997.9 | |
| 自治州总工会第六届委员会 | 1999.12—2005.7 | 主席 | 龚玉梅 | 女 | 汉族 | 1999.12—2005.7 | |
| | | 副主席 | 希尔买买提·阿不拉 | 男 | 维吾尔族 | 1999.11—2005.7 | |
| 自治州总工会第七届委员会 | 2005.7—2010.10 | 主席 | 龚玉梅 | 女 | 汉族 | 2005.7—2010.10 | |
| | | 副主席 | 希尔买买提·阿不拉 | 男 | 维吾尔族 | 2005.7—2008.6 | |
| 自治州总工会第八届委员会 | 2010.10—2015.9 | 主席 | 龚玉梅 | 女 | 汉族 | 2010.10—2015.9 | |
| | | 副主席 | 艾来提 | 男 | 维吾尔族 | 2010.10—2015.9 | |
| | | | 王均荣 | 男 | 汉族 | 2011.8—2014.3 | 援疆 |
| | | | 陈　维 | 男 | 汉族 | 2014.3—2015.9 | 援疆 |
| | | | 陈新燕 | 女 | 汉族 | 2013.7—2014.11 | |

续表 3－1

| 届次 | 届次时间 | 职务 | 姓名 | 性别 | 族别 | 任职起止时间 | 备注 |
|---|---|---|---|---|---|---|---|
| 自治州总工会第九届委员会 | 2010.10—2015.9 | 主席 | 袁立玲 | 女 | 汉族 | 2015.9—2021.6 | |
| | | 副主席 | 王玉明 | 男 | 汉族 | 2017.4—2019.12 | |
| | | | 刘季洲 | 男 | 汉族 | 2019.12—2021.3 | |
| | | | 艾来提 | 男 | 维吾尔族 | 2015.9—2019.2 | |
| | | | 库热西·库尔班 | 男 | 维吾尔族 | 2019.2—2021.6 | |
| | | | 陈　维 | 男 | 汉族 | 2015.9—2017.1 | 援疆 |
| | | | 郭木苏荣 | 男 | 汉族 | 2015.9—2021.6 | 兼 |
| | | | 陈　盛 | 男 | 汉族 | 2015.9—2021.6 | 兼 |
| 自治州总工会第十届委员会 | 2021.6— | 主席 | 袁立玲 | 女 | 汉族 | 2021.6— | |
| | | 副主席 | 周文泽 | 男 | 汉族 | 2021.6— | |
| | | | 库热西·库尔班 | 男 | 维吾尔族 | 2021.6— | |
| | | | 丁　正 | 女 | 汉族 | 2021.6— | 兼 |
| | | | 巴图鲁呼 | 男 | 蒙古族 | 2021.6— | 兼 |

（二）博尔塔拉蒙古自治州总工会历届党组书记、副书记、党组成员

**博尔塔拉蒙古自治州总工会历届党组书记、副书记、党组成员名录表**

表 3－2

| 届次 | 届次时间 | 职务 | 姓名 | 性别 | 族别 | 任职起止时间 | 备注 |
|---|---|---|---|---|---|---|---|
| 自治州总工会第六届党组 | 1999.12—2005.7 | 党组书记 | 龚玉梅 | 女 | 汉族 | 1999.12—2005.7 | |

续表 3－2

| 届次 | 届次时间 | 职务 | 姓名 | 性别 | 族别 | 任职起止时间 | 备注 |
|---|---|---|---|---|---|---|---|
| 自治州总工会第六届党组 | 1999.12—2005.7 | 党组成员 | 希尔买买提·阿不拉 | 男 | 维吾尔族 | 1999.11—2005.7 | |
| | | | 蒋国庆 | 女 | 汉族 | 2000.8—2005.7 | 纪检组长 |
| 自治州总工会第七届党组 | 2005.7—2010.10 | 党组书记 | 龚玉梅 | 女 | 汉族 | 2005.7—2010.10 | |
| | | 党组成员 | 蒋国庆 | 女 | 汉族 | 2005.7—2008.6 | 纪检组长 |
| | | | 王丽华 | 女 | 汉族 | 2008.6—2013.7 | |
| 自治州总工会第八届党组 | 2010.10—2015.9 | 党组书记 | 龚玉梅 | 女 | 汉族 | 2010.10—2015.1 | |
| | | 党组成员 | 艾来提 | 男 | 维吾尔族 | 2010.9—2015.9 | |
| | | | 王均荣 | 男 | 汉族 | 2011.8—2014.3 | 援疆 |
| | | | 陈　维 | 男 | 汉族 | 2014.3—2015.9 | 援疆 |
| | | | 陈新燕 | 女 | 汉族 | 2013.7—2014.11 | |
| 自治州总工会第九届党组 | 2015.9—2021.6 | 党组书记 | 王玉明 | 男 | 汉族 | 2017.4—2019.12 | |
| | | | 刘季洲 | 男 | 汉族 | 2019.12—2021.3 | |
| | | 党组副书记 | 袁立玲 | 女 | 汉族 | 2015.9—2021.6 | |
| | | 党组成员 | 艾来提 | 男 | 维吾尔族 | 2015.9—2019.2 | |
| | | | 陈　维 | 男 | 汉族 | 2015.9—2017.2 | 援疆 |
| | | | 库热西·库尔班 | 男 | 维吾尔族 | 2019.2—2021.6 | |
| | | | 赵志远 | 男 | 汉族 | 2017.4—2021.6 | |

续表 3－2

| 届次 | 届次时间 | 职务 | 姓名 | 性别 | 族别 | 任职起止时间 | 备注 |
| --- | --- | --- | --- | --- | --- | --- | --- |
| 自治州总工会第十届党组 | 2021.6— | 党组书记 | 周文泽 | 男 | 汉族 | 2021.3— | |
| | | 党组副书记 | 袁立玲 | 女 | 汉族 | 2021.6— | |
| | | 党组成员 | 库热西·库尔班 | 男 | 维吾尔族 | 2021.6— | |
| | | | 赵志远 | 男 | 汉族 | 2021.6— | |

（三）博尔塔拉蒙古自治州总工会历届经费审查委员会名录

## 博尔塔拉蒙古自治州总工会历届经费审查委员会名录表

表 3－3

| 届次 | 届次时间 | 职务 | 姓名 | 性别 | 族别 | 任职起止时间 | 备注 |
| --- | --- | --- | --- | --- | --- | --- | --- |
| 自治州总工会第三届经费审查委员会 | 1980.1—1985.1 | 主任 | 邢培荣 | 男 | 汉族 | 1980.1—1985.1 | |
| | | 委员 | 吾可拜 | 男 | | 1980.1—1985.1 | |
| | | | 李素勤 | 男 | 汉族 | 1980.1—1985.1 | |
| | | | 张洪业 | 男 | 汉族 | 1980.1—1985.1 | |
| | | | 木斯林 | 男 | 维吾尔族 | 1980.1—1985.1 | |
| 自治州总工会第四届经费审查委员会 | 1985.1—1990.1 | 主任 | 孟庆州 | 男 | 汉族 | 1985.1—1990.1 | |
| | | 副主任 | 曹亚莉 | 女 | 汉族 | 1985.1—1990.1 | |
| 自治州总工会第五届经费审查委员会 | 1993.11—1999.12 | 主任 | 孟庆州 | 男 | 汉族 | 1993.11—1999.12 | |
| | | 副主任 | 曹亚莉 | 女 | 汉族 | 1993.11—1999.12 | |

续表 3-3

| 届次 | 届次时间 | 职务 | 姓名 | 性别 | 族别 | 任职起止时间 | 备注 |
|---|---|---|---|---|---|---|---|
| 自治州总工会第六届经费审查委员会 | 1999.12—2005.7 | 主任 | 希尔买买提·阿不拉 | 男 | 维吾尔族 | 1999.12—2005.7 | |
| | | 副主任 | 刘素兰 | 女 | 汉族 | 1999.12—2005.7 | |
| 自治州总工会第七届经费审查委员会 | 2005.7—2010.11 | 主任 | 希尔买买提·阿不拉 | 男 | 维吾尔族 | 2005.7—2008.9 | |
| | | 副主任 | 李　军 | 男 | 汉族 | 2005.7—2010.11 | |
| 自治州总工会第八届经费审查委员会 | 2010.11—2015.9 | 主任 | 王丽华 | 女 | 汉族 | 2010.11—2015.9 | |
| | | 副主任 | 柳振江 | 女 | 汉族 | 2010.11—2015.9 | |
| | | | 陈新燕 | 女 | 汉族 | 2014.1—2015.9 | |
| 自治州总工会第九届经费审查委员会 | 2015.9—2021.6 | 主任 | 陈　维 | 男 | 汉族 | 2015.9—2017.2 | 援疆 |
| | | 副主任 | 张秀红 | 女 | 汉族 | 2015.9—2021.6 | |
| 自治州总工会第十届经费审查委员会 | 2021.6— | 主任 | 弓联坤 | 男 | 汉族 | 2021.6 | |
| | | 副主任 | 田永凤 | 女 | 汉族 | 2021.6 | |

## 二、博尔塔拉蒙古自治州总工会内设机构及负责人

(一)1985 年 1 月(自治州总工会第四届委员会选举产生)到 1993 年 11 月换届,州总工会内设机构及负责人

1989 年 12 月 19 日,成立了自治州女职工委员会,吴杰任女职工委

员会主任,蒋国庆任女职工委员会副主任。

(二)1993 年 11 月(自治州总工会第五届委员会选举产生)到 1999 年 12 月换届,州总工会内设机构及负责人

内设机构:办公室、自治州女职工委员会、自治州职工技术协会办公室、自治州工人文化宫、自治州教育工会(副县级)。

1994 年 5 月 15 日,成立了自治州劳动争议调解委员会,下设办公室。刘忠效任自治州劳动争议调解委员会办公室主任(1994 年 5 月)。斯德克·库尔班任办公室副主任(1994 年 5 月)。郑玉楷、蒋国庆、王丽华三位任委员(1994 年 5 月)。

郑玉楷任办公室主任(1994 年 5 月)。

设立《工人时报》驻博州通联站(10 月设立),记者 1 人,通讯员 52 人。

1998 年 7 月 14 日,州党委批准《博州总工会机关机构改革方案》,博州总工会内设机构:办公室、自治州女职工委员会、自治州职工技术协会办公室、自治州工人文化宫、自治州教育工会(副县级)。

(三)1999 年 12 月(自治州总工会第六届委员会选举产生)到 2005 年 7 月换届,州总工会内设机构及负责人

内设机构:办公室、自治州女职工委员会、自治州职工技术协会办公室、自治州工人文化宫、自治州教育工会(副县级)。

2002 年 8 月,自治州女职工委员会(加挂工会经费管理办公室牌子)。

蒋国庆任州总工会副县级干事(2000 年 8 月);蒋国庆任州总工会纪检组组长(2004 年)。

中层领导任职情况:

赵志远任自治州职工技术办公室主任职务(2003 年 3 月)。

龚玉梅兼任自治州女职工委员会主任职务(2003 年 1 月)。

王丽华任自治州工人文化宫副主任职务(2000 年 3 月);王丽华任自治州女职工委员会副主任(正科)职务(2003 年 3 月)。

谢庭强任自治州工人文化宫副主任职务(2003 年 9 月)。

(四)2005 年 7 月(自治州总工会第七届委员会选举产生)到 2010 年 10 月换届,州总工会内设机构及负责人

内设机构:自治州女职工委员会、自治州职工技术办公室、自治州工人文化宫、自治州教育工会(副县级)。

2007 年 10 月,成立了自治州困难职工帮扶中心。

王丽华任自治州总工会党组成员、女职工委员会主任职务(2008 年 6 月)。

希尔买买提·阿不拉任自治州总工会副县级调研员(2008 年 6 月)。

免去:蒋国庆自治州总工会党组成员、纪检组组长、副县级干事职务(2008 年 6 月)。

王丽华任自治州总工会党组成员、女职工委员会主任职务(2008 年 6 月)。

中层领导任职情况:

李明方任自治州工人文化宫副主任职务(2005 年 3 月)。

其余中层领导与 2004 年相同。

王丽华任自治州女职工委员会副主任职务(2005 年 3 月)。

赵志远任自治州职工技术办公室主任职务(2005 年 3 月)。

隆梅任自治州工人文化宫副主任职务(2006 年 4 月)。

免去:谢庭强自治州工人文化宫副主任职务(2006 年 4 月)。

弓联坤任自治州困难职工帮扶中心副主任职务(2008 年1 月)。

谢庭强任自治州总工会主任科员职务(2008 年 1 月)。

免去:李明方自治州工人文化宫副主任职务(2008 年 9 月)。

其余中层领导与2007—2008年相同。

凤小爱任自治州工人文化宫副主任职务(2009年3月)。

(五)2010年10月(自治州总工会第八届委员会选举产生)到2015年9月换届,州总工会内设机构及负责人

内设机构:自治州女职工委员会、自治州职工技术办公室、自治州工人文化宫、自治州困难职工帮扶中心、自治州教育工会(副县级)。

柳振江任自治州总工会第八届经费审查委员会副主任(2010年11月)。

蒲一兴任自治州总工会副县级调研员(2012年10月)。

赵志远任自治州总工会副县级调研员(2012年10月)。

陈新燕任自治州总工会党组成员(2013年7月)。

免去:王丽华自治州总工会党组成员、女职工委员会主任职务(2013年7月)。

中层领导任职情况:

弓联坤任自治州困难职工帮扶中心主任职务(2010年9月)。

其余中层领导与2009年相同。2011年中层领导与2010年相同。

隆梅任自治州职工技术办公室主任职务(2013年8月)。凤小爱任自治州工人文化宫主任职务(2013年8月)。

谢庭强任自治州总工会主任科员职务(2013年8月)。

刘婷婷任自治州工人文化宫副主任职务(2013年8月)。

自治州总工会党组任冯体权为工人文化宫副主任职务(2013年8月)。

免去:隆梅自治州工人文化宫副主任职务(2013年8月)。

免去:赵志远自治州职工技术办公室主任职务(2013年8月)。

艾来提任自治州总工会调研员(2015年1月)。

赵志远任自治州总工会党组成员、副县级调研员(2017年4月)。

2014年,中层领导职务与2013年相同。

(六)2015年9月(自治州总工会第九届委员会选举产生)到2021年6月换届,州总工会内设机构及负责人

内设机构:2016年,设立自治州总工会机关综合科、自治州女职工委员会、自治州职工技术办公室、自治州工人文化宫、自治州困难职工帮扶中心、自治州教育工会(副县级)。

中层领导任职情况:

弓联坤任自治州困难职工帮扶中心主任职务(2015年)。

隆梅任自治州职工技术办公室主任职务(2015年)。

凤小爱任自治州工人文化宫主任职务(2015年)。

谢庭强任自治州总工会主任科员职务(2021年6月退休)。

刘婷婷任自治州工人文化宫副主任职务(2021年6月退休)。

张秀红任自治州总工会女职工委员会主任职务(2015年3月)。

冯体权任自治州工人文化宫副主任职务(2013年8月)。

李珺楠任自治州总工会综合科副科长职务(2019年12月)。

(七)2021年6月(自治州总工会第十届委员会选举产生)至今,州总工会内设机构及负责人

内设机构:综合科、自治州女职工委员会、自治州职工技术办公室、自治州工人文化宫,自治州困难职工帮扶中心。

中层领导任职情况:

弓联坤任自治州困难职工帮扶中心主任职务(2015年)。隆梅任自治州职工技术办公室主任职务(2015年)。

凤小爱任自治州工人文化宫主任职务(2015年)。

冯体权任自治州工人文化宫副主任职务(2013年8月)。

谢庭强任自治州总工会主任科员(2021年6月退休)。

刘婷婷任自治州工人文化宫副主任职务(2020年12月退休)。

朱娜任自治州总工会二级主任科员职务(2021 年 6 月)。

迪里格尔任自治州女职工委员会专职副主任职务(2021 年 9 月)。

自治州总工会综合科负责人:朱娜。

工作人员:邱宏波、廖梦妮、刘爱锁、艾尼瓦尔、高彦梅、冯体权、如先古丽、李珺楠、郭银明、阿·吴尔娜。

自治州职工技术办公室负责人:隆梅。

工作人员:旦娜古丽、汪晓晶。

自治州女职工委员会负责人:迪里格尔。

工作人员:朱莹。

自治州困难职工帮扶中心负责人:弓联坤。

工作人员:万亚红、刘亚、刘红灵、肖婕。

自治州工人文化宫工作负责人:凤小爱。

工作人员:尼沙古丽、党博、帕尔哈提。

### 三、自治州委办局(公司)工会

1953 年,博乐邮电局(州邮电局前身)、中国人民银行博乐支行等单位建立了基层工会组织。1954 年博尔塔拉蒙古自治州成立,1960 年 2 月 25 日,自治区总工会批复(1960)工会组字第 025 号《关于改变一些基层工会组织领导问题的请示》,同意将博尔塔拉蒙古自治州商业局工会由博州工会领导的请示。1960 年 3 月自治州总工会筹备委员会成立以后,自治州扩建改造艾比湖盐场、州酒厂、州水泥厂、州粮油加工厂,以及逐步形成以电力、农机、建材为主的企业,均成立了工会组织。

1964 年,全州共有职工(不包括机关团体)9829 人,其中工交系统 590 人,农林水牧系统 6305 人,财贸系统 2083 人,文教卫生系统 851 人。共有会员 922 名,基层工会 30 个,工会小组 82 个。

到 1985 年,全州已建立基层工会组织:工业系统 44 个,财贸系统 44

个,交通邮电系统6个,金融系统6个,教育系统2个,卫生系统1个,科研系统1个,基建系统1个。

## 四、自治州县(市)总工会

### (一)精河县总工会

精河县总工会成立于1950年12月。到2021年,有工会组织264个,工会会员18369人。现有工会主席1名,副主席1名,职教中心主任1名。截至2013年,精河县总工会共召开了六次代表大会。

1984年12月,精河县工会第一次代表大会召开。会议选举产生了精河县总工会第一届委员会委员,于怀忠当选为精河县总工会第一届委员会主席,居努斯汗(哈萨克族)当选为精河县总工会第一届委员会副主席。

1989年12月,精河县工会第二次代表大会召开,会议选举产生了精河县总工会第二届委员会委员,于怀忠当选为精河县总工会第二届委员会主席,居努斯汗(哈萨克族)当选为精河县总工会第二届委员会副主席。

1995年10月,精河县工会第三次代表大会召开,会议选举产生了精河县总工会第三届委员会委员,郭建(女)当选为精河县总工会第三届委员会主席,司马义·阿吉(维吾尔族)当选为精河县总工会第三届委员会副主席。

1999年11月,精河县工会第四次代表大会召开,会议选举产生了精河县总工会第四届委员会委员,郭建(女)当选为精河县总工会第四届委员会主席,司马义·阿吉(维吾尔族)当选为精河县总工会第四届委员会副主席。

2005年9月,精河县工会第五次代表大会召开,会议选举产生了精河县总工会第五届委员会委员,毛同礼当选为精河县总工会第五届委员会主席，卡比努尔·阿不都热合曼（女、维吾尔族）当选为精河县总工会第五届委员会副主席。

2010年3月，精河县工会第六次代表大会召开，会议选举产生了精河县总工会第六届委员会委员，郑福全当选为精河县总工会第六届委员会主席（2010.3—2013.8），西尔买买提·吾买尔江（维吾尔族）当选为精河县总工会第六届委员会副主席（2010.3—2013.8）。

2013年8月至2019年2月，朱旭明任精河县总工会主席；2013年8月，阿布力江·尼亚孜（维吾尔族）任精河县总工会副主席。

2019年3月至2021年，王华（女）任精河县总工会主席。

精河县总工会在县委的正确领导下，在自治州总工会指导下，坚持走中国特色社会主义工会发展道路，认真贯彻“组织起来、切实维权”的工作方针，紧紧围绕县委中心工作，认真履行维护职工合法权益。紧紧围绕发展第一要务强化思想引领，筑牢广大职工听党话、跟党走的思想根基，积极发挥联系职工群众的桥梁和纽带作用，当好会员和职工群众利益的代表。以宪法为根本活动准则，按照《中华人民共和国工会法》和《中国工会章程》独立自主地开展工作，依法行使权力和履行义务。以服务职工为重点，不断创新服务体系，最大限度地方便职工群众，不断开创工会工作新局面，为县域经济社会发展做出了积极贡献。

**1984—2021年精河县总工会历届领导名录表**

表3－4

| 姓名 | 性别 | 族别 | 职务 | 任职起止时间 |
|---|---|---|---|---|
| 于怀忠 | 男 | 汉族 | 主席 | 1984.12—1994.05 |
| 郭　建 | 女 | 汉族 | 主席 | 1994.05—2004.03 |
| 毛同礼 | 男 | 汉族 | 主席 | 2002.11—2007.01 |
| 郑福全 | 男 | 汉族 | 主席 | 2008.08—2013.08 |

续表 3－4

| 姓名 | 性别 | 族别 | 职务 | 任职起止时间 |
|---|---|---|---|---|
| 朱旭明 | 男 | 汉族 | 主席 | 2013.08—2019.03 |
| 王　华 | 女 | 汉族 | 主席 | 2019.03—2022.03 |
| 居努斯汗 | 男 | 哈萨克族 | 副主席 | 1984.12—1994.05 |
| 司马义·阿吉 | 男 | 维吾尔族 | 副主席 | 1994.06—2001.05 |
| 卡比努尔·阿不都热合曼 | 女 | 维吾尔族 | 副主席 | 2001.05—2007.11 |
| 西尔买买提·吾买尔江 | 男 | 维吾尔族 | 副主席 | 2007.11—2013.08 |
| 阿布力江·尼亚孜 | 男 | 维吾尔族 | 副主席 | 2013.08— |
| 马进龙 | 男 | 汉族 | 职工教育中心主任 | 2005.09—2007.11 |
| 孟庆恒 | 男 | 汉族 | 职工教育中心主任 | 2007.11—2009.05 |
| 红　伟 | 女 | 蒙古族 | 职工教育中心主任 | 2010.07— |

（二）博乐市总工会

1974 年 5 月 20 日，经博乐县委常委会研究决定，成立博乐县工会筹备小组。1985 年博乐县改为博乐市，博乐县总工会改为博乐市总工会。1974 年 11 月至 1985 年 1 月，博乐县工会召开二次代表大会；1985 年 8 月至 2017 年 11 月，博乐市总工会共召开四次代表大会，选举常委、委员共 58 人。全市有工会联合会 10 个，其中，街道工会 4 个，乡镇工会6 个。

全市基层工会 243 个，职工 19885 人，工会会员 19576 人，入会率达 98.45%。成立了建筑、医疗、建材、家具、出租车等行业工会 9 个，外来劳动者协会 1 个。

1974年11月13日,博乐县工会第一次代表大会召开,选举产生博乐县总工会第一届委员会委员。董增辉当选为博乐县总工会第一届委员会主席(兼),邢培荣当选为博乐县总工会第一届委员会副主席(专职),库尔班·依孜木(维吾尔族)当选为博乐县工会第一届委员会副主席(不脱产)。

1985年1月12日,博乐县工会第二次代表大会召开,选举产生博乐县总工会第二届委员会委员,达瓦(蒙古族)当选为博乐县总工会第二届委员会主席,范怀忠当选为博乐县总工会第二届委员会副主席。

1985年8月,博乐县改为博乐市,博乐县总工会随之改为博乐市总工会。1987年10月,博乐市工会第一次代表大会召开,选举产生博乐市总工会第一届工会委员会委员,范怀忠当选为博乐市总工会第一届委员会主席(1987.10—1994.2),其间补选孟宪儒为博乐市总工会主席(1994.2—1994.11)。巴·李拉(蒙古族)补选为博乐市总工会副主席(1994.2—1994.11)。

1994年11月至1999年9月,贾国强任博乐市总工会主席;1994年11月至1995年8月,巴·李拉(蒙古族)任博乐市总工会副主席;1995年8月至1999年9月,巴特博乐得(蒙古族)任博乐市总工会副主席。

1999年9月至2001年2月,贾国强任博乐市总工会主席;1999年9月至1999年11月,巴特博乐得(蒙古族)任博乐市总工会副主席。

2001年4月至2001年11月,杨风崇任博乐市总工会主席;1999年12月至2003年1月,才·其其任博乐市总工会副主席。

2002年12月至2005年1月,杨继芳任博乐市总工会主席;2003年3月至2006年9月,达吾来提任博乐市总工会副主席。

2005年1月至2006年9月,蒲一兴任博乐市总工会主席。

2006年9月至2008年12月,蒲一兴任博乐市总工会主席;2006年9月至2008年12月,党巴任博乐市总工会副主席。

2009 年 1 月至 2012 年 11 月，蒲一兴任博乐市总工会主席；2009 年 1 月至 2012 年 11 月，党巴任博乐市总工会副主席。

2012 年 11 月至 2017 年 11 月，李玉枝任博乐市总工会党组书记、工会主席。2012 年 11 月至 2015 年 5 月，卢海燕任博乐市总工会副主席。2015 年 5 月至 2017 年 4 月，敖力杰特任博乐市总工会副主席。2015 年 5 月至 2017 年 4 月，姚红娟任博乐市总工会副主席。

2017 年 11 月至 2020 年，刘挥尧任博乐市总工会党组书记、工会主席。2017 年 4 月至 2020 年 12 月，那生巴特任博乐市总工会副主席。2017 年 4 月至 2020 年 12 月，单美霞任博乐市总工会副主席。2020 年 1 月，迪丽努尔任博乐市总工会副主席。

博乐市总工会在市委的领导下，自治州总工会的指导下，坚持走中国特色社会主义工会发展道路，认真贯彻“组织起来、切实维权”的工作方针。紧紧围绕发展第一要务和市委工作中心，认真贯彻党的路线、方针、政策，全面履行维护、建设、参与、教育四项社会职能。以中国特色社会主义理论体系为指导，强化思想引领，筑牢广大职工听党话、跟党走的思想根基。以职工群众满意为最高标准，大力加强工会组织建设和各项业务建设，充分发挥工会组织的桥梁纽带作用。以宪法为根本活动准则，按照《中华人民共和国工会法》和《中国工会章程》独立自主地开展工作，依法行使权力和履行义务，推动工运事业和工会工作整体水平不断提高。

**1974—2020 年博乐市总工会历届领导名录表**

表 3 - 5

| 姓名 | 性别 | 族别 | 职务 | 任职起止时间 | 备注 |
|---|---|---|---|---|---|
| 董增辉 | 男 | 汉族 | 主席 | 1974.01—1978.12 | 博乐县 |
| 邢培荣 | 男 | 汉族 | 主席 | 1980.05—1985.01 | 博乐县 |

续表 3－5

| 姓名 | 性别 | 族别 | 职务 | 任职起止时间 | 备注 |
|---|---|---|---|---|---|
| 达　瓦 | 男 | 蒙古族 | 主席 | 1985.01—1987.10 | 博乐县 |
| 邢培荣 | 男 | 汉族 | 副主席 | 1978.12—1980.05 | 博乐县 |
| 库尔班·依孜木 | 男 | 维吾尔族 | 副主席 | 1974.11—1985.01 | 博乐县 |
| 解忠富 | 男 | 汉族 | 副主席 | 1978.12—1983.08 | 博乐县 |
| 范怀忠 | 男 | 汉族 | 副主席 | 1985.01—1987.10 | 博乐县 |
| 范怀忠 | 男 | 汉族 | 主席 | 1987.10—1994.02 | 博乐市 |
| 孟宪儒 | 男 | 汉族 | 主席 | 1994.02—1994.11 | 博乐市 |
| 贾国强 | 男 | 汉族 | 主席 | 1994.11—2001.02 | 博乐市 |
| 杨凤崇 | 男 | 汉族 | 主席 | 2001.04—2001.11 | 博乐市 |
| 杨继芳 | 男 | 汉族 | 主席 | 2002.12—2005.01 | 博乐市 |
| 蒲一兴 | 男 | 汉族 | 主席 | 2005.01—2012.11 | 博乐市 |
| 李玉枝 | 女 | 汉族 | 主席 | 2012.11—2017.11 | 博乐市 |
| 刘挥尧 | 男 | 汉族 | 主席 | 2017.11—2020 | 博乐市 |
| 李　拉 | 男 | 蒙古族 | 副主席 | 1994.02—1995.08 | 博乐市 |
| 巴特博乐得 | 男 | 蒙古族 | 副主席 | 1995.08—1999.11 | 博乐市 |
| 才·其其格 | 女 | 蒙古族 | 副主席 | 1999.12—2003.01 | 博乐市 |
| 达吾来提 | 男 | 蒙古族 | 副主席 | 2003.03—2006.09 | 博乐市 |
| 党　巴 | 男 | 蒙古族 | 副主席 | 2006.09—2012.11 | 博乐市 |
| 卢海燕 | 女 | 汉族 | 副主席 | 2012.11—2015.05 | 博乐市 |
| 敖力杰特 | 男 | 蒙古族 | 副主席 | 2015.05—2017.04 | 博乐市 |
| 姚红娟 | 女 | 汉族 | 副主席 | 2015.05—2017.04 | 博乐市 |

续表 3－5

| 姓名 | 性别 | 族别 | 职务 | 任职起止时间 | 备注 |
|---|---|---|---|---|---|
| 那生巴特 | 男 | 蒙古族 | 副主席 | 2017.04—2020.12 | 博乐市 |
| 单美霞 | 女 | 汉族 | 副主席 | 2017.04—2020.12 | 博乐市 |
| 迪丽努尔 | 女 | 维吾尔族 | 副主席 | 2020.01— | 博乐市 |

（三）温泉县总工会

1974 年 12 月，温泉县总工会成立。截至 2021 年，温泉县总工会共召开了八次代表大会。2016 年，温泉县下岗困难职工再就业基地金秋劳模绿色种植专业合作社成立了工会组织。截至 2021 年，全县基层工会组织 241 个，其中独立基层工会 223 个，联合基层工会 18 个，职工数 17055 人、女职工 5858 人、农民工 9938 人、会员数为 16921 个、农民工会员 9895 个。

1974 年 12 月，温泉县工会召开第一次代表大会，选举产生温泉县总工会第一届委员会，王新喜当选为温泉县总工会第一届委员会主席，穆同太（锡伯族）当选为温泉县总工会第一届委员会副主席。

1979 年 12 月，温泉县工会第二次代表大会召开，选举产生温泉县总工会第二届委员会，王新喜当选为温泉县总工会第二届委员会主席，那木加（蒙古族）、吴玉清（女）当选为温泉县总工会第二届委员会副主席。

1984 年 12 月 18—21 日，温泉县工会第三次代表大会召开，选举产生温泉县总工会第三届委员会，战玉玺当选为温泉县总工会第三届委员会主席。

1988 年 12 月 15—17 日，温泉县工会第四次代表大会召开，选举产生温泉县总工会第四届委员会，战玉玺当选为温泉县总工会第四届委员会主席。

1995 年 3 月 15—17 日，温泉县工会第五次代表大会召开，选举产生温泉县总工会第五届委员会，徐伯林当选为温泉县总工会第五届委员会主席，阿布列提·艾明尼（维吾尔族）当选为温泉县总工会第五届委员会副主席，同时成立温泉县总工会经费审查委员会。

1997 年 7 月至 2004 年 10 月，齐照恩任温泉县总工会主席；1997 年 11 月至 2004 年 7 月，乌拉尔（女、蒙古族）任温泉县总工会副主席。

2001 年 5 月 18 日，温泉县工会第六次代表大会召开。大会选举产生温泉县总工会第六届委员会，段正国当选为温泉县总工会第六届委员会主席，曲志滨（女）、阿布列提·艾明尼（维吾尔族）当选为温泉县总工会第六届委员会副主席。

2007 年 9 月 10 日，温泉县工会第七次代表大会召开。大会选举产生温泉县总工会第七届委员会。任广智当选为温泉县总工会第七届委员会主席，丁旭强（回族）当选为温泉县总工会第七届委员会副主席。2008 年 2 月至 2011 年 7 月，阿丽娅（女、哈萨克族）任温泉县总工会副主席。

2015 年 12 月 23 日，温泉县工会第八次代表大会召开。大会选举产生温泉县总工会第八届委员会，曲志滨（女）当选为温泉县总工会第八届委员会主席（2014.11—2021.12），陈凤新（女）当选为温泉县总工会第八届委员会副主席（2013.12—2017.3）。

2017 年 3 月至 2019 年 12 月，马萍（女）任温泉县总工会副主席；2021 年 9 月，祖木来提（女）任温泉县总工会副主席。

温泉县总工会在县委和自治州总工会的领导下，坚持走中国特色社会主义工会发展道路。认真履行维护、建设、参与、教育四项社会职能，抓住机遇，创造性地开展工作。紧紧围绕社会稳定和长治久安总目标，认真贯彻“组织起来、切实维权”的工作方针。自觉把工会维权工作纳入党和政府主导的维护群众权益机制。深入开展和谐劳动关系创建、困难职工脱贫解困、深化建功立业等活动。在扶贫帮扶方面,不断加大职工的帮扶力度,切实关心困难职工和农民工的生产生活。在困难职工再就业基地成立了"温泉县金秋劳模绿色种植专业合作社",并成立了工会组织,由劳动模范引领困难职工从事绿色种植、黑小麦加工、产品销售等工作,为下岗职工脱贫搭建了平台,为困难职工致富奠定了较好的基础。努力夯实基层工会组织建设,深入开展服务职工在基层实践活动,切实提高服务精准度,把更多职工群众吸引到经济社会发展建功立业的队伍中,为县域经济发展社会进步做出了新的贡献。

**1974—2021 年温泉县总工会历届领导名录表**

表3-6

| 姓名 | 性别 | 族别 | 职务 | 任职起止时间 |
|---|---|---|---|---|
| 王新喜 | 男 | 汉族 | 主席 | 1974.12—1982 |
| 穆同太 | 男 | 锡伯族 | 副主席 | 1974—1978 |
| 吴玉清 | 女 | 汉族 | 副主席 | 1974—1978 |
| 战玉玺 | 男 | 汉族 | 主席 | 1984—1993.6 |
| 徐伯林 | 男 | 汉族 | 主席 | 1993.4—1997.6 |
| 齐照恩 | 男 | 汉族 | 主席 | 1997.07—2004.10 |
| 乌尔拉 | 女 | 蒙古族 | 副主席 | 1997.11—2004.07 |
| 阿布列提·艾明尼 | 男 | 维吾尔族 | 副主席 | 1993.07—2003.07 |
| 段正国 | 男 | 汉族 | 主席 | 2001.05—2007.08 |
| 曲志浤 | 女 | 汉族 | 副主席 | 2001.05—2007.03 |
| 任广智 | 男 | 汉族 | 主席 | 2007.09—2014.11 |
| 丁旭强 | 男 | 回族 | 副主席 | 2007.09—2014.11 |

续表 3－6

| 姓名 | 性别 | 族别 | 职务 | 任职起止时间 |
|---|---|---|---|---|
| 阿丽娅 | 女 | 哈萨克族 | 副主席兼女工委主任 | 2008.02—2011.07 |
| 陈凤新 | 女 | 汉族 | 副主席 | 2013.12—2017.03 |
| 曲志浤 | 女 | 汉族 | 主席 | 2014.11— |
| 马　萍 | 女 | 汉族 | 副主席 | 2017.03—2019.12 |
| 祖木来提 | 女 | 维吾尔族 | 副主席 | 2021.09— |

### （四）阿拉山口市总工会

2012 年 12 月，经国务院批准设立了阿拉山口市，辖一镇两街道，居住有汉族、维吾尔族、哈萨克族、蒙古族等 25 个民族，总人口 1.5 万人。2014 年，阿拉山口市总工会成立。2021 年全市有工会组织 113 个，工会会员 8677 人。新增工会组织 46 个，新增会员 2487 人，基层组织达到 88 家，会员总人数为 5612 人。现有工会主席 1 人，副主席 2 人。截至 2021 年，阿拉山口市总工会共召开二次代表大会。

2014 年 3 月 20 日，阿拉山口市工会第一次代表大会召开，选举产生了阿拉山口市总工会第一届委员会，肖拉提·巴拉吉（维吾尔族）当选为阿拉山口市总工会第一届委员会主席，李鸿娟（女）、代婵娟（女）分别当选为阿拉山口市总工会第一届委员会副主席。

2019 年 12 月 31 日，阿拉山口市工会第二次代表大会召开。肖拉提·巴拉吉（维吾尔族）当选为阿拉山口市总工会第二届委员会主席，张贺琤（女）、刘勇分别当选为阿拉山口市总工会第二届委员会副主席。

2021 年 12 月 30 日，阿拉山口市总工会第二届二次委员会召开，姜虹（女）当选为阿拉山口市总工会第二届委员会主席，张贺琤（女）、郭伟分别当选为阿拉山口市总工会第二届委员会副主席。

自2014年阿拉山口市总工会成立以来，在市委的领导下，紧紧围绕发展第一要务和全市工作中心，强化思想引领，筑牢广大职工听党话、跟党走的思想根基，充分发挥工会组织的桥梁纽带作用。全面履行维护、建设、参与、教育四项社会职能，抓住机遇，创造性地开展工作。不断加强和改进工会自身建设，及时了解和掌握职工队伍结构的新变化新情况，切实解决工作作风、工作能力和提高综合素质等方面的问题。积极参与社会管理创新思路，不断提高工会组织的吸引力、凝聚力和战斗力，开创了工会工作的新局面。

**2014—2021年阿拉山口市总工会历届领导名录表**

表3－7

| 姓名 | 性别 | 族别 | 职务 | 任职起止时间 |
|---|---|---|---|---|
| 肖拉提·巴拉吉 | 男 | 维吾尔 | 主席 | 2014.04—2021.12 |
| 姜　虹 | 女 | 汉族 | 主席 | 2021.12— |
| 李鸿娟 | 女 | 汉族 | 副主席 | 2014.04—2016.10 |
| 代婵娟 | 女 | 汉族 | 副主席 | 2014.04—2019.09 |
| 张贺琤 | 女 | 汉族 | 副主席 | 2019.12— |
| 刘　勇 | 男 | 汉族 | 副主席 | 2019.12—2021.12 |
| 郭　伟 | 男 | 汉族 | 副主席 | 2021.12— |

## 五、博尔塔拉蒙古自治州总工会直属单位

### （一）自治州工人文化宫

自治州工人文化宫是党和国家文化事业的重要组成部分，是社会主义精神文明建设的重要阵地，也是贯彻工会工作总体思路、维护职工精神文化利益的重要途径，是职工群众学习知识，培养才干，进行文化娱乐

活动的“学校和乐园”。其主要职能是为广大基层单位和职工提供丰富多彩的文化、教育、娱乐、休息等服务，努力满足广大职工群众日益增长的精神文化需求，同时也面向社会为各族职工群众服务。

博尔塔拉蒙古自治州工人文化宫是自治州总工会下属唯一的综合性职工文化活动场所。自治州党委为了贯彻《关于关心人民群众文化生活的指示》(中共中央〔1981〕31 号文件)，活跃广大职工的文化生活，为了适应新形势对职工文化事业发展的要求，1982 年 12 月 4 日，自治州政府下发《关于州工人文化宫建设地址的通知》，州工人文化宫项目占地面积11.58亩。1983 年 11 月，在自治州党委、政府的关心下，在全国总工会和自治区总工会的大力支持下，自治州工人文化宫大楼基本建设完工，大楼共三层，其中一楼、二楼为工人文化宫活动场地，归属自治州总工会所有。三楼归属自治州科协所有，自治州工人文化宫大楼产权归属自治州总工会所有。

1998 年 7 月 14 日，经博州党委批准《博尔塔拉蒙古自治州总工会机构改革方案》，同意自治州总工会内设工人文化宫，列为事业编制，建制规格为乡科级(正科级)单位。

随着经济社会的发展和职工队伍不断壮大，工人文化宫原有的面积已不能适应形势发展的需求。2012 年在自治区总工会的大力支持下，湖北省总工会热心援助下，自治州财政的补助下，建造了一幢面积为5964.32 平方米(六层)的工人文化宫活动中心。占地面积 5312.71 平方米，总投资 2200 万元。自治州工人文化宫于 2012 年 5 月 8 日奠基开工，2013 年 9 月 15 日主体楼竣工。随着基建任务的逐步完成，自治州工人文化宫调配的工作人员陆续到位，各种活动相继开展。

2013 年 9 月，在博尔塔拉蒙古自治州工人文化宫的发展史上是重要的一年，自治州工人文化宫大楼建设完工。新文化宫活动中心的建成，改变了过去破、旧、差的落后面貌，为自治州各族职工学习文化、休闲娱乐、开展健身活动提供了场所，使职工群众的活动环境得到了提升和改善。

工人文化宫作为自治州总工会的直属单位，是自治州总工会工作的窗口，是联系职工群众的桥梁和纽带。新的工人文化宫自建成以来，自治州工人文化宫面向基层、面向社会，坚持为职工群众服务，为博州工运事业服务。近40年来，在上级领导的关怀支持下，自治州工人文化宫经过不断开拓进取，目前已成为内设有职工活动中心、职工培训中心和职工服务中心，以及职工教育、宣传、体育和休闲等文化娱乐设施较为齐全的职工文化活动场所。

(二)博尔塔拉蒙古自治州教育工会

1984年，博尔塔拉蒙古自治州教育工会开始筹建组织机构。根据《中国工会章程》的规定，1984年12月自治州党委成立自治州教育工会筹备领导小组。1984年12月召开了中国教育工会博尔塔拉蒙古自治州第一次代表大会，选举产生了自治州教育工会第一届委员会，丁润善当选为自治州教育工会第一届委员会主席。从此，博尔塔拉蒙古自治州教育工会成立。

自治州教育工会现有教育工会组织78个(包括博乐市教育工会、精河县教育工会、温泉县教育工会)，会员8334人，其中机关工会组织4个，会员230人，学校工会组织74个，会员8104人(含公办学校工会组织68个，会员7919人。民办学校工会组织6个，会员175人)，公办学校建会率已达100%，民办学校建会率已达35%。截至2021年11月，自治州教育工会共召开了七次代表大会。

1984年12月，自治州教育工会第一次代表大会召开，选举产生了自治州教育工会第一届委员会，丁润善当选为自治州教育工会第一届委员会主席。

1995 年 9 月，自治州教育工会第二次代表大会召开，选举产生了自治州教育工会第二届委员会，张新华当选为自治州教育工会第二届委员会主席。

2000 年 7 月，自治州教育工会第三次代表大会召开，选举产生了自治州教育工会第三届委员会，宋鸿迪当选为自治州教育工会第三届委员会主席。

2006 年 7 月，自治州教育工会第四次代表大会召开，选举产生了自治州教育工会第四届委员会，张光勇当选为自治州教育工会第四届委员会主席。

2012 年 10 月，自治州教育工会第五次代表大会召开，选举产生了自治州教育工会第五届委员会，李建庆当选为自治州教育工会第五届委员会主席。

2019 年 4 月，自治州教育工会第六次代表大会召开，选举产生了自治州教育工会第六届委员会，李东梅当选为自治州教育工会第六届委员会主席。

2021 年 11 月，自治州教育工会第七次代表大会召开，选举产生了自治州教育工会第七届委员会，亚尔买买提当选为自治州教育工会第七届委员会主席。

自治州教育工会在同级党委和上级工会的正确领导下，在各级教育行政部门的大力支持，以及基层全体工会干部的共同努力下，以教育、教学为中心，结合州教育系统实际，认真落实和全面履行工会四项社会职能，较好地发挥了党联系群众的桥梁和纽带作用。按照“把会员组织起来，把人心凝聚起来”的工作宗旨，以教代会和工代会为依托，以多种活动为载体，开拓创新、锐意进取。认真学习贯彻《中华人民共和国工会法》，积极履行工会职能，致力于工会组织建设，积极开展工会创建和创先争优活动,以师德教育为重点,开展“三育人”“树创先”“巾帼建功立业”等一系列群众性教育活动,推进了教育、教学工作和教师职工队伍的建设。代表维护教职工的合法权益,坚持“送温暖工程”,开展献爱心慰问活动,为教职工办实事办好事。加强校园文化建设,积极开展有益的文体活动,寓教于乐,增进了教职工的身心健康。充分调动和发挥全州教职工的积极性和创造性,充分发挥民主管理和民主监督职能,推进了教育工会的民主建设。

# 第四章　工会工作

## 第一节　组织机构

### 一、组建自治州总工会

1959 年 10 月 10 日，中共博尔塔拉蒙古自治州委员会下发《关于成立工会筹备委员会的通知》，1960 年 3 月，在自治州党委和自治区总工会领导下，博尔塔拉蒙古自治州总工会筹备委员会正式成立。自治州总工会筹备委员会由 7 人（含兼职 1 人）组成。设立主席 1 人，委员 7 人。

1965 年 8 月 18 日至 20 日，自治州召开了博尔塔拉蒙古自治州第一次会员代表大会，从此，博尔塔拉蒙古自治州总工会正式成立。设立主席 1 人（兼），副主席 3 人（2 人兼职）

1967 年 3 月，自治州总工会因“文化大革命”受到冲击，机构陷入瘫痪。1969 年 4 月，博尔塔拉蒙古自治州革命委员会成立，工会被纳入自治州革命委员会政治工作组下设的群众工作组管理。

1974 年 11 月 20 日，根据中央关于恢复整建工会组织的指示精神，自治州总工会恢复正常工作。自治州召开了博尔塔拉蒙古自治州第二次会员代表大会，选举产生了第二届自治州总工会领导机构，初步恢复了因“文化大革命”陷入瘫痪的工会工作。设立主席 1 人（兼），副主席 1 人，委员 7 人。1978 年后，自治州总工会组织逐渐发展壮大起来。

自治州党委高度重视自治州总工会领导班子建设，1999 年州党委已将自治州总工会主席纳入自治州领导班子之中，自治州总工会在州党委和自治区总工会领导下，紧紧围绕党的中心工作，认真履行党在各个历史时期的路线、方针、政策，全面履行维护、建设、参与、教育四项社会职能，抓住机遇，创造性地开展工作。

## 二、基层组织建设

### （一）组织发展

中华人民共和国成立前，博尔塔拉存在一些不同的群众团体和社会组织，在当时起到了一定的历史作用。

主要有新疆民众联合会（民联会）、新疆各族民众反帝联合会（反帝会）、新疆各族文化促进会、农会、工商会、妇女会等群众团体，他们在支持新疆维吾尔自治区政府“六大”政策、发动各族民众支援抗战、募捐劳军、发展各族文化教育、兴办公益事业等方面起到了一定推动作用。

解放前，博尔塔拉地区没有一家工业企业，只有一些私人手工业作坊，谈不上工人阶级队伍和建立工会组织。

中华人民共和国成立后，在中国共产党领导下，博尔塔拉陆续建立起农民协会（农会）、工人联合会（工会）、妇女联合会（妇联）、共产主义青年团（共青团）、贫下中农（牧）协会（贫协）、民主青年联合会（青联）、工商联合会（工商联）、个体劳动者协会、中苏友好协会等群众团体。这些群众团体在团结动员各族人民群众积极配合中国共产党努力完成各个不同历史时期的中心任务方面起到了重要的作用。

新中国成立初期，博尔塔拉地区仅有几十家小型作坊和手工业，且多集中在精河、博乐两县。1949 年 9 月新疆和平解放后，全省一方面面临建党建政和社会主义民主改造，另一方面面临大规模的国民经济的恢复与发展。在这种形势下，尽快地把全州各族职工组织起来，担负起工人阶级在新民主主义政权建设和经济建设中所肩负的领导阶级的历史使命,迫在眉睫。1950 年底,博尔塔拉地区根据中共中央新疆分局和全国总工会的要求建立和发展工会组织,精河县在新疆省总工会和县委的领导下成立了工会组织。1960 年 3 月,博尔塔拉蒙古自治州党委决定成立了博尔塔拉蒙古自治州总工会筹备委员会。全州基层组织发展到 24 个,工会小组 78 个,发展会员 1265 名。

党的十一届三中全会以来,随着各项经济政策改革的进一步落实,全州已初步形成了以采掘、建筑、电力、化工、机械、电器、制革、纺织、酿酒、食品等为主的一批工矿企业。这些工矿企业的兴建,在奠定博尔塔拉现代工业基础的同时,造就了博尔塔拉第一代现代产业工人队伍,也极大地推动着工会组织的发展。

从 50 年代起,博尔塔拉蒙古自治州总工会组织的建设与发展所遵循的原则是“分轻重缓急,抓重点建设”。1953 年,博乐邮电局(州邮电局前身)、中国人民银行博乐支行等单位建立了基层工会组织。

1965 年 8 月,博尔塔拉蒙古自治州工会第一次代表大会召开,选举产生了博尔塔拉蒙古自治州总工会第一届委员会,自治州总工会正式成立。这时全州有基层工会组织 30 个,工会小组 82 个,会员 922 人,全州职工已发展到 9829 人。

1969 年 4 月,自治州总工会被撤销,全州各级工会停止工作,工会工作被并入自治州革命委员会政治工作组下设的群众工作组管理。

在州党委的领导和自治区总工会指导下,1974 年 11 月,博尔塔拉蒙古自治州工会第二次代表大会召开,选举产生了新一届自治州总工会领导机构,初步恢复了工会工作。当时全州有县级工会 2 个(博乐、温泉县),基层工会组织 38 个,州县两级工会有专职工会干部 5 名(当时基层工会未配专职工会干部),共有工会会员 1500 人。1979 年,全州有基层工会组织、工会小组 80 个,会员 1361 人。

1980 年 1 月，博尔塔拉蒙古自治州工会第三次代表大会召开，全州邮电、金融、工交、基建、林业、财贸等系统的基层单位恢复和建立了工会组织。80 年代开始至 90 年代初，自治区总工会相继制定了一些有关直接推动工会组织发展的文件。如：1980 年 6 月 6 日，自治区总工会组织部下发了《关于在街道集体企业组建工会的通知》；1983 年 4 月 13 日，自治区总工会党组下发《关于结合企业全面整顿，搞好基层工会的整顿和建设的意见》；1986 年 12 月 22 日，自治区总工会下发《关于在城乡改革中加强县工会工作的意见》等。

1985 年，全州已有总工会 3 个，基层工会组织 242 个，有工会会员 12200 人，职工队伍已达 28975 人。建立职工代表大会（或职工大会）105 个，其中工业系统 44 个，财贸系统 44 个，交通邮电系统 6 个，金融系统 6 个，教育系统 2 个，卫生系统 1 个，科研系统 1 个，基建系统 1 个。民主选举企业领导 74 人，民主评议企业领导 29 人。专职工会干部 38 人。

1992 年 5 月 12 日，自治区总工会下发《关于乡镇企业建立和发展工会组织的通知》。80 年代末到 90 年代初，全州各级工会认真贯彻《关于加强和改善党对工会、妇联、共青团工作领导的通知》（中发〔1989〕12 号）和宣传贯彻 1992 年 4 月颁布的《中华人民共和国工会法》，工会组织不断发展壮大。

1997 年，全州应建工会组织 584 个，建成 575 个，建制率 98.8%，会员 28111 人，职工入会率 99%，培训基层工会干部 968 人。

1999 年，各级工会不断加强自身建设，认真落实（新党组字〔1995〕20 号）文件精神，做好工会干部协管工作，对各级换届的工会领导班子，做好与各级党委和政府认真协商，把好选人关，使一批政治素质高、文化素质高、参与能力强、热心工会工作、年富力强的同志走上了工会领导岗位。对当选的工会主席，尽力协调落实其政治、经济待遇。各级工会在抓好新经济组织工会组建工作的同时，认真抓好乡镇、股份制企业工会的组建工作。全州共有工会组织659个，建会率达98.9%。会员人数为31415人。入会率达96.8%。

2002年自治州总工会为了保证新建企业工会组建工作顺利进行，在全州建立了一系列工作保障制度，首先与各县（市）总工会签订了重点工作责任书，明确工会组建任务和奖惩制度，对县（市）工作定期进行检查并形成制度，及时通报工会组建进度，实行组建任务倒计时制和分片定点联系制。

从2000年第三季度到2002年6月组建工作形成了比学赶帮超的局面，有力地促进了全州工会组建任务的完成。在州党政领导以及各县（市）党委政府的高度重视和支持下，全州新建企业工会组建工作，形成了重头向下，由城市向乡（镇、场）、街道全面铺开，做到不留空白点，并向农村、农牧村队拓展。如：博乐市青得里街道办事处工会，温泉县哈日布呼镇工会、安格里格乡工会，博乐市贝林哈日莫墩乡工会，精河县托托乡等工会。截至12月底，已有12个农牧村队建立了工会组织。特别是温泉县哈日布呼镇党委高度重视，为镇工会设立了常务副主席和工会专干，积极在镇上发展私营企业工会小组，在维护职工权益方面发挥了积极作用，也为全州基层党组织推进工会组织建设带了好头。

2003年，全州有基层工会组织579个，已建工会组织单位的职工总数为30581人，会员总数为29541人。其中：各类企业工会198个，事业单位工会237个，行政机关工会144个。全州有新建企业111家，其中：自治州总工会完成区总下达新建企业工会组建任务100%，职工2615人，会员2608人，入会率为99.7%。7人以上私营企业58个，组建工会58个，组建率100%。入会职工1515人，会员1476人，入会率97.4%。全州乡镇场21个，全部建立了工会委员会，组建率100%。全州在农牧区组建行政村工会小组21个，组建居委会工会4个，组建街道办事处工会3个，各县（市）分别成立了私营企业工会联合会。2002年12月，自治州成立了私营企业工会联合会。

2004年，自治州总工会认真贯彻执行“组织起来、切实维权”方针，把农民工组织到工会中来，并对发展会员实行了任务分配。到了年底，全州建立县以上私营企业联合会4个，3个街道和22个乡镇全部建立了工会组织，发展社区工会10个，村级工会21个，非公有制企业累计建会104个，发展会员5337人，新增工会会员1700人。全州基层工会组织686个，建会单位职工31970人，会员31318人，入会率达98%。

2005年，自治州总工会坚持“巩固、发展、提高”的原则，进一步扩大工会工作覆盖面，提出巩固基层工会组织，提高企业工会维权能力，大力发展农民工入会。一是把每年的6月作为“工会组织建设月”，以此来集中推动工会组织和会员发展工作。按照区总下达的净增工会组织60个、净增会员4500人的任务，已完成净增工会组织60个、新增工会会员5061人，全面完成了区总下达的目标任务。二是在区域性、行业性工会组建方面，加快了行业性工会组建的步伐，依托各乡（镇、场）农业行业协会组织，成立了信农棉花种植专业合作社、玉米制种协会、蔬菜协会、养殖协会等21个工会委员会。

2006年，自治州总工会不断探索工会组建的形式，组建了商贸楼工会、建筑工地工会、民办学校工会、个体私营企业工会、鞋匠工会、三轮车工会等特殊行业的工会组织。建立起了工会联合会、联合基层工会、社区居委会工会、村级工会等工会组织。截至12月，全州有基层工会组织581个，其中：各类企业工会235个（国有、集体和国有集体控股企业工会80个，非公企业工会155个），事业单位工会202个，行政机关工会144个。全州职工总数为48707人，会员总数为32810人，入会率为67.36%。2005—2006年，新增工会组织103个，净增工会组织47个，新发展会员4849人，净增会员3262人，其中，发展外来务工人员工会组织

49 个，吸纳 2512 名外来务工人员加入工会。

2007 年，自治州总工会坚持巩固、发展、提高的原则，进一步扩大工会工作覆盖面，提出巩固企事业基层工会组织，大力发展农民工入会，提高私企工会维权能力，把工会组建工作的重点放在农民工入会上。逐渐形成了进城务工人员加入工会，有困难找工会，维护权益靠工会，提高技能到工会的局面。

2008 年，自治州总工会采取广泛调查、联合宣传、现场入会、集中培训等方式，加大工会组建和会员发展工作力度。为了最大限度地把农民工组织到工会中来，自治州总工会与州劳动和社会保障局、州建设局、州农业局、州工商局等部门，把农民工维权等法律知识送到田间地头，送到棉农地头，送到建筑工地，送到商业集中地，通过组建工会的过程，达到对农民工和企业负责人进行工会法律法规、劳动法规政策宣传教育培训的目的。

2009 年，博乐市总工会在市区商业步行街、嘉利市场、亚中商贸城、家和园精品街等大型商铺开展了工会组建工作。发展会员 226 人。成立了手机、建材、医疗、家具、美容美发、家电、鞋帽等 7 个行业工会组织，发展会员 2000 多人。截至年底，全州共有基层工会组织 717 个（企业工会 238 个，机关工会 159 个，事业单位工会 228 个，个体经济组织 92 个），涵盖法人单位 1207 个，职工 48819 人，工会会员 48443 人（其中女性会员 21192 人，农民工会员 16687 人）。全州净增工会组织 136 个，新增工会会员 15633 人，新增农民工会员 13718 人。

2011 年，自治州总工会把抓好非公有制经济组织、新社会组织工会组建工作作为重中之重，进一步扩大工会组织覆盖面，最大限度地把包括农民工在内的职工群众吸收到工会组织中来，不断提高工会组建率和职工入会率。据统计，全州有基层工会组织 939 个，职工人数为 62532 人，其中女职工 23035 人；职工人数中加入会员的有 62027 人，其中女职工会员 22897 人（以上不含条管单位）；职工人数中农民工会员有 27314

人,其中女性农民工会员 7151 人。根据自治区总工会《2011—2013 年推动企业普遍建立工会组织工作规范》目标任务要求,目前自治州新增基层工会委员会 93 个,完成区总下达任务的 106%。非公有制企业预置 618 家,已建会企业 540 个,建会率 88%,职工预置数 8492 人,会员 8061 人,入会率 85%。总体任务完成率列全疆第三名。

2012 年,自治州总工会坚持党建带工建、工建促党建,强力推进自治州非公有制企业工会组建工作,既实现了党建带工建目标,又彰显了非公有制企业在促进博州经济发展、构建和谐社会中的活力。突出抓好非公有制企业经济组织、新型社会组织工会组建工作,进一步扩大工会组织覆盖面,不断加强工会组建工作。8 月,自治州总工会召开了州县两级非公有制企业工会工作经验交流现场会,会议的召开促进了非公有制企业工会的组建工作。到年底,全州有基层工会组织 991 个,职工人数 66282 人,其中女职工 28077 人;会员 65713 人,其中女职工会员 27863 人(以上不含条管单位);农民工会员 28438 人,女性农民工会员 7954 人。

2013 年,全州有基层工会组织 1073 个,职工人数 71763 人,其中女职工 29990 人;会员 71495 人,其中女会员 29874 人(以上不含条管单位);农民工会员 30305 人,其中女性农民工会员 8507 人。新预置非公企业总数 1274 个,新增 656 个,建会率 100%。职工预置数 20957 人,新增会员 12645 人。实际入会人数 19973 人,入会率为 95.2%。

2014 年,全州已发展基层工会组织 1131 个(不含条管单位),比上年增加 58 个,增长率 5.4%。全州工会会员 77232 人,比上年增加 5737 人,增长率 8.02%。其中,女职工会员 32165 人,农民工会员 31539 人,女性农民工会员 9080 人。

2015 年,全州各级工会始终牢固树立“群众第一、民生优先、基层重要”的理念,实现了党建与工会组织共建、力量共用、资源共享,做到了哪里有职工群众,哪里就有工会组织。按照“两个普遍”任务要求和“六有”组建标准,积极组织开展“农民工入会集中行动”及“工会基层组织建设年”等活动,全州工会会员净增 18928 人,达 77232 人;全州基层工会净增 285 个,达 1131 个。

2017 年,全州新建立基层工会组织 62 家,组织数达 1312 家,完成区总下达任务的 124%。自治州总工会认真贯彻中央、自治区党的群团工作会议精神,强“三性”、去“四化”。坚持“全会一盘棋”的理念,聚焦快递、家政服务等行业群体实际需求和意愿诉求,推动“八大群体”建会入会。

2018 年,全州各级工会不断加强工会组织规范化建设,扩大了乡镇、街道、工业园区、非公有制企业的工会组织覆盖面,探索在村级阵地建立并发挥工会组织作用的有效途径。加强了纺织服装产业工会建设,推动全州纺织服装企业普遍建立工会组织。截至 12 月,新建工会组织 45 个,总数达 1357 个;吸纳工会会员 5120 人,总数达 102297 人。

从 2015 年到 2021 年,全州工会会员净增 33547 人,达 110779 人,全州基层工会净增 377 个,达 11231 个。进一步加强和规范乡镇(街道)、社区和企业“小三级”工会建设,以“六有”工会建设为标准,开展了“模范职工之家”创建和会员评选活动。

(二)组织整顿与建设“职工之家”

1. 组织整顿

解放初期,新疆省总工会在建立健全工会组织中,围绕党的中心工作,结合各时期社会民主改革等运动,根据工会存在的问题,对全省的各级工会组织适时进行了整顿。

1951—1953 年,全省工会组织建设方面,由于当时没有周密考虑各地的情况不同,没有考虑到当地的条件是否成熟,如领导骨干条件具备的情况,盲目贪多、贪大,架子搭得过多。当时工会组织虽然建立起来,但徒有虚名,甚至流于形式,工作秩序混乱。在某些方面,工会干部中贪污舞弊行为和违法乱纪的问题时有发生，造成极坏影响。

1951 年 12 月 1 日，中共中央作出《关于实行精兵简政、增产节约、反对贪污、反对浪费和反对官僚主义的决定》。1952 年 1 月 26 日，中共中央作出《关于在城市中限期开展大规模的坚决彻底的“五反”斗争的指示》。

新疆省总工会根据中央关于精简机构、厉行节约、克服官僚主义、提高工作效率的精神，对全省工会组织中存在的问题提出 5 点整改措施。一是对工会组织不纯的问题，应该加以详细研究分析，区别情况，分别对待；二是发扬民主，进行一次自上而下的改造工作；三是扩大与健全基层工会组织；四是努力培养和提拔大批工会干部以充实基层；五是在整顿之前，首先进行一次深入的思想教育，组织学习好有关整顿工会组织的文件。

自治州工会组织自建立以来，进行过三次全面的组织整顿。当时小型企事业单位的建家工作成了整个建家工作的薄弱环节，而且有些已经验收为合格“职工之家”的单位，工作出现了滑坡。1973 年，自治州各级工会组织经过“文化大革命”的洗礼后，经过五年的组织整顿，工会工作开始逐步走向正常化。

1983 年下半年，根据中发〔1981〕24 号文件的规定，自治州各级工会组织参与了企业整顿工作，主要任务是继续做好职工代表大会制度的建立健全工作。随着整顿建家活动的不断深入，到了 1985 年，自治州总工会第四次代表大会召开时，自治州工会各级组织得到全面的整顿和恢复。

1985 年，企业整顿工作全面结束，虽然这次整顿工作自治州工会是配合各级党委进行的一次参与性整顿，但是企业民主管理工作被列为企业整顿的一项重要工作内容，使工会组织的地位在企业中第一次被提高到企业领导体制组成的重要位置。

1984 年 4 月，在全国工会组织工作会议上，中华全国总工会作出了

《关于整顿基层工会组织，开展建设“职工之家”活动的决定》。按照全国总工会的部署，根据自治区总工会的安排，自治州总工会在全州范围内广泛开展了整顿建家活动。5 月 6 日，自治区总工会根据全国总工会的《关于整顿基层工会组织，开展建设“职工之家”活动的决定》，制定了《关于整顿工会组织，开展建设“职工之家”活动的规划》，自治州总工会根据上级工会要求，在全州各级工会组织中开展了全面的“职工之家”建设工作，这项工作已成为自治州工会组织建设的一项长期的战略性任务。

1985 年 1 月，自治州总工会根据全国总工会关于整顿基层工会组织，建设“职工之家”六有标准，制定出全州整建工作三年规划和建设职工之家验收 31 条，在基层工会中开展建设“职工之家”活动，旨在调动和保护职工群众的积极性、创造性。

随着整顿建家活动的不断深入，自治州小型企事业单位的建家成了整个建家工作的薄弱环节，而且有些已经验收为合格“职工之家”的单位，工作出现了滑坡。为了加快小型企业单位建家的步伐，自治州总工会一方面对被验收合格为“职工之家”的单位进行复查，促进其巩固提高。另一方面从行业特点出发，通过分类指导，促使未验收单位尽快达标。对一些条件差、工作基础薄弱的小型企事业单位，采取“缺什么、补什么”“什么工作薄弱，就加强什么工作”的办法，选中突破口，集中力量攻难关，使这些单位的整顿建家工作加快了步伐。通过整顿建家活动，基层工会领导班子得到了加强，工会干部素质有了进一步提高。工会基层组织建设得到了健全和完善，工作基础得到了加强和巩固。基层工会的作风有了转变，同职工群众的联系更加密切。工会组织威信也有了提高，赢得了职工群众的信任。

整顿建家任务的完成，标志着自治州基层工会工作踏上了新台阶，但并不意味着工会基层组织建设的终结。要使工会工作更上一层楼，就要引导合格“职工之家”向先进的“职工之家”目标迈进。

2.“职工之家”建设

建设“职工之家”是各级工会组织内部的一种管理形式,也是各族职工群众积极参与工会活动的平台。博尔塔拉蒙古自治州总工会以建设“职工之家”为载体,维护职工的合法权益,与企业共谋经济的发展。

1983 年 10 月中旬,在中国工会第十次代表大会上明确提出了一定要面向基层、面向职工,密切联系群众,反映职工的呼声和要求,把工会真正建设成为职工的“职工之家”。新疆维吾尔自治区总工会建设“职工之家”活动是从 1984 年开始的。

1984 年,建设“职工之家”活动在博州全面展开。自治州总工会根据全国总工会提出的“抓基层、打基础、促改进”的方针和建设“职工之家”的六有标准,制定出“整顿建设”工作的三年规划和“职工之家”验收细则 31 条。自治州总工会把建设“职工之家”工作率先在各县(市)全面推开,此后又在全州各级基层工会中全面展开,通过整顿,建设“职工之家”工作进展顺利。

1987 年,自治州在基层工会组织中已建成“职工之家”22 个。90 年代,自治州总工会把建立健全各级工会“职工之家”作为工会职能建设的重要抓手,不断扩大组建范围,原则上提出凡是有工会组织的单位和部门都要建立“职工之家”。同时对“职工之家”建设活动和实施质量提出监督检查、评比验收、明示挂牌等激励措施,促成了全国总工会、自治区总工会和自治州总工会有关工会组织职能建设的相关要求的落地实施。

1999 年,自治州总工会按照新标准对全州“职工之家”进行复查验收,通过复查验收共建成合格“职工之家”520 个,先进“职工之家”112 个,模范“职工之家”7 个。此外,还坚持开展了贯彻工会工作总体思路,争当先进工会竞赛活动。在活动中博乐市、精河县总工会榜上有名。

2004 年,自治州总工会继续在各级工会组织中深入开展建设“职工之家”活动。年底通过验收,有合格模范“职工之家”354 个,合格率达 65.6%,先进“职工之家”280 个。州级模范“职工之家”24 个,自治区级模范“职工之家”15 个,自治区级模范“职工之家”标兵 2 个,全国模范“职工之家”1 个。

2005 年,是全国各级工会组织“建家年”,全州各级工会组织大力开展“职工之家”的创建和升级活动,丰富创建内容,提高创建质量,把建家与建会、建制紧密结合起来,推动基层工会进一步健全组织、规范工作,做到切实维权。到 2005 年底,全州有县级模范“职工之家”354 个,州级模范“职工之家”304 个,自治区级模范“职工之家”19 个,自治区级模范“职工之家”标兵 2 个,全国模范“职工之家”1 个。自治州总工会通过对建设“职工之家”工作的进一步复验,有效规范了全州“职工之家”建设工作。

2006 年,自治州总工会以创建“职工之家”为载体,不断加强基层工会组织建设,不断增强基层工会组织的凝聚力、战斗力。在“职工之家”建设上采取了党委领导、行政支持、工会主抓、党政工齐抓共建的方法,坚持会员是建家的主体,依靠会员是建家的原则,职工之家建设规范有序。州总工会通过建家活动,最大限度地调动好、发挥好、保护好广大职工的主人翁积极性、主动性和创造性。

随着改革的不断深入,经济关系和劳动关系发生了很大的变化,赋予了建家活动新的工作内容,提出了新的要求。1999 年,自治州总工会按照自治区总工会的部署,下发了《关于继续开展建家活动的通知》,提出了不同所有制形式的企业建设“职工之家”的具体内容和验收标准。按照这个标准,各级工会指导不同所有制形式的企业工会普遍开展了建设“职工之家”活动。

2020 年,自治州各级工会普遍建立服务职工联系卡制度,发放“职工联系卡”“暖心卡”4 万张。推荐表彰全国模范“职工之家”“模范职工”小家 44 个,自治区模范“职工之家”标兵 7 个。

2021 年,自治州有州级模范“职工之家”304 个,占基层工会总数的 52%,州级模范“职工小家”62 个,占 65%。自治区级模范“职工之家”33 个,占 6.15%,自治区级模范“职工小家”5 个,占 8.1%,自治区级模范“职工之家”标兵 5 个,全国模范“职工之家”1 个。

## 三、工会会员

新中国成立以后,自治州工会筹备委员会针对本州工业落后、职工数量少的特点,确定以博乐县为中心,发动、组织和教育职工群众,克服一切困难,恢复和发展生产,并自上而下建立工会。逐步成立了厂矿工会筹委会,组织工人,发展会员,动员职工大干快上,积极完成企业的生产任务。

1950 年 6 月,《中华人民共和国工会法》颁布施行。博尔塔拉各级工会开展了《中华人民共和国工会法》宣传活动,推动了工会会员发展工作。1949 年,全州有工会会员 60 人。1956 年,全州在手工业行业发展工会会员 208 人。

自治州经济社会的发展,以及职工队伍的不断壮大,为工会会员发展创造了有利条件。1958 年大办工业企业以后,自治州也兴起大办工业的高潮,逐步建立了博乐棉纺厂、精河棉纺厂、博乐造纸厂、博乐珍珠岩厂、精河县大河沿子皮革厂、微型水泵厂、温泉水泥厂等工业企业。自治州工会事业随着工矿企业的发展出现了一个新的高潮,大批的会员在企业生产中,为博尔塔拉蒙古自治州工会事业的发展奠定了基础。1966 年“文化大革命”开始,自治州各级工会组织遭到破坏,工作已无法开展,会员发展的工作也陷入停滞。1973 年,自治州总工会工作开始逐步恢复正常,各县(市)工会工作也相继恢复,会员发展工作也逐步开始,但发展工作仍然缓慢。

1978 年,党的十一届三中全会拨乱反正,制定了以经济建设为中心的党的基本路线。以工业为主导的经济发展战略方针又被提到了经济发展重要位置。自治州加大了工业企业发展的比重,相继建立了以电力、农机、建材、粮油、食品为主的工业体系。工人阶级队伍的主力军已经形成,会员工作稳步发展。与此同时,自治州二轻企业、乡镇企业异军突起,造就了一支工人阶级的新军,为工会会员发展开辟了新的领域。自治州的教育、文体、卫生、科技、党政、事业单位会员工作也有了较大的发展,这些单位的干部职工成为工会会员的重要组成部分。

1985 年,全州共有职工 10310 人,工会会员 10300 人。

1990 年,全州共有工会会员 12558 人。1992 年,全州工会会员人数达 21312 人。1999 年,全州各级工会在加强组织建设工作的同时,重点抓私营企业工会组建工作。博乐市 8 月成立了私营企业联合会,对推动自治州私营企业工会开展工作起到了一定的促进作用。截至 12 月,全州共新建工会组织 28 个,其中私营企业组建工会 6 个。

2004 年末,自治州总工会在县以上私营企业、街道办事处、乡镇、村级、非公有制企业等都建立了工会组织。2008 年,成立了行业工会组织,发展会员 2000 多人。年末,全州共发展工会会员 48443 人(其中女性会员 21192 人,农民工会员 16687 人)。

2017 年,全州新发展会员 7583 人(新增农民工会员 5618 人),会员人数达 97215 人,完成区总下达任务的 126%。

2018 年,自治州总工会加强组织规范化建设,扩大乡镇、街道、工业园区、非公有制企业的工会组建覆盖面,探索在村级阵地建立并发挥工会组织作用的有效途径。加强纺织服装产业工会建设,推动全州纺织服装企业普遍建立工会组织。通过努力,新组建工会组织 45 个,总数达到 1357 个,吸纳工会会员 5120 人,总数已达 102279 人。同时推进工会组织的深化改革，成立了自治州总工会改革工作领导小组，完成了《博州总工会改革实施方案》的制定，并经自治州党委常委会议审定，4 个县（市）级总工会也均已完成改革实施方案的制定出台。

2019 年，自治州总工会加强了工会组织的规范化建设，扩大了乡镇、街道、工业园区、非公有制企业的工会组织覆盖面，共建有基层工会组织 1364 家，工会会员 103162 人（其中农民工会员 50934 人）。

2021 年，自治州总工会继续做好工会的组建工作，按照“哪里有职工群众、哪里就要组建工会”的要求，积极探索组建的有效途径。一是全面开展“两新”组织排查工作，明确有党组织的地方就要有工会组织，做到底数清、情况明，确保“两新”组织组建工作落到实处，截至年底，共有“两新组织”2400 家，符合建会条件的组织 1185 家。二是持续推进“三大员”入会工作，据统计，全州共有“三大员”3619 人。三是依托“智慧工会”及“大统计”系统平台，着力开展基层工会信息梳理摸排工作，不断完善工会组织基础数据，为全面实现普惠制工作打好基础。

在几十年的工作中，自治州总工会及各级工会逐步建立了一套推动组建工会、发展会员的长效工作机制，按照“先组建、后规范、逐步完善”的要求，各级工会在抓好建会工作的同时，开展了不同形式的基层工会规范化建设。对于新建的工会组织，以基层工会工作制度化、规范化为目标，一手抓组建，一手抓规范，为基层工会更好地发挥作用奠定了基础。

## 第二节　群众生产（经济技术工作）

新疆解放后的工会群众生产工作，坚持以经济建设为中心，充分调动和发挥各族职工群众的积极性、创造性，为完成和超额完成各个时期的社会主义发展计划做出了重要贡献。劳动竞赛就是在生产劳动过程中，人与人、集体与集体之间的比赛。社会主义劳动竞赛是为充分发挥广大职工群众社会主义积极性和首创精神，在劳动生产过程中开展的群众性比赛活动。

多年来，自治州总工会以劳动竞赛为载体，充分调动职工的积极性，引导基层工会走出一条“社会需要什么就赛什么，企业需要什么就赛什么”的竞赛新路子，为开展工作奠定了良好的基础。

## 一、社会主义劳动竞赛

新中国成立以后，工人阶级当家做主，他们在中国共产党的关怀和领导下，组织起来，艰苦奋斗，勤俭建国，用双手开始建设自己的家园。博尔塔拉蒙古自治州和全国一样开展了轰轰烈烈的先进工作者活动和增产节约运动。

1950 年 11 月 6 日，中华全国总工会发表宣言，谴责帝国主义对朝鲜的侵略，庄严号召全国工人积极抗美援朝，保家卫国。数以万计的中国铁路工人、电讯工人、汽车司机、建筑工人和医务人员，分期分批跨过鸭绿江，奔赴朝鲜战场。在国内，工人阶级开展“爱国增产”运动，车间就是另一个战场，生产就是不流血的战斗。广大工人的共同心愿是多生产一点产品，多增加一份打击帝国主义的力量，全国工人阶级的积极性被充分调动起来，一场“爱国增产”运动的劳动竞赛在全国开展起来。

1959 年，全州各族人民响应中共中央八届八次全会召开，深入学习了《人民日报》发表的题为《增产节约双跃进》的社论后，进一步掀起了“反右倾、鼓干劲”运动，使爱国主义的“增产节约”劳动竞赛、先进生产者运动向更深的层次发展和推进。自治州总工会把劳动竞赛当作最重要的活动加以组织领导。

劳动竞赛就是在生产劳动过程中，人与人、集体与集体之间的比赛。为了充分发挥广大职工的社会主义建设积极性和首创精神，自治州各级工会从1959年就广泛开展了多种形式的社会主义劳动竞赛活动。自治州在全州各系统的广大职工中，普遍地开展了以“五好”为目标的比、学、赶、帮、超活动。

为了尽快恢复经济，工厂的工人发扬了艰苦奋斗、奋发图强、自力更生的精神，积极挖掘生产潜力，改革工厂设备，通过提升生产效率，提高产品质量，降低生产成本，不少企业由亏损变为盈利，他们的奋发精神为各族职工树立了学习的榜样，有力推动了企业生产的大发展，通过也提高了广大职工比、学、赶、帮、超的积极性。在实践过程中，不断涌现出很多先进模范个人和先进集体。在这些工人阶级先进分子的带动下，全国各地呈现出一派热火朝天的景象。应该说，在恢复生产的热潮中，中国工人阶级成为当之无愧的主力军。

1959—1969年，自治州先后评选出20多名劳动模范和先进人物，他们分别参加了全国、自治区工交系统基本建设群英会，参加了全国、自治区文教卫生、体育、新闻系统先进集体、先进个人表彰大会。

到了20世纪70年代，自治州已拥有1万多人的工业大军，他们已成为自治州社会主义革命和社会主义建设的一支重要力量。这支队伍在历次政治运动和各项建设事业中，都做出了重大贡献。在“文化大革命”中，他们以极大的革命热情和创造精神，坚持“抓革命、促生产、促工作、促备战”，勇于挑起革命生产两副重担，认真贯彻党的“鼓足干劲，力争上游，多快好省地建设社会主义”的总路线，高举“鞍钢宪法”的旗帜，深入开展“工业学大庆”的群众运动，为自治州的经济社会发展做出了重大贡献。

到了80年代，自治州总工会围绕提高经济效益，在全州范围内大规模地开展了“学赶先进”运动。全州各族人民在自治州党委的领导下，认真学习社会主义初级阶段的理论，认真学习党的十二大、十三大会议精神，努力工作，奋力拼搏，积极参加社会主义劳动竞赛，努力发展生产，为“四化”建设立新功。在全面治理经济环境、整顿经济秩序、全面深化改革的形势下，围绕发展生产力，大力开展“双增双节”运动，使全州的经济建设继续发展。

到了90年代，自治州各族职工为振兴发展博尔塔拉经济，完成国家“七五”计划，在社会主义物质文明和精神文明建设方面，做了大量工作。在经济建设中，通过劳动竞赛，提合理化建议，挖潜改造、技术革新、节能降耗、修旧利废、提高工效、推广经验、技术交流等途径和方式，努力提高生产技术，推动了自治州工业企业生产发展。1990年，全州各族人民认真学习十三届五中、六中全会精神，在全州深入开展以“双增双节”为重要内容的社会主义劳动竞赛活动。1992年，是“八五”计划实施的第二年，国民经济工作的重点是转换经营机制，调整结构，深化改革，提高效益，围绕这一中心，自治州各级工会组织进一步动员和组织全州各族职工广泛开展“岗位创一流，企业创效益”社会主义劳动竞赛活动。

1994年，全州各族职工发扬了艰苦奋斗，勤俭节约，开拓进取，无私奉献的主人翁精神，积极参与各种形式的社会主义劳动竞赛，大力开展“双增双减”活动和扭亏增产工作，全面贯彻落实党的十四大和十四届三中全会精神，将“双增双节”“六赛六比创一流”劳动竞赛活动紧密结合起来。

1995年，自治州经济再上一个台阶，各级工会在邓小平建设中国特色社会主义理论指引下，坚持改革开放，深入学习和贯彻执行党的十四届四中、五中全会精神，把握机遇，深化改革开放，促进发展，保持稳定的大局，广泛发动职工开展社会主义劳动竞赛活动。

1996年，全州各族职工继续以党的基本路线为指导，深入学习贯彻党的十四届五中全会精神、全国总工会十二届三次执委会精神和自治区总工会七届四次委员扩大会议精神，深入开展社会主义劳动竞赛，为实现自治州改革发展稳定大局，为振兴自治州经济、实现跨世纪的宏伟目标努力奋斗。

2006年，自治州总工会围绕博州社会经济发展目标，出台了《博州总工会关于在全州职工中开展“当好主力军，建功‘十一五’，和谐奔小康”主题竞赛活动的实施意见》，连续举办了计算机操作比赛、汽车节能比赛、中小学教师国语水平大赛、外来务工人员职业知识技能竞赛、点钞技术比赛、护理技术比武、教学演讲技术比武和服务能手技术比武等职工技能技术比赛。全州开展技术革新、技术攻关、技术协作、技术改进、引进项目70多项。2005—2006年，参加“三保一创”“千项技术”“金点子工程”等不同形式劳动竞赛及合理化建议活动的职工累计达4万多人次，对推动自治州经济社会发展起到了积极的促进作用。

（一）爱国主义劳动竞赛活动

新中国成立初期，百废待兴。在政治上，坚持镇压反革命分子破坏活动，坚决打击外来势力对新中国的侵蚀和破坏。在经济上，掀起爱国主义生产运动。自治州各族人民积极响应党中央和毛主席的号召，努力生产，努力工作，勤俭节约，勤俭办一切事业，坚决贯彻为农牧业生产服务的方针。在各级党委的领导下，为实现农业生产的大丰收，深入开展了“增产节约”运动，同时还进行了以社会主义和爱国主义为中心的整风运动，加强各族人民的社会主义教育和爱国主义教育。为抗美援朝订立和推行爱国公约，人民群众踊跃优待军烈属，并积极开展社会募捐活动。

1960年3月，自治州总工会筹备委员会正式成立后，立即在全州各基层工会开展了爱国主义劳动竞赛、技术革新和技术革命的职工教育活动；开展了“三面红旗”和支援农村经济建设的活动；开展了对大批支援边疆建设的青壮年“热爱边疆，建设边疆”的教育活动。在活动中，涌现出一大批先进模范人物，州人民银行刘克俭光荣出席了全国工交基建财贸系统社会主义建设先进集体和先进生产者代表大会。沙达提（女、维吾尔族）和谢德马（蒙古族）光荣出席了自治区工业交通系统先进生产者代表会议；1960 年，自治州推选出州建筑工程队工人杜长水、博乐县水泥厂工人托呼塔洪（维吾尔族）、州汽车队司机李发成、州糖厂工人董仲义、博乐县星火公社运输队队长阿布都克力木（维吾尔族）、精河县造纸厂工人唐正祥、州红旗通用机械厂翻沙车间主任张砚丰等 7 名先进工作者，先后出席了自治区工业交通系统基本建设群英会；5 月自治州文教卫生系统推选出克那木・巴哈提牙尔（哈萨克族）、热合木都拉・艾合买提（维吾尔族）、那木斯加普・都尔吉（蒙古族）、卡斯卡（蒙古族）、阿不都克比尔（维吾尔族）、冯式良、甘淑兰（女）、杨汉章、李吉等 9 名先进工作者，先后出席了自治区文教系统战线群英会，其中博州一中教员热合木都拉・艾合买提光荣出席了全国文教、卫生、体育、新闻社会主义建设先进单位先进工作者代表大会。

1965 年，自治州总工会第一次代表大会召开，会议强调，坚决贯彻“全面规划、加强领导”的方针，大力开展以节约为中心的“比、学、赶、帮”竞赛运动。当时全州各行各业都积极行动起来，投入这场运动之中。1965 年，自治州农机修造厂在支援夏粮收割中，向全厂各族职工提出“多打一把镰刀就是增加一个劳动力”的口号。调动全厂技术过硬的 4 个铁工师傅，用了近一个月的时间，打造出镰刀 2000 把，有力地支援了夏粮收割工作，有力地推动了粮食收割时间的提前完成。1965 年，精河盐场职工在劳动竞赛活动中，提出“增产还是减人”的口号，工人孙传德平均每天产原盐 10 吨，1965 年全场原盐生产超额 108.37% 完成任务。自治州农具修配厂组长黎思照、州汽车队职工木斯林（维吾尔族）、精河盐场副班长热西提（维吾尔族）等 3 名职工被评为自治区工交系统先进工作者，1966 年，他们光荣出席了自治区工业交通系统基本建设群英大会，受到了大会的嘉奖和表彰。

1965 年，自治州汽车二队在全车队开展了劳动竞赛活动，他们把推动企业发展、推动企业增加效益和带头做好职工的思想工作有机结合起来,并取得了一定的成绩。1975 年,超额 36% 完成全年运输计划,提前 153 天完成了 1975 年的工作任务。给国家上缴利润 19.5 万元,比 1974 年增加 31 倍,创造了自治州汽车运输行业的最高纪录。汽车二队的职工认识到光靠奖金刺激工人积极性不是办法。汽车修理排又组织了两次大会战,提出“白天车场空,晚上一片灯”的响亮口号。全排工人“八小时内拼命干,八小时外争贡献”,不要奖金,不计报酬,白天晚上连续干,大修汽车 11 辆,超额完成全年修车计划 10% ,涌现出了一大批先进模范人物。

博乐县水泥厂,是 1971 年 6 月开始筹建的小厂。当时生产条件差,生产规模小,困难比较多。针对这种情况,厂领导在全厂掀起了大干社会主义劳动竞赛活动的热潮,企业组织职工们认真分析本厂有利条件和不利因素,经过讨论,统一了思想,统一了认识,找出主要矛盾,响亮地提出“不等不要不看,自力更生大干,甩掉落后帽子,誓夺水泥两千吨”的战斗口号。经过全厂各族职工的努力奋战,于 1975 年 11 月完成全年生产 2000 吨水泥任务,比 1974 年增加了 4 倍,平均标号在 300 号,成本下降 15.3% 。在劳动生产中,不断涌现出先进集体和先进个人。

1975 年,自治州农机修造厂制作拖拉机(54 型)的密封壳,以前制作沙孔多,质量低,废品率有时达到 80% 。在老师傅带动下,改变造型工艺,攻破了沙孔多难关,提高了产品质量,成品率达到了 98% 。

1987 年,自治区在全区 200 多个工种中开展大规模“岗位培训、岗位练兵”和“技术比武”活动,使全区各个行业的岗位培训和技术比赛逐步向规范化、制度化的方向发展。自治州的青工手工电弧焊接技术和机夹刀技术共有 35 人参加选拔赛活动。

1988 年,全州各级工会组织在动员和组织职工开展“五个一”“三爱四个一”“献百元”“献千元”“献万元”的竞赛活动中发挥了积极作用。

1989 年,自治州总工会与州有关部门联合举办文艺演出、歌咏比赛、智力竞赛、业务技术比武等,参加人数近 200 人。

2004 年,自治州总工会在全州全面实施职工素质教育和职工经济技术创新活动。开展了 8 项重点工程建设和重点劳动技能竞赛,参赛企业 85 家,参赛率达 100%。自治州职工技术协会连续 5 年蝉联自治区先进集体。

2005 年,中国工会成立 80 周年,自治区总工会成立 50 周年,自治州总工会举办了职工技能劳动竞赛活动。全州有 156 个企业、1 万多名职工参加了“安康杯”竞赛活动。

2008 年,全州有 119 家企事业单位开展了劳动竞赛,本年度参加劳动竞赛的职工达 12400 人。已建立工会组织的企事业单位职工提出合理化建议 276 件,其中已实施 116 件,占 42%。

2013 年,全州有 458 家企事业单位 31358 名职工、600 多个班组参加了劳动竞赛活动。开展技能培训 4684 人,介绍就业 3587 人。全州组织 5000 多名职工参加全国职工健康知识竞赛答题活动。持续开展合理化建议产生的经济效益 81.9 万元。技术革新项目 31 项,技术发明项目 2 项。推广先进操作法项目 1 项,组织推荐 3 名职工的优秀技术成果参与第四届全国职工优秀技术创新成果评选活动。开展了“我为节能减排做贡献”活动,聘用“节能减排”义务监督员 325 人。开展职工技能人才选树活动,全州建立技能人才创新工作室 8 个,开展岗位练兵活动 177 场,选树技能带头人(金牌工人、首席技师、首席员工)115 人,技能人才结对 39 人。举办“家乡变迁”职工书画摄影展,评出 127 幅优秀作品。

(二)工业学大庆运动

大庆是新中国工业战线上的一面旗帜,是以毛泽东思想为指导,自力更生,艰苦奋斗,为国家做出巨大贡献的先进企业典型。

1964 年 12 月,毛泽东提出开展“工业学大庆”的号召,在全国各行各业掀起了学习大庆经验的热潮。通过开展“工业学大庆”运动,大大激发职工群众的爱国热情和生产积极性,有力地推动了各项生产事业的发展。

60年代以来,开展的“工业学大庆”运动是新中国建设中的一个宝贵财富。1964年底,周恩来在全国人大三届一次会议的政府工作报告中高度评价了大庆经验,指出,大庆自始至终地坚持了集中领导同群众运动相结合的原则,坚持了高度革命精神同严格科学态度相结合的原则,坚持了技术革命和勤俭建国相结合的原则,全面体现了社会主义建设总路线多快好省的要求。

博尔塔拉蒙古自治州“工业学大庆”的活动与全国一样,随着政治形势的变化,几起几落,但总的方针是朝着健康的方向发展,而且为自治州的经济建设活动起到巨大的推动作用。

周恩来对大庆典型的高度肯定,成为自治州各族职工学习大庆的精神动力,自治州广大职工学习大庆“自力更生、艰苦奋斗”的革命精神,在各自的岗位做出贡献。

1974年,自治州工交战线各族职工高举“鞍钢宪法”旗帜,深入开展“工业学大庆”群众运动,出现了一批完成生产计划比较好的先进单位。自治州工程队坚持经常对职工进行思想和政治路线方面的教育,重大节日召开老工人、青年工人座谈会,忆苦思甜,今昔对比,注意发挥老工人的骨干作用。如团结商场在施工中,拱形大屋架是由7根5吨重、跨度18米长的混凝土大梁构成的,要把它吊装到9米多高的屋顶上去,当时没有吊装设备,在操作中是有一定困难的,但他们没有被困难吓倒,而是提出要以大庆人为榜样“有条件要上,没有条件创造条件也要上”。他们组织了领导干部、老工人、工程技术人员三结合小组,召开诸葛亮会议,发动大家献计献策。经过多次研究,反复试验,最后用动滑轮、人推绞磨土扒杆的办法,只用了6天时间便成功地把7根笨重的大梁安全吊装上去了，从而大大节省了劳力，为企业节约了资金，加快了工程进度，实现了多快好省，并为今后吊装更大跨度、更大重量的预制构件积累了丰富经验。

1974 年，自治州总工会第二次代表大会召开，会议要求各级工会认真贯彻党中央的指示精神，深入开展“工业学大庆”的群众运动，发出了向模范驾驶员、优秀共产党员刘世雄、热依木江学习的口号。农五师水泥厂大搞技术革新，不但增加产量，还提高质量，使出厂水泥由 300 号提高到 400 号。1975 年，精河盐厂班长热希提（维吾尔族）、州工程队瓦工副排长龚仁才 2 人出席了自治区工业交通系统基本建设抓革命促生产学大庆经验交流会。1976 年，自治州汽车二队驾驶员沙吾提·阿西木（维吾尔族）出席自治区第二次工业学大庆先进集体、先进个人代表大会。1977 年，自治州汽车二队工人木斯林（维吾尔族）、温泉县十月公社邮电所邮递员旦木仁加普（蒙古族）、精河县红旗加工厂车间主任景贵河等 3 人光荣出席了自治区第三次“工业学大庆”先进工作者大会。1978 年 3 月，温泉县食品公司营业员拖汉（哈萨克族），作为先进工作者出席了自治区财贸“学大庆、学大寨”会议；7 月，自治州汽车二队工人木斯林（维吾尔族）作为先进工作者，出席了自治区第四次“工业学大庆”会议；10 月，自治州农机修造厂铆锻车间李德新、州汽车队驾驶员杜风昌出席了自治区工交系统基建战线劳动模范授奖大会。

1978 年开始，全州各级工会深入开展了“工业学大庆”和社会主义劳动竞赛活动，把普及大庆式企业推向新阶段。此外，还开展了“农业学大寨”运动，各级工会组织开展了职工大力支援农业活动，为普及大寨县先进经验做出贡献。自治州第二汽车队率先在全州“工业学大庆”运动中开展社会主义劳动竞赛。

（三）先进生产者运动

1958 年，随着国家经济建设“大跃进”发展，各企业也掀起了生产

“大跃进”,开展了社会主义劳动竞赛和“增产节约”运动及先进工作(生产)者运动。自治州各行各业开展了学先进、比先进、赶先进的社会主义劳动竞赛,还广泛开展了企业之间、车间与车间、同工种与同工种的社会主义劳动竞赛活动。如州、县农机修造厂都积极主动为农牧业维修、生产了各种农机具和零配件。他们还经常和社队挂钩,检验农机具使用效果,征求各方改进意见,并且通过举办各种训练班、师傅带徒弟等形式,为社会培训技术人员,提高他们的维修能力,做到小故障不出社,大故障不出州,大幅缩短了维修时间,提高了农机具的利用率,有力地推动了自治州农业机械化的迅速发展。温泉县电站工作人员不辞辛劳,根据需求为附近社队架线供电,解决了社员生产和生活用电问题。

自治州食品加工厂广大干部职工,发扬自力更生、艰苦奋斗的革命精神,战高温夺高产。他们坚持勤俭办企业的方针,本着少花钱多办事、不花钱也办事的原则,一切从生产需要出发,就地取材,因陋就简,自己动手,把旧民房改造成厂房,使沉睡了几年的饼干机、冰棒机投入了生产。1994 年 1—9 月份的生产总值比上年同期增长 92% ,提前三个月超额完成了生产计划,取得了由亏损转盈利 3.6 万元的可喜成绩。

## 二、开展五好运动

“五好”运动是 20 世纪 60 年代初期在工矿企事业单位掀起的以“五好”为目标的比学赶帮超活动,主要是为了更大限度地调动广大职工的革命和生产积极性,促进生产的发展。1963 年,中华全国总工会发出号召,在各个单位中开展三个“五好”活动,活动的主要内容是:五好基层、五好班组、五好职工。

20 世纪 60 年代中期,各级工会高举毛泽东思想伟大旗帜,以生产建设为中心,放手发动群众开展以“五好”为目标的比学赶帮、增产节约运动,掀起了生产建设的高潮。

（一）五好基层

增产节约，支援农牧业生产好；思想教育工作好；关心职工，安排生活好（包括幼儿园、托儿所、食堂、宿舍、浴室等集体福利）；民主生活会议制度好；发挥工会组织作用好。

（二）五好班组

政治思想好；生产工作好；学习技术好；生产经营管理好；互助协作好。

（三）五好职工

服从领导，执行国家法令好；克服困难，完成工作任务好；努力学习毛泽东思想，认真研究技术业务好；团结互助，关心集体，遵守劳动纪律好；爱护公共财物好。

从 1959—1974 年，全州各个系统广泛开展以“五好”为目标的比、学、赶、帮、超活动，发扬了奋发图强、自力更生的精神，在挖掘生产潜力、改革设备、提高生产率、提高产品质量、降低生产成本等方面取得了一定成绩，使不少企业由严重亏损变为盈利。

自治州商业供销网点，随着形势的不断发展和扩大，遍及全州城乡各地，使全州工交、基建、商贸等企业的职工人数达到 3700 多名。

1972—1973 年，博乐县粮油加工厂充分发扬敢想敢干的革命精神，完成技术革新 13 项，使劳动生产率提高一倍多，由日产面粉 600 袋，提高到日产 1000～1300 袋。不但降低了成本，而且减轻了工人劳动强度；不但减少了车间灰尘，而且使职工健康得到保障。

通过“五好”为目标的运动，开展了技术革新和技术革命及大练基本功的活动，各族职工在实践中提高了技术水平和机械化程度。

从 60 年代至“文化大革命”前这段时间，“五好”运动和先进生产者运动一样，在全民经济不断发展的历程中，对全州经济工作起到了一定的推动作用。

### 三、职工技术协作

提高职工队伍的技术素质是全社会的共同责任。工业的发展离不开科学技术，先进的技术推动着工业生产的发展。邓小平曾经指出：科学技术是生产力，而且是第一生产力。职工技术协作活动是职工群众主要围绕新产品开发、技术攻关、新技术推广应用以及技术引进改造而开展的技术互助、协作自愿结合的群众性技术活动。

新疆早期职工技术互助活动始于50年代初。60年代初期，一些职工除搞好生产外，还利用休息时间联系一些能工巧匠、老工人、老师傅一起搞技术革新，一起开展技术创新和技术上的互补，为企业解决技术难题，有力地促进了工业企业生产的发展。这种职工自发的技术协作活动，当时在博尔塔拉蒙古自治州一些企业也逐步开展起来，得到了自治州各级领导的重视和支持，并逐渐形成了一支工人、工程技术人员、干部三结合的群众技术队伍。

自治州职工队伍的技术水平随着工业经济的发展不断提高。职工在各自的工作岗位，以班组、车间为单位，开展了技术改造、技术交流、技术练兵、技术服务等活动，使职工技术队伍不断扩大。这支队伍不仅是自治州企业的骨干力量，也是工人阶级队伍的中坚力量。开发技术活动不仅是企事业单位的事，也是各级工会工作的重要工作内容。为了使职工技术得到充分发挥，把松散的职工技术队伍汇成纵向一体、横向协作的技术群体，自治州总工会根据全国总工会和自治区总工会的要求，于1994年1月25日，正式成立了博尔塔拉蒙古自治州职工技术协作委员会，截至1997年底，全州各县（市）也相继成立了职工技术协作委员会。

自治州职工技术协作办公室以技术革新、技术交流、技术攻关、技术练兵、技术服务、技术互助等活动为主要内容，把全州各行各业中的劳动模范、先进生产者、革新能手、专家名师、能工巧匠和技术革新爱好者组织起来,形成一支群众性的技术协作队伍。他们中既有五六十年代参加技术活动的老职工,又有后起之秀的中青年能手。这支队伍采取多层次、多形式、多渠道、多方位的技术互助、技术协作,为提高自治州的经济效益,促进经济发展起到积极推动作用。

在改革开放和社会主义现代化建设事业中,全州各级职工技术协会坚持以经济建设为中心,团结吸引广大职工广泛开展各种形式的群众性科技活动,为推动企业科技进步,提高职工科技素质,促进科技成果向实现生产力转化做出很大贡献。

1997 年底,自治州职工技术协会举办首届职工技术发明创造成果展览,展会上主要展示了自治州改革开放 20 年来的工业、农业、医疗卫生等行业 137 项革新项目和科技成果。

1999 年 4 月 30 日,自治州总工会召开千项技术活动经验交流会,会议贯彻自治区总工会《关于在全区广泛开展千项技术活动的通知》(〔1999〕10 号)精神,弘扬技协精神,总结经验教训,交流创造成果,宣传科技人物,推动科技进步和企业创新,加深对科学技术是第一生产力的理解。自治州总工会作出《表彰千项技术活动先进集体、先进个人的决定》,授予自治州棉纺有限责任公司职工技协等 6 个单位为 1998 年"千项技术"活动先进集体,授予尚志远等 3 人为千项技术活动先进个人。

2002 年自治州技术协会荣获了自治区总工会"千项技术"先进集体和"劳动竞赛"优秀组织奖称号。5 月 26 日,自治州总工会技术协会和州草原工作站获得自治区"千项技术"活动先进集体称号,州常压锅炉厂的杨中兴和州畜牧兽医站的阿不都外力·亚松荣获自治区"千项技术"活动先进个人称号,博乐市博昌珍珠岩有限责任公司的"陶粒空心砖"和温泉县"万亩麻黄人工种植技术推广"项目荣获自治区"千项技术"活动成果。

2003 年,自治州总工会职工技术协会工作开展活跃,全州有县以上职工技协组织 4 个,锅炉协会 1 个,基层技协组织 7 个。在企业中开展了“千项技术”和“金点子”献计献策活动。围绕自治州经济发展目标,各级工会组织大力实施职工经济技术创新工程,在职工中广泛开展了经济技术创新活动,全州树立了 10 个经济技术创新点,为企事业单位的发展做出了积极贡献。

2004 年 5 月 10 日,自治州总工会开展了以“爱岗敬业做主人、实现小康做贡献”为主题的职工技术协会创新活动,要求各族职工在各自的工作岗位上加强练兵,开展行业劳动竞赛、技术创新、新技术成果推广等活动,选树了一批经济技术创新能手,激发了广大职工的创新能力。开展 8 项重点工程建设和重点行业劳动技能竞赛,参加比赛的企业有 85 个,参赛率达 100% 。自治州职工技术协会 5 年蝉联自治区先进集体。

2005 年,自治州总工会有针对性地组织开展了形式多样的岗位练兵、职工技能竞赛等活动,并组织参赛队参加了自治区第三届职业技能竞赛活动,获得优秀组织奖荣誉称号。自治州教育工会在全州教育系统开展了中小学德育教师教学能手大赛,评出 13 名教师为全州德育教学能手,当年全州各类活动开展所属工会参赛面达 100% 。全州各族职工累计提出合理化建议 297 件,已实施 177 件,产生经济效益 252 万元。职工技术发明项目 12 项,技术革新项目 60 项,职工发明创造项目 15 项。10 月 14 日,自治州总工会在博州计算机培训中心举办了自治州石油系统第二届职工计算机技能操作竞赛,全州共有 18 支代表队参加比赛。自治州党委机关代表队和自治州社会保险管理局队员王敏分别荣获团体和个人比赛第一名。

2007 年 4 月 28 日,自治州总工会在博乐市街心广场举行庆“五一”职工、农民工劳动技能大赛,竞赛项目中有中餐摆台、西餐摆台、水果拼盘、食品雕刻、自行车组装赛、民间刺绣工艺品等六个比赛项目。这次共有 44 个单位参加技能大赛,参赛单位选手有 115 名,前来观看的职工群众有2000多人。比赛经过各专业组评委认真评选打分，评出一等奖6名，二等奖9名，三等奖12名。评选出民间刺绣优秀作品12件，优秀组织奖单位12个。自治州党委常委、副州长帕力旦·阿德尔汗（女），州党委常委、组织部部长杨育清等领导参加了启动仪式。12月26日，州劳动人事和社会保障局、州总工会、州旅游局、州工商局联合举办了自治州第二届客房、餐厅服务职工技能竞赛，来自全州各地21家宾馆餐饮服务业的48名选手参加了比赛活动，有两名选手获得自治州劳动能手称号。这些竞赛项目的开展开创了全州技术比武、技术协作、劳动竞赛的新局面。

2008年，全州有职工技协组织4个，开展劳动竞赛的企事业工会有119个，参加活动的职工12400人。各族职工累计提出合理化建议1305件，已实施933件，产生经济效益194万元。职工技术发明项目12项，技术革新项目80项，申请技术专利8项。在卫生、旅游、宾馆、农民工建筑工地、汽车驾驶、手工修理行业、计算机操作等行业坚持开展职业技能竞赛活动。全州竞赛活动和创争活动覆盖率达98%以上，女职工“五一文明示范岗”创新创建覆盖率达83%。命名表彰劳动关系和谐企业42个，工人先锋号43个，15个州级六好乡镇（街道）工会；39个单位为自治州“五一女职工文明示范岗”称号；29个单位为职工节能减排竞赛活动先进单位。技术革新项目33项，技术发明项目4项，总结推广先进操作项目4项。参加职业技能培训职工13834人。

2010年8月27日，自治州总工会联合中国人民银行博州支行共同举办了2010年度博州银行业职工技能大赛，来自全州12家银行机构的36名业务尖子参加了计算机汉字输入、计算机数据录入等项目的比赛，并对获得前三名的先进集体和个人进行了表彰奖励。

2011年，自治州总工会大力开展劳动技能及安全生产教育活动。通过开展活动，强化企业班组建设，提高一线职工的技术能力。12月，全州共有121家企事业机关单位、8020名职工、617个班组参加了竞赛活动。认真履行自治州安全生产领导小组成员单位职责，全过程参与安全生产事故及善后处理工作，积极开展“安康杯”竞赛活动，组织了“我与安全责任”演讲比赛活动。全州各级工会组织举办劳动保护培训班100多期，培训职工8000多名；组织5000多名职工参加了“全国职工安全健康知识竞赛”答题活动。

2013年，自治州总工会在全州开展了“首席员工”“金牌员工”“创新能手”、创新班组和职工“劳动模范”创新工作室等技能带头人评选活动，评选出115名技能带头人。

2015年，自治州总工会围绕州党委中心工作和战略部署，全州共有11万余人次参加了“当好主力军、建功‘十二五’、奋力促跨越”主题劳动竞赛活动。在全州各族职工中开展了“安康杯”知识竞赛、“我为节能减排做贡献”“金点子”工程和合理化建议征求等活动。各族职工累计提出合理化建议1323件，已实施851件；职工技术发明项目39项，技术革新项目169项。命名表彰了“当好主力军，建功‘十二五’，奋力促跨越”主题竞赛活动优秀单位59个、“职工节能减排”活动先进单位29个，全州共有3000多名职工参与了形式多样的岗位练兵和职工技能竞赛活动。在教育、卫生、服务业、银行系统中开展了业务技能竞赛活动，在农民工建筑工地开展抹墙砌砖比赛，在农村行业协会中开展挖沟培土、马铃薯除草、缝麻袋、拾棉花及剪羊毛等系列职工技能竞赛活动。

2016年，自治州总工会与有关单位在特殊领域开展各类竞赛活动。联合州安监局在全州范围内开展“安康杯”竞赛活动，选出自治州“安康杯”先进单位14个。参赛的企业和参赛职工分别比上年度增长10%和5%。自治州总工会还联合州团委、妇联、文联等单位举办了书法、绘图、摄影、手工剪纸、刺绣、十字绣、编织系列活动，“去极端化·做靓丽女性”演讲等。

2018 年，全州各级工会继续推出“互联网 + 健康 + 团结 e 起走”职工竞赛活动，参加活动人数 1000 多人。通过各级工会层层筛选，采取“日月年”的奖励措施，对基层组织和个人一起进行奖励，年底参选“健步走达人”活动。

2021 年 10 月，自治州总工会、州人力资源和社会保障局联合举办了博州厨师技能竞赛活动，活动主要内容为：中式烹调菜品、中式凉菜菜品、中式面点菜品等 3 个参赛项目。自治州总工会着力提升职工技能，积极开展“安康杯”竞赛活动。县市联动、部门配合，组织开展核酸检测、核酸采样岗位练兵技能竞赛。举办“妈妈的味道——2010 年温泉县巾帼家政服务员技能大赛”。12 月 24 日，结合“为职工办 15 件事”，各级工会组织开展劳动竞赛和技能大赛活动，自治州总工会联合州党委统战部、州党委政法委、州教育局、州人社局、州生态环境局、州文旅局、州卫健委开展“安康杯”劳动竞赛、技能大赛和岗位练兵活动。经过层层岗位练兵的技能大赛，全州有十大行业百名劳动和技能人才脱颖而出，授予杨华等 100 名优胜者“十佳标兵”（10 名十佳团结标兵、10 名十佳护边员、10 名十佳生态卫士、10 名十佳口岸居民、10 名十佳导游讲解员、10 名十佳教学标兵、10 名十佳爱岗敬业标兵、10 名十佳护士、10 名十大金牌服务员、10 名十大名厨）荣誉称号。

进入新世纪新阶段，全州各级工会紧紧围绕加快博州新型工业化发展这个中心，广泛开展“创优质产品、创优质服务”活动，为企业解决技术难题，有力地促进了自治州企业的生产发展。

## 四、劳动保护

加强劳动保护工作，搞好安全生产，保障职工的安全和健康，是党和国家的一贯方针，是社会主义企业管理的一项基本原则。从 1954 年开始，国家陆续发布有关劳动保护方面的条文规定。

工会组织对企业安全生产、职工劳动保护情况进行监督检查，是为了防止企业在生产经营中发生违章指挥、职工在生产过程中违章操作及生产设备的不安全因素，对生产者造成人身伤害，及粉尘、有害有毒气体、噪声等生产环境的污染对职工身心造成损害，也是工会参与企业民主管理、维护职工合法权益的重要途径。

新疆工会的劳动保护工作，既是整个新疆职工劳动保护工作的一部分，也是新疆工会工作的重要组成部分。它担负着新疆工会动员和组织各族职工群众监督和协助政府，以及企业行政贯彻执行党与国家劳动保护方针、政策和法规，加强职工群众的劳动保护教育，保护职工在生产过程中的安全和健康的重要任务。

多年来，自治州总工会及各级工会非常重视职工的劳动保护工作，根据国家关于职工劳动保护、安全生产的规定，积极组织各级工会广泛开展工作。在建立健全各级劳动保护监督检查机构，对劳动保护监督员进行培训，对职工进行安全生产教育，深入厂矿企业进行安全生产、劳动保护检查，参与伤亡事故调查等方面均做了大量的工作。

（一）组织队伍

1951 年，全国总工会发布了《工会基层组织劳动保护委员会通则》。新疆省工会劳动保护始于 1952 年，在筹建新疆省总工会筹备委员会劳动保护部期间，指派专职干部负责这项工作。

1953 年 2 月，新疆省总工会筹备委员会设立了劳动保护部。从 1954 年开始，国家就陆续发布劳动保护方面的条文规定。1955—1957 年，分别召开了第一次、第二次全国工会群众劳动保护工作会议。

自治州各级工会为了将劳动保护监督检查工作落到实处，首先自上而下建立了有效的组织体系和监督员队伍。州总工会主要工作之一就是劳动保护监督检查，各县市、产业工会有相应的机构和负责人员。各企业车间、工会小组都设立了劳动保护监督检查员，从组织上保证劳动保护工作的正常开展。

自治州的经济发展起步较晚,因此工会基层劳动保护组织在初期没有建立起来。这一项工作基本上由企业的党政领导直接去做,其主要形式是发放劳动保护用品。随着经济建设的发展,到了60年代,一些大的厂矿企业陆续成立了劳动保护监督检查委员会,到了80年代以后,各级工会劳动保护组织才日渐建立和完善。

1985年,自治州各基层工会均建立了劳动保护监督检查委员会,设立了劳动保护监督检查员。2004年,全州建立劳动保护监督检查委员会(小组)126个。

(二)开展工作

工会基层组织劳动保护工作,是随着国民经济的逐步发展、企业管理的加强和工会工作水平的不断提高而发展起来的。

1979年3月,自治州总工会开始在全州工会组织中开展劳动保护有关工作。1982年,开始发起实施对与职工生产生活有关的职工食堂、澡堂、集体宿舍、托儿所、卫生间等“两堂一舍、两所”工作进行检查评比活动。这些活动都是自治州总工会和各级工会组织实施的维护劳动者合法权益工作的典型。

1991年,自治州总工会接待职工群众反映劳动保护方面的问题的来信来访5起,其中2起得到解决。

2002年,自治州总工会在全州范围内举办庆“五一”建设安全生产杯职工篮球赛。活动把职工体育活动与企业文化有机地结合起来,宣传企业文化,促进安全生产,积极营造人人重视安全生产的良好社会氛围,有力地推动经济发展和社会稳定。温泉县举办了“安康杯”知识竞赛活动,取得了良好效果。自治州总工会配合州有关部门参加安全生产大检查两次。

2004年,自治州总工会在企业中有效开展了以掌握安全知识,争做遵纪守法职工为主题的“安康杯”竞赛活动,有 21 家企业参加了此项活动。主动参与安全事故的调查处理,参加全州安全生产大检查 1 次,依法维护职工生命安全与身体健康。

2008 年,自治州总工会不断加强工会劳动保护工作,全州各级工会参加安全生产检查 3088 次,其中企事业工会 3088 次,基层以上工会 20 次,参加“三同”审查验收项目 61 件。全州对已建工会企事业单位执行禁止安排女职工从事矿山井下及第四级体力劳动强度的劳动和在经期不得安排从事高处、低温、冷水作业及第三级体力劳动强度的劳动有关规定 336 个。执行女职工在怀孕、哺乳期间关于体力劳动强度等方面规定的 352 项,占基层工会的 49% 。

多年来,自治州各级工会劳动保护组织和劳动保护监督检查员,遵照国家有关劳动保护规定,本着对广大职工生命安全和国家财产负责的原则,对所属工矿企业的劳动保护和安全生产进行严格有效的监督检查。州总工会每年协同州劳动局和州相关部门对工矿企业进行不定期普查或重点抽查,特别是将易多发事故的企业等作为监督检查的重点,随时提出整改和纠正,有效地保护职工的人身安全和国家财产安全。

## 第三节　劳动模范管理

劳动模范、先进工作者的评选表彰和管理是新中国成立后,党和政府委托工会主管的一项重要工作。这项工作是与工会开展的劳动竞赛活动紧密相关的。

新疆的劳动模范工作,是新中国成立后新疆党委和人民政府委托工会主管的一项重要工作。它包括劳动模范的评选表彰和待遇等方面的日常管理工作。

在社会主义建设时期，全州各族职工发扬了工人阶级主人翁精神。在实现自治州社会主义现代化建设的历史进程中，各行各业、各条战线涌现出了一大批爱祖国、爱人民、艰苦奋斗、开拓进取、任劳任怨，无私奉献、勇于改革、勇于创新的劳动模范先进人物。一批又一批劳动模范、先进工作者是社会主义劳动竞赛中涌现的先进人物的优秀代表。

五六十年代，劳动模范、先进人物受人爱戴，被人尊敬。50 年代，在博尔塔拉蒙古自治州就涌现出刘克俭、热合木都拉·艾买提、李蒲卿、李加等一批全国劳动模范先进人物。

70 年代末，自治州劳动模范人物为数不多，行业特征也十分明显，只有自治州直属汽车队等数家工业企业，还未涵盖工业、农业、畜牧业、商贸、建筑业等其他各个行业门类。

1978 年，自治州水电局副局长李蒲卿在基层工作期间，帮助很多企业解决了关键环节上的技术问题。特别是在架设博乐—精河 110 千伏送电线路工程时，解决精博两地的电互补余缺问题。他被授予全国“先进工作者”荣誉称号。

1979 年 10 月，自治州农机修造厂铆锻车间班长李德新、自治州汽车驾驶员杜风昌二人出席了自治区工交基建战线劳动模范授奖大会。

1980 年，随着全国农村经济体制改革和以城市为中心的经济体制改革的深入开展，自治州各条战线经济建设发展态势日新月异。广大劳动者长期被压抑的创业积极性如同火山一样迸发出来，在经济体制转型和经营机制创新中涌现出了大量的合法经营、诚实守信、带头创业、勤劳致富的先进模范人物，他们已成为新时期各条战线上的领军人物，受到各级党委政府的充分肯定和表彰嘉奖。

1987 年，博乐市青得里乡顾里木图村牧民哈·都古尔加普连续 13 年被州市评为先进牧民；1975—1987 年，连续十年荣获自治区农牧业丰收劳动模范获得者荣誉称号；1989 年，被评为“全国劳动模范”。1997

年，自治州温泉县黄麻素厂职工白小英，以忘我的奉献精神和显著的工作业绩，获自治区先进工作者荣誉称号，1999 年又荣获全国“五一”劳动奖章。

2005 年，自治州共涌现出先进集体 48 个，劳动模范 125 人，先进工作者 61 人，全国劳动模范 9 人，自治区劳动模范 49 人，自治州级劳动模范 74 人，自治州先进工作者 54 人。自治州总工会荣获各种荣誉共 36 个，其中，全国总工会授予荣誉 6 个，自治区总工会授予荣誉 25 个，自治州授予荣誉 3 个，博乐市委、市政府授予荣誉 2 个。

2005 年 4 月，自治州党委在州宾馆举行欢送全国劳动模范李加进京授奖仪式，自治州党委主要领导出席欢送仪式并讲话。

2006 年“五一”前夕，自治州选派李加等 4 名劳动模范及优秀工会干部代表进京参加为期 10 天的“五一”庆祝活动和观光学习，自治州党委常委、组织部部长杨育清在州宾馆为劳模举行送行仪式。

2010 年，受自治区表彰的劳动模范和先进工作者 14 人，受自治州表彰的劳动模范和先进工作者 66 人，自治州总工会系统表彰命名劳动关系和谐企业 42 家，“当好主力军、建功十一五，和谐奔小康主题”竞赛活动优秀单位 59 个，工人先锋号 77 个，州级六好乡镇（街道）工会 15 个，39 个单位荣获自治州“五一女职工文明示范岗”称号，29 个单位荣获节能减排竞赛活动先进集体。

2014 年，自治州总工会坚持把劳动模范管理工作纳入规范建设之中，建立健全各级劳动模范档案，实行动态跟踪管理。自治州总工会积极主动倾听劳动模范的意愿和呼声，坚持为劳动模范办实事、做好事、解难事，创新劳模服务方式。为劳动模范赠送《工人日报》《工人时报》，选树和宣传劳动模范，建立劳动模范风采走廊、劳动模范创新工作室等。此外，还建立劳模风采走廊、劳模创新工作室弘扬劳模精神，让劳动最光荣、劳动最伟大、劳动最美丽的观念蔚然成风。

2015 年,全州共有全国劳动模范 7 人,自治区劳动模范 61 人,自治州劳动模范 205 人。组织劳模疗休养 53 人次,为劳模体检送健康 35 人次;先后投入 81.11 万元,用于劳模关心慰问、生活保障、困难帮扶及考察学习疗养等工作。组织 20 名各级劳动模范、先进工作者、优秀一线干部职工赴湖北疗休养,营造全社会尊重劳模、学习劳模、争当劳模的良好氛围,赢得广大职工的一致好评。

2019 年,自治州总工会大力弘扬劳模精神、劳动精神。春节期间走访慰问各级劳动模范 81 人,金额 35.4 万元,组织 12 名劳动模范参加自治州 2019 年老干部、劳动模范座谈会,组织 15 名劳动模范参加自治州检察院开展的“检察开放日”活动。为了积极促进博州旅游产业的发展,自治州总工会经与湖北省总工会协商,由湖北省总工会先后分 2 批组织 100 名劳动模范来博尔塔拉蒙古自治州进行疗休养,其间组织两地劳动模范进行了座谈交流。

2020 年,自治州总工会认真抓好劳模精神评选工作。按照优中选优、逐级申报的原则,认真组织开展了全国及自治区级劳动模范、先进工作者评选推荐工作。经自治州党委研究通过,向自治区推荐了 3 名全国劳动模范人选,14 名自治区级劳动模范人选,3 名自治区级先进工作者人选。同时,州总工会组织人员对全州劳动模范的生产生活状况进行摸底调查,并为有困难、低收入的劳动模范申请了劳动模范专项资金补助。

2021 年,自治州总工会大力弘扬劳模精神、劳动精神、工匠精神,让劳动最光荣、劳动最伟大、劳动最美丽的观念蔚然成风。着力做好劳模管理服务工作,开展了劳模疗休养、体检送健康等活动。在“五一”国际劳动节期间召开劳模座谈会,开展劳模代表“学党史、铭初心,踏足迹”参观活动。组织劳动模范代表参观了博乐市万亩海棠生态园、馕产业园、州博物馆,共同见证博州的快速发展。深化新时期产业工人队伍改革，充分发挥劳模创新工作室示范作用，全州共创建劳模和工匠创新工作室16个。

2015—2021年，全州各级工会开展劳模慰问、体检390人次，投入资金135.3万元，营造了尊重、关心、爱护劳模的良好社会氛围。全州荣获全国“五一”劳动奖章1人，全国工人先锋号1个，开发建设新疆奖章4人，开发建设新疆奖状1个，自治区工人先锋号3个。“七一”前夕，开展了对70岁以上劳动模范慰问活动。

在历年表彰的劳动模范和先进工作（生产）者中，自治州有13人被国务院授予全国劳动模范和全国先进工作（生产）者称号，有15人被全国总工会授予“五一”劳动奖章荣誉获得者。

随着劳动模范地位的不断提高和各级领导对劳动模范工作的日益重视，各级职代会在讨论职工住房条件、工资调整等一些重大福利问题时，也将劳模、先进人物作为主要打分依据。1984年，全国总工会决定从5月到10月底在全国范围内集中宣传一批突出的先进人物和先进集体，树立全国的旗帜，发挥榜样的作用。

劳动模范、先进工作者的成长除了自身努力，还与时代的造就、党和人民的关怀紧密相关。各级领导对劳动模范、先进工作者的关心和希望，高度体现了党和政府对劳动模范、先进工作者的尊重和关怀，同时对劳动模范和先进工作者提出了更高的要求。

各级党组织、基层工会组织结合各类社会主义劳动竞赛活动，充分利用广播、电视、报刊、图片等现代宣传工具，运用报告会、演讲会等多种形式形成浓厚的学习氛围，使劳动模范、先进工作者成为宣传的主角，努力用劳动模范等先进人物的优秀思想品质、精神风貌和每一个闪光点影响和带动全社会。

在劳动模范和先进工作者身上，集中体现了爱党爱国、忠于职守的崇高思想，克己奉公、勇于奉献的精神境界，艰苦奋斗、务实创新的工作作风，充分展示了当代工人阶级的精神风貌，成为他们建设团结、富裕、文明、和谐博尔塔拉蒙古自治州的强大精神动力。

## 第四节　民主参与、民主管理

企业实行民主管理，是我国社会主义政治民主制度建设的重要组成部分。实行民主管理，是企业职工依照国家法律规定，以主人翁身份，通过一定的组织形式，参加企业管理，行使民主权利的活动。实行企业民主管理，既是社会主义制度的本质要求，又对建设具有高效物质文明和精神文明的社会主义国家具有重大意义。

### 一、民主参与

工会参政议政是工会依法代表和维护职工合法权益的重要工作。它既体现职工在国家和企业中的主人翁地位和权利，又是党和政府全心全意依靠工人阶级的重要途径，它是指各级地方工会领导人参加各级地方党委和政府领导机构，代表工会组织和广大职工参与国家和社会事务的管理和监督。

新疆解放后的各个历史时期，各地方工会主席、主要负责人或职工代表参加到各级地方党政领导机构中，或是各级党政领导人兼职同级工会党组书记、工会主席或副主席，对地方工会的参政议政发挥重要作用。

自治州总工会以职工民主管理制度为平台，积极推动职工政治民主权利的落实，不管是什么性质的企业，都要建立职工民主管理制度。

1958 年，自治州总工会积极响应党的“大跃进”号召，动员和组织职工投身于大炼钢铁运动，在职工中开展了劳动竞赛，彰显了工人阶级在经济建设中的主力军作用。

1960 年 3 月,博尔塔拉蒙古自治州工会筹备委员会成立,由自治州党委书记谢玉田兼任筹备委员会主任。

1965 年 8 月,博尔塔拉蒙古自治州工会第一次代表大会召开,自治州党委副书记吐尔巴依尔当选为自治州总工会第一届委员会主席。

1966 年"文化大革命"开始,1967 年 3 月自治州总工会组织受到严重冲击,州总工会组织陷入瘫痪。1969 年 4 月,工会工作被纳入自治州革命委员会政治工作组下设的群众工作组管理。

1974 年,全国工会组织开始恢复。同年 11 月 20 日,博尔塔拉蒙古自治州工会第二次代表大会召开,自治州党委副书记王邦玉当选为博尔塔拉蒙古自治州第二届工会委员会主席。

1980 年 1 月,博尔塔拉蒙古自治州工会第三次代表大会召开,自治州革委会副主任张河山当选为博尔塔拉蒙古自治州第三届工会委员会主席。

自治州党委高度重视工会工作,从自治州总工会筹备委员会成立到自治州总工会第三届委员会召开,自治州总工会的主席均由自治州副州级以上领导干部担任。从组织领导上保证了工会代表职工的民主参与地位,为各级工会组织参政议政奠定了良好的基础,也为开展工作打下了坚实的基础。

第三次工会代表大会以后,自治州总工会领导不再由同级党政副职担任,按照中发办〔1989〕12 号文件精神,1989 年以后,自治州总工会的正副职担任了同级党委、人大、政协委员或常委。

党的十届三中全会以来,党中央充分肯定了工会在国家政治体制中的重要作用,多次强调工会参与国家和社会事务管理的重要性。

1985 年,中共中央办公厅、国务院办公厅转发了全国总工会党组《关于工会参加党和政府有关会议和工作机构的请示》(中发办〔1985〕

55号)，为工会搞好参政议政创造了良好的条件。

自治州总工会积极推进建立健全源头参与的工作机制。工会工作得到各级党委政府的高度重视，自治州党委下发了博州党委〔2000〕7号、〔2001〕23号、〔2002〕24号文件，强化工会源头参与工作。全州县以上工会与政府建立了联席(联系)会议制度，劳动关系三方协商机制也正式建立并启动。各级党委、人大、政府、政协还就建会、困难职工帮扶和《中华人民共和国劳动法》《中华人民共和国工会法》《新疆维吾尔自治区集体合同条例》《新疆维吾尔自治区非公有制企业工会条例》贯彻情况进行了专题调研、视察和执法检查，为工会工作的深入开展创造了条件。

自治州总工会积极参加涉及职工利益的领导小组或工作机构并发挥作用，参与企业安全生产大检查及重大伤亡事故的调查与处理，参与了企业改革、劳动就业、社会保障、工资分配和医疗改革等配套政策措施的制定。各级党委定期听取工会工作汇报制度基本建立，及时研究和解决工会工作中的困难和问题。各级工会均建立了向同级党委汇报工作制度，自觉接受党组织的领导。重视发挥工会在党委、人大和政协中的委员、代表作用，拓宽了参与渠道，提高了参政议政水平。

几十年来，自治州各级工会加大宏观和源头参与力度，积极参与党委、政府做好企业改革工作和涉及职工切身利益有关规定的制定、修改和实施工作，提出了一些好的意见，形成了工会组织参与企业改制、企业下岗职工管理办法等。部分工会还利用党委、人大、政协中的职务、委员身份参与议政，反映当前职工群众关注的热点、难点问题，当好领导的参谋。如：自治州总工会针对企业职工写出的涉及职工思想状况、下岗职工状况分析、企业改制现状、下岗职工基本生活保障和再就业情况的一批调查报告和情况反映，并在政协会上，作了全社会都来关心下岗、待岗、特困职工的专题发言，引起党政领导的高度重视。同时还加强与劳动、体改、经贸等部门的联系，进一步拓宽了参政议政的参与渠道。

2003 年，州县（市）两级工会与同级政府建立了相应的联席会议制度，建制率达 100%。自治州总工会与州政府建立了联席会议制度，2003 年共召开 2 次专题会议，对开展送温暖活动进行了安排布置，研究了帮扶中心启动资金等问题。温泉县召开了 1 次专题会议，研究了县总工会困难职工帮扶中心启动资金、县财政按时足额划拨经费、税务代收企业工会经费、乡镇工会组织办公经费等问题。

2005 年 7 月，自治州人大常务委员会副主任龚玉梅当选为博尔塔拉蒙古自治州总工会第七届委员会主席。2006 年，全州各级党委十分关心和重视工会工作，认真听取工会工作汇报，研究解决涉及职工群众利益和工会工作的重大问题，在配好配强工会领导班子，落实工会干部待遇、解决工会工作的困难和问题等方面，做了大量的工作。到 12 月底，全州工会干部中有 23 名享受同级副职待遇。8 月，自治州党委召开了党委工会工作会议，会后，各县市分别出台了贯彻实施意见，全州各级工会都建立了向同级党委汇报制度和与政府（行政）联席（联系）会议制度。全州各级工会已全部参与自治州政府及相关部门涉及职工切身利益各类机构 21 个，落实了工会的源头参与问题。

2010 年 10 月，自治州人大常务委员会副主任龚玉梅当选为博尔塔拉蒙古自治州总工会第八届委员会主席。

2015 年 9 月，自治州政协副主席袁立玲当选为博尔塔拉蒙古自治州总工会第九届委员会主席。

2021 年 6 月，自治州政协副主席袁立玲当选为博尔塔拉蒙古自治州总工会第十届委员会主席。自治州人大常务委员会委员周文泽当选为博尔塔拉蒙古自治州工会第十届委员会副主席。

工会参政议政，从宏观上说，是代表和组织职工参与国家和社会事务，参与管理经济和文化事业。从微观上讲，主要是代表职工参与本企业的生产经营决策和劳动分配。工会参政议政分三个层次:一是各级地方工会参与同级党委、人大、政府有关职工利益的决策、地方法律法规的制定和重大问题决策;二是产业(委办局)工会参与本行业、本系统的重大决策;三是企事业的基层工会参与企事业经营管理和涉及职工利益的重大问题的决策。

## 二、民主管理

企业的民主管理,是我国社会主义政治制度建设的重要组成部分,是体现职工的主人翁地位,依法通过一定组织形式,参加企业的管理,行使民主权利的活动。它与企业的科学管理相辅相成,是办好社会主义企业的重要保证,同时也是企业领导体制改革的基本内容。

党的十一届三中全会以后,我国企业的民主管理有了新的发展。党中央高度重视民主管理工作,把"工人是企业的主人,要发展民主管理,建立职工代表大会制度",作为毛泽东思想的重要内容和全面建设社会主义时期的重要经验载入史册,把全心全意依靠工人阶级列入邓小平建设有中国特色社会主义理论的基本内容,第一次把全心全意依靠工人阶级群众支持职工代表大会开展工作,参与企业重大问题的决策写入新的党章。

职工代表大会经过恢复、发展、提高,已经成为现阶段我国工人阶级在企业当家做主的一项重要制度,成为具有中国特色的企业管理和企业领导制度的基本内容。

### (一)职工代表大会

职工代表大会是企事业单位职工参与企业民主管理的权力机构,其对企业生产经营中的重大决定具有审议通过权;对关系职工工资、奖金、生活福利等方面的重大事项具有审议决定权及对企业领导人(主要是集体企业)具有民主选举权。

1950年2月,国家政务院财经委员会发出《关于在国营企业建立工厂管理委员会的通知》。

1954年,新疆省总工会第一次代表大会召开之后,省工会联合会根据国务院财经委员会发出《通知》精神,开始在企业工厂做推行职工代表大会制的试点准备工作。

1960年,自治州的工业企业开始推行党委领导下的职工代表大会制度,州直属企业的州农机修造厂、州汽车队、州建筑工程队、州糖厂、州通用机械厂、州食品加工厂等工业企业都召开了职工代表大会。精河县、博乐市、温泉县的一些国营企业也都实行了党委领导下的职工代表大会制度。实践证明,建立职工代表大会制度是依靠群众办好企业、体现职工主人翁地位的一项好制度,建立职代会的企业气象为之一新,工会工作开展顺利。

1962年,全区推行职工代表大会制度出现了四大特点:一是已建立职代会制度的单位增多,召开职代会的次数单位增多;二是地州县市厂矿企业新建职代会制度的单位也在不断增多;三是部分企业召开职代会的质量在不断提高;四是部分工会开始重视职代会闭会后的职代会日常工作。

1963年1月,自治区出台《新疆维吾尔自治区工业企业职代会暂行条例(修正案)》。

1966年5月,"文化大革命"开始,全区各级工会组织陷入瘫痪,博州职代会推行工作也随之暂停。

1978年12月,党的十一届三中全会召开之后,全区各级工会积极吸引工人参加企业管理,有的企业开始恢复职代会制度。

1979年9月,自治区工会第四次代表大会报告中指出,要建立健全职工代表大会制度,发扬企业民主管理,厂矿企业都要逐步建立健全党委领导下的职工代表大会制度。

1985 年 12 月 7 日，自治州党委批转《博州总工会党组〈关于进一步加强民主管理，加快建立和健全职工代表工作的报告〉的通知》。

1998 年，自治州总工会切实加强了民主管理和民主监督工作，狠抓职工（代表）大会制度建设。全州已有 277 家企事业单位建立了职工（代表）大会制度。大多数企事业的职工（代表）大会发挥了应有的作用，部分企事业单位的改革方案、重大决策和涉及职工切身利益的重大事项能够提交职代会和职工大会审议。不少企业坚持开展了业务招待向职工代表大会报告制度，使职工代表大会的职权得以落实，充分体现了企业职工当家做主的地位。

1999 年，全州共有 166 家单位召开了职代会，大多数企事业单位职工（代表）大会发挥了积极的作用。部分企事业单位的改革方案、重大决策和涉及职工切身利益的重大事项都能提交职代会和职工大会讨论、审议通过。部分企事业单位坚持开展业务招待费向职工（代表）大会报告制度和企业职代会民主评议领导干部工作。

2001 年 11 月，自治州总工会开展落实《关于进一步加强和完善职代会制度的意见》活动，要求各级工会深入学习贯彻《意见》精神，切实完善职工代表大会工作制度，推动自治州企事业单位民主管理工作迈上新台阶。

自治州总工会在加强民主管理工作中，不断丰富职代会制度的职权内容，将职代会制度从工厂制企业向公司制企业拓展，从公有制企业向非公有制企业拓展。在实际操作中，州总工会采取先抓党政机关，先抓领导支持的单位，先抓工会主席素质高的单位，以点带面，逐步推进。对其他单位州总工会深入基层，专人指导，召开座谈会或现场观摩会，一家一家落实，一家一家手把手帮助建制，用工作的真情打动行政，使职代会工作进展顺利，取得明显效果；并以职代会为依托建立健全职工董事、职工监事制度，健全和落实厂务公开、民主管理工作的保证制度。全州国有、集体和国有、集体控股企业应建职代会制度 107 个,实行建制 97 个,完成区总下达的任务 90.7%。行政机关 134 个,应建职工(代表)大会制度 67 个。

据 2002 年统计,已建职代会制度 59 个,完成区总下达任务的 88.1%,事业单位 242 个(包括企业化管理的事业单位),应建职代会制度 205 个,实际建制 209 个,完成区总下达任务的 102%。全州建立职工董事制度 39 个,占 61.9%;职工监事制度 44 个,占 69.8%。建立企业业务招待费向职代会报告制度 161 个。

2003 年,全州有基层工会组织 579 个,已有 501 个基层工会组织建立了职代会制度,其中:国有、集体和国有集体控股企业建制 84 个,建制率 100%,完成区总下达任务的 100%;新建企业建制 92 个,建制率 80.7%,完成区总下达任务的 322%;事业单位建制 218 个,建制率 91.6%,完成区总下达任务的 140%;行政机关建制 107 个,建制率 74.4%,完成区总下达任务的 114%。

2005 年,全州有 396 家企事业单位、107 个行政机关都建立了职工(代表)大会。国有、集体及其控股企业职代会建制率和召开率始终保持在 98% 以上。自治州总工会在企业兼并破产、职工分流安置等重大事项上发挥了积极作用;事业单位职代会的规范化建设取得明显进展;卫生文化系统事业单位职代会建制率和召开率均已达到 96%;各系统、各单位职代会工作质量明显提高。职工董事、监事和民主评议企业领导干部等工作纳入了职代会范畴,丰富了职(教)代会的内容。非公有制企业在建立职工代表列席例会以及平等对话制度上,探索了一些民主管理的新形式和新途径,党政机关事业单位推行职代会制度的工作也取得新的进展。

2006 年,积极开展了《新疆维吾尔自治区工业企业职工代表大会条例》的学习宣传活动。自治州总工会将《新疆维吾尔自治区工业企业职工代表大会条例》印发到各县（市）总工会和州直所有基层工会，对学习贯彻提出了明确要求。温泉县总工会举办了下乡送教专题培训班。截至12月，全州有331个企事业单位、116个行政机关建立了职工代表大会，其中，企事业单位建制率达84%，国有、集体及其控股企业职代会建制率和召开率始终保持在98%以上，职代会在企业兼并破产、职工分流安置等重大事项上发挥了积极作用。事业单位职代会的规范化建设取得明显进展，卫生文化系统事业单位职代会建制率和召开率均已达到96%，职工董事、监事和民主评议企业领导干部等工作纳入了职代会范畴。

2018年，已建工会的国有企业、非公有制企业职代会建制率分别达到100%、87.5%，厂务公开建制率分别达到100%、89%，集体协商建制率分别为100%、85%。

（二）集体合同

平等协商签订集体合同是企业工会代表广大职工，同企业行政就企业全年生产经营目标、职工工资、奖金、劳动保护、安全生产、文化技术培训、生活福利等内容，以书面形式签订的合同，它使双方的权利、义务受到合同的保障和约束，共同为办好社会主义企业而努力。这也是《中华人民共和国劳动法》赋予工会的一项重要权利。

1949年9月29日，中国人民政治协商会议第一届全体会议通过的《中国人民政治协商会议共同纲领》规定“私人经营的企业，为实现劳资两利的原则，应由工会代表工人、职员与资方订立集体合同”。

1951年5月，新疆省总工会筹备委员会刚一成立，立即派出工作组参加私营工商业社会主义改造工作，与有关部门协同帮助建立劳资协商会议制度和签订劳资双方集体合同，并取得明显成效。

1988年下半年，在全国改革开放形势迅速发展中，国有企业经济体制转轨变型改革步伐加快。企业（含国营、私营）职工民主管理出现一种形式——集体合同制。8月,自治区总工会顺应企业推行承包制形势的发展,决定在全区开展签订集体合同的工作。

1994年7月5日,八届全国人大党委会第八次会议通过了《中华人民共和国劳动法》,并于1995年1月1日实施。

自治州总工会以推行集体合同制度为抓手,维护职工的经济利益。依据《中华人民共和国劳动法》等法律法规的规定,按照工会组建到哪里,集体合同同步发展到哪里的要求,在全州企业范围内签订了区域性集体合同。

1995年1月1日起,《中华人民共和国劳动法》实施后,自治州总工会按照1996年劳动部、全国总工会、国家经贸委、中国企业家协会联合发出的《关于逐步实行集体协商和集体合同制度的通知》。自治州总工会在各行各业掀起了学习、宣传《中华人民共和国劳动法》《关于逐步实行集体协商和集体合同制度的通知》的高潮。各级工会组织充分利用工会宣传优势在全社会开展《中华人民共和国劳动法》的广泛宣传。

为了全面贯彻落实《中华人民共和国劳动法》,自治州总工会围绕平等协商签订集体合同这个重心,在全州范围内举办了厂长经理培训班两期,共有300多名厂长经理、书记和工会主席参加了培训班。通过培训,当年集体合同签订率达45%。

1996年3月,全国总工会要求各级工会把签订集体合同作为工会重中之重的工作来抓。自治区总工会以〔1996〕074号文件下达了签订集体合同的任务。根据自治区总工会的安排,自治州总工会对全州签订集体合同工作作出了具体安排。自治州总工会获自治区总工会“先进地州级工会”荣誉称号。

1997年,自治州已有82家企业工会组织签订了集体合同,签约率为76%,涉及职工5412人,受到自治区总工会表彰。

自治州平等协商、签订集体合同工作在全州有序稳步推进。到年底，全州有181家各类企业经过平等协商签订集体合同，签订率为96.3%，续约率达100%，合同履约率95%以上。全州有127家各类企业建立工资集体协商制度，建制率67.6%；全州行政机关107个，建制率达76%。在企事业单位和行政机关内也开展了民主评议活动。

1998年7月，自治州总工会被自治区总工会评为1997年度推行集体合同工作先进单位。

1999年，平等协商、签订集体合同工作在原有82家的基础上，又有2家企业的行政领导与工会签订了集体合同。

2000年，自治州总工会在建立健全涉及劳动关系的平等协商签订集体合同机制中，按照六个坚持的要求，着重在提高集体合同建制率和实效性上下功夫。抓好集体合同履行工作，要求在每年职代会上，对集体合同的履行情况向职工代表作说明，对要求修改的条款提交职代会审议。在推行集体合同制度过程中，坚持主攻难点（私营企业）、保证重点（改制企业）、铺开亮点（国有企业）、先建机制、逐步完善的办法。全州已有国有、集体和国有控股企业及新建企业中，建立健全了平等协商、集体合同制度，建制率分别为83.8%、57.5%以上。同时还在全州非公有制企业中推行工资集体协商试点工作，确定了11家企业作为工资集体协商的试点单位，在协商一致的基础上签订了工资集体协商合同。

新建企业平等协商、集体合同和职代会两项机制建设稳步推进，全州有111个新建企业中有64个建立了平等协商、集体合同制度，建制率为57.7%，完成下达区总任务的116.4%。

2001年底，全州国有、集体及控股企业平等协商和集体合同建制率已达到96%；非公有制企业建制率97%。127个各类企业实行了工资集体协商谈判，建制率68%。同时，还积极指导职工签订劳动合同，依法监督用人单位规范劳动用工，维护了职工的合法权益。

2002 年,全州有 257 个各类企业经过平等协商签订了集体合同 238 个,覆盖职工总数 14307 人,续签率 100%,履约率 92%;工资专项集体合同 238 个,签订率 92%。女职工权益保护专项集体合同 212 个,签订率 92%;劳动安全卫生专项集体合同 238 个,签订率 92%。已建会企事业单位签订劳动合同 17021 人,其中农民工 5501 人。

2003 年,全州有 181 个各类企业经过平等协商签订集体合同,其中:新建企业签订 101 个,签约率 93.8%,完成区总下达任务的 268%;国有、集体和国有控股企业建制 80 个,建制率 95.82%。共有 127 个各类企业建立了工资集体协商制度,其中国有、集体和国有控股企业建立工资集体协商制度 35 个,建制率 41%,完成区总下达任务的 102%。

新时期的企业集体合同的签订是企业内部行政与工会为全面实现企业发展目标,达到企业发展生产的基础上,提高职工物质文化生活水平而实行的新机制。为此,自治州总工会通过推行平等协商、签订集体合同制度,将调整劳动关系纳入法制化和规范化轨道,把企业和职工之间发生的无序冲突变为有序、合法的协调行为,将企业各种劳动关系矛盾消除在萌芽状态。

2006 年,全州有 181 个各类企业经过平等协商签订了集体合同,签订率为 89%,覆盖职工总数 8562 人,续签率 100%,履约率 93%,其中,国有、集体及其控股企业已建制 83 个,建制率 100%,续签率 100%,履约率 100%。有 78 个企业签订工资专项集体合同,覆盖职工 5336 人,签订率为 38%。

2008 年,全州签订综合集体合同(不包括各类专项集体合同)10332 份,覆盖企业 301 家,覆盖职工 10332 人。工资专项集体合同 208 份,覆盖企业 227 个,覆盖职工 9795 人。劳动安全专项集体合同 206 份,覆盖职工 3713 人。全州与职工签订劳动合同的已建工会企业 302 个,占已建工会企事业总数的 92.9%;签约职工 10332 人,占已建工会企业(事业)职工总数的90%。

2010年8月,自治州总工会被自治区厂务公开领导小组评为厂务公开民主管理工作先进单位。

2011年,自治州总工会认真贯彻落实《自治区总工会等七个部门关于推进工资集体协商工作指导意见》通知,全州工资集体协商达到建会率的90%。“要约行动”注重抓好“三个结合”:一是与推动集体协商签订工资集体协议相结合,从源头维护职工权益;二是与推动和谐企业创建工作相结合,构建和谐稳定的劳动关系;三是与推动厂务公开民主管理工作相结合,加强基层民主管理。

2012年,自治州总工会以贯彻《自治区企业工资集体协商条例》为重点,大力推动在企业普遍开展工资集体协商,修订完善《博尔塔拉蒙古自治州企业工资集体协商办法》,并与州人力资源和社会保障局、州经信委、州国资委、州工商局、州工商联、企业家协会等有关部门联合下发《博尔塔拉蒙古自治州企业工资集体协商办法》,使全州企业工资集体协商工作进入了依法管理的新阶段。通过努力,全州国有企业集体合同和工资集体协商建制率100%,覆盖职工7030人,非公企业建制率96%,覆盖职工10600人,覆盖率83.4%。举办了2期“工资集体协商条例业务培训班”。

(三)厂务公开

厂务公开就是企事业单位依照法律法规规定,将与本单位发展和广大职工切身利益密切相关的问题,通过适当形式向广大职工公开,吸引广大职工参与决策、管理和监督的民主管理制度。

这里讲的“厂”,泛指包括工业、交通、建筑、金融、财贸等各行各业各种类型和形式的公司、工厂在内的企业和事业单位。

1999年5月,根据中央领导的批示,自治区纪委、自治区经贸委和自治区总工会联合下发了《关于推行厂务公开制度的实施意见》,召开会议,在全区企事业单位推行了厂务公开制度。会议提出了我区推行厂务公开制度的目标和任务。5月14日,自治州总工会与州纪委、州经贸委联合发文出台《关于实行厂务公开、民主管理的实施意见,在全州普遍推行厂务公开、民主管理、民主监督制度。动员各级工会积极参与推行厂务公开工作,各级工会成立了组织机构,下发了文件,召开厂务公开现场会,对工作好的典型企业进行组织观摩,并对推行厂务公开的州客运总站等10家企业进行了检查指导工作2次,协助自治区厂务公开检查工作1次。通过检查,自治区对自治州推行厂务公开工作给予充分的肯定,受到自治区厂务公开检查组的认可,为下一年全州20家企业推行厂务公开工作提供了可行的有效的经验做法。

2000年,全州有79家企事业单位结合本单位实际情况,成立了推行厂务公开工作领导小组,明确职责,制定实施意见,确定公开内容,公开形式,全面推行企业厂务、学校校务、事业单位事务、乡镇场政务公开工作。通过推行厂务公开工作,加强了领导,建立了机构,统一了认识,开展了工作;在开展工作中科学确定公开内容,采取灵活多样的公开形式。推行厂务公开工作,密切了企业党群关系,促进了干部廉洁自律,消除并化解了许多存在的矛盾和误会。自治州厂务公开领导小组多次召开会议,安排布置厂务公开工作,组成检查组4次对全州推行厂务公开工作进行检查指导。自治州召开推行厂务公开座谈会,各县(市)分别召开推行厂务公开现场会。在自治区厂务公开领导小组检查我州厂务公开工作时,受到检查组的好评和肯定。

2001年,自治州总工会召开厂务公开经验交流会,对自治州推行厂务公开工作单位进行督查。88家企业单位、171家行政事业单位实行企、事、政务公开。

据统计,2002年,全州有138个各类企业和200个事业单位及99家行政机关实行厂(政、院、校、站、所)务公开,建制率分别为91%、86%、

66%。开展厂务公开职工满意度测评,发放测评表1500份,职工满意度达85%以上。

2003年,全州基层工会579个,有480个基层工会建立厂务公开制度。其中:国有、集体和国有集体控股企业建制84个,建制率100%,完成自治区总工会下达任务的100%;新建企业建制71个,建制率91.6%,完成自治区总工会下达任务的140%;行政机关107个,建制率74.4%,完成自治区总工会下达任务的114%。

截至12月底,全州已有157个各类企业和156个事业单位及72个行政单位实行了厂(政、院、校、站、所)务公开,建制率分别为72%、64.5%、53.7%。在全州开展了厂务公开职工满意度测评,发放测评表1500份,职工满意度在85%以上。

2004年,自治州厂务公开监督工作实施步入规范阶段。"党委是第一责任人、行政是第一执行人、纪检工会是第一监督人、职工群众是第一评价人"为主体的厂务公开工作机制得到落实。到年底,全州建立厂务公开制度的企事业单位387家,建制率95%。自治州总工会制定下发了《关于实施厂务公开工作责任制的意见(试行)》《关于实施厂务公开工作责任考核暂行办法》。7月召开自治州厂务公开工作会议,会议表彰了12家厂务公开管理工作先进单位。

2005年,自治州总工会召开推行厂务公开观摩会,推行厂务公开现场交流会,举办厂务公开学习班,实行"厂务公开职工测评表"办法,建立厂务公开工作"回音壁",增加厂务公开的透明度,做到还干部一个清白。自治州总工会根据《关于实施厂务公开工作责任制的意见(试行)》和《关于实施厂务公开工作责任考核暂行办法》,在全州聘请50名厂务公开信息员,做到了既反映社情民意,又加大民主监督力度,有力地推动厂务公开工作向前发展。到年底,自治州党委、州人民政府高度重视通过厂务公开的形式来完善我州的职工民主管理制度。早在1999年就成立了由州党委政府和州相关成员单位组成的厂务公开领导小组，使厂务公开工作始终形成“党委统一领导、党政共同负责，纪检、工会组织协调，有关部门齐抓共管、职工群众积极参与”的工作格局。采取各种形式对全州推行厂务公开工作进行监督检查，通过厂务公开工作现场经验交流会和自治州厂务公开工作会议，对厂务公开工作先进集体进行表彰。截至2005年底，各级厂务公开工作机构健全，运作规范，内容真实，职工满意率逐年上升。全州推行厂务公开制度的企事业单位387家，建制率95%。建立职工董事制度的企业35家，占已建会公司制企业总数的60%，建立职工监事制度的企业32家，占已建会公司制企业总数的55%。

2006年，自治州总工会把深化厂务公开民主管理与加强基层民主政治建设、完善企业法人治理结构相结合，大力推动厂务公开工作的深入发展。州党委、州人民政府把推行厂务公开民主管理工作纳入党建目标管理责任制和企业党风廉政建设的范畴加以考核，同时把厂务公开考评工作纳入企业领导班子建设、党风廉政建设、“三个文明”建设、模范职工之家综合考核之中，并将考核结果作为评聘干部、选优树模的重要依据。全州已形成了党委统一领导，党政共同负责，纪检、组织、工会和企业管理部门齐抓共管的工作格局。全州有83家国有、集体及其控股企业推行了厂务公开制度，建制率达100%；有356家企事业单位推行了厂务公开制度，建制率达91%。

2008年，全州已建工会企事业单位实施厂务公开的有425个。覆盖职工23993人。实行厂务公开的已建工会企业中，国有企业50个，占已建工会的96.1%，覆盖职工2935人。集体企业18个，占已建工会集体企业的94.8%，覆盖职工1027人，占已建工会集体企业职工的98.8%。其他企业132个，占已建工会其他企业的79%，覆盖职工6467人，占已建工会其他企业职工的76%。

2011年，自治州总工会把厂务公开工作向深入推进，下发了《2011

年厂务公开实施意见》，非公有制企业中厂务公开建制率达到80%，各类企业厂务公开率达到95%，职代会召开率达90%。

2012年，全州国有集体企业及其控股企业82家，厂务公开建制率100%，职代会建制率100%。非公有制企业298家，厂务公开建制率93%。事业单位232家，厂务公开建制率100%，职代会建制率98%。

2013年，自治州厂务公开民主管理工作稳步推进，工资集体协商工作深入开展，有效促进了劳动关系和谐，提升了职工民主意识。截至2013年底，全州已建工会的公有制企业厂务公开、职代会制度及工资集体协商建制率100%，非公有制企业建制率85%。

2015年，自治州总工会大力推进以职工代表大会为基本形式的基层民主制度建设，保障广大职工对企业发展和生产经营的知情权、参与权和监督权。全州建立职代会制度的基层工会862个，比上届增加466个；全州建立厂务公开的基层工会867个，比上届增加460个。全州国有企业厂务公开建制率100%，非公有企业厂务公开建制率89%。非公企业职代会和厂务公开建制率均达到85%以上。自治州荣获全国落实工资集体协商"三年规划"先进个人1人、自治区厂务公开民主管理先进单位4个；命名表彰自治州"劳动关系和谐企业"42个。

2016年，自治州总工会把劳动用工、劳动报酬和劳动安全卫生等职工基本劳动权益问题，作为签订集体合同的重点，推行工资集体协商要约制度，开展"集中要约行动月"活动，在全州建立了200人的工资集体协商指导队伍。全州已建工会企业集体合同、工资集体协商建制率达90%以上，有效推动了职工工资与企业效益同步增长。

2018年，全州已建工会的国有企业、非公有制企业职代会建制率分别为100%、87.5%。厂务公开建制率分别为100%、85%。

2021年，自治州总工会依法维护各族职工合法权益，努力把矛盾化解在基层，已建工会的国有企业、非公有制企业职代会建制率分别达到

100%、87.5%，厂务公开建制率分别达到100%、89%，集体协商建制率达到100%、85%。

## 三、协调劳动关系

工会是劳动关系矛盾的产物，在协调劳动关系中发挥着不可替代的作用。随着社会主义市场经济的发展，工会的这一作用日益凸显。随着职工维权工作纳入各级工会的议事日程，工会工作的法治建设和民主管理工作也全面展开。

1988年，国家陆续出台颁布《中华人民共和国工会法》《中华人民共和国劳动法》《中国工会章程》《中华人民共和国妇女权益保障法》《女职工劳动保护规定》等一系列法律法规，为依法管理和治理一切劳动生产关系提供了法律依据。自治州总工会、各县（市）总工会利用宣传车、板报、培训班、知识竞赛等行之有效的措施，大张旗鼓地宣传贯彻上述法律法规。到同年6月，全州基层工会组织普遍成立"劳动争议调解委员会"，接待处理各种劳动争议，化解劳动纠纷和矛盾。

进入新世纪后，自治州总工会针对外来务工人员逐年增多、劳动报酬争议普遍发生的新情况，根据全国总工会"组织起来，切实维权"方针，在进行全面细致摸底调查基础上，在外来务工和进城农民工较为集中的建筑等施工行业中组建工会组织，并针对他们当中存在的有关劳动争议等问题，向州党委政府提出12条合理化建议，对依法维护农民工合法权益起到建设性作用。

1994年5月，成立了"博尔塔拉蒙古自治州劳动争议调解委员会"，办公室设在自治州总工会。同时，各县市也成立了"劳动争议调解委员会"，全部对外挂牌运作。到年底，全州有41家企业成立了"劳动争议调解委员会"，共有调解员116人。当年接待职工来信来访9件，劳动争议7件，调解成功4件。6月，自治州各级"劳动调解委员会"按照充分发挥、充分受理、认真调解、公平公正、兼顾合理等原则，受理并调解处理大量来信来访和积压成堆的争议案件。在维护劳动者合法权益，维护公平合理，维护社会稳定中发挥了不可替代的作用。

1995 年 9 月 8 日，根据上级工会的要求，自治州总工会成立了自治州锅炉职工技术协会。

自治州“劳动争议调解委员会”建立后，加强了企事业单位的劳动关系争议调解和劳动法律监督工作，使企事业单位的劳动关系和谐稳定了，广大各族职工的积极性也充分调动起来了。自治州总工会为了做好协调指导工作，还为基层举办了劳动争议调解员和劳动法律监督员的培训班，为做好这项工作奠定了基础。

1999 年，自治州各级工会坚持以贯彻实施《中华人民共和国劳动法》为契机和突破口，配合有关部门对《中华人民共和国劳动法》进行了广泛的学习、宣传和培训工作，同时还主动争取党委、政府、人大、政协及有关单位的重视和支持，协助有关方面对《中华人民共和国劳动法》的贯彻情况进行了监督、检查、调研，推动了《中华人民共和国劳动法》在全州的实施。各级工会在协助各级政府和企业推行全员劳动合同制度的同时，突出抓好平等协商和签订集体合同工作，将职工的工时休假、劳动报酬、劳动保护等纳入集体合同管理。截至年底，全州已有 82 家企业的工会主席代表职工与企业法人签订了集体合同，占应签企业数的 76%，涉及职工人数为 5412 人，受到自治区总工会的表彰。各级工会认真做好职工来信、来访工作，积极开展劳动争议调解和参与劳动仲裁工作，全州有 126 家企业劳动争议调解委员会和 577 名兼职劳动争议调解员，在基层发挥着“润滑剂”的作用，将在实际工作和社会生活中发生的矛盾化解在基层，解决在萌芽状态，维护了职工队伍的稳定。

随着企业改革的深入，企业劳动争议日渐增多，为了处理好这类矛盾，摆正国家、集体、个人三者关系，维护社会安定团结的局面，自治州总工会着重抓好基层劳动争议调解委员会的组建工作。截至2002年,全州建立基层劳动争议调解委员会76个,建制率54%,完成自治区总工会下达任务的108%。全州有县以上劳动争议仲裁委员会4个,县以上劳动争议调解委员会4个,基层劳动争议调解委员会198个,全州调解处理劳动争议案件、劳动仲裁案件67件次。

2003年,自治州总工会结合工会工作实际情况,在全州推行“维权十项”制度,成立了职工合法权益援助中心,注入资金和设备6万元,形成了岗位专人、资金专用、救助集中、反应快捷的帮扶援助机制。尤其是对困难职工、劳动模范、军烈家属等提供的生活援助和法律援助,最能体现党委政府对他们的深厚的阶级感情。全州有县以上劳动关系三方协商机构4个,建制率100%。基层劳动争议调解委员会(小组)230个。基层工会劳动保护监督检查委员会(小组)190个。基层劳动法律监督委员会(小组)183个。在全州各县(市)总工会组织成立了维护职工合法权益援助中心4个,并承诺对特困职工和劳动模范免费提供法律援助。同时在全州开展了职工权益保障情况调查,发放调查问卷2500份,职工对合法权益保障情况的了解和满意度为92%。对女职工合法权益保障满意度为98%以上。州总工会与州人大、政协组成了贯彻执行《中华人民共和国工会法》情况联合督查组,实施效果明显,并已形成制度。

2004年,为了巩固和完善自治州的投资环境,为企业创造宽松和谐的劳动关系,全州各县(市)总工会均与政府建立起劳动关系三方协商机制,及时了解协调解决劳动关系中出现的矛盾和问题。通过劳动关系三方协商机构和劳动争议仲裁,接待了各类案件71件次,涉及人员183人次,调解处理和仲裁率100%,企业劳动争议调解委员会(小组)152个,建制率达80%。截至2004年,全州118家企业建立劳动争议调解委员会。

2005年，自治州各级工会干部认真学习和研究与职工利益和工会工作相关的法律法规，推进了工会工作的法治化进程。通过州人大常务委员会开展《中华人民共和国工会法》《自治区实施〈工会法〉办法》贯彻落实情况的执法检查，促进了《中华人民共和国工会法》的进一步落实和工会工作的开展，建立起职工权益维护的源头参与机制。结合“六五普法”教育，全州各级工会组织已普及和学习《中华人民共和国工会法》《中华人民共和国劳动法》《中华人民共和国安全生产法》《中华人民共和国职业病防治法》《工伤保险条例》《最低工资规定》《劳动监督条例》等20多部法律法规条例，行之有效地推进了工会工作依法治理和民主管理进程。工会职能建设逐步走上健全完善轨道。

2006年，为了进一步完善劳动关系三方协调机制，自治州对三方协调委员会进行了调整，增加了工商部门，出台了三方议事规程。各级工会积极参与了企业劳动合同年检工作，针对劳动合同签订率不高的问题向政府提出了改进意见，自治州人大对《中华人民共和国劳动法》进行了执法检查。参与了原国有企业改制后职工就业遗留问题上访的处理，为切实维护职工的合法权益准确表达工会的意见；积极参与劳动争议仲裁工作，为职工的合理诉求作出努力；协调和监督政府劳动部门加大对《新疆维吾尔自治区集体合同条例》的执法力度，努力提高集体合同的履约率，实现了从总体上维护职工合法权益的目标。截至年底，全州有县以上劳动关系三方协调委员会4个，建制率100%，劳动争议仲裁委员会4个，建制率100%，全州基层（企事业）工会建立劳动争议调解组织487个，建制率91%。2005—2006年，州、县、市工会参与劳动争议仲裁案件共95件，调处率98%。

2007年，《中华人民共和国劳动合同法》颁布后，自治州总工会在对工会干部进行培训的同时，积极配合劳动保障部门抓好各族职工的宣传和培训工作，并认真组织参加自治区《中华人民共和国劳动合同法》

电视知识竞赛活动。联合州市劳动人事局、工商联等有关部门举办民营企业招聘会，发放《中华人民共和国劳动合同法》《工会维权知识与问答》等宣传材料，举办进城务工人员社会保险知识咨询日活动。对秋季采棉工开展维权宣传和慰问服务活动，各级工会干部深入采棉工中了解他们的生活情况，向他们宣传维权法律法规知识，深受采棉工的欢迎。

2008 年，全州基层工会所在企事业单位建立劳动争议调解委员会 361 个，占全州企事业单位工会的 93.8%，比上年增加 114 个，增长 69%，劳动争议调解委员会委员 1167 人。全年劳动争议调解委员会受理劳动争议案件 16 件，处理仲裁案件 4 件。全州基层以上工会取得劳动仲裁员资格的工会干部 2 人，其中受聘 1 人，占 50%，处理仲裁案件 4 起。

2009 年，自治州总工会协助州政府相关部门开展清欠农民工工资专项治理活动。充分发挥乡镇工会维权帮扶站的作用，降低包括农民工在内的职工维权诉求成本。针对农民工流动性大、组织对接难的问题，对州外输入的农民工采取和相关部门联合与用工企业签订协议，对州内输出的农民工采取一组建、二培训、三输出，并与用工单位签订维权协议，解决农民工全程维权问题。针对农民工在法律、政策、医疗、文化等方面的需求，发挥在建筑工地等场所建立流动书屋作用，把法律、医疗、劳动安全、技术信息、政策文化等“八送”活动送到农民工集中的工地和田间地头。针对全州农民工流向特点，采取先易后难、先近后远方式，在本地城际间开展双向维权工作，县市与生产建设兵团农五师各团场签订解决异地维权问题。

2012 年，自治州总工会参与劳动仲裁案件审理 6 起，参与全州法律咨询、就业介绍、万家企业送岗位等活动。自治州总工会继续坚持工会“12351”维权热线电话走进直播间工作。全年开展法律援助和维权服务 172 人次，接待来信来访 380 人次，职工法律援助 411 人次，帮助农民工追讨拖欠工资和工伤赔偿 6 起，涉及 138 人，金额 70.49 万元。

2013 年，自治州总工会通过不断加大源头参与力度，参与各项社会事务，使工会社会监督作用得到发挥。在社会监督方面，坚持开展工会“12351”维权热线电话走进直播间工作，全年自治州各级工会接待职工来信来访及法律援助 201 人次。帮助农民工追讨拖欠工资 10 起，涉及 42 人，金额 206.8 万元。全州企事业单位劳动争议调解委员会受理劳动争议 76 件，预防劳动争议 20 件。

2015 年，自治州总工会坚持依法维权，以构建和谐劳动关系为主线，职工群众合法权益得到有效保障。州总工会不断开拓工会维权和职工监督的途径，与州县市司法系统成立了农民工法律援助中心，在 4 家律师事务所建立了法律维权示范岗，开通了“12351”维权热线，为来访职工群众提供“零距离”法律服务。在全州范围内开展劳动关系矛盾隐患排查。推行《工会劳动法律监督整改意见书》和《工会劳动法律监督处理意见书》，逐步形成了劳动关系矛盾的排查、预警和协调机制。全州实施法律援助、咨询、信访 1060 人次，追讨 24 起，涉及 253 人，追回欠款 318.59 万元。

2018 年，全州各级工会积极发挥职工法律维权示范岗、维权热线作用，健全畅通农民工、少数民族职工维权投诉“绿色通道”，努力把矛盾化解在基层，解决在萌芽状态。

2021 年，自治州总工会坚持依法维权，职工群众合法权益得到有效保障。不断开拓工会维权和职工监督的途径，聘请律师提供法律咨询，开通了“12351”维权热线，为来访职工群众提供“零距离”法律服务。积极推行工资集体协商要约制度，把劳动用工、劳动报酬和劳动安全等职工基本劳动权益问题作为签订集体合同的重点，推动了创建和谐企业活动的深入开展，为建立和谐博州营造了氛围，奠定了良好基础。

# 第五节　扶贫帮困工作

## 一、扶贫帮困、送温暖活动

### (一)扶贫帮困

工会的扶贫帮困工作,是从新疆解放初期国民经济恢复时期开始的。当时,职工群众大多数是男工,配偶没有工作,孩子多,工资低,收入少,困难职工较多,全省各级工会组织为帮助他们克服生活中的困难,保障最低生活水平,采取定期或不定期的困难补助办法。

五六十年代,各级党组织和基层工会重视对困难职工的关心,在年初、节假日期间进行走访慰问补助。组织家属参加生产劳动,以大搞副业生产方式来改善职工的生活。

80 年代初,职工生活困难补助工作逐步恢复并转入正常。到了 80 年代中期,这项工作的开展形式逐步发生了新的变化,即在一些单位出现了由过去“输血式”的困难补助转变为“造血式”的困难补助方式。为此,扶贫帮困工作已成为工会组织的一项重要工作。

1986 年 11 月,自治区总工会召开全区第一次职工贷款扶贫经验交流会,会议肯定了扶贫帮困工作,指出职工贷款扶贫工作的开展是工会改革职工困难补助形式的一种尝试。

1990 年 11 月,自治区劳动人事厅、区财政厅、区总工会联合发出《关于自治区城镇低收入职工生活困难补助有关问题的通知》。

自治州总工会以“送温暖”为载体,为困难职工办实事,解决实质性问题。

1995 年 1 月 20 日,自治州总工会走访慰问困难企业 47 家,慰问困难职工 154 户,慰问金 1637.78 万元。

1999年,各级工会积极开展“送温暖”活动和再就业工程工作,努力为职工排忧解难。针对自治州企业亏损面大,困难职工增多的情况,各级工会在经费紧张的情况下,在各级党政领导的支持和有关部门的协助下,多方筹备解困资金,与党政领导和有关部门一起,在春节、古尔邦节期间重点走访慰问困难企业和困难职工,让职工感受到党和政府对他们的关怀。在深入调查的基础上,各级工会还建立了特困企业、特困职工档案,积极配合政府解决好困难职工的生活和下岗职工再就业问题。此外,根据自治区总工会有关文件精神,积极开展建立职工消费合作社工作,全州工会已在5家远离市区和特困企业中建立了5家职工消费合作社,受益职工达1856人,受到职工群众的欢迎。

2001年,自治州总工会在州党委、州政府和自治区总工会领导下,始终把扶贫帮困工作摆在重要位置,为了使困难职工在政治上得到关心,经济上得到帮助,在履行“第一责任人”上下功夫,收到了很好的社会效果。精河县连续三年将县特困职工“第一责任人”纳入基层工会目标管理考核内容,年初签订责任书,年底进行考核,在“一帮一”扶贫帮困结对子工作中,各级行政领导是第一组织协调人,各级工会主席是“第一责任人”。温泉县把全县特困职工分配到县四大班子每个领导名下,采取县领导与特困户“一帮一”的形式,要求他们不脱贫、不脱钩。

2002年,自治州总工会在元旦、春节期间,慰问困难职工124名,各级劳动模范和先进工作者7名,企业离退休干部4名,工会老干部11名,发放慰问金2.8万元。截至年底,全州共慰问特困职工、离退休困难职工、困难劳模、职工遗属826户人次,慰问金额71.98万元。

2003年,自治州总工会在元旦、春节期间开展送温暖活动,走访慰问困难职工、困难劳动模范、离退休职工、职工遗属497人,发放慰问金9.98万元。自治州总工会在全区率先制定“特困职工第一责任人”实施办法,并与各县(市)总工会和州直的117个基层工会签订特困职工帮扶

“第一责任人”责任书，同时建立了特困职工联系卡，采取“谁的人谁负责”的动态管理办法，对特困职工的摸底调查做到“八清”。把实施送温暖工程、履行“第一责任人”职责和帮扶解困工作摆到工会工作的重要位置，将62户特困职工分解到53家，效益较好的企业、产业工会和行政事业单位进行“一帮一”结对子帮扶。自治州总工会对困难职工帮扶实行动态管理制度，发现一户注册一户，脱贫一户注销一户。为全州176户困难职工建立档案，建档率100%。筹集资金，捐款捐物，解决生活困难以及大病就医、子女就学等生计问题。接待职工群众和外来务工人员上访诉求，为他们提供法律咨询、政策解答、生活救助。

2004年，自治州总工会采取“三救助两援助”的方式，从生活救助、子女上学救助、医疗救助、法律援助、再就业援助等方面为困难职工提供了有效的服务，形成了岗位专人、资金专用、救助集中、反应快捷、规范运作的帮扶机制。州总工会协助党和政府着重解决困难职工、困难劳动模范基本生活、就医、子女上学、冬季取暖等问题。4月，江苏籍外来务工人员王志，在博乐市遇交通事故致重伤送进医院，在自治州领导的统一协调下，州总工会和州有关部门多方筹借资金4万元，及时解决了受害人医疗费用。使受害人王志痊愈出院返回江苏东海县。5月18日，自治州总工会“维护外来务工人员合法权益帮扶站”，在州工人文化宫正式挂牌。配合有关部门做好外来务工人员管理工作，加大外来务工人员合法权益维护力度。慰问困难职工180户，困难劳动模范3家，离退休职工及职工遗属等318家，区级劳动模范和全国劳动模范46人，慰问金11.46万元。

2005年，自治州总工会在困难职工帮扶工作中取得了新的成效。第一，在全州实行了对困难职工“一帮一”结对子形式，充分利用社会资源确保把温暖送在第一时间。截至年底，全州有困难职工1032户，3043人。对档案管理中的困难职工做到每天有人接访、每月有电话随访、每季度有面对面家访、每半年有动态查访,州、县、乡三级帮扶网络运转正常。

第二,根据自治州困难职工致困的特点,对全州县一级帮扶中心工作提出“六化”要求(接待制度化、维权社会化、工作网络化、超市需求化、资金多元化、管理规范化)和“十位一体”的规范化建设标准。

第三,针对困难职工面临的难点、热点问题,从就业援助、医疗救助、技能培训、生活帮助和政策指导等方面开展集中帮扶。全州帮扶中心共开展生活救助 614 人次计 18.3 万元,大病救助 48 人次计 6.7 万元;法律、政策咨询等职工来访 407 人次,就业帮扶 278 人次,技术信息帮扶 187 人次,文化帮扶 650 人次,物资帮扶 1000 余件。

第四,通过帮扶超市、爱心药店、爱心粮店、帮扶病床等进行分类帮扶。通过无偿发放优惠券,对州直企事业单位 170 余名困难职工提供日常救助,同时可在“帮扶超市”免费领取衣物。

第五,通过“三节”送温暖活动进行“节日”帮扶。“三节”期间全州共慰问困难企业 35 个,慰问困难女职工 1032 户,发放慰问金 27.13 万元。“三八”妇女节、“六一”儿童节对单亲困难职工家庭进行了慰问。

第六,通过金秋助学活动进行“问效”帮扶。通过与受助学生签订《困难职工“金秋助学”合同书》,向受助学生所在学校发放《“金秋助学”受助学生入校期间表现信息反馈表》和受助学生学期末向帮扶中心递交在校期间学习生活情况汇报等形式,并通过不定期走访学生家庭,根据综合情况分阶段发放助学金,形成了学生、学校、家庭和工会“三点一线”的跟踪问效的助学模式。到年底全州共有 66 名困难职工子女得到资助,资助金额 15.97 万元。

第七,通过开展“农民工平安返乡行动”进行帮扶。春节前,各级工会组织积极与客运部门协调,为农民工购买团体车票 2700 张,协调包车 95 辆,运送农民工 6755 人。

2006 年,自治州总工会建立健全困难职工帮扶体系,各级困难职工帮扶中心运转正常。元旦、春节、古尔邦节期间,自治州党政领导和各级工会分别对困难职工、全国劳动模范进行了走访慰问。走访慰问困难职工 329 户,发放慰问金 16.01 万元。走访慰问劳动模范 50 户,发放慰问金 2.2 万元。3 月,自治州帮扶中心为患大病的湖北来博州打工孤寡老人孙玉宝向全社会发出捐款倡议,经过一周多时间,收到社会捐款 11000 元,由于抢救及时,使孙玉宝脱离危险,恢复了健康。截至年底,全州有登记在册困难职工 189 户,涉及人口 776 人。全州各级党政领导和工会组织走访慰问困难职工 392 户,发放慰问金 16.01 万元。

自治州各级工会把困难职工群体的帮扶作为重点来抓,通过深入实施送温暖工程,千方百计为党和政府分忧,为各族职工解难。自治州总工会坚持把提高技能和促进就业相结合,积极参与组织“工会就业援助月”“春风行动”“家政服务工程”“农民工就业培训”等系列活动,为困难下岗职工和农民工开辟了培训、就业渠道。全州各级工会实施汽车驾驶、美容美发、家政服务等就业培训帮扶 16901 人次。实现创业再就业 7335 人次。自治州总工会针对部分职工基本生活和再就业等方面的突出困难开展了“实现五个一批”和“工友手拉手促进再就业”帮扶活动,已在全州实现了 3310 名下岗职工再就业。协助政府加强调查研究,促进了“两个确保”和“三条保障线”,尤其是“低保”政策的落实。全州建立了党政工干部联系困难户制度,开展了与困难职工“结对子”、捐款捐物及到困难企业过组织生活等活动。每年重大节日期间,各级党政领导和社会各界都积极参加送温暖活动,推动送温暖工程走上了经常化、制度化和社会化轨道。全州各级工会组织建立了困难职工帮扶中心,开通 12351 职工维权热线电话,采取“三救助两援助”的方式,努力为困难职工提供有效服务。累计对建立了特困职工档案的全州 980 户困难职工进行了走访、慰问,全州各级工会共筹备并用于“三节”期间送温暖慰问补助款43万余元。

2006年,自治州总工会扩大困难职工帮扶中心工作范围,依托困难职工帮扶中心挂出了“维护外来务工人员合法权益帮扶站”的牌子。建立起全州统一的困难职工及农民工的帮扶平台,进一步加强了对农民工的维权工作,在博乐市中心广场的电子显示屏上打出了“农民工有困难找工会”的口号。截至年底,全州各级帮扶中心共接待来访708人次,实施生活救助86人次,开展金秋助学28人次,为外来务工人员追讨拖欠工资56.3万元。自治州总工会依托困难职工帮扶中心,为困难职工送政策、送岗位、送技能、送服务。积极配合劳动部门,在州职业教育培训中心开办了电脑、服装裁剪、电焊、驾驶等培训班10余期,共培训下岗职工2240人。通过政策咨询、法律援助、大病救助、金秋助学等形式,为各族职工解难题,全州共走访慰问困难职工581户,慰问资金26.25万元。

2006年7月,自治州总工会荣获全国总工会帮扶中心工作先进集体荣誉称号。同年7月,自治州总工会被自治区总工会评为自治区工会促进再就业帮扶行动先进集体。

2007年4月24日,自治州总工会同州医院专家医疗组慰问了博州广源建筑有限责任公司、宏达建筑公司等3个工地200余名一线农民工,向农民工开展了送文化、送医药、送健康活动。向农民工赠送了劳动安全卫生用品和农民工维权法规政策宣传手册,并对现场农民工进行了免费体检。

2008年1月28日,自治州总工会在“三节”期间对困难职工开展了走访慰问活动,共走访慰问500多户,发放慰问金10万元。4月28日,自治州党委常委、组织部部长杨育清,自治州人大常务委员会副主任、州总工会主席龚玉梅分别对博州高速公路交警支队、阿拉山口口岸的落地企业进行了慰问,送去了价值10000元的慰问品。全州基层工会参加职工互助互济活动 1189 人,其中参加医疗互助活动 117 人,参加特殊疾病救助活动 17 人。本年度从职工互助互济保障活动中获得资金的有 7 人,获得资助资金 12400 元。

2009 年 1 月 9 日,自治区总工会党组成员、经费审查委员会主任王振北一行对博州部分困难职工及困难劳动模范进行了慰问。走访困难职工 16 名、困难劳动模范 4 名,发放慰问金 14100 元。

2011 年,自治州总工会将困难职工动态信息录入"一网通"。全州录入网络管理困难职工 4173 户,涉及人口 12926 人。对所有困难职工实行分等级分类管理。对全州困难职工进行了调标扩面。对全州乡镇街道帮扶站进行了 100% 规范建设。对全州享受工会系统小额贴息贷款的困难职工解困情况跟踪帮扶。全州各单位各行业结对帮扶 136 户,用于帮扶资金 2.72 万元,全社会帮扶制度得到巩固。全州工会系统在困难职工中开展生活救助 1177 人次,用于救助资金 14.6 万元,大病救助 48 人次,用于资金 7.34 万元。救助困难职工子女就学 124 名,用于助学资金 25.5 万元。此外,还开展了六一儿童节"心手相连、快乐成长"、困难职工子女专项慰问活动。全州困难职工帮扶中心运行正常,做到了不让一名困难职工因困而发生问题,因贫而孩子上不起学,因病而得不到医治,因难而无序上访。

2012 年,全州困难职工 3944 人,按照自治区"五清"标准,将困难职工动态信息录入"一网通"。录入网络管理的困难职工 4384 户。2012 年较上年脱贫 229 户,新增 440 户。全州工会系统在困难职工中开展了生活救助 4843 人次,用于救助资金 83.8 万元。大病救助 46 人次,用于资金 8.05 万元,救助困难职工子女就学 135 名,用于助学资金 32.35 万元。

2013 年,全州各级工会完善帮扶工作制度,规范困难职工帮扶工作。有序推进帮扶服务站点建设。全州各级工会在乡镇村、社区和规模以上企业建立服务站 61 个,建成率 100%。不断提升帮扶送温暖效能。全州录入网络管理困难职工 4384 户。全州工会系统在困难职工中开展生活、大病、助学等救助活动 11767 人次,救助资金 180.55 万元。其中生活救助 3331 人次,救助资金 100.65 万元。大病救助 30 人次,助学救助 69 名,救助资金 19.6 万元。

2014 年,自治州总工会帮扶工作不断创新,以“服务民生”为重点,促进社会和谐稳定。坚持把困难职工帮扶工作纳入自治州“两大一小”重点民生工程,不断规范三级帮扶中心建设,形成了“三节”送温暖、生活救助、大病救助、“金秋助学”“送清凉”等帮扶品牌。博乐市总工会在全市 30 个社区全部建立了工会服务站,为职工群众提供一站式服务;精河县总工会加大困难职工创业资金帮扶力度,定时走访解决他们在创业中遇到的问题;温泉县总工会建成 240 亩有机蔬菜种植基地,为广大下岗失业人员、困难职工及子女“送岗位、送技能、送宣传教育”;阿拉山口市总工会组织 97 名困难职工参加就业创业培训,想方设法帮他们实现脱贫致富。

截至年底,全州各级工会开展各类帮扶 24365 人次,累计投入资金 544.9 万元,其中生活救助 12496 人次,金额 240.4 万元;医疗救助 163 人次,金额 31.7 万元;金秋助学 465 人次,金额 114.3 万元;开展“八送”活动 11200 人次,金额 35.5 万元;州、县两级工会投入 123 万元,为 41 户下岗失业困难职工提供小额无息借款,41 户实现创业,回收的帮扶资金滚动投向下一批重点帮扶对象。通过开展各类帮扶活动,自治州总工会努力实现了“绝不让一名职工子女因家庭困难上不起学”“绝不让一名职工因家庭困难过不了冬”“绝不让一名职工因家庭困难就不了医”的承诺。

(二)送温暖活动

2015 年,自治州总工会开展了以“心系职工,温暖职工”为主题的送温暖活动，对全州2320户困难职工（含农民工）实施生活救助、大病救助、助学救助等活动。在元旦、春节、古尔邦节期间慰问1395人次，发放慰问金50.2万元。州总工会出资2.97万元组织困难女职工体检、看电影、购买女性疾病保险。对10户困难职工发放小额贷款42万元。对157户困难职工开展了生活救助，救助资金8.3万元。对15户困难职工开展大病救助，救助资金4.1万元。对农民工开展"八送"（送温暖、送文化、送平安、送健康、送法律、送岗位、送科技、送文明）活动，慰问困难职工（农民工）1751人，发放慰问金5.1万元。开展金秋助学活动108人，助学资金21.6万元。

2016年，自治州总工会在博乐市乌图布拉格镇青得里卓南村成立缝纫合作社，投入资金3万元建设厂房，带动10余户农牧民贫困户就业。自治州总工会同博乐市索永布民族用品有限公司合作，投入6万元成立困难职工帮扶创业培训示范点，免费进行纺织服装技术技能培训，有50多人以代工形式实现了再就业。

据统计，自治州总工会投入3万元，在绿佳果蔬基地争取到6个蔬菜大棚及0.1公顷土地，供35名困难职工免费进行蔬菜种植。州总工会在精河县投入10万元，用于支持精河县大河沿子镇呼和哈夏北村创业帮扶培训基地建设，实现村中富余劳动力转移和困难群体的就业。自治州总工会在温泉县投入30万元，建成黑木耳养殖大棚5个，免费提供给困难职工使用，争取实现困难职工一年脱贫，两年巩固不返贫。自治州总工会投入20万元，用于16公顷绿色有机蔬菜基地建设，为下岗失业人员、困难职工及其子女送岗位、送技能，已用工500多人次。

2017年，自治州总工会在扶贫帮困工作方面：一是做好帮扶工作。自治州总工会紧紧围绕自治州民生工程任务，对637户困难职工（含农民工）开展生活救助、大病救助、技能培训等帮扶救助工作。截至12月底，州总工会共帮扶困难职工、农民工3052人次。其中：困难职工1056

人次，帮扶金额达 16.3 万元；“三节”期间慰问困难职工 369 名，发放慰问金和慰问品 14.48 万元；“六一”儿童节慰问困难职工子女 99 名，发放慰问品 2.08 万元；为农民工、园林工人、生产一线 3500 多名职工开展送清凉活动，发放慰问品 20 多万元；自治州总工会在古尔邦节、中秋节期间慰问困难职工 300 多人，发放慰问金和慰问品 12.17 万元；日常生活帮扶 197 人，救助金额 3.66 万元。自治州总工会帮助 43 名困难职工子女圆梦大学，发放助学金 8.2 万元，同时委托湖北省总工会援博项目为博乐市 3 所学校赠送民族特色校服 1385 套，金额为 29.08 万元；并为 23 名困难职工提供小额无息借贷 77 万元。

二是促进农牧民增收致富。自治州总工会广泛开展“大众创业、万众创新”活动，帮助注册成立博乐市乌图布拉格镇东方红民族风情服装刺绣手工制作合作社，累计组织 200 多名各族妇女参与编织刺绣、缝纫裁剪等技能培训，成功培养近 20 名妇女技术骨干，工资收入由最初的 300～400 元，提高到 2600 元。自治州总工会现已在刺绣手工合作社建立了就业创业基地，预计投入 1124 万元，可容纳 200 台数控缝纫机、解决 500 人就业，实现民族服饰家纺生产制作流水线作业。自治州总工会还积极引导“80、90”后青年创业脱贫，帮助支持青年注册成立了装饰装修合作社，已累计盈利 140 多万元。少数民族员工在切实感受到巨大变化后，积极向党组织靠拢。

三是自治州总工会积极参与非公有制企业的管理，在非公有制企业探索成立了由党组织、工会、女工、青联和技术骨干组成的队伍，制定管理办法，形成了“党支部牵头，工会具体推进，女工青联重点突破，技术骨干示范引领”的良好工作格局。

据统计，2018 年自治州总工会积极开展工会品牌帮扶服务，全年共慰问困难家庭 1538 户（其中困难职工 1377 户，困难农民工 373 户，劳动模范 87 户）。走访企业 20 家，走访一线职工 3050 人，累计发放慰问金

128.74万元。金秋助学43人,11.4万元(困难职工子女41人,农民工子女2人)。向困难职工发放生活补贴49户,现金2.9万元。

2019年,落实精准扶贫任务,着力改善民生。自治州总工会作为自治州脱贫攻坚成员单位,成立博州总工会脱贫攻坚工作专班,制定《博州总工会2019年脱贫攻坚工作要点》,积极配合州扶贫办落实好巡查整改任务,同时配合做好自治区脱贫攻坚专项巡视工作。按时报送整改调度清单、台账及整改销号台账。自治州总工会制定《博州总工会走访志愿服务人员管理办法(试行)》,在全州百人以上企业中开展了走访志愿服务活动,实现本企业困难职工家庭、困难农民工、建档立卡贫困户全覆盖。各级工会走访其他职工覆盖面积达80%以上。自治州总工会重点开展了产业扶贫,在博乐市东方红片区打造民族服饰家纺就业创业基地,把原政治学校建成民族服饰家纺销售培训基地。一年来,自治州总工会开展送温暖活动共计慰问98人,慰问金额6.1万元(其中慰问困难职工44人,慰问金额1.8万元;慰问一线职工48人,慰问金额2.4万元;慰问劳模6人,慰问金额1.9万元)。各级工会在全州范围内开展“就业服务月”及“春风行动”。各基层工会共配合人社部门专场招聘会7次,提供免费就业服务人数882人,跨地区有组织劳务输出人数747人,积极参与就业技能培训人数1673人。

2020年5月,自治州总工会积极发挥脱贫攻坚成员单位作用,认真做好困难职工解困工作。按照自治区总工会的要求,印发了《关于组织州直各基层工会积极实施消费扶贫助力脱贫攻坚的通知》,推动各基层工会每年拿出10%的工会经费用于开展消费扶贫活动。自治州总工会领导班子成员每月前往“访惠聚”驻村工作队听取脱贫攻坚工作汇报,走访村队4户贫困户,了解生产生活状况,召开民主生活会,帮助解决实际困难问题。年底,自治州总工会累计慰问困难职工家庭226户,劳动模范34户,走访企业93家,走访一线职工3767人,累计发放慰问金

91.81万元。向全州困难职工和送温暖对象，发放自治区总工会慰问的380份南疆消费扶贫产品，价值11.4万元。

2021年，自治州总工会不断加大职工帮扶力度，坚决打赢脱贫攻坚战。困难职工帮扶工作有效推进，不断规范帮扶机制建设，形成了“三节”送温暖、生活救助、大病救助、金秋助学、送清凉等帮扶品牌。自治州总工会积极开展工会品牌帮扶服务。共慰问困难职工家庭1837户，走访企业20家，走访一线职工3050人，累计发放慰问金128.74万元。金秋助学43人，金额11.4万元。向困难职工发放生活补助49户，金额209万元。

至2021年底，全州1673户在档困难职工，解困率达100%，困难职工脱贫解困工作成效明显。全州各级工会开展各类帮扶79970人次，累计投入资金605.2万元，比上届增长11.1%。服务职工力度不断加大。坚持把技能培训和促就业相结合，积极参与组织“工会就业援助月”“春风行动”等系列活动。5年来，累计提供就业、培训服务11010人次。自治州总工会持续推进服务职工阵地建设，共打造工会户外劳动者服务站点6个、女职工休息哺乳室13个，有效保障了各族职工的基本需求。

## 二、困难职工帮扶中心

根据《中华全国总工会关于建立困难职工帮扶中心的意见和办法的通知》精神，自治区总工会下发了《关于尽快成立工会困难职工帮扶中心的通知》，要求全区各级工会尽快建立困难职工帮扶中心。

2002年9月，自治州总工会按照自治区总工会的要求，成立了自治州总工会困难职工帮扶中心，“帮扶中心”办公室下设5个工作小组，即维权帮扶小组、促进再就业小组、信访小组、女工小组、生活救助小组。办公室设专职工作人员负责日常接待工作。帮扶中心成立后，自治州总工会建立健全了“帮扶中心”工作管理制度和信访接待、职业介绍、法律援助、生活救助等各项制度办法，同时将“帮扶中心”的援助办法和制度向社会进行公布和承诺，接受社会的监督和支持。

2004 年 1 月 7 日，自治区总工会副主席胡尔曼巴依·何德尔毛拉一行受全国总工会委托，为博尔塔拉蒙古自治州总工会困难职工帮扶中心授予“困难职工帮扶中心”牌匾，并带来了中华全国总工会为自治州“困难职工帮扶中心”拨付启动资金 10 万元，自治区总工会拨付的配套启动资金 5 万元，共计 15 万元。至此，自治州总工会“困难职工帮扶中心”正式列入中华全国总工会地州（市）困难职工帮扶中心行列。3 月，自治州总工会调整困难职工帮扶中心领导小组成员，并把帮扶中心的职能进一步扩大为法律援助小组、信访接待小组、社会救助小组、再就业援助小组。4 月，自治州职工帮扶中心在全州工会系统开展向困难职工送温暖献爱心捐资助困活动，共收到募捐衣物 250 件，捐款 3.7 万元。11 月，自治州总工会开通“12351 职工维权”热线电话，24 小时值班接待困难职工来电来访。“帮扶中心”聘请常年法律顾问，详细解答职工、农民工有关法律政策疑难问题。对于工伤和工资拖欠等劳动关系问题，给予协调和法律援助。当年接待来访劳动纠纷案件 44 件，涉及职工、农民工 205 人次，调解率达 100%。

2004 年，自治州总工会共接待上访职工 135 人次，解决困难职工生活援助、金秋助学共 44 人次，发放救助金 1.25 万元。在古尔邦、元旦、春节期间，慰问困难职工、困难劳动模范、离退休职工以及遗属 497 人，发放慰问金 9.98 万元。

2005 年，全州各级工会组织接待调处各类来信来访 388 件次，调处率和转结率达 100%。

2006 年，为了维护农民工合法权益，自治州工会系统和自治州司法系统联合在全州 21 个乡镇（场）和 3 个街道办事处成立了乡镇街道“农民工维权服务站”。自治州困难职工帮扶中心开展了向农民工送文化活动,深入建筑工地、企业、砖厂对农民工开展调研、宣传、维权活动。向农民工发放《农民工维权手册》《中华人民共和国工会法》《进城务工人员劳动报酬明白手册》《农民工维权卡》等宣传资料 1500 余份。在全州叫响“农民工有困难找工会”的口号。

截至 12 月底,全州困难职工帮扶中心(包括县市)接待来信来访的职工群众和外来务工人员共计 515 人次,在全年的接待中,法律咨询 145 人次,政策解答 345 人次,生活救助接待 25 人次。其中接待家庭遭遇突发性困难 6 人次,生活救助 1600 元。困难职工家庭子女助学 7 人次,助学金额 2700 元。大病医疗救助 9 人次,救助金额 6500 元。其他救助 4 人次,救助金额 1800 元。金秋助学救助 48 人次,企业救助 2 人次,金秋助学救助金 43100 元。共计救助金额 55700 元。

2007 年,自治州困难职工帮扶中心经州编制委员会批准,作为州总工会所属的事业单位机构正式设立。全年接待困难职工生活救助 8 人次,救助 3800 元,困难职工子女助学 30 人次,助学金 44800 元,大病医疗救助 16 人次,救助资金 36800 元。其他帮扶资金 3000 元,共计救助资金 88400 元。元旦、春节、古尔邦节期间,各级党委政府和工会组织共慰问劳动模范、特困和困难职工 460 户,发放慰问金 9.5 万元。

2008 年,全州县级以上工会已建立困难职工帮扶中心 4 个。其中地市级工会 1 个,县级工会 3 个。全州困难职工帮扶中心帮扶困难职工 2240 人,其中生活救助 411 人,占 18.3%;医疗救助 91 人,占 4.1%;资助子女上学 114 人,占 5.6%;职业介绍 70 人,占 3.1%;就业培训 90 人,占 4%;政策咨询 17 人,占 0.7%。截至 12 月,困难职工帮扶中心筹集资金 108.66 万元,其中政府拨款占 85.63%。工会经费占 6.37%,各界捐款 87300 元,占 8%。

2010 年 1 月 24 日,中华全国总工会副主席、自治区党委常委、自治区总工会主席尔肯江·吐拉洪,中国农林水利工会党组书记、主席盛明富等一行，在自治区总工会党组书记、副主席李明陪同下，来到博州深入困难职工、劳动模范家中走访慰问，并考察了自治州困难职工帮扶中心。

2010年，自治州各级困难职工帮扶中心实施生活救助、医疗救助680人次，救助资金21.49万元。金秋助学59人次，救助资金31.69万元。为59人次考入大学贫困职工子女提供助学金10.2万元。为全州20名特困职工，每人提供3万元就业创业脱贫解困资金。全年共发放慰问金35.79万元，慰问人次1032人次。

2011年，全州困难职工帮扶中心运转正常，做到了不让一名困难职工因困而发生问题，因贫而孩子上不起学，因病而得不到医治，因难而无序上访。帮扶中心全年接待信访和法律援助110人次，实现了年初提出的保民生、促和谐、主动依法科学维权的目标。农民工的维权工作形式多样，开通了全天24小时职工维权热线电话；解决了三期外来务工人员关于欠薪的上访，涉及50人，追讨拖欠工资11.3万元。年底，为6755名农民工包车95辆，购买团体票2700张，农民工平安返乡得到了保障。

2013年，自治州总工会为了加大对困难职工的帮扶力度，提高困难职工就业能力，根据《博州困难职工帮扶中心办法》和年度工作计划，做好下岗职工及其子女就业工作，让更多的困难职工自食其力，渡过难关。自治州总工会不断创新工作思路，与州技校等师资力量较强的培训基地联手，出资3万元对州直单位10名困难职工及其子女免费提供汽车驾驶职业技能培训。

2015年12月，自治州困难职工帮扶中心发放第三批困难职工小额无息借款，分别为5名困难职工发放3万~5万元的无息借款，共发放21万元。

2016年8月，自治州总工会举行“金秋助学”启动仪式，根据困难职工家庭困难程度、高校录取批次等情况，为17名困难职工子女发放

1000～5000元不等的助学金，共计39500元。

2021年1—2月，全州各级困难职工帮扶中心，在全州范围内开展了“两节”送温暖慰问活动，为一线4764名职工、基层岗位工作干部、困难职工等群体送去慰问品及慰问金，共计43.318万元。8月，为全州6户困难职工子女发放助学金16400元，帮助1名困难职工子女实现了就业。

自治州困难职工帮扶中心自成立以来，在帮扶工作和维权工作中，通过源头参与的积极维权措施，农民工上访人次明显有所下降，拖欠工资问题明显减少，劳动合同签订率明显提高，参加社会保险人数明显增加，经过法治宣传教育培训，农民工的素质明显提高。有效避免和遏制了法律诉讼程序和工资拖欠问题。

## 第六节　职工宣传教育

宣传教育工作是工会整体工作的一个重要方面。工会组织是我们党宣传群众、教育群众、组织群众、发动群众的得力助手。1960年，博尔塔拉蒙古自治州总工会筹建成立以来，在自治州党委的统一领导下，发挥其自身组织性、独立性、群众性的特点，按照党在各个历史时期的路线、方针、政策，围绕中心工作以及各种具体要求，采取多种形式和方法在全州职工中开展了广泛系统的宣传教育工作。

### 一、职工思想教育

职工的思想教育是职工思想政治工作的首要任务，是建设“四有”职工队伍的重要内容，也是工会组织的一项重要社会职能。1959年，自治州在厂矿企业中开展了社会主义教育运动，由于1958年博州工业大发展,工厂星罗棋布,遍地开花,随之工人人数也不断增加。这些新工人来源于五个方面:一是从当地招收的青年学生;二是农业上转来的农民;三是复员退伍军人;四是内地支边青壮年;五是内地盲目流来的人员。为了提高新工人的思想觉悟和文化素质,在厂矿企业中结合生产,开展了社会主义教育运动。教育的方式主要是大鸣大放、大字报、大辩论;重点批判,教育一般,并结合对新工人进行审查。通过社会主义教育运动,基本上安定了职工的思想,进一步提高了广大职工群众的政治思想觉悟和对生产的积极性,鼓起了革命干劲,促进了生产经营的提前和超额完成。

1960 年,自治州总工会筹备委员会和各基层工会,对大批来博州的支边青年进行了“热爱边疆,安家落户,爱疆如家,立志建设边疆”的教育活动。同时在广大职工中组织学习毛泽东著作和马列著作,成立学习小组 27 个,参加学习的会员 207 人。各基层工会还结合学习情况编写了黑板报和墙报,自治州通用机械厂的工会组织还编印了企业专刊《红专工人》。

1961 年,自治州各级工会组织配合厂矿企业的“三反”整风运动,加强了对职工的政治思想教育,教育重点是配合厂矿企业行政做好精简下放职工的思想工作。自治州各级工会组织都把精简下放工作作为自身的一项业务工作来抓。一是做好职工的思想动员工作,解释党的精简下放政策;二是帮助解决好下放职工的具体困难。基本上做到了走者心情愉快,留城者安心。

1962 年,自治州总工会的宣传教育工作的重点是进一步贯彻党的“调整、巩固、充实、提高”的八字方针,继续精简下放职工,充实农业第一线,深入做好广大职工的思想动员和耐心的说服教育工作。工作一般采取先动员,自愿报名,后组织审查,三榜定案,对于思想不通的,个别做思想工作。由于职工的政治思想和宣传教育工作到位,各族职工群众对目前国内外形势有了正确认识，所以运动一开始就踊跃报名，积极响应党中央号召要求下放农村，支援农村经济建设。在精简下放职工期间，各厂矿企业的工会组织还帮助下放职工打行李、买车票、变卖带不走的家具，帮助解决具体困难。

1963 年，自治州总工会在全州厂矿企业中开展了社会主义教育运动。社会教育从阶级教育入手，各县（市）工会有计划有组织地请老革命干部讲述艰苦斗争的历史，请老工人讲厂史、家史，用他们的亲身经历，用新旧社会的对比教育职工，使职工通过老工人忆苦思甜的方式，认识到我们今天的美好生活来之不易。在忆苦思甜座谈会上，有很多职工在发言中表现了对旧社会非常愤慨和对新社会无限热爱的情感。

1963 年 3 月，自治州总工会在全州厂矿企业职工中掀起学习雷锋和南京路上“好八连”事迹的热潮，学习的效果很好，激励职工在学习、工作、生产和生活中，处处以雷锋和南京路上“好八连”为榜样，做出了很多感人的事情。助人为乐、吃苦在先、艰苦朴素、吃苦耐劳、埋头苦干的新风尚迅速地树立起来了。

1964 年，自治州总工会和县（市）总工会在各级党委的统一领导下，集中主要力量投入社会主义教育运动中，积极动员职工群众参加企业的“四清”运动。

1965 年，自治州总工会在全州职工中进一步开展了学习毛泽东主席著作活动。在学习中，自治州汽车运输队工会、州人民银行工会被评为自治州学习毛泽东著作先进集体。自治州总工会在每年节假日期间，还组织召开了多次老工人、青年工人座谈会，通过今昔对比、忆苦思甜，对青年工人进行传统教育，发动基层工会办工人夜校为职工补习文化。

1973 年，自治州各级工会组织狠抓职工的理论学习，在学习马列原著时，注重查阅有关资料，然后大家在一起逐段逐句讨论，加深对马列原著的理解。据全州 34 个基层工会的不完全统计，建立工人业余政治夜校7所,工人业余理论小组72个,工人理论骨干366人,成立文化室8个,办学习专栏88期,参加学习职工5700多人次。

1974年,自治州各级工会组织通过抓学习,激发了各族职工大干社会主义的积极性,从思想上明确了办社会主义企业的方向道路,进一步高举“鞍钢宪法”的旗帜,深入开展了“工业学大庆”群众运动。把企业办成“大庆式”的企业,培养一支“铁人式”的工人阶级队伍。广大职工以总路线为指针,发扬独立自主、自力更生、艰苦奋斗、勤俭建国的精神,夜以继日地奋战,努力生产,把“农”字放在第一位,大力支援农业生产,打好粮食翻身仗。例如,自治州汽车二队广大干部职工,通过学习思想到位,认识到位,在理论学习的推动下,他们联系工作实际,增强团结友谊,有力地提高了生产效率,在生产中创造了车队历史最高水平。汽车二队修理排全体职工,通过学习全国“农业学大寨”会议精神后,加深了对“农业学大寨”重大意义的理解,当时得知前进牧场需要60吨牧业用盐的消息,立即要求承担运输任务,他们自豪地说:农字当头要大干,竭尽全力为普及大寨县做出新贡献。尚未开展党的基本路线教育的厂矿企业的工会组织,在厂党组织的领导下,在工人群众中也开展了党的基本路线教育、革命传统教育、时事教育。不少厂矿企业工会组织的思想政治工作做得生动活泼、深入细致,把思想政治工作做到了生产、生活、宿舍、夜校、家属中去,发挥了工会组织在思想政治工作中的作用。

1975年,全州各基层工会组织还开展学英雄、鼓干劲、比贡献的活动。开展了向模范驾驶员刘世雄、阿不都热依木两位和优秀共产党员杜洪亮学习活动。5月中旬,自治州总工会与州团委、州妇联召开了学习杜洪亮动员大会,在职工中大张旗鼓地开展学先进、赶先进的活动。在车间、柜台、工地都设立了红旗台,开展了比、学、赶、帮、超运动,使职工的精神面貌发生了变化,大大地提高了劳动生产率,有力地推动了生产的发展。

1976年，各级工会组织，特别是各县（市）总工会的广大干部，抽出大部分人力常年蹲在农村、工厂，参加基层党的基本路线教育运动和“一批双打”运动。厂矿企事业单位工会组织，积极配合党的中心工作，经常请老红军、老工人向广大职工进行革命传统教育、形势教育，积极办好职工夜校，深入细致地、生动活泼地开展政治思想工作，发挥工会这个共产主义大学校的作用。

1976年，自治州汽车队先后举办了由领导干部、工人、工会和共青团干部参加的学习班共三期，学习班培训了一些骨干积极分子。他们通过学习收到了良好的效果，职工思想面貌发生了很大变化，有力地推动了经济生产的发展。自治州药材公司在党支部的领导下，在公司组织了青年工人理论学习小组。坚持业余学习为主，自学为辅，读原著为主的原则。通过学习，工人们提高了思想认识，提升了工作的积极性。自治州农机厂组织了由领导干部、老工人、青年工人参加的三结合理论学习小组。他们破除了迷信，解放了思想，提高了觉悟，统一了认识。通过学习，不少工人光荣加入了中国共产党和共产主义青年团组织。自治州工程队坚持经常对职工进行思想政治教育，重大节日召开老工人、青年工人座谈会，忆苦思甜，今昔对比，注意发挥老工人的骨干作用，相信和依靠群众，尊重他们的首创精神，攻克了企业难关，只用六天时间就完成了吊装任务。

1978年，自治州总工会响应自治区党委和自治区总工会关于向模范驾驶员、优秀共产党员刘世雄和热依木江学习的号召，教育职工以刘世雄和热依木江为榜样，以国家主人翁的战斗姿态，大干社会主义，争当生产先进模范，深入开展以增产节约为中心的社会主义劳动竞赛。土洋结合，大搞技术革新和技术革命，克服“贪大求洋”的思想，挖掘企业内部潜力，努力提高劳动生产率。10月，自治州总工会举办了“少数民族工人美术创作征稿”活动。

1981 年,各级工会组织按照各级党委的指示,加强职工思想政治工作,深入开展以“五讲四美”为主题的思想政治工作。充分利用一些宣传工具,大力表彰讲文明、讲道德、助人为乐、婚事新办、树新风、破旧俗等生动具体的好人好事。自治州总工会和一些县、厂矿企业工会继续举办和创办《情况反映》和厂矿通讯等简报,宣传新思想、新风俗、新面貌的好人好事,传播信息、交流经验,基层工会组织在开展思想政治工作的过程中,注意把思想政治工作寓于生活之中、寓于解决实际问题之中,使思想政治工作生动活泼,解决实际问题。

1983 年 5 月,自治州总工会举办了全州职工业余文艺会演,评选出优秀节目参加自治区总工会举办的“新疆第一届职工建设者音乐会”。1984 年,在上海职工倡导和发起“振兴中华读书演讲活动”后,自治州总工会结合老山前线英模报告团宣讲的英模事迹,通过营口师范学院曲啸的电视录像讲话,在全州各民族职工中开展了读书演讲活动,参加这一活动的职工有 7000 余人。

1984 年,自治州总工会在年内还开展了以“五讲四美三热爱”为核心的第二个文明礼貌月活动。自治州工会发出通知,要求各基层工会结合工会特点,把这项工作逐步做到常态化、制度化。把“五讲四美三热爱”的教育纳入提高职工政治素质教育的重要内容。各基层工会为此做了大量的具体工作,与此同时还向职工进行了法纪教育。全州各基层工会利用壁报、黑板报、油印小报和有线广播等宣传工具,反复向职工群众宣传党的十一届三中全会以来的路线、方针、政策,宣传党的十二大精神,结合本单位实际,宣传国家经济形势,宣传落实政策的好处,宣传好人好事。主要是提高职工的认识,与党中央在政治上保持一致,并做到拥护改革、促进改革、参与改革,自觉成为“四化”建设的主力军。

1985 年,自治州总工会组织了由 15 名职工组成的巡回演讲团,到精河、温泉、博乐等各基层工会演讲。州农业银行工会被评为先进单位,有4名职工出席了自治区农业银行表彰大会。10月,自治州总工会在全州举办了庆“十一”职工文艺会演。

1986年,自治州总工会始终把坚持四项基本原则教育放在首位,密切注视职工思想动态,加强信息联系。各族职工群众是“四化”建设的主力军,职工思想动荡与否,直接关系到安定团结的大局,关系到“四化”建设的经济政治改革的成败。因此,自治州总工会经常深入基层,深入厂矿企业,了解职工思想动态,收集职工反映的情况,开展有针对性的工作。宣传党的路线、方针、政策,使广大职工对国家在改革开放时期的各项政策,有了一个正确的理解和认识,从而起到了稳定职工队伍思想和促使职工更加坚信党能领导好“四化”建设的作用。

1987年,各级工会通过举办座谈会、演讲会等形式,认真组织职工向安庆明学习,不少单位把学习安庆明与本单位先进模范人物相结合,运用报刊、板报、橱窗、标语等广泛宣传安庆明先进事迹。这次学习宣传活动规模大、效果好,得到了广大职工群众的热情支持。

1988年,为使初级阶段的思想政治教育稳步扎实地开展,自治州总工会举办了工会干部理论培训班,各级工会组织相继举办短期培训班、学习班,培养了骨干队伍。

1990年,自治州各企事业单位组织职工,继续深入学习党的十三届四中、五中、六中全会精神,进一步教育职工以同江泽民总书记为核心的党中央保持高度一致,进行了“四有”“四职”教育和发扬雷锋精神教育,通过这些教育,进一步激发了广大职工群众热爱党、热爱祖国、热爱社会主义的热情,增强职工群众的主人翁责任感。

1991年,全州各级工会组织围绕党的中心工作,在各族职工中广泛深入开展了思想政治教育工作。对职工进行了爱国主义教育,组织职工学习党中央、自治区党委和州党委有关国际形势教育文件。开展形式多样、生动活泼的活动。积极宣传党的七中全会和自治区第四次党代会精神，向职工进行“双基”“四职”“四有”“三热爱”系列教育。帮助职工学习了解建设有中国特色社会主义的基本原则，了解这一代职工队伍肩负的历史责任。通过学习教育，职工在思想上坚定了社会主义方向，坚定了共产党的领导。教育职工做好本职工作，坚定共产主义理想和社会主义信念。1993 年，自治州总工会组织 10 名基层工会干部参加自治区总工会举办的提高干部素质、适应改革要求培训班。

1995 年，各级工会根据各自的实际情况，有针对性地开展“爱国、爱厂、爱岗”等教育活动，做到年初有计划、半年有检查、年底有总结，教育形式多样，重点突出，内容丰富，深入浅出，容易接受。各级工会在抓好爱国主义教育的同时，结合本行业的工作性质、任务，普遍进行了职业道德教育。如工业企业开展了“厂兴我荣，厂衰我耻”活动。商贸系统和服务行业开展了“双十佳”活动，党政机关开展了“廉政勤政，做好人民公仆”活动。事业单位和执法机关开展了“纠正行业不正之风，实现社会风气好转”活动。通过教育和开展活动，职工的敬业奉献、奋发向上精神不断增强，对搞活企业振兴经济充满信心。

1997 年，自治州总工会组织全州各级工会干部认真学习党的十四届五中全会精神，学习邓小平建设中国特色社会主义理论，积极组织各族职工参与自治州党委宣传部组织的爱国主义教育巡回演出，参与职工人数达 3750 人。

1998 年，全州各级工会注重政治理论学习，利用单位的政治学习时间采取办学习班、出墙报、办板报、召开座谈会、写心得体会等多种形式，组织各族职工认真学习邓小平理论，学习党的十五大报告，学习江泽民总书记视察新疆时的重要讲话。提高广大职工素质，结合当前形势，开展“三讲”教育活动。使各族职工在揭批“法轮功”邪教活动中，在反对民族分裂主义和非法宗教活动中，立场坚定，态度明确，与党中央保持高度一致。

1999 年,各级工会组织职工广泛开展以加强职业道德为主要内容的精神文明建设和思想教育活动。开展了爱国主义、集体主义、社会主义教育活动,努力造就一支有理想、有道德、有文化、有纪律的“四有”职工队伍。自治州总工会积极配合党的中心工作,结合工会特点,发挥工人文化宫、俱乐部、文化馆等阵地作用。自治州总工会举办了庆“十一”职工文艺会演;博乐市总工会春节前,组织文艺慰问团,深入厂矿企业,为生产一线职工演出;精河县总工会举办了庆澳门回归文艺会演;温泉县总工会举办了首届职工业余歌手大奖赛和迎澳门回归职工长跑比赛,活跃了各族职工的文体活动,社会效果良好。

2000 年,自治州总工会为了提高基层工会干部的学习教育,加大了工会干部培训力度,同年先后组织各级工会干部送自治州党校、全国劳动关系学院和自治区工会干部学校参加学习,基层工会主席 21 人次,县级工会干部 4 人次。在本级参加培训的工会干部达 1200 人次。

2001 年,自治州总工会在对基层工会干部加强思想政治教育的基础上,加大了业务培训力度,举办不同类型的培训班,参加上岗资格培训 13 人,各类适应性培训 359 人次,专业培训 36 人次,电脑技能培训 8 人次。

2003 年,自治州总工会根据自治区总工会的要求,在全州开展了“创建学习型组织,争做知识型职工”活动,构建学习型社会,创建职工教育基地 30 家,为各族职工终身学习、全程学习、团队学习营造出良好的学习环境。2005 年,各级工会组织开展以“学习新知识、掌握新技能、多做新贡献”为主题的“三新”活动。在全州选树和确定挂牌 30 个职工教育培训基地,作为“争创”活动的重点推进单位。

2004 年,自治州总工会坚持在职工队伍中开展形势政策和民族团结教育,引导职工自觉维护改革发展稳定的大局。针对经济结构调整及企业改革中出现的问题,特别是职工思想认识方面的新情况、新问题,积极协助党政做好宣传引导、解疑释惑工作,并通过典型事迹报告会、现场会、表彰会等形式，引导下岗、失业人员转变择业就业观念。

2006 年，自治州总工会在职工思想动态信息网络建设上，建立起每月上报一次开展工作、学习、活动等情况制度，特别是群体性突发事件和职工思想有波动的单位和地方要在第一时间及时、准确地反映上来。截至年底，信息网络得到加强，基本上做到了信息准确，及时沟通，共报出信息资料 90 多条。

2007 年，自治州总工会在全州各级工会和广大职工中开展系列维稳宣传教育活动。认真组织各种形式的学习，要求广大干部职工旗帜鲜明地反对“三股势力”，坚定不移地维护社会大局和谐稳定。在全州工会系统率先向全州各族职工和工会干部发出倡议信，要求各级工会要动员职工群众坚守工作岗位，以实际行动促进企业发展，确保社会稳定。

2008 年，自治州总工会向社会全面开展《工会工作承诺》活动，发放《工会工作承诺卡》4 万份，及时化解矛盾纠纷，维护职工队伍稳定。要求各级工会干部尤其是工会主席一定要坚守工作岗位、履行工作承诺，正确行使岗位职责，切实履行工会系统信息报告、困难职工帮扶第一责任人职责。在工会管理的困难职工范围内开展面对面、不漏一户的维稳宣传活动 24 次，涉及 170 户。在职工中广泛开展“争做民族团结的好职工，正确教育子女的好家长，遵纪守法的好公民”活动，全州各基层工会参与率达 100%。

2009 年，自治州总工会积极开展维稳宣传活动，保持职工队伍稳定。“7·5”事件以来，全州各级工会组织积极开展工作，认真履行职责，在坚决维护职工安全、维护职工队伍团结，维护稳定大局方面作出了积极努力。博州总工会根据自治区总工会通知精神，及时启动了应急预案，州县(市)总工会领导昼夜待岗值班，密切关注职工思想动态，坚持 24 小时信息报告制度。之后，在全州各级工会和广大职工中开展了系列维稳宣教活动。

2010 年,全州各级工会组织把学习习近平新时代中国特色社会主义思想和党的十九大精神作为首要政治任务,认真学习领会习近平总书记关于工人阶级和工会工作的重要论述。

自治州总工会组织劳动模范和工会骨干组成宣传队,积极宣传党的十九大精神、第三次中央新疆工作座谈会精神。学习活动进企业、进车间、进工地,引导各族职工树牢“四个意识”、坚定“四个自信”、坚决做到“两个维护”。深入开展揭批“三股势力”和“两面人”活动,大力学习宣传《新疆维吾尔自治区去极端化条例》,引导干部职工牢固树立马克思主义“五观”和“三个离不开”思想,有效抵御了非法宗教活动对职工队伍的影响和渗透。

2012 年,自治州总工会开展“面对面、心贴心、实打实服务职工在基层”活动和赴基层转变作风服务群众活动,在各级工会组织和职工群众中开展制止非法宗教活动的宣传教育。按照自治区总工会总体部署,自治州总工会结合本地实际,制定实施方案,成立制止非法宗教活动宣传教育领导小组,在工会系统干部中选拔 40 名宣讲员,组成自治州总工会制止非法宗教活动宣讲组,承担自治州、各县(市)直属单位和重点企业宣讲任务。

2013 年,自治州总工会组织开展“动员百名工会干部(含基层工会干部),调研百家企业,走访百名职工,慰问百名劳动模范(先进工作者)和百名困难职工”活动,工作人员下基层 70 余人次,走访调研企业 190 余家,走访企业班组 200 余个,召开座谈会 120 余次,帮助解决实际问题和困难 20 余个(包括困难群体和困难劳动模范),发放宣传材料 5000 余份,面对面开展维稳宣传教育 3000 余人。

2014 年,自治州总工会始终坚持用中国特色社会主义理论教育引领职工,不断夯实各族职工群众团结奋斗的思想基础。大力宣传贯彻落实党的十八大、十八届三中、四中全会,第二次中央新疆工作座谈会、中国工会十六大及自治区、自治州党委等一系列会议精神，宣传贯彻落实习近平总书记系列重要讲话精神。

2015 年，自治州总工会积极组织开展“热爱伟大祖国、建设美好家园”“中国梦 · 劳动美 · 新疆好”等系列主题宣传活动。引导职工开展“争做民族团结的好职工、正确教育子女的好家长、遵纪守法的好公民”教育活动，引导各族职工争当民族团结、维护社会稳定、促进发展的模范。在基层工会组织及困难职工中开展“面对面”民族团结教育宣讲，签订“远离宗教极端思想”协议书并发放“去极端化”宣传材料 5 万余份，有效抵御了非法宗教活动对职工队伍的影响和渗透。

2016 年，自治州总工会在全州开展“三好职工”评选表彰活动，加大宣传力度，使“三好职工”成为引领各族职工民族团结的先进典型，通过活动的开展评选表彰了 150 名“三好职工”，努力推动形成了“社会、单位、家庭”三位一体的民族团结教育格局。自治州总工会被州党委评为民族团结先进基层党组织。

2017 年，自治州总工会牢固树立稳定压倒一切的思想，加强干部队伍建设。一是组织各级工会深入学习领会习近平总书记关于新疆工作的重要讲话精神，特别是着重学习贯彻落实习近平总书记参加十二届全国人大五次会议新疆代表团的审议时发表的重要讲话，号召各级工会切实把思想和行动统一到以习近平同志为核心的党中央的决策部署上来，把自治区、自治州党委关于稳定工作的重大决策部署不折不扣、坚定坚决地落到实处。二是开展坚决同“三股势力”“两面人”作斗争活动。自治州总工会在机关全体干部职工中开展发声亮剑活动。由领导干部带头，以宣誓、撰写署名文章、下基层工会宣讲等形式开展发声亮剑活动 12 次。自治州总工会党组成员、副主席艾来提在新疆《工人时报》发表署名文章《坚定职工听党话、感党恩、跟党走的信念》，以一名少数民族党员干部的身份，向“三股势力”和“两面人”宣战。依托工会送温暖、金秋助学等活动,把斗争的决心传递到各个基层工会组织和职工之中。三是抵御宗教极端思想对职工的渗透。自治州总工会利用“博州职工 e 家”微信平台,开展了全区百万职工“加强民族团结、揭批暴恐活动、敢于发声亮剑”承诺书,编印《去极端化和民族团结 500 道题知识题库》。四是坚决贯彻落实维稳工作安排部署。自治州总工会把维护稳定作为压倒一切的首要任务,做到人防有制度,建立领导带班制度和响应常态维稳工作制度,确保工作有人抓、有人管。在一楼大厅设立了值班室,落实值班室 2 名干部 24 小时值班规定,做到 24 小时无缝对接。聘用 2 名专职保安对人员和车辆做到“出入登记、开包检查、车辆安检”等工作。五是扎实做好下沉社区工作。根据自治州党委的统一部署和要求,自治州总工会多次下沉博乐市红星路社区,指导、帮助基层开展工作,并为社区解决了无办公场所的问题。严格按照“四个全面覆盖”要求,转变工作作风,深入居民家中广泛宣传、走访、摸排,为居民群众解决难题、调解纠纷。六是开展民族团结进步创建工作。自治州总工会以民族团结“1 +1”微行动引领各族职工守望相助,开展了民族团结“1 +1”微行动,结成工会干部、劳动模范和职工三个层面的民族团结微行动对子 1.3 万个,引领各族职工群众手足相亲,守望相助。成立了自治州工人文化宫职工金乐艺术团“团结之声”职工乐队。参加了自治区总工会第二届“中国梦 · 劳动美 · 新疆好”“火车头杯”职工全健排舞大赛,荣获四个奖项。

2018 年,自治州总工会聚焦总目标,强化思想引领,筑牢广大职工听党话,跟党走的思想根基。一是积极开展民族团结活动,推动交往交流交融。积极开展民族团结一家亲活动,全体干部职工与结对亲戚共同开展了民族团结心手相牵共迈新时代结亲周活动,促进各族职工交往交流交融。二是深入开展双覆盖活动,加强群众工作能力。做好所驻村队干部住农户全覆盖,单位全体干部职工每人住户要累计达到 30 户次以上。三是加强意识形态领域工作,大力弘扬正能量。自治州总工会积极发挥工会网站、博州职工 e 家微信公众号等宣传阵地的作用,加大在全州主要媒体宣传工会工作的力度,累计发布图文消息 25 期,信息 72 篇。大力宣讲《新疆维吾尔自治区去极端化条例》,主动向“两面人、两面派”发声亮剑。

2019 年,自治州总工会积极开展民族团结一家亲活动。一是按照“每月一联谊”的要求,全体干部职工与结对亲戚共同开展了“庆元旦”“说说我的结对干部”“携手游赛湖联谊”“学国语、规范写字,从我做起”活动,宣传党的惠民政策、民族团结进步示范市创建,做到同住同吃同学习同劳动。加强意识形态领域工作,大力弘扬正能量。积极开展 2019 年清明祭英烈宣传教育活动,组织全体党员参观博尔塔拉纪念园、开展保密安全教育和升国旗活动。二是加强党支部建设,发挥战斗堡垒作用。严格按照党章规定,落实“三会一课”、组织生活会等党内生活制度。坚持每周三政治理论学习和领导带头上党课制度,组织全体党员开展“不忘初心、牢记使命”主题教育;抓好日常自学,对离退休党员开展送学活动。三是认真落实党风廉政建设主体责任制,把党风廉政建设与工会的各项工作紧密结合起来,组织全体干部职工参加“法宣在线”学习,促使机关上下知纪懂纪明纪。坚持民主集中制,认真执行“三重一大”、政务公开和末位表态等制度,到 12 月底,召开主席办公会议 8 次,党组会议 20 次。开展了在职人员的因私出境整治,进一步明确了全体在职干部出国境报备程序,对护照进行了登记备案管理。

2020 年,自治州总工会认真做好维稳工作,将维稳作为压倒一切工作的首要任务,认真贯彻落实维稳工作的“组合拳”,落实领导带班制度,确保工作有人抓、有人管。落实公交站点执勤行为规范和机关办公楼值班纪律,做到 24 小时无缝对接。定期开展维稳、防火、防震演练。抓好县级领导包联企业任务,主要领导每周定期联系工地和企业,进行实地走访，根据了解情况进行研究分析，提出解决问题的想法和思路。

2021年，自治州总工会扎实开展党史学习教育，保持正确政治方向。一是围绕新时代党的治疆方略和自治区党委“3+1”重点工作，将学习作为政治责任和第一要务，不断促进理论基础、创新思维、党性修养全面提高。把统一思想、凝聚力量作为工会组织的重要政治任务。以党史学习教育为契机，切实加强党员干部思想教育，坚定理想信念。截至9月底，党组开展理论中心组学习20次，党史专题学习16次，专题读书班36人次，讲党课9次，警示教育5次，领导干部带头宣讲10场次177人。党支部开展集中学习31次，读书班30次，党支部书记讲党课5次，开展传统教育7次。开展“七一”重要讲话专题学习5天，开展党史送学活动2次、全体干部职工撰写学习心得体会4次。二是组建劳动模范和工会骨干参加的宣讲队，贯彻党的十九大精神、第三次中央新疆座谈会精神，学习宣传活动进企业、进车间、进工地，引导各族职工树牢“四个意识”、坚定“四个自信”、坚决做到“两个维护”。大力弘扬社会主义核心价值观，践行新时代党的治疆方略，激发各族职工群众的爱国情怀。三是自治州总工会深入开展揭批“三股势力”和“两面人”活动，大力学习宣传《新疆维吾尔自治区去极端化条例》，引导干部职工牢固树立马克思主义“五观”和“三个离不开”思想，有效抵御了非法宗教活动对职工队伍的影响和渗透。积极开展“争做民族团结的好职工、正确教育子女的好家长、遵纪守法的好公民”教育活动，引领各族职工争当民族团结、维护社会稳定的模范。四是自治州总工会组织干部职工深入开展“民族团结一家亲”和民族团结联谊活动，开展民族团结“1+1”微行动，促进各族职工交流交融。深入开展“访惠聚”驻村和扶贫工作，所驻村队贫困户如期实现全面脱贫。各县（市）总工会为丰富职工业余生活，纷纷开展了舞蹈、徒步、滑雪、钓鱼、叼羊、篮球、羽毛球及乒乓球等富有地域特色的职工系列活动，凝聚起人们追求美好生活的正能量。始终坚持正确的舆论导向，加强“博州职工 e 家”微信公众平台建设，关注对象达 8924 人，累计发布信息 340 期 986 篇，引领各族职工群众听党话、感党恩、跟党走。

进入新世纪新阶段，随着党的建设新的伟大工程的实施，党的思想建设在基层得到进一步加强，通过各项活动的开展，增强了广大各族职工的团队精神，提高了党组织的吸引力、凝聚力和战斗力。

## 二、职工文化体育活动

职工文化体育工作肩负着提高职工群众的整体素质，强健职工群众的体魄，不断满足广大职工群众日益增长的精神文化需求的重任。开展职工体育活动是培养职工健康、乐观的集体主义精神，增强职工体质，促进社会主义物质文明和精神文明建设，构建社会主义和谐社会的一项重要工作。

1960 年，自治州总工会筹备委员会组织职工业余体育队 12 支，队员 103 人；组织职工业余歌舞团 3 个，演员 85 人。每逢节假日，体育队和歌舞团都要举行体育比赛和文艺演出。

1980 年 5 月，自治州总工会在博乐市举办自治州职工中长跑比赛活动，比赛活动中有 7 名运动员获了奖。

1981 年 4 月 28 日至 5 月 10 日，自治州总工会在博乐市举办了庆“五一”国际劳动节、“五四”青年节职工篮球比赛活动。

1983 年 5 月，自治州总工会在博乐市举办全州职工中长跑比赛活动，活动中有 7 名职工获得奖项。

1984 年 10 月，自治州总工会组织全州职工业余篮球队，参加了第二届全国工人运动会自治区篮球选拔赛，荣获精神文明奖。50 岁的职工运动员黄加惠，在自治区职工田径比赛中荣获老年组马拉松长跑奖。

1987 年，自治州总工会在“三八”国际劳动妇女节、“五一”国际劳动节、“五四”青年节、“教师节”“国庆节”期间，分别在州工人文化宫举办了丰富多彩的职工文体活动。开展较大的活动有30次，开展活动的项目有40个，参加活动人员共有2万余人次。

1988年，自治州总工会在博乐市举办了丰富多彩的群众文化体育活动。活动项目有：职工文艺演出、职工篮球比赛、排球比赛、自行车慢行赛等，同时还举办了太极剑学习班，共有200余名职工参加此项活动比赛。

1990年，自治州总工会在“五一”国际劳动节期间，举办了职工参加的桥牌、象棋、乒乓球等体育系列活动，参赛单位男队26支、女队5支，共31支队参加比赛，有341名队员参加比赛。

1992年5月，自治州总工会为了庆祝“五一”国际劳动节，在博乐市组织开展职工文化体育活动，举行了各项体育比赛，参赛人员达330名，观众达3500余人。

1994年10月1日，自治州总工会在博乐市组织开展了庆“国庆”职工大型体育活动。

1995年5月1日，自治州总工会在博乐市组织开展庆“五一”国际劳动节“外贸杯”职工篮球比赛活动。

1996年5月1日，自治州总工会在博乐市组织开展了庆“五一”国际劳动节职工篮球比赛活动。

1997年，自治州总工会在博乐市组织开展了职工体育运动会，其间举行篮球、足球、乒乓球、健美操、广播体操等比赛。有近万名职工参加了活动，受到广大职工的称赞。

1998年12月29日，自治州总工会在博乐市组织开展了“健康杯”职工乒乓球比赛活动。

2000年，自治州总工会在不同节假日分别组织开展了职工运动会。元旦期间，举办了“邓亚萍杯”职工乒乓球比赛。“五一”国际劳动节期间，举办了“金钥匙杯”职工篮球比赛、排球比赛、足球比赛、广播体操比赛等活动。

2001 年 1 月 28 日，自治州总工会在博乐市组织开展博州“寿险杯”职工乒乓球比赛活动。

2002 年，自治州总工会在博乐市组织开展了庆“五一”国际劳动节“建设安全生产杯”职工篮球赛活动。活动的开展把全州各族职工体育活动和企业文化建设有机地结合起来，既宣传了企业文化，又促进了安全生产；既营造了人人重视安全生产的良好社会氛围，又丰富了职工的业余文化生活，有力推动自治州经济发展和社会稳定。

2004 年，为了庆祝自治州成立 50 周年，自治州总工会协助州人民政府成功举办了第二届职工运动会，开展了那达慕草原节、广场文化节、各类球赛、元宵节灯会、健美操、集体舞、文艺演出等系列活动。

2005 年 4 月 25—27 日，自治州总工会在州邮政大楼保龄球馆举办了庆祝中国工会成立 80 周年“中国人寿”职工保龄球比赛活动。

2006 年 3 月 6 日，自治州总工会在博乐市组织开展庆“三八”国际妇女节女职工保龄球比赛活动，自治州党委常委、组织部部长杨育清，自治州人大常委会副主任、州总工会主席龚玉梅和州妇联主席莎茹出席了开幕式。为了丰富广大农民工的文化生活，开展了庆“五一”职工家庭文艺才艺会演。前来观看的农民工有 2 万余人次。

2007 年 3 月 7 日，自治州总工会在博乐市组织开展了庆“三八”国际妇女节女职工乒乓球比赛活动。自治州党委常委、副州长帕力旦·阿德尔汗，自治州党委常委、州委组织部部长杨育清出席开幕式，本次比赛共有 59 名选手参加活动。中国农业银行股份有限公司博乐市兵团支行陈荣获得女子单打冠军，温泉县供电所邓军获得亚军，州农业发展银行马晓君获得季军。

2016 年 3 月 4 日，自治州总工会在博乐市组织开展自治州首届“漫步美丽博州分享健康人生”快乐健步走职工竞赛活动。

8 月 28 日,自治州总工会在温泉县组织开展了工会系统首届“团结杯”职工运动会,共有 6 支工会代表队 150 多人参加了运动会。

## 三、职工文化技术教育

职工文化技术教育是工会的一项重要职能,是发挥工会共产主义学校作用的一个重要方面。职工文化教育的主要任务,是提高职工文化技术水平,进而提高企业的整体素质。职工文化技术教育,通常是企业依据自身生产特点和职工实际情况进行的。1949 年新疆解放后,各级工会就十分重视这项工作。省和一些职工比较集中的地州市和产业工会先后设立文教部或宣传部、宣教部等主管这项工作。

1978 年 10 月 10 日,为庆祝中华人民共和国成立 30 周年,歌颂党的民族政策,自治州总工会举办了“少数民族工人美术创作征稿”活动。

1984 年,“五一”国际劳动节期间,自治州总工会举办全州职工业余文艺会演活动,活动中评选出的优秀节目,参加了自治区总工会举办的“新疆第一届职工建设者音乐会”,获得了精神文明奖。优秀演员巴哈古丽(女,维吾尔族)还参加了全国职工音乐会,获得了特等奖。

2000 年 3 月,自治州总工会举办“女职工之声”文艺会演。2001 年 6 月,自治州总工会与州党委宣传部、州文体局等六个部门联合举办全州庆祝建党 80 周年歌曲大赛。

2005 年 4 月 30 日,自治州总工会在西部文化广场举办庆祝中华全国总工会成立 80 周年、自治区成立 50 周年大型职工文艺专场演出。其间举行了丰富健康群众喜闻乐见的职工文化娱乐体育活动,扩大了工会组织的社会影响,不断丰富和满足了各族职工的精神文化需求。2005 年 2 月 23 日,州总工会先进性教育领导小组召集全体党员学习自治区优秀共产党员江尔·热哈提的先进事迹。2005 年 10 月 17 日至 11 月

11 日，州总工会在全州开展了红丝带保健知识宣传活动，举办了 50 场专题讲座，先后有 2000 余名女职工参加讲座。

2006 年 3 月 9 日，州总工会、州教育局联合举办了自治州中小学少数民族教师汉语水平大赛。本次大赛是对开展“创建学习型组织、争做知识型职工”活动和以提高师德师风为核心内容的“三育人”“树、创、献”等活动的检验，也是为少数民族中小学教师搭建一个展示汉语水平的平台。

2007 年 6 月 27 日，自治州总工会为了关爱女职工身体健康，特邀西安大学主任医师魏君玲等医学专家一行，在博州举办为期 21 天的女性健康知识讲座，4000 余名女职工参加了讲座。

2008 年 4 月 17 日，自治州总工会在博乐市南城区建筑工地开展科学发展观实践活动，结合当前工会工作实际，以职工为本，关心关爱施工一线的职工和农民工，对南城区两个建筑工地开展送健康、送工资、送培训、送政策、送法律、送文化、送温暖“八送”慰问活动。

2009 年 4 月 27 日，自治州总工会和州安监局共同举办了自治州“安全伴我行”演讲比赛活动，传播安全知识，弘扬安全文化，提高职工群众的安全素质。在这次演讲活动中，来自自治州各行各业的选手，以真挚的热情，结合自身行业的特点讲述了“安全伴我行”的重要性，通过演讲活动，启发和教育广大各族职工珍爱生命，遵法守纪、远离事故、享受安全，进一步营造浓厚的“关爱生命、安全发展”的良好氛围和社会风尚。4 月 29 日，自治州总工会在博乐市街心广场举办了庆“五一”国际劳动节“移动通讯杯”音乐欣赏会主题活动。活动以五月情系博尔塔拉，热烈庆祝新中国成立 60 周年，歌颂祖国，歌颂家乡，弘扬爱国主义精神，弘扬劳动模范精神为主题。演出单位由两县一市及 20 个基层工会组织组成。演奏以乐器演奏为主，歌舞为辅，受到广大各族职工群众的好评。

自治州总工会积极开展职工读书活动。截至 2010 年，全州已建成职工书屋163个，藏书1万册以上图书馆4个，其中全国级示范点3个，自治区级示范点18个。在建筑工地为农民工创办“流动书屋”10个。

2012年1月29日，为保证服务职工活动的顺利进行，自治州总工会成立了工会系统“面对面、心贴心、实打实”服务职工在基层活动领导小组，按照活动的统一部署，州总工会成立了3个服务职工工作组，由州总工会领导分别带队，每个工作组由5人组成，每支工作队要在联系的县(市)口岸等地集中开展服务职工活动。2月20日，自治州总工会按照开展“面对面、心贴心、实打实”服务职工在基层活动的统一部署，为及时掌握职工思想动态，不断增强服务职工的针对性和时效性，各级工会组织继续推行工会干部服务职工群众联系卡制度。3月20—27日，自治州总工会党组成员、女职工委员会主任王丽华一行7人，走基层、进企业、深入一线开展服务职工活动，先后走访调研了16家民营企业，访谈了近20名企业负责人或工会主席，与一线职工面对面进行沟通交流，全面了解企业生产经营情况、职工的薪酬福利、职工的劳动安全、职工的权益保护、职工的文化生活状况以及企业面临的发展难题和存在的问题，发放并收回《企业职工调查问卷》800余份。5月31日，自治州政协副主席、州总工会党组书记、自治州工会主席龚玉梅带领总工会全体机关党员干部职工前往温泉，与温泉县总工会一起开展了“服务职工群众，转变工作作风”为主题的教育活动。

2013年6月26日，自治州总工会配合其他禁毒成员单位在博乐市体育中心开展禁毒宣传活动。宣传以现场咨询、发放宣传资料、悬挂宣传标语等形式，围绕“依法禁毒、构建和谐”的主题进行，取得了一定的宣传效果，在活动现场共发放宣传资料100余份。

2014年，自治州总工会为了进一步深化党员干部群众路线理论学习教育，增强学习教育的针对性、时效性，扩大学习效果，利用远程教育平台，组织职工观看《群众路线的理论解读》《党的群众工作的历史传统经验》和《认真开展新形势下群众路线教育活动》等专题片。

2015 年 4 月 21 日，自治州总工会“去极端化”宣传组在锦绣家园物业服务中心宣讲，中心 40 多名职工参加了宣讲活动。6 月 26 日，自治州总工会在南城体育馆举办了首届“中国梦 · 劳动美 · 新疆好”全健排舞大赛，自治州政协副主席、州总工会主席袁立玲出席活动。

## 第七节　女职工工作

新中国成立后，党和国家十分重视妇女解放事业，关心妇女合法权益和保障，重视广大妇女在社会中的地位和作用。关心妇女工作的开展和进步，把社会的进步和文明程度用妇女的社会地位的提高来检验，把妇女的社会地位提高同国家的文明、进步程度等同起来，把妇女的解放视为生产力解放的主要标志之一。

随着我国工人阶级队伍的壮大，女职工队伍也日益发展，成为我国经济建设主力军的重要组成部分。维护女职工合法权益和特殊利益是工会女职工组织的基本职责，这既是党对工会女职工组织提出的要求，也是广大女职工的迫切愿望。

工会的女职工工作是根据工会各时期的方针任务，结合女职工的特点和其特殊要求而开展的工作。它的基本任务是动员和组织女职工积极参加社会主义两个文明建设，代表和维护女职工的合法权益和特殊利益，提高女职工的政治思想、道德和文化技术素质。

党的十一届三中全会以来，在改革开放和社会主义现代化建设中，广大女职工积极支持和投身改革，开拓进取，勇于奉献，以更高的热情、更多的智慧和创造力，为社会主义市场经济的发展做出了重要贡献，在改革、发展、稳定中充分发挥了工人阶级主力军作用。

自治州各族女职工积极投身于经济建设之中，为推动社会主义物质文明、政治文明、精神文明建设做出了自己的贡献，用自己出色的工作业绩展示着时代风采。

在80年代的“六五”计划期间，在国民经济实行“调整、改革、巩固、提高”方针的过程中，自治州各族女职工树雄心、立壮志，积极参加多种形式的增产节约竞赛活动。在生产中是闯将，是实干家，在生活中是能手、是巧匠，在经济建设中发挥了“半边天”的作用。

90年代是贯彻党中央提出的“十年规划”和“八五”计划的关键时期。自治州女职工和全州各族人民一道坚定不移地走建设有中国特色的社会主义道路，坚持“一个中心，两个基本点”的基本路线和方针，促进社会生产力不断发展和社会的全面进步，实现四个现代化，奔小康，赶、超世界先进水平成了广大各族女职工奋斗的目标。

全州各族女职工在各级女职工委员会的领导下，学习党的基本路线，深入开展“六赛六比创一流”“双增双节”“学先进、比贡献，为实现‘八五’‘九五’计划建功立业”等活动，以此来增强女主人翁的责任感，来提高生产能力和产品质量，创效益，扫双低，技术练兵，技术比武，为振兴企业经济发展做出了应有的贡献。

到了2005年，全州各级工会女职工委员会持续开展了女职工双文明建功立业竞赛活动，参加竞赛活动的女职工达3.8万人。《中华人民共和国劳动法》《中华人民共和国妇女权益保护法》《女职工劳动保护规定》的颁布，对女职工在新形势下的就业和健康起到了进一步的保障作用。《中国妇女发展纲要》为中国的妇女解放运动，为博州的妇女工作提供了坚实的理论基础。

## 一、队伍建设

中国妇女是一支具有光荣传统的伟大力量，新中国成立以来，自治州各族妇女和全国妇女一样广泛参加政治、经济、文化、社会各个领域的工作。随着社会主义建设事业的发展和我党工作重心向城市转移的需要,城市产业工人的不断增加,党的各项任务的落实、贯彻,根据《中国工会章程》第27条规定,凡有工会组织的地区和单位,都必须建立女职工委员会。

随着社会形势的不断发展,对女职工工作的要求越来越高。自治州总工会根据全国总工会《工会女职工委员会条例》的通知精神和全总女工部《关于基层工会女工工作委员会工作条例》草案的意见,在全州建立健全了女职工委员会。

自20世纪80年代,成立女职工委员会开始被提上议事日程,被列入各级工会组织日常工作议程。90年代末,根据全国总工会和自治区总工会的要求,自治州总工会设立了女职工委员会。

1995年,“三八”国际劳动妇女节前夕,自治州总工会召开“学比”活动双先表彰大会,表彰85名先进女职工,26个先进女职工委员会。到年底,全州建立基层女职工委员会174个,组建率达100%。

1999年,自治州总工会采取请进来,送出去,集体培训、自学等方式,加强工会干部培训工作,努力提高工会干部的自身素养。对工会干部进行了民主管理、女工工作、创造学、财务知识和新闻写作等各类知识的培训,参加学习人数达2586人次。

2000年1月28日,博尔塔拉蒙古自治州女职工委员会在博州第六次工会代表大会第二次委员会讨论通过,决定成立博州总工会第二届女职工委员会,女职工委员会由23人组成。龚玉梅当选为主任,蒋国庆、王丽华当选为副主任。各县(市)、州直各企事业单位工会也都成立相应女职工委员会机构。从此,女职工工作正式成为自治州总工会常态化工作内容。女职工委员会的诞生,揭开了自治州女职工工作新的一页。女职工工作在州总工会领导下工作开展的有声有色,围绕党在不同时期的中心工作努力奋斗，为博州的经济建设和发展做出了一定的贡献。

2001 年 3 月，博州总工会召开女职工委员会二届三次委员会（扩大）会议，主题是“开拓进取，扎实工作，促进女职工工作再上新台阶”。2001—2002 年，博州总工会女职工委员会被评为自治区总工会先进女职工委员会。阿拉山口管委会会计张胜兰被评为自治区级先进女职工。女职工组织建设按照《工会女职工委员会条例》规定与工会同步组建和换届。全州工会专（兼）职女工干部 239 人，主任、副主任待遇基本得到落实。当年举办女职工干部培训班 4 期，培训 221 人，培训率达 92%。

2005 年，自治州总工会女职工委员会大力加强基层女职工工作，不断增强基层女职工组织活力，按照“哪里有女职工、哪里就要组建工会女职工委员会”的原则，在非公有制企业、民营企业、民办企事业单位、劳动密集型行业，成建制的外来务工人员在组建工会组织的同时，积极组建女职工组织。截至年底，全州新组建的 50 个工会组织、1600 名工会会员中，30% 是女职工，全州有基层工会组织 522 个，职工 29374 人，其中女职工占 13505 人，会员为 28613 人，其中女职工会员 13266 人。

据统计，到 2006 年，全州有基层工会组织 581 个，职工 48707 人，女职工 21431 人，会员 32810 人，其中女职工会员 14618 人。全州有 3 个街道和 22 个乡镇全部建立了工会女职工组织，发展社区工会女职工组织 10 个，村级工会女职工组织 21 个。全州有县以上劳动争议仲裁委员会 4 个，基层劳动争议调解委员会 398 个，女职工委员会代表进入劳动争议调解委员会 98 人。

2011 年，州总工会女职工委员会不断加强女职工组建工作，确保工会组织建到哪里，女职工组织就建到哪里。年底，全州 74 家新建企业全部建立了女职工委员会，女职工组织有 888 个，组织强健，作用发挥明显。

## 二、开展活动

女职工工作在自治州总工会的直接领导下搞得有声有色，围绕党的不同时期的中心工作，为博州的经济发展和社会进步做出了一定的贡献。女职工队伍在经济发展和建设中起着“半边天”的作用。这支队伍在成长过程中，不断地发展、壮大。随着社会的进步，经济飞速的发展，对博州广大女职工在政治、文化、科学技术方面的要求也越来越高。为了适应社会和经济发展的需要，广泛地结合社会主义劳动竞赛活动，开展技术比武、岗位培训等，使女职工的素质有了全面提高。

80 年代至 90 年代，女工工作主要围绕改革开放和现代化建设开展，遵循新时期工会工作方针，以维护女职工合法权益，充分发挥女职工“半边天”作用。在女职工中开展了不同类型的劳动技术竞赛活动，大力开展女职工干部培训工作，开展“学理论、学文化、学科学、学技术、学管理”五学活动和“六赛六比创一流”竞赛活动，开展了“学先进、比奉献，为实现‘八五’计划建功立业”活动。在女职工中还开展了评先争优“十佳”“十杰”女青年活动。在“三八”国际劳动妇女节、“五一”国际劳动节、“国庆”节三节期间，开展喜闻乐见的庆祝演出活动和送温暖慰问活动。每年为女职工进行免费妇科病体检，大大地保障了女职工的合法权益和身心健康。

1992 年 2 月 19 日，自治州总工会举行了《中华人民共和国工会法》和《中华人民共和国妇女权益保障法》的宣传活动。3 月，自治州总工会举行庆“三八”妇女国际劳动节活动，表彰了先进女职工委员会 18 个，先进女职工 12 人，女性工作者 26 人。11 月 2 日，《工会女职工委员会条例》出台。

1994 年 10 月 1 日，自治州总工会蒋国庆应邀参加了自治区总工会举办的“向世界妇女大会献爱心”女职工手工艺展览活动，为大会送展展品 16 件。

1995 年,“三八”国际劳动妇女节前夕,自治州总工会召开“学比”活动双先表彰大会。会议表彰了 85 名先进女职工,26 个先进女职工委员会。《中华人民共和国劳动法》颁布后,自治州女职工委员会大力开展法治宣传教育工作,大力宣传《中华人民共和国劳动法》《中华人民共和国工会法》《中华人民共和国妇女权益保障法》《女职工劳动保护规定》等法律法规,举办 6 支代表队、100 多人参加的法律知识竞赛活动。

1996 年,自治州总工会开展了“九五”女职工“双文明建功立业”竞赛活动。据统计,“三八”国际劳动妇女节和“五一”国际劳动节活动期间,受到州、县(市)总工会“双先”表彰的女职工 197 人、先进女职工工作者 215 人,获得开发建设新疆奖章 1 人,受到中华全国总工会表彰女职工 1 人。4 月,自治州总工会女职工委员会为帮扶救助困难职工,开展“姐妹献爱心”捐款捐物活动。

1997 年 8 月 10 日,自治州总工会举办女职工《中华人民共和国劳动法》《中华人民共和国妇女权益保障法》《女职工劳动保护规定》等“两法一规”知识竞赛活动,全州有 9700 名女职工参加活动。

1999 年,自治州总工会女职工委员会开展了“精一门、会两门、学三门”学习成才活动,全州 4411 名女职工参加了技能培训班,有 1557 名女职工参加了脱产文化学习,7756 人参加业余文化学习,149 人获得技术等级。在困难职工帮扶救助中,开展“姐妹献爱心”捐款捐物活动,共捐款 4.9 万元,捐赠衣物 7.2 万件。12 月份,自治州总工会女职工委员会被自治区总工会评为 1999 年度“先进女职工委员会”。

2000 年 1 月 18 日,自治州总工会印发了《工会女职工委员会条例》。《条例》的实施对加强女职工委员会组织建设工作和女职工工作起到了积极的推动作用。自治州总工会第六届二次全委会讨论通过,女职工委员会由龚玉梅、蒋国庆等 23 人组成。同年,州总工会女职工委员会被自治区总工会女职工委员会评为“先进单位”。

2001 年 3 月 7 日，自治州总工会召开庆“三八”国际劳动妇女节座谈会。8 月 17 日，自治州总工会举办了女职工健康保健卫生知识讲座 14 场，参加女职工人数为 1221 人。在建功立业活动中，女职工委员会在全州倡导开展围绕西部大开发，结合“群众性经济技术创新工程”，结合提高企业经济效益，开展“女职工双文明建功立业”活动。州直 28 家单位结合本行业的特点，开展了形式多样的劳动竞赛。全州企事业单位的女职工 9058 人参加了比赛，活动面达 80% 以上。积极开展“女职工文明示范岗”活动，开展了多种形式的技术比武、岗位练兵，参加各族女职工人数达 9580 人，活动面达 65% 以上。同年 8 月，自治州总工会女职工委员会被自治区总工会评为“先进女职工委员会”。

2002 年，在开展创建“女职工文明示范岗”活动中，全州女职工普遍重视新知识的学习和业务培训，在全州参加计算机培训的职工中，女职工占到了 80%。在卫生系统，州人民医院将“巾帼文明示范岗”活动纳入动态管理，为特困患者开设了爱心病房，开展学“雷锋”活动等取得了良好效果，女职工全年为患者送饭 3164 次，洗头、洗脸、洗脚 2190 次，为患者捐款 2522 元，为灾区捐款 2950 元。在企业开展活动中，州糖厂 210 名女职工参加各类业务学习班和培训班的人数达 262 人次。在女职工合法权益方面，签订了职工集体劳动合同，维护了女职工的合法权益。在做好特困女职工的帮扶工作中，与州县(市)、州直基层单位和驻博州直管单位等 117 个工会签订了特困女职工第一责任人责任书，建立了联系卡，建立了“谁的人谁负责”制度，初步形成了帮扶管理四级网络。

2003 年 1 月 8 日，自治州人大常委会副主任、州总工会主席、州女职工委员会主任龚玉梅被评为自治区“先进女职工工作者”。自治州总工会开展创建“女职工文明岗”活动，结合“群众性经济技术创新工程”开展“女职工双文明建功立业”活动，女职工参加人数达 9580 人，活动面达

80%以上。3月,自治州总工会制定《女职工文明示范岗试行办法》,开展“女职工双文明建功立业”活动。活动中,为患大病者女职工捐款2522元,为灾区捐款2950元。各级工会还重点落实关于涉及女职工合法权益方面的集体合同签订,缴纳各项社会保险金和“女职工权益保障”职工满意度测评等三项活动,本年度注册登记的特困女职工81名,年底有30名走出困境,下岗女职工1800名,有1700名实现再就业,再就业率达90%以上。

2004年,自治州总工会围绕自治州各项经济生产工作,在各行各业开展“职工职业道德双十佳”活动,开展了“五一文明岗”活动和“女职工文明示范岗”活动。自治州总工会获得自治区总工会“女职工文明示范岗”2个,“女职工文明示范岗”51个。

2005年,自治州总工会女职工委员会认真落实《中华人民共和国妇女权益保障法》《女职工劳动保护规定》,依法维护女职工合法权益和特殊利益,充分发挥了女职工在改革和建设中的重要作用。自治州总工会女职工委员会紧紧围绕州总工会统一安排,积极动员女职工参加全州性的计算机操作技能比赛、汽车节能技术操作比赛两个区域性技术技能比赛项目。大力开展女职工建功立业竞赛活动和女职工素质提升工程。通过深化活动内涵,创新活动载体,将学习、培训与精一门、会两门、学三门活动相结合,引导广大女职工树立自主意识和发展意识,不断优化女职工成长成才的社会环境,使女职工在思想道德、科学文化、岗位技能、心理生理等方面素质得到提升。深入开展“创建学习型组织、争做知识型职工”活动,把女职工教育作为一项长期的素质工程来抓,围绕增强职工学习能力和创新能力,制定了自治州“争创”活动实施意见和评价考核标准,选树和确定挂牌30个职工教育培训基地作为“争创”活动的重点推选单位。

2006年,全州各级工会女职工委员会持续开展“女职工双文明建功立业”竞赛活动，参加女职工3.8万人次。此外，还举办了女职工集体舞蹈大奖赛、职工国标舞、职工运动会等活动。3月6日，自治州总工会举办了庆“三八”国际妇女节女职工保龄球比赛。自治州党委常委、副州长帕里旦·阿德尔汗，自治州党委常委、组织部部长杨育清出席了开幕式。本次比赛共有59名女职工参赛，中国农业银行股份有限公司博乐市兵团支行陈荣获得女子单打冠军，温泉县供电所邓军获得亚军。州总工会女职工委员会为女职工办实事办好事，结合女职工的工作和生活实际，采取请专家授课、咨询的方式，在女职工中广泛开展了安全生产、女性心理调适和女性健康知识等普及和教育。截至年底，请妇科专家专门讲授妇女保健和常见病防治知识102次，累计听众4000余人次。

2007年3月7日，自治州总工会举办了庆“三八”国际妇女节女职工乒乓球比赛，自治州党委常委、组织部部长杨育清，自治州人大常委会副主任、州总工会党组书记、州总工会主席龚玉梅和妇联主席莎茹出席了开幕式。11月20日，为关爱女性健康，自治州总工会女职工委员会特邀西安大学主任医师魏君玲等医学专家一行，在博州举办了为期21天的女性健康知识讲座。先后有4000多名女职工参加授课。同年，被自治区总工会女职工委员会评为“先进工会女职工委员会”。

2008年，根据自治区总工会女职工委员会和自治州总工会的总体要求，结合州总工会女职工工作实际，一是抓女职工学习党的十七大及十七届全会精神，努力提高女职工思想认识，增强贯彻党的路线方针政策的自觉性。二是加强女职工组织建设，保障工会组织组建到哪里，女职工组织就建到哪里，发挥了女职工的作用。三是为了解女职工组织建设情况，根据自治区总工会女工部《关于开展工会女职工组织建设及发挥作用的现状、问题与对策调研的通知》精神，自治州总工会选定45个单位进行了调研，走访200多人，收到调查问卷200份，不但完成了自治区总工会女职工委员会调研任务，调研情况也对我州的女职工工作推动起到了积极的作用。四是积极做好自治区“五一”女职工文明示范岗推荐工作，着力通过评选推荐工作，切实起到了宣传先进、树立典型、模范引导作用。到年底，共有2个单位被自治区总工会授予“五一女职工文明示范岗”称号，38个单位被评为自治州“五一女职工文明示范岗”。

2009年，全州签订集体合同10332份，其中女职工权益专项集体合同206份，覆盖企业223家，覆盖职工4077人。同年6月，被自治区总工会女职工委员会评为“先进女职工委员会”。

2010年3月4日，自治州总工会女职工委员会在“三八”国际劳动妇女节前夕，走访慰问了部分困难单亲女职工，并为她们每人送去300元的慰问金。3月15日，为纪念“三八”国际劳动妇女节100周年，自治州总工会专门组织了新疆“五一巾帼奖”个人、行业模范和基层单位推荐的优秀女职工代表7人，赴北京开展为期一周的参观学习活动。

2011年5月27日，自治州总工会党组成员、女职工委员会主任王丽华一行走访慰问44名困难单亲女职工，为他们发放价值5280元的健康包和药品。女职工的权益得到了保护，签订集体合同294份，覆盖10430人，签订率93%。积极做好“五一巾帼”先进集体、先进个人总结表彰推荐工作，深入开展“女职工建功立业”“女职工五一文明示范岗”等活动，获得称号率达28%以上。帮扶慰问特困女职工和单亲女职工116户，为下岗女职工、城镇无业妇女、女性农民工举办了计算机、烹饪、美容美发等培训班，在全州直属基层、县（市）、教育工会举办了七期培训班，参加培训人数1300多人。

2012年3月6日，自治州总工会开展以“关爱女职工身体健康，特别的爱给特别的你”为主题的庆“三八”国际劳动妇女节慰问活动。州总工会副主席王均荣带领慰问组一行走访慰问困难女职工105名。为她们每人免费送去了意外伤害保险和六大女性癌症保险，累计金额为13650元。

2013年3月5日，自治州总工会开展庆“三八”国际劳动妇女节送健康活动，为辖区43名困难女职工免费进行“两癌”筛检，金额为1.4万余元。

2014年3月5日，自治州总工会与州人民医院合作，为79名州直基层工会困难女职工提供免费体检。3月8日，自治州女职工委员会与州妇联联合举行“健康与亮丽同行共建和谐幸福家园”关爱万名女性健康活动。

2015年3月5日，自治州总工会和州妇联联合举行了庆“三八”国际劳动妇女节表彰暨演讲大会。

2017年6月8日，自治州总工会组织机关全体干部职工开展了“最美女性”评选活动。6月9日，自治州总工会向和平社区推荐了机关干部旦娜古丽·吐尔逊为“最美女性”。

2019年，自治州总工会积极开展女职工维权行动月活动，在“三八”国际劳动妇女节期间，开展“关爱外来女职工行动”，加大对外来女职工法律知识宣传力度。开展了“学技能强素质促就业”表彰活动，慰问就业创业培训基地创业女能手25名。

2020年，自治州总工会在依法维护职工合法权益中，积极开展了女职工维权月活动，做好全州女职工休息哺乳室的建设和书籍的配送工作。打造了户外劳动者服务站1个，女职工休息哺乳室1个。

2021年，自治州总工会联合妇女联合会开展“文化润疆进百企万家活动”，推进千名女职工向党说句心里话、千名女职工宣讲员走基层、千套知识图书送女职工、千名女职工技能培训展示、千名女职工讲好博州故事等活动。12月28日，自治州女职工委员会专职副主任迪里格尔被自治州精神文明建设指导委员会评为第七届自治州道德模范。

# 第八节 信访、劳动争议调解

## 一、信访工作

工会信访工作是工会组织处理职工群众来信来访的活动，是工会联系职工群众的窗口。它的基本任务是按照党和国家的方针、政策、法规，恰当地处理职工群众来信来访所提出的问题和建议，努力满足其正当要求，以保障职工的民主权利和合法权益。

1991 年，自治州总工会接待职工群众来信来访 5 起，其中有 2 起问题通过调查得到落实。1999 年，自治州总工会共接待职工群众来信来访 37 件，50 多人次。参与劳动仲裁案件有 40 件，对化解劳动纠纷、稳定职工队伍起到了积极作用。

2000 年，自治州总工会共处理职工来信来访 25 件（人次），其中 3 起为集体上访，调解成功率达 100%。协助有关部门处理 3 起劳动伤亡事故，参与劳动仲裁 15 件。10 月 17 日，自治州供销合作社联社劳动争议调解委员会的王为民荣获自治区优秀劳动争议调解员称号。博尔塔拉那达木酒业酿造有限责任公司劳动争议调解委员会陶荣荣获自治区优秀劳动争议调解员称号。

2001 年，自治州总工会接待处理来信来访、劳动争议案件 31 件，285 人次。2003 年，州总工会接待上访职工群众 135 人次。

2004 年，自治州总工会党组建立了“领导信访接待制度”，向全州公开的“12351”职工维权热线电话，有专人负责接待信访人员。为提高信访工作质量，聘请律师作为常年法律顾问参与信访工作，工会通过信访维权的软硬措施不断完善。自治州总工会建立困难职工帮扶工作中心，接待职工来信来访、法律咨询、法律援助案件 44 件次，受援职工 205 人次，调处率100%。接待受理外来务工人员有关工资、工伤等方面投诉案件24件，涉及农民工94人。接受和协调解决跨州、跨县外来务工人员投诉案件4起，协调解决返乡民工工资和支付民工医疗费用等合计近38万元。

截至2005年，全州各级工会共接待职工群众来信来访708人次（其中接待外来务工人员92人次）。

2013年，自治州总工会通过不断加大源头参与力度，参与各项社会事务，使工会社会监督作用得到发挥。在社会监督方面，继续坚持工会"12351"热线电话走进直播间工作，全州各级工会共接待职工群众来信来访及法律援助201人次。帮助农民工追讨拖欠工资10起涉及42人，金额206.8万元。

2015年，自治州总工会继续坚持工会"12351"热线电话走进直播间工作。全年接待来信来访18件，27人次。

20世纪末至21世纪初，随着经济体制改革的深入，职工在企业改制和重组中利益受损的情况日趋严重，职工上访特别是集体上访的事件也随之增多。自治州总工会高度重视信访工作，认真贯彻中共中央、国务院印发的《信访工作条例》，及时研究贯彻意见和措施，畅通信访渠道，强化工作职责，规范信访秩序，使信访工作不断取得新成绩。

## 二、劳动争议调解

劳动争议调解工作，是工会组织及其法律工作机构依据宪法、法律、法规和工会章程，通过民主参与、民主监督以及法律宣传等形式，维护职工群众和工会的合法权益，保障工会依法行使职权的各种与法律有关的活动。是随着改革开放新时期各条战线出现的劳动生产新动态和利益格局，是多元化新态势应运而生的一种管理形式。

新疆解放后，各级工会依照宪法、法律法规、党和国家的方针以及

《中国工会章程》，在各个历史时期，为维护工会组织和各族职工群众合法权益方面进行了大量具体有效的工作，只是未设置工会法律工作的专门机构和配备其法律专职干部。1987 年 2 月，为了适应国家经济体制深化改革，劳动关系不断发生新变化，为维护工会组织和各族职工的合法权益，自治区总工会设立法律顾问处。

1990 年 6 月，全州基层工会组织普遍成立"劳动争议调解委员会"，接待处理各种劳动争议，化解劳动纠纷和矛盾。

1994 年 5 月，自治州总工会成立了"博尔塔拉蒙古自治州劳动争议调解委员会"，办公室设在州总工会。同时，两县一市也成立本级"劳动争议调解委员会"，已全部对外挂牌运作。

1995 年，在"二五"普法活动中，自治州总工会着重抓好《中华人民共和国企业劳动争议处理条例》《富余职工安置条例》《中华人民共和国妇女权益保障法》等法规的宣传普及工作。《中华人民共和国劳动法》公布实施后，自治州总工会与基层工会共同办学习班，向基层工会发放《中华人民共和国劳动法》单行本 2000 多册。同年全州企业有 41 家企业成立"劳动争议调解委员会"，共有调解员 116 人。各级劳动争议调解委员会认真按照充分发挥、充分受理，认真调解，公平公正，兼顾合理等原则，在维护劳动者合法权益，维护公平合理，维护社会稳定中发挥了不可替代的作用。

2003 年，全州有县级以上劳动关系三方协商机构 4 个，县级以上劳动争议调解委员会 4 个，建制率 100%。基层劳动争议调解委员会（小组）230 个。基层劳动法律监督委员会（小组）183 个。

2004 年，为了巩固和完善博州投资环境，为企业创造宽松和谐劳动关系，自治州县（市）以上工会均与政府建立起劳动关系三方协商机制，成立劳动关系三方协商机构 4 个。及时了解协调解决劳动关系中出现的矛盾和问题。通过劳动关系三方协商机构和劳动争议仲裁，接待各类案件71件次,涉及人员183人次,调解处理和仲裁率100%,企业劳动争议调解委员会(小组)152个,建制率达80%。同年,自治州总工会被自治区总工会评为法律工作“先进集体”。

2005年,自治州总工会积极推进劳动关系三方协商机制的建立。全州建立县级以上劳动关系三方协商机制4个,完善协商制度,规范协商程序,劳动关系三方协商机制已逐步步入正轨。建立健全劳动关系矛盾的预警机制,建立劳动争议调解和仲裁制度。全州有县级以上劳动争议仲裁委员会4个,基层劳动争议调解委员会230个,受理劳动争议案件469起,涉及449人,结案率达到100%。

2012年,自治州总工会继续开展“12351”热线电话走进直播间工作,全年接待来信来访380人次,提供法律援助411人次,帮助农民工追讨拖欠工资和工伤赔偿6起,涉及138人,金额70.49万元。

据统计,2013年全州企事业单位劳动争议调解委员会共受理劳动争议76件,预防劳动争议20件。2015年全年开展法律援助和维权服务172人次。同年9月,自治州总工会被自治区总工会评为“中国美、劳动美、新疆好”自治区职工法律知识竞赛优秀组织奖。

为了突出工会维权职能,并做到主动、依法、科学维权,自治州总工会和所有县(市)工会全部建立了职工维权帮扶中心和法律援助中心,具体承担法律咨询、法律服务、法律援助和信访接待任务,为各级工会做好法律、信访工作提供了组织保证,同时也方便了职工群众。

## 第九节　财务、经费审查工作

工会财务工作为工会建设和工会工作的开展提供必要的物质基础,对工会经费和资产进行科学管理以及合理、节约、有效地使用,以保障和推动工会整体工作顺利开展。

同时，各级工会依据工会章程，逐级建立工会经费审查组织，对工会经费收支和财产管理进行定期审查监督。在改革开放方针指引下，为增强新疆工会经济实力，推进工会事业的发展，各级工会组织依照党和国家有关政策，举办的一些经济实体得到较快发展。

## 一、工会财务

工会财务工作是工会工作的重要组成部分，为工会组织开展各项活动提供了坚实的物质基础，依法收好、管好、用好工会经费，做好工会资产管理工作，加强对全州工会财务工作的指导是自治州总工会财务工作的基本职责。同时，各级工会依据工会章程，逐级建立工会经费审查组织，对工会经费收支和财务管理进行定期审查监督。

### （一）经费收支

经费收支是工会财务工作的一项政策性很强而且艰苦细致的经常性业务工作，它直接影响着工会全局工作的顺利进行。

#### 1. 经费收入

工会工作的性质决定了工会收入来源。早在1922年，毛泽东在湖南劳工会创办的《劳工周刊》上发表文章，指出工会是工人阶级组织的，所以工人应该自己养活自己，要团结劳动者，谋求全阶级的根本利益，要实行民主的原则，以使工会生存下去。体现工会财务工作“取之于民，用之于民”的群众性。

中国工会章程规定，工会经费的来源：(1)会员按照中华全国总工会的规定缴纳会费。(2)工会举办事业的收入。(3)行政方面根据《工会法》的规定拨缴的经费。(4)各级政府和企业、事业单位行政的补助。(5)劳动保险金。

基层工会经费收入范围：会费收入、拨缴经费收入、上级工会补助收入、行政补助收入、事业收入、投资收益、其他收入。基层工会经费留成比例为60%，上解上级工会为40%。

截至2015年，自治州总工会本级经费收入总额5362.02万元，是上届的2.92倍。其中：拨缴经费收入1934万元，是上届的2.06倍；上级补助收入1217.73万元，是上届的4.08倍；政府补助收入1088.79万元，是上届的2.04倍；其他补助收入1120.82万元。

截至2021年，自治州本级经费收入总额1717.71万元，是上年的1.62倍。其中：拨缴经费收入180.76万元，是上年的0.88倍，占总收入的10.52%；区级总补助收入852.15万元，是上年的2.85倍，占总收入的49.61%；政府补助收入379.55万元，是上年的1.09倍，占总收入的22.10%；其他收入305.25万元，是上年的1.75倍，占总收入的17.77%。

自治州总工会在财务工作中，不断完善工会经费收缴机制，实现经费收入稳步增长。一是全力促进经费增收工作，建立健全了经费收缴机制，通过财政统拨、税务代收工作机制，保证了工会经费的收入。二是拓宽经费收入渠道，在做好工会经费收缴工作的同时，各级工会组织积极向党委和政府争取更多的资源和支持，各级财政补助资金支持比例逐年提高。三是严格预算资金管理，不断提升工会财务管理水平，加强预算管理，建立健全财务制度，严格财务各项管理，强化了工会资产监管。博州工会经费在收管用各方面取得显著成绩，为全州各级工会履行职能、发挥作用提供了坚实的物质保障。

2.经费支出

工会经费的支出，是整个工会财务工作的关键。为了保障工会组织开展各项活动的需要，在经费支出中要严格掌控，按照工会经费开支标准和开支范围支出，把需要和可能结合起来，使有限的经费、花得合理、用得适当，使群众满意。根据中华人民共和国财政部、中华全国总工会

《关于恢复企业、事业、机关的行政方面拨缴工会经费的联合通知》规定的工会经费(包括工会会员缴纳的会费)开支范围如下:

一是宣传活动支出。包括工会进行的日常的政治、时事、政策教育、组织劳动竞赛、举办各种讲座、报告会、展览会和其他技术交流活动的宣传费用。宣传工具的购置、修理以及集体订阅的报纸杂志等支出。二是职工业余教育支出。在行政拨缴工会经费的25%～37.5%的范围内列入预算,掌握使用,使用范围包括职工文化、电视、函授等业余教育方面的支出。三是文艺活动支出。包括工会开展职工业余文艺活动所需的设备用品费和维修费。举办文艺演出、联欢会、艺术创作展览等活动的经费。文化宫、俱乐部、电影队及图书馆设备购置和修理等费用。四是体育活动支出。包括工会开展各种体育活动所需要的设备用品费和维修费,举办或参加各项职工体育比赛的活动经费,运动用品费和服装费以及体育事业单位(体育场、体育馆)的经常活动费等。五是干部培训支出。包括工会专职人员和积极分子的训练费和各级工会干部学校的经费。六是工会行政费用支出。包括各级工会专职人员的人员经费、办公费、差旅费、工会文件和会员证印刷费。县级以上工会组织自有房屋设备的维修。工会召开各种会议的费用支出。七是基建费用和大修费用支出。包括县(市)级以上工会为建设职工文化体育活动场所的基建费和大修费支出。八是工会经费也可用于会员困难补助和困难职工的救助,职工集体福利补助支出。

基层工会经费支出范围包括:职工活动支出、维权支出、业务支出、资本性支出、事业支出和其他支出。

截至2015年,自治州本级经费支出总额为5353.57万元,其中:用于维权支出、补助下级支出、业务支出、职工活动支出等方面达1247.09万元,是上届的3.6%;行政支出1041.15万元,是上届的2.16%;资本性支出2066.69万元;上解经费支出99.864万元,是上届的2.09%。

至2021年,自治州本级经费支出总额为1489万元。其中:职工活动支出14.54万元,占总支出的0.98%,主要用于会员及职工开展教育、文化、宣传活动等。维权支出23.10万元,占总支出的1.55%,主要用于困难职工帮扶和金秋助学、大病救助、送温暖、劳模慰问、法律援助等。业务支出20.69万元,占总支出的1.39%,主要用于各种培训、会议和组织开展的大型活动支出,以及用于工会组建、劳动竞赛、技能大赛、厂务公开等方面的支出。行政支出417.74万元,占总支出的28.04%。资本性支出4.51万元,占总支出的0.30%,主要用于自治州总工会办公设施的购置。补助下级支出946.97万元,占总支出的63.56%。主要用于地方工会职工帮扶、文化、体育、教育活动场所专项补助,送温暖、劳模慰问、救灾救助。其他支出62.22万元,占总支出的4.18%。

自治州总工会不断完善工会经费收缴机制,实现工会经费收入稳步增长。一是领导重视,部门支持,促进了工会经费的收缴。二是通过税务代收、财政统拨等工作机制,保证了工会经费收入。三是通过与经费审查委员会的配合,加强审计监督和财务检查工作,建立了财务工作监督制约机制。四是通过预算管理手段,实行经费收缴目标管理,确保了经费收缴目标任务的完成。

长期以来,自治州总工会在工会经费支出方面,全力保障重点工作支出。不断优化支出结构,提高工会经费使用效益。面对日趋多元复杂的劳动关系,维护职工劳动经济利益和民主政治权利的任务更加繁重,在经费的安排上确保工会重点工作资金需求。为全面完成各项重点工作、切实保障广大职工合法权益,全州各级工会坚持压缩一般性支出,统筹兼顾、保证重点,对推进协调劳动关系、维护职工合法权益、加强职工文化建设、职工教育培训、实施法律援助、救灾慰问以及困难职工帮扶、送温暖、劳模慰问、劳动竞赛、技能大赛等方面的支出,提供了有效的财力支持;并逐年加大对困难职工、职工文化、体育、教育等活动的支持力度，提高了各级工会服务职工的能力，增强了工会组织的凝聚力。

多年来，自治州总工会的财务工作得到了上级工会的充分肯定。

1999 年 5 月，自治州总工会被中华全国总工会评为 1998 年度市级工会财务工作先进单位。

2001 年 6 月，自治州总工会被中华全国总工会评为 2000 年度市级工会财务工作先进单位。同年 8 月，自治州总工会获得 2000 年度自治区工会财务会计工作竞赛一等奖。

2002 年 10 月，自治州总工会获得 2001 年度全区工会财务会计工作竞赛一等奖。

2003 年 5 月，自治州总工会被中华全国总工会评为 2002 年度市级工会财务工作先进单位。

2012 年 7 月，自治州总工会被中华全国总工会评为 2011 年度市级工会财务工作先进单位。

2015 年 10 月，自治州总工会被中华全国总工会评为 2014 年度市级工会财务工作先进单位。

（二）经费管理

自治州总工会严格预算和资金管理，不断提升工会财务的财务管理水平。在建立健全财务制度方面，认真执行《工会预算管理办法》，不断完善管理制度，增强了本级预算编制的科学性，严格了对下级预算、决算的审核批复，维护了财务预算管理的严肃性。

为进一步加强资金管理的安全性、规范性和有效性，自治州总工会建立健全财务制度，根据自治区财政厅《关于转发〈财政部关于进一步加强财政部门单位资金存放管理的指导意见〉的通知》和自治区总工会《财务会计管理规范实施细则》的要求，结合实际，注重加强制度建设，为规范完善财务规章制度，夯实基础，指导基层，把经费支出、会计核算、资产管理、票据管理等各个方面工作都纳入具体的制度化管理，使财务工作有章可循、依法理财，做到以制度管人，按制度办事，使财务工作健康有序运行。

自治州总工会在严格财务各项管理方面，根据自治区总工会制定下发的财务会计规范建设考核办法和标准，不断提高财务管理水平。一是通过严格专项资金管理，保证各项专款专用。二是通过严格内部控制管理，开展节约型机关建设，提高了资金使用效益。三是基本建设及大宗物品坚持实行招投标和集中采购，加大了经费使用监管力度。由于严格了财务的各项管理制度，工会财务管理水平不断提升。

（三）资产管理

管理好工会资产，为工会开展工作提供坚实的物质保障，是工会财务的重要组成部分。自治州总工会财务部门负责对州总本级、各县（市）、产业（区）及直属基层工会、自治州总工会直属单位资产的监督和管理。

1998 年，中华全国总工会办公厅印发了《工会资产年度统计暂行办法》，要求各级工会从 1999 年起，每年对其占有、使用、经营的工会资产和国有资产进行清查后逐级上报，由省级工会统一汇总后上报中华全国总工会。随着工会资产规模扩大，资产处置情况日益增多，资产保护和管理日趋重要。在贯彻落实《中华人民共和国工会法》及有关工会资产管理办法、规定等方面的意识不断增强，加强了清产核资、资产统计、产权登记和资产处置等工作。自治州总工会每年都对此项工作精心部署，认真实施，多次获得自治区资产统计工作先进单位的称号。

## 二、工会经费审查

工会经费审查是工会组织区别于其他群团组织的一项特有的工作，是工会按系统管理经费的体制所要求的。《中华人民共和国工会法》规定，工会应当根据经费独立原则，建立预算、决算和经费审查监督制度。

各级工会要建立经费审查委员会，各级工会经费收支情况应由同级工会经费审查委员会审查。

新疆省工会第一次代表大会于1954年10月召开，在成立新疆省工会联合会的同时选出新疆省工会联合会第一届经费审查委员会。工会经费审查委员会是代表会员群众审查工会经费收支和财务管理、实行财务民主管理的监督组织。工会经费审查工作是工会固有的工作，不是后来新增加的，工会经费是来之于群众、用之于群众，又是独立进行管理的，理应受到群众的监督。

（一）组织队伍

博尔塔拉蒙古自治州总工会自成立以来，一直十分重视经费审查委员会的工作，在每一届工会改选换届时，经费审查委员会与同级工会委员会做到同时考察、同时报批、同时选举产生，工会经审委员会主任由副职担任，并设6名经审会委员，下设经审办公室，负责日常具体事务。自治州总工会在干部配备上，坚持配好经费审查委员会主任的同时，保证有审计、财会专业资格的经审委员占一定比例，不断优化经审干部队伍结构，使经审干部业务建设、廉政建设和作风建设得到了进一步加强，发展意识、规范意识、素质意识和协调意识更加巩固，经审干部的整体业务素质和实际工作能力有了显著提高。自治州总工会及时组织全州各级工会干部学习宣传，并加强各县（市）总工会经费审查组织的设置，做好人员的调整、选配工作。

自治州总工会根据工会经审的新特点、新要求，以夯实基础，提高素质为目的，把健全经审组织建设作为首要任务来抓，努力建设一支高素质的基层经审队伍，为有效发挥审查监督职能提供了保证。现全州已建立工会组织的单位全部建立了经费审查委员会组织，为推动经审工作全面发展奠定了基础。

到2008年，全州建立工会组织717个，全部建立了经费审查委员会组织,组建率达 100%。

2015 年,全州建立工会组织 1208 个,全部建立经费审查委员会组织,组建率达 100%。

截至 2021 年,组织建设取得新进展。自治州总工会根据《中国工会审计条例》,切实加强了工会经审工作,建立健全经费审查组织及工作机构,配备具有专业素质的经审组织负责人和经费审查工作人员。全州基层工会经费审查委员会组织组建率达 87%,兼职经审干部达 1179 人。初步形成了州、县(市)和基层三级工会经费审查组织网络,为全面开展工会经费、资产的审查监督工作奠定了组织基础。

(二)开展工作

1980 年,工会经费独立,实行统一领导、单独收账、独立核算,自治州总工会十分重视经费审查委员会工作,尊重和支持经费审查委员会行使职权,并为其创造有利的工作环境和工作条件,使经审组织真正发挥民主监督的作用,成为工会加强民主建设和民主理财的重要力量。

1990 年,自治区总工会印发《〈基层工会经费审查委员会工作条例〉的通知》。通知指出:为了适应工会建设的改革和需要,加强工会经费审查和监督,把工会经审工作的重点放在基层,使基层的工会经费审查工作做到常态化、制度化。为全面履行工会的社会职能,发展工会事业服务。本《条例》在总结全国各地实践经验的基础上,对全国总工会 1980 年 2 月颁发的《基层工会经费审查委员会暂行条例》做了修改、充实和完善,要求各地认真贯彻执行。

自治州总工会积极做好全州工会系统经费的审查工作,每年配合自治区总工会经费审查委员会对本级工会经费使用情况进行审计审查。各级工会在自治区总工会经审委员会和自治州总工会的领导下,认真开展各项工作,不断加强基层经审会的组织建设和制度建设,完善经费审查的监督机制,积极稳妥地做好经费审查工作,认真履行以审计为基础的监督职能。

领导重视，不断加强经费审查工作的规范化建设。自治州总工会始终坚持把经审制度建设作为经审工作的根本性建设，建立健全工会经审监督制约机制，严格执行能够保证各级工会经审组织依法独立履行监督职责的一整套制度体系。及时组织经审干部学习全国总工会、自治区总工会下发的一系列经费审查工作规定，并要求各级工会经审组织严格执行，同时对执行情况进行认真检查考核，做到贯彻不漏项，执行不走样，件件抓落实。与此同时，还认真抓好《经审会议事项规范》《博州总工会年度经费预算执行情况审计监督暂行办法》《对下一级工会经费审查监督工作的暂行办法》《工会经审工作规范化建设标准》等工作制度、规定和办法的落实。真正做到经审工作有目标、办事有程序、审查有依据，促进了全州工会经审工作的规范化、制度化、法治化。

上下联动，不断加强经费审查工作的务实审计。自治州总工会经费审查委员会从实际出发，不断拓宽审计领域，扎扎实实地开展了多种形式的务实审计，较好地发挥了经审监督作用。一是加强了对本级工会经费收支管用的审查和监督。每年对自治州总工会本级工会经费预决算和工会经费使用情况进行审计审查，并坚持向州总工会全委会报告制度。二是加强日常审计，严格把好经费审查关。除年初对本级经费预算情况进行审查外，年中还对预算执行情况进行自查、检查。对重大经费开支项目进行事前、事后审查，坚持监督关口前移，不断提高审查实效。对严肃财经纪律、规范工会经济活动，发挥了积极作用。三是抓好重点审计，促进经费收缴。自治州总工会经审会始终把经费计拨审查审计作为重点，精心组织、认真实施。采取年度审计与日常检查相结合、基层自查与上级检查相结合、财务检查与经审会审计相结合的办法，组织各级工会经审会开展全方位、不间断的经费计拨审计工作。县（市）总工会经费计拨审查的自查率达100%，有力地促进了经费收缴工作。县（市）

总工会经费审查委员会每年对本级工会经费预决算和工会经费使用情况进行审计审查，对直属基层工会经费使用情况进行审计审查。四是加强专项事务审计，促进工会经济活动规范运作。自治州总工会经审会坚持所属事业单位财务收支、工会专项资金、专项基金年审制、工会基建项目必审的制度。自治州总工会经审会每年都对所属县（市）工会财务收支、经济效益、内部管理、财产管理和财经法纪执行情况进行审查、审计，针对存在的问题，帮助建立健全各项管理制度和措施，并督查整改，起到了审、帮、促的作用。五是加大经审下一级工作力度，推动了经审工作的全面开展。根据全国总工会关于《工会经费审查委员会对下一级工会经费审计监督暂行办法》的规定，自治州总工会经费审查委员会每年对县（市）总工会预决算和工会经费使用情况进行审计。联合自治州审计局对州直属基层工会经费使用情况进行审计审查。上级工会对下级工会经费审计，既是上级工会对同级工会审计的延伸和补充，也是对下级工会经费审查工作的检查和指导。在实施下一级工会工作中，坚持审、帮、促的原则，加强对下级工会的指导服务。通过审计审查，全州各级工会的审计监督意识得到了进一步增强，有效地推动了全州工会经费审查工作的全面开展。

2015 年，自治州总工会经费审查委员会被中华全国总工会经审委员会授予全国工会经审工作先进集体称号。

2021 年，自治州总工会经费审查委员会共组织实施完成审计项目 8 项。其中：一是对州本级 2021 年度预算执行情况进行了审计；二是对直属事业单位工人文化宫年度财务收支情况进行了审计；三是对 4 个县（市）总工会预算执行情况和专项资金开展了审计；四是对 2 个基层工会 2021 年度工会经费收支情况进行了审计。

据统计，全州县级以上工会经费审查委员会开展预算执行审计 32 项，对下审计 29 项，专项资金审计 3 项。提出审计意见和建议 18 条，已整改 16 条。

自治州各级工会经审组织坚持把队伍建设和业务建设作为一项经常性工作来抓，高度重视基层经费审查委员会的组织建设。以加强组织建设、队伍建设和制度建设为基础，把经费审查工作纳入工会组织建设的检查考核之中。同时加强经费审查工作的规范化建设，对各级工会经费审查委员会提出必须规范经费审查程序，审查时必须先下达审查通知，做到审查有依据、审查有内容、审查有结论，使工会经费审查工作得到全面发展，保障了工会财务工作的规范有序和工会资产的安全完整。

# 第五章 参与社会管理

## 第一节 “访惠聚”工作

“访民情、惠民生、聚民心”活动，是新疆维吾尔自治区针对区情和形势提出的密切联系群众，融入群众，服务群众，践行党的群众路线的具体体现，也是自治区党的群众路线教育实践活动的重要组成部分。

2014年3月，自治州总工会按照自治区党委的统一部署，根据自治州党委的统一安排，积极参与“访民情、惠民生、聚民心”工作，成立了博乐市乌图布拉格镇青得里卓南村“访惠聚”驻村工作队。

2020年3月，根据工作需要，自治州总工会“访惠聚”工作调整到博乐市达勒特镇夹河子村，驻村工作调整后，自治州总工会成立了博乐市达勒特镇夹河子村“访惠聚”驻村工作队。

州总工会主要领导（主席、书记）每周定期下村一次，并由各科室主要负责担任工作队队长，自治州总工会“访惠聚”工作队队长分别是：赵志远（2014.3—2015.3），蒲一兴（2015.3－2016.3），隆梅（2016.3—2018.1），凤小爱（2018.1—2021.1），李珺楠（2021.1—2021.12）。

自治州总工会在驻村“访惠聚”工作中充分发挥工会组织的作用和优势，积极协助当地党委和政府开展工作，主动作为，努力开创“访惠聚”工作的新局面。在工作队驻村工作中紧紧围绕三项重点工作抓好抓实“访惠聚”工作。深入开展走访入户调研摸底工作，在走访入户过程中，始终以群众工作无小事作为衡量每一项工作的标准。在维护社会稳定工作中，工作队积极发挥“三张网”、党建+治安网格的作用，同时配合做好疫情期间的预防和防控工作。在“访惠聚”工作中不断完善制度运行，规范各项工作秩序，以“星级化”创建为抓手，“四个体系”建设为着重点，实施工作队员与村干部结对制度，指导村“两委”完善“三会一课”制度、民主评议党员制度、组织生活制度等12项重点工作。实行村务、党务、财务公开制度，基层组织建设得到加强。在宣传教育工作中，结合主题党日、“三会一课”教育等活动，通过宣传标语、大喇叭，强化党员党史学习教育，宣讲习近平新时代中国特色社会主义思想，以寓教于乐的形式，提高群众参与党史学习教育的积极性和主动性。

自治州总工会紧紧围绕自治区“3+1”工作部署，坚决落实新时代“访惠聚”工作队工作任务。一是扎实开展党史学习教育。加强领导，精心谋划。成立了夹河子村党史学习教育领导小组，制定党史学习教育实施方案和学习计划，每周为村里党员开列自学计划，督促党员每日开展自学不少于1小时，结合主题党日、“三会一课”等活动每周开展一次集中学习，每月开展1次学习研讨，切实强化党员党史学习教育效果。积极营造学习氛围，通过宣传标语、大喇叭、LED显示屏定时播放宣传音频，在村民微信群中广泛宣传党史知识，在走访入户时发放口袋书和应知应会资料，保证村民对党史教育的知晓率达到80%。由工作队支出经费，制作党史文化墙1面，移动式宣传版面6块，桌面摆台6块，大型户外宣传展板2块。活动的开展，充分展示了党史学习教育的风采。扎实办好实事好事，通过意见箱、心愿墙、村民微信群、公示栏、入户走访等方式搜集村民的困难诉求，建立问题清单，结合村队各支力量分工，将《问题清单》责任到人。积极开展宣讲活动，充分发挥包联领导作用，以“正确树立党史观——共产党人的必修课”为主题上党课，结合“学党史、强党性、当先锋”主题党日活动，参观自治州博物馆，让全体党员清晰地了解博州发展历史。利用农牧民夜校、大喇叭、微信群和升国旗仪式宣传第三次中央新疆工作座谈会精神，宣讲习近平新时代中国特色社会主义思想学习问答。以寓教于乐的活动形式，提高了村民参与党史学习教育的积极性和主动性。

二是聚焦总目标，维护社会稳定，促进村队平安和谐。打好维稳组合拳，州总工会始终把维护稳定作为核心任务，统筹安排村队各支力量，落实值班备勤要求，做好村级综合中心一体化深度应用，强化了“五位一体”应急处突能力。

三是巩固好民族团结生命线。做好民族团结一家亲活动，利用周一升国旗宣讲、农牧民夜校等活动载体，面向群众开展国家政策、重要会议、民族团结、疫情防控等宣讲活动。

四是意识形态领域工作。由第一书记、村党支部书记对意识形态领域工作负总责，加强村图书室建设，加强对党的各项政策学习，并纳入学习计划。以 6 项活动、30 件事为载体，向群众宣讲习近平总书记、党中央对新疆工作的高度重视和对新疆各族人民的亲切关怀情况 16 场，参加 378 人次。坚持开展群众性的走访慰问、关心关爱工作，在传统节日、重大节日期间走访慰问各族群众，传递党委政府和工会组织的关怀和温暖。在走访工作中了解民情民意，大力讲好新疆故事，引领各族群众感党恩、听党话、跟党走。

五是巩固拓展脱贫攻坚成果同乡村振兴有效衔接。坚持定期开展周五清洁日活动，巩固专项整治行动成果，设立环境整治红黑榜，开展环境整治优秀表彰，对好经验好做法、典型示范户进行表彰，曝光鞭策脏乱差反面典型，改善了进村主巷道整体面貌。

六是建强基层组织，筑牢坚实基础。工作队不断完善制度运行，规范工作秩序，以“星级化”创建为抓手，四个体系建设为重点，实施工作队员与村干部结对制度，细化分工，强化职责，带着干、帮着干、推着干，规范了议事办事程序，实行村务、党务、财务公开。

2018年以来，自治州总工会驻村工作队积极开展民族团结一家亲及双覆盖等重点任务，通过开展多样式的宣传教育活动，切断极端思想的源头和传播。同时不断加强社会面的防控，常态化开展入户走访工作，全体工作队员累计走访群众600余户次。加强对流动人员的管理，严格执行“369”管理制度，完善了流动人口电子户档，及时对流动人员进行信息平台登记。

2019年，自治州总工会被博乐市“访惠聚”驻村工作领导小组评为自治区“访民情、惠民生、聚民心”驻村工作先进工作队。

## 第二节　“疫情防控”工作

2020年，自新冠肺炎疫情发生以来，自治州各级工会组织积极投身当地疫情防控和经济社会发展工作之中。疫情的反复，考验着各级工会基层组织，同时也考验着每一位工作在基层的工会干部。在决战疫情防控关键时刻，工会干部主动报名加入志愿者行列，冲锋在前，充分发挥基层工会组织的作用，为博州疫情防控工作贡献着一份力量，有力地彰显了工会组织敢于担当、敢于作为的工作作风。

一是统筹抓好疫情防控工作。自治州总工会领导班子高度重视，为确保责任落实到人，多次召开会议，研究工作中存在的问题，制订工作计划。制定了《博州总工会机关疫情防控工作方案》《博州总工会八项预警机制》《博州总工会疫情防控应急预案》，出台了《博州总工会助力疫情防控与经济社会发展十项措施》，并安排专人负责具体工作开展，做到有部署、有落实、有检查、有总结。

二是强化防控措施的落实。按照自治区、自治州党委统一部署，做好疫情防控工作，按照疫情防控指挥部的有关要求，自治州总工会在办公楼内设立了临时观察室。做好人员和办公场所的清洁消毒工作，定期或不定期地组织开展疫情防控应急处置措施等应急演练。州总工会在疫情发生期间，向基层各级工会组织发出《致全州各级工会组织、工会干部和广大职工的一封信》《致博州各级工会组织、工会干部和广大职工的倡议书》，号召全州各级工会组织和机关、企事业单位工会干部主动投身疫情防控主战场，积极参与村队、社区志愿服务。

三是加强聚集性公务活动规范管理。州总工会组织召开会议或活动时，人员实行隔位就座。做到非必要不聚集，采取线上会议、线上培训、线上活动，做到所有会议或活动按照疫情防控要求进行。

四是众志成城，助力疫情防控。州总工会统筹做好疫情防控工作，加大疫情防控支持力度，用好自治区疫情防控专项经费，持续开展全额返还小微企业工会经费。在州总工会号召下，全州各级工会迅速行动起来，落实"六稳"要求，完成"六保"任务。设立疫情防控专项经费，多方筹集抗疫物资，全州各级工会累计投入专项资金 42.28 万元，用于慰问一线疫情防控人员和因疫情生活困难的职工群众。持续开展博州疫情防控一线、边境口岸职工等思想状况、人文关怀、真实需求等调查，有针对性地做好"送温暖"工作。

五是积极发挥组织作用，自治州总工会在疫情期间，向湖北省总工会捐赠价值 36 万元的牛肉、玉米、黑麦片、酒精、消毒片等物资，由湖北省总工会直接转赠给福利院及周边社区进行慰问。

六是自治州总工会全力发挥工会组织在复工复产中的作用，对 10 家困难企业补助经费 55.2 万元。为解决精河县瓜果滞销难题，全州各级工会购买 328.9 吨、价值 53.26 万元的瓜果，用于慰问疫情防控期间工作在一线的职工 3.3 万人。落实全州小微企业工会经费返还政策，返还工会经费45.4万元,惠及小微企业87家。

七是2021年自治州总工会组织筹集资金270万元,用于慰问阿拉山口市一线疫情防控人员和因疫情生活困难的职工群众。向博州人民医院捐赠1万元慰问金,向博乐市人民医院捐赠5万元慰问金,用于在疫情期间为一线医护人员购置口罩、防护服等医疗物资或生活用品。向各县(市)总工会划拨15万元疫情防控专项资金。

## 第三节　对口援(博)疆工作

湖北省从1999年开始对口支援新疆博尔塔拉蒙古自治州。湖北省总工会对口援疆——援助博尔塔拉蒙古自治州总工会以来,湖北省总工会全方面、多层次,创新开展援博工作。

2011年1月7日,自治州总工会代表团一行在湖北省总工会召开了座谈会,会议学习贯彻全国总工会对口援疆工作座谈会精神,研究部署了2011—2015年湖北工会对口援博工作任务。代表团一行回到博州后,向州党委、州政府和自治区总工会汇报了情况,并就湖北省总工会对口"民生援博、人才援博、文化援博、组建援博、设施援博"向州党政领导做了重点汇报。同时结合博州实际,制定了与湖北工会对接实施方案。湖北工会援博座谈会召开后,自治州及各县市都积极与对口单位进行了对接,湖北省总工会援建的博州总工会工人文化宫项目进展顺利。

自治州工人文化宫是湖北省总工会对口援建项目,也是自治区总工会支持的项目。总建筑面积6094平方米,总投资2200万元,2012年5月8日奠基,2013年9月15日竣工。工人文化宫内部设有职工活动中心、职工培训中心和职工服务中心。建成后,工人文化宫已成为自治州各族职工学习、教育、宣传、体育和休闲娱乐活动的重要场所。

2021 年 4 月 12—18 日，博州总工会组织全州各级工会主要领导干部赴湖北省总工会开展了对口援博的考察对接工作。考察对接期间，在湖北省总工会召开了座谈会，参观学习了武汉市总工会工人文化宫、荆门市总工会、咸宁市总工会的工作。新一轮援疆工作开展以来，鄂博两地工会签订新一轮援博工作协议书，计划在五年内援助 1000 万元专项资金，目前，共有 6 名职工与湖北省总工会领导结为"双结双促"亲戚，其中两户获得小额无息借款 10 万元，用于发展养殖业。在所驻村队，成立了缝纫合作社，为村中的贫困家庭、富余劳动力、少数民族妇女免费提供技能培训，实现了家门口就业。博州总工会同博乐市索永布民族用品有限公司合作，投入 6 万元成立了困难职工帮扶创业培训示范点，免费进行了纺织服装技术培训，有 50 余人以代工形式实现了再就业。投入 3 万元，在绿佳果蔬基地争取到 6 个蔬菜大棚及 1.5 亩土地，供 35 名困难职工免费进行蔬菜种植。州总工会在精河县投入 10 万元，用于支持呼和哈夏北村创业帮扶培训基地建设，实现了村中富余劳动力的转移和困难群体的就业。在温泉县投入 30 万元，建成黑木耳养殖大棚 5 个，免费提供给困难职工使用，争取实现困难职工一年脱贫，两年巩固不返贫。

博乐市、精河县、温泉县的 3 个工程项目已全部投入使用，这些工程的投入使用，为全州各级工会的发展增添了生机和活力，有力地促进了博州工会的服务发展、服务民生的能力和水平的提升。

截至 2021 年，已开展了三轮对口援博工作。2015—2021 年，湖北省总工会筹措资金 1935 万元对口援助了博州工会。资金主要用于实施"暖心、联谊、强智、解忧"四大援疆项目，为博州工会事业发展提供了资金支持。全州各级工会对资金进行了统筹安排，要求抓好工会援疆项目的实体化建设，坚持资金使用面向基层一线，围绕民生优先，让全州各族职工群众享受到湖北对口援博的红利。在鄂博两地工会共同努力下，工会援疆工作取得阶段性成果，经验做法在全国工会对口援疆援藏工作会议上进行了典型交流。2021 年 7 月，博州总工会与湖北省总工会又签订了 2021—2025 年鄂博援疆项目资金需求协议，争取五年项目资金 2450 万元，2021 年争取 300 万元援疆资金已全部到位。

# 第六章　先进人物

## 第一节　全国劳动模范、先进工作者和五一劳动奖章

### 一、全国劳动模范

**1959—2020 年全国劳动模范获得者名录表**

表 6－1

| 姓名 | 性别 | 族别 | 工作单位及职务 | 所获荣誉 | 授予时间 |
| --- | --- | --- | --- | --- | --- |
| 刘克俭 | 男 | 汉族 | 中国人民银行<br>博州中心支行科长 | 全国劳动模范 | 1959 年 |
| 哈·都<br>古尔加普 | 男 | 蒙古族 | 博乐市青得里乡<br>顾里木图村牧民 | 全国劳动模范 | 1989 年 |
| 松　嘎 | 男 | 蒙古族 | 温泉县安格里格乡<br>托斯呼尔图村党支部书记 | 全国劳动模范 | 1995 年 |
| 库尔拉 | 男 | 蒙古族 | 温泉县安格里格乡<br>厄然哈尔干村村民 | 全国劳动模范 | 2000 年 |
| 李　加 | 男 | 蒙古族 | 博乐市贝乡<br>决肯村村委会主任 | 全国劳动模范 | 2005 年 |
| 散·吾尔马 | 女 | 蒙古族 | 精河县红珊瑚民族手<br>工艺品专业合作社法人 | 全国劳动模范 | 2010 年 |

续表 6－1

| 姓名 | 性别 | 族别 | 工作单位及职务 | 所获荣誉 | 授予时间 |
|---|---|---|---|---|---|
| 叶尔代 | 男 | 蒙古族 | 温泉县安格里格镇达生哈尔村治保主任 | 全国劳动模范 | 2015 年 |
| 甫尔布 | 男 | 蒙古族 | 温泉县安格里格乡托斯呼尔图村支部书记 | 全国劳动模范 | 2020 年 |

## 二、全国先进工作者

### 1959—2005 年全国先进工作者获得者名录表

表 6－2

| 姓名 | 性别 | 族别 | 工作单位及职务 | 所获荣誉 | 授予时间 |
|---|---|---|---|---|---|
| 刘克俭 | 男 | 汉族 | 中国人民银行博州中心支行科长 | 全国先进工作者 | 1957 年 |
| 李蒲卿 | 男 | 汉族 | 博州人大常委会副主任 | 全国先进工作者 | 1983 年 |
| 热合木都拉·艾买提 | 男 | 维吾尔族 | 博州人大常委会副主任 | 全国先进工作者 | 1986 年 |

## 三、全国五一劳动奖章

### 1959—2020 年全国五一劳动奖章获得者名录表

表 6－3

| 姓名 | 性别 | 族别 | 工作单位及职务 | 所获荣誉 | 授予时间 |
|---|---|---|---|---|---|
| 贾克斯勒克 | 男 | 哈萨克族 | 博乐市第五中学副校长 | 全国五一劳动奖章 | 1995 年 |
| 努尔依拉 | 女 | 哈萨克族 | 博州客运总站售票员 | 全国五一劳动奖章 | 1998 年 |
| 白小英 | 女 | 蒙古族 | 温泉县麻黄素厂工人 | 全国五一劳动奖章 | 1999 年 |
| 努尔·艾克木 | 男 | 维吾尔族 | 博乐市环卫局驾驶员 | 全国五一劳动奖章 | 2006 年 |

续表 6－3

| 姓名 | 性别 | 族别 | 工作单位及职务 | 所获荣誉 | 授予时间 |
|---|---|---|---|---|---|
| 李霞飞 | 女 | 汉族 | 博州农业科技开发中心研究员 | 全国五一劳动奖章 | 2008 年 |
| 余远新 | 男 | 汉族 | 博州医院主任医师 | 全国五一劳动奖章 | 2011 年 |
| 陶慧芳 | 女 | 汉族 | 温泉县农业技术推广站退休干部 | 全国五一劳动奖章 | 2012 年 |
| 王树元 | 男 | 汉族 | 博乐市客运公司车队队长 | 全国五一劳动奖章 | 2013 年 |
| 达·于建 | 女 | 蒙古族 | 精河县第一幼儿园退休干部 | 全国五一劳动奖章 | 2014 年 |
| 景　生 | 男 | 汉族 | 博州农业科技开发中心研究员 | 全国五一劳动奖章 | 2016 年 |
| 阿布都热依木·玉努斯 | 男 | 维吾尔族 | 博乐市公安局党委委员、副局长、三级高级警长 | 全国五一劳动奖章 | 2021 年 |

## 第二节　自治区劳动模范、先进工作(生产)者和开发建设新疆奖章

### 一、自治区劳动模范

**1973—2005 年自治区劳动模范获得者名录表**

表 6－4

| 姓名 | 性别 | 族别 | 工作单位及职务 | 所获荣誉 | 授予时间 |
|---|---|---|---|---|---|
| 杨秉成 | 男 | 汉族 | 博州邮电局高级工程师 | 自治区劳动模范 | 1955 年 |
| 王焕兰 | 女 | 汉族 | 博州团结商场退休职工 | 自治区劳动模范 | 1960 年 |
| 景贵河 | 男 | 汉族 | 精河县红旗加工厂退休干部 | 自治区劳动模范 | 1974 年 |

续表 6－4

| 姓名 | 性别 | 族别 | 工作单位及职务 | 所获荣誉 | 授予时间 |
|---|---|---|---|---|---|
| 龚仁才 | 男 | 汉族 | 博州民政局养老院干部 | 自治区劳动模范 | 1975 年 |
| 亚力买买提·库那洪 | 男 | 维吾尔族 | 温泉县博格达尔镇退休干部 | 自治区劳动模范 | 1978 年 |
| 秀尔娜 | 女 | 蒙古族 | 博州团结商场退休干部 | 自治区劳动模范 | 1984 年 |
| 巴哈尔·哈里克 | 女 | 维吾尔族 | 博州外贸地毯厂工人 | 自治区劳动模范 | 1990 年 |
| 周长明 | 男 | 汉族 | 精河县盐化公司退休干部 | 自治区劳动模范 | 1990 年 |
| 阿不都热西提·司马义 | 男 | 维吾尔族 | 博州供销社车队职工 | 自治区劳动模范 | 1995 年 |
| 毛　红 | 女 | 蒙古族 | 博州棉麻公司退休职工 | 自治区劳动模范 | 1995 年 |
| 迪里拜尔 | 女 | 维吾尔族 | 博乐市一中退休职工 | 自治区劳动模范 | 1995 年 |
| 阿布里克·阿吉 | 男 | 维吾尔族 | 博乐市青得里乡顾里木图村村民 | 自治区劳动模范 | 1995 年 |
| 丁广祥 | 男 | 汉族 | 博乐市达勒特镇乌兰布呼村退休干部 | 自治区劳动模范 | 1995 年 |
| 外里汗·阿那尔别克 | 男 | 哈萨克族 | 精河县大河沿子镇退休干部 | 自治区劳动模范 | 1995 年 |
| 吐尔逊·麦得尼亚孜 | 男 | 维吾尔族 | 精河县茫丁乡夹巴沟村退休干部 | 自治区劳动模范 | 1995 年 |
| 吐新巴特 | 男 | 蒙古族 | 博乐市达勒特镇达勒特牧村党支部书记 | 自治区劳动模范 | 2000 年 |
| 阿依古丽·达吾提 | 女 | 维吾尔族 | 博兰水泥有限责任公司退休职工 | 自治区劳动模范 | 2000 年 |
| 比热克汗·奥开 | 女 | 哈萨克族 | 博乐市个体户工商户 | 自治区劳动模范 | 2000 年 |
| 王　俊 | 男 | 汉族 | 阿拉山口博报国际货运公司党支部书记董事长 | 自治区劳动模范 | 2001 年 |

续表 6－4

| 姓名 | 性别 | 族别 | 工作单位及职务 | 所获荣誉 | 授予时间 |
| --- | --- | --- | --- | --- | --- |
| 吐尔逊娜依·尼扎洪 | 女 | 维吾尔族 | 精河县茫丁乡皇宫北村退休干部 | 自治区劳动模范 | 2005 年 |
| 结恩斯·卡依肯 | 男 | 哈萨克族 | 精河县八家户农场牧业二队牧民 | 自治区劳动模范 | 2005 年 |
| 吐尔洪·买买提 | 男 | 维吾尔族 | 博乐金域房地产开发公司董事长 | 自治区劳动模范 | 2005 年 |
| 孙金文 | 男 | 汉族 | 博乐市房地产管理局退休干部 | 自治区劳动模范 | 2005 年 |
| 艾尔肯·马木提 | 男 | 维吾尔族 | 博乐市环卫中心驾驶员 | 自治区劳动模范 | 2005 年 |
| 郭来福 | 男 | 汉族 | 温泉县哈日布呼镇厄日格特村党支部书记 | 自治区劳动模范 | 2005 年 |
| 代玉清 | 男 | 汉族 | 温泉县人民检察院退休干部 | 自治区劳动模范 | 2005 年 |
| 王树元 | 男 | 汉族 | 博乐市城市客运公司车队队长 | 自治区劳动模范 | 2010 年 |
| 买买提·阿依瓦洪 | 男 | 维吾尔族 | 博乐市乌图布拉格镇桑津布拉格村村民 | 自治区劳动模范 | 2020 年 |
| 达·于建 | 女 | 蒙古族 | 精河县第一幼儿园退休干部 | 自治区劳动模范 | 2010 年 |
| 努尔·买买提 | 男 | 维吾尔族 | 精河县茫丁乡人民政府干部 | 自治区劳动模范 | 2010 年 |
| 阿尼克木 | 男 | 蒙古族 | 温泉县塔秀乡冬都布勒格村牧民 | 自治区劳动模范 | 2010 年 |
| 郭秀秀 | 女 | 汉族 | 阿拉山口口岸城市执法监察大队环卫工人 | 自治区劳动模范 | 2010 年 |
| 乌斯满江 | 男 | 维吾尔族 | 博乐市贝林哈日莫墩乡政府信访负责人 | 自治区劳动模范 | 2016 年 |

续表 6－4

| 姓名 | 性别 | 族别 | 工作单位及职务 | 所获荣誉 | 授予时间 |
|---|---|---|---|---|---|
| 陈　镭 | 男 | 汉族 | 新疆爱博<br>律师事务所主任 | 自治区劳动模范 | 2016 年 |
| 曹　磊 | 男 | 汉族 | 博乐市<br>自来水公司总经理 | 自治区劳动模范 | 2016 年 |
| 陈　珊 | 女 | 汉族 | 精河县<br>珊怡商贸公司总经理 | 自治区劳动模范 | 2016 年 |
| 赵喜荣 | 男 | 汉族 | 精河县<br>盐化有限公司副总经理 | 自治区劳动模范 | 2016 年 |
| 班芙丽 | 女 | 汉族 | 精河县阿合其<br>农场农三队党支部书记 | 自治区劳动模范 | 2016 年 |
| 张洪国 | 男 | 汉族 | 温泉县浩秀发电<br>公司值班长、工会主席 | 自治区劳动模范 | 2016 年 |
| 乔　鲁 | 男 | 汉族 | 温泉县查干屯格乡<br>呼斯塔村退休干部 | 自治区劳动模范 | 2016 年 |
| 王洪强 | 男 | 汉族 | 阿拉山口<br>天山工美部个体户 | 自治区劳动模范 | 2016 年 |
| 对山<br>拜·博朗拜 | 男 | 哈萨<br>克族 | 博乐市阿热勒<br>托海牧场牧业一队牧民 | 自治区劳动模范 | 2019 年 |
| 雷国英 | 男 | 汉族 | 博乐市市政工程队队长 | 自治区劳动模范 | 2020 年 |
| 刘　涛 | 男 | 汉族 | 博乐市阳光<br>公交公司技术部主任 | 自治区劳动模范 | 2020 年 |
| 景冬冬 | 男 | 汉族 | 精河县晶羿矿业<br>公司党支部副书记 | 自治区劳动模范 | 2020 年 |
| 李枝贵 | 男 | 汉族 | 精河县茫丁乡<br>肖乃村卫生室医生 | 自治区劳动模范 | 2020 年 |
| 艾　米 | 男 | 蒙古族 | 温泉县扎勒木特乡<br>浩图尔哈队护边员 | 自治区劳动模范 | 2020 年 |

## 二、自治区先进工作者

### 1956—2016 年自治区先进工作者获得者名录表

表 6－5

| 姓名 | 性别 | 族别 | 工作单位及职务 | 所获荣誉 | 授予时间 |
|---|---|---|---|---|---|
| 杨汉章 | 男 | 汉族 | 博州<br>税务局退休干部 | 自治区先进工作者 | 1960 年 |
| 黄金康 | 男 | 汉族 | 博州气象局<br>雷达站站长 | 自治区先进工作者 | 1988 年 |
| 周淑英 | 女 | 汉族 | 博乐市人民<br>法院退休干部 | 自治区先进工作者 | 2000 年 |
| 张红荣 | 女 | 汉族 | 博州<br>工商局广告科副科长 | 自治区先进工作者 | 2005 年 |
| 景　生 | 男 | 汉族 | 博州农业<br>技术推广中心研究员 | 自治区先进工作者 | 2005 年 |
| 王丽华 | 女 | 汉族 | 博州计价局局长 | 自治区先进工作者 | 2010 年 |
| 陈晓敏 | 女 | 汉族 | 博乐市人民<br>检察院退休干部 | 自治区先进工作者 | 2010 年 |
| 李文磊 | 男 | 回族 | 博州农业<br>技术推广中心研究员 | 自治区先进工作者 | 2010 年 |
| 高　勇 | 男 | 汉族 | 博州公安局<br>警卫处处长 | 自治区先进工作者 | 2015 年 |
| 黎　辉 | 男 | 汉族 | 博州广播<br>电视大学教务处处长 | 自治区先进工作者 | 2015 年 |
| 乌玛尔<br>江·努合曼 | 男 | 哈萨<br>克族 | 博州人民政府<br>副州长、党组成员 | 自治区先进工作者 | 2016 年 |
| 巴吐鲁呼 | 男 | 蒙古族 | 博州人民医院<br>党委委员、副院长 | 自治区先进工作者 | 2016 年 |
| 格日丽 | 女 | 蒙古族 | 博乐市环卫局<br>监督检查科科长 | 自治区先进工作者 | 2020 年 |

## 三、开发建设新疆奖章

### 1995－2021 年开发建设新疆奖章获得者名录表

表 6－6

| 姓名 | 性别 | 族别 | 工作单位及职务 | 所获荣誉 | 授予时间 |
|---|---|---|---|---|---|
| 阿不都热西提·司马义 | 男 | 维吾尔族 | 博州供销社车队职工 | 开发建设新疆奖章 | 1995 年 |
| 余远新 | 男 | 汉族 | 博州人民医院主任医师 | 开发建设新疆奖章 | 2008 年 |
| 陶慧芳 | 女 | 汉族 | 温泉县农业技术推广中心退休干部 | 开发建设新疆奖章 | 2008 年 |
| 袁如明 | 男 | 汉族 | 温泉县政协办公室主任 | 开发建设新疆奖章 | 2012 年 |
| 杨　雯 | 女 | 汉族 | 自治区人民医院门诊部主任 | 开发建设新疆奖章 | 2013 年 |
| 杜　鹏 | 男 | 汉族 | 博州邮政分公司机要分局副局长 | 开发建设新疆奖章 | 2016 年 |
| 牙生·吐达洪 | 男 | 维吾尔族 | 精河县大河沿子镇社区党支部副书记 | 开发建设新疆奖章 | 2016 年 |
| 蔡振民 | 男 | 汉族 | 温泉县中学党支部书记、校长 | 开发建设新疆奖章 | 2017 年 |
| 阿布都热依木·玉努斯 | 男 | 维吾尔族 | 博乐市公安局党委委员、副局长 | 开发建设新疆奖章 | 2017 年 |
| 刘志刚 | 男 | 汉族 | 博乐公路管理局工人 | 开发建设新疆奖章 | 2018 年 |
| 刘　涛 | 男 | 汉族 | 博乐市阳光公共交通公司技术部主任 | 开发建设新疆奖章 | 2018 年 |
| 郭立新 | 男 | 汉族 | 博乐市环卫中心清扫队主任 | 开发建设新疆奖章 | 2021 年 |
| 胡　泉 | 男 | 汉族 | 温泉县县委常委、副县长 | 开发建设新疆奖章 | 2021 年 |

续表6－6

| 姓名 | 性别 | 族别 | 工作单位及职务 | 所获荣誉 | 授予时间 |
| --- | --- | --- | --- | --- | --- |
| 戴旭升 | 男 | 汉族 | 新疆精杞神<br>枸杞开发公司总经理 | 开发建设新疆奖章 | 2021年 |

# 第三节　全国劳动模范、先进工作者和五一劳动奖章获得者简介

## 一、全国劳动模范获得者简介

**刘克俭**　男，汉族，中共党员，1936年出生。安徽省阜阳人。时任中国人民银行博州中心支行科长。

1957年刘克俭被评为治安保卫先进工作者；1957年被评为全国先进工作者；1959年被评为全国劳动模范，并授予五一劳动奖章。

刘克俭响应支援边疆建设的号召，被分配到人行博尔塔拉中心支行工作。在50年代由于在本职岗位上任劳任怨、勤奋努力，业绩突出，并多次协助公安部门破获盗窃案有功，他被同事们誉为“查账能手”，成为人行博州金融战线上的一面先进旗帜。1957—1958年在刘克俭担任储蓄专柜记账员那段时间，先后在工作中发现和协助公安部门破获三起盗窃案件，被评为治安保卫先进工作者，1959年刘克俭被评为全国劳动模范，并授予五一劳动奖章。

**哈·都古尔加普**　男，蒙古族，1940年出生，新疆博乐市人，初中文化程度，博乐市青得里乡顾里木图村牧场牧民。

1981年哈·都古尔加普承包村里300只母羊，由于年底完成了承包合同任务，村里奖励他13只母羊和66只羔羊。1982—1983年，哈·

都古尔加普每年承包村里生产母羊300只,3年共向集体交羔羊861只。1984—1988年,向国家交售商品羊1070只,优质羊毛8.7吨,粗羊毛500公斤,马鬃160公斤,山羊绒115公斤,羊皮22张,1988年总收入5.8万元。1989年被评为全国劳动模范。

**松嘎** 男,蒙古族,1953年12月出生,温泉县安格里格乡人,初中文化,1984年6月加入中国共产党。

1984年,松嘎所在托斯呼尔图牧业村是个落后牧业村,村里共有80户牧民,全村一半以上欠有外债,人均收入只有210元,松嘎也不例外。1984年,松嘎被任命村党支部书记,他面对困难没有退缩,而是迎难而上。他下决心要改变村里贫穷面貌,带领村民走共同富裕之路,让全体村民都过上好日子富日子。在实际工作中他一方面抓牧业生产,另一方面实施劳动力转移。功夫不负有心人,在他的带领下,经过几年的努力,牧业村发生了翻天覆地的变化,人均收入由1984年的210元提高到2000年的6000元,全村居民实现了定居半定居。1984年被评为自治州劳动模范,1993年被评为温泉县民族团结先进个人,1995年被评为全国劳动模范,1997年被自治区评为优秀共产党员,2000年被评为自治州优秀共产党员。

**库尔拉** 男,蒙古族,1953年出生,新疆温泉县人,中专文化,系温泉县安格里格乡厄然哈尔干村村民。1971年起从事基层工作,1980年加入中国共产党。库尔拉从事基层工作的30多年里,分别在温泉县的两个乡镇村队担任机耕队组长、队长、村长、党支部书记等职务。

1971年库尔拉被评为自治区劳动模范,1999年被评为自治区民兵治安分队优秀指导员,2000年被评为全国劳动模范。

1971—1982年,库尔拉担任安格里格乡机耕队组长、队长期间,带头钻研并掌握机耕作业技术和种植技术，创下了粮食年年增产，人人丰衣足食的奇迹。这对于当时比较穷困的边境县来说，是难能可贵的。1983—1989年，库尔拉担任安格里格乡三村村长期间，一边为村集体尽职尽责，一边积极响应党的致富号召，利用国家提供的家业贷款自购了一辆“75型机耕链轨车”，不仅使自己致了富，还不断带动和帮助周围一大批贫困农牧民走出了困境，为有困难的农牧民免除机耕费。几年来给困难户欧塔免去了两年40亩的机耕费，给困难户阿瓦里汗免去了一年86亩机耕费。2000年被评为全国劳动模范以后，更加激发了他热情工作斗志和信心。为群众办实事、办好事已成为他一切行动的主线，无论走到哪里，他的心里总是装着周围的乡亲，更多考虑的是群众的切身利益，注重当地社会稳定、民族团结，常常探讨的是如何让群众增加收入，改善村容村貌，加强基础设施建设。库尔拉作为自治区、全国劳动模范和自治区党代表，无愧于这个光荣称号，他一直在为温泉县的“三个文明”建设不懈努力，为构建和谐社会做出了个人应有的贡献。

**李加**　男，蒙古族，1953年10月出生，中共党员。时任博乐市贝林哈日莫墩乡决肯村村委会主任。

1995年李加被评为自治区劳动模范；2005年获全国劳动模范荣誉称号；2006年被评为自治区优秀共产党员。

1984年，李加当选为博乐市贝林哈日莫墩乡决肯村村委会主任，他做的头件事就是带领群众治穷致富。李加刚到决肯村时，村子里全是土块房、土路，到处是荒滩。他到任第一件事就是运用国家的惠民政策带领村民搬迁到新的居民点，新居民点房、路、林带实行了统一规划，统一设计，统一施工。第二件事是利用当地丰富的水资源，带领村民种植经济作物。1989年以来，决肯村村委会每年都要邀请州、市的农业技术人员来村里给村民讲课，提高村民科学种田的本领。授课内容主要包括稻盘育机播、旱育稀植、地膜棉栽培、化学除草等20多项新技术，利用科技方法提升村里农作物产量，从而提高村民人均收入。第三件事是搞好民族团结，不论民族，互相学习，互帮互助，分享种植方法，共同富裕。

李加在职期间一心为村民谋发展，以实际行动热心帮助村里不会种地的各民族兄弟，解决困难群众生活种植中的各种困难，使得决肯村环境稳定，居民安居乐业，各民族团结和谐。村里从未发生任何违法乱纪、不良行为、影响民族团结的事件。通过李加与村"两委"一班人的努力，决肯村收获了累累硕果：1992年被自治区党委评为先进基层党组织；1996年被自治区党委评为先进基层党组织，并被博乐市党委、政府命名小康村；1998年先后被自治区综治委评为综合治理先进集体，被自治区文明委评为精神文明先进单位，被自治区评为卫生示范村；1999年被中央精神文明指导委员会命名为全国创建文明村（镇）工作先进单位；2000年村党支部荣获全国先进基层党组织。李加从1991年起，连续4年被州、市、乡党委授予优秀共产党员，两次被评为市级优秀村干部；1995年被评为自治区劳动模范；2005年被评为全国劳动模范。2008年退休，老人虽然已经退休但依然关心国家的发展，每周一早晨坚持参加村里的升国旗活动。

**散·吾尔马**　女，蒙古族，1948年4月出生，新疆精河县人，中共党员，时任精河县红珊瑚民族手工艺品专业合作社法人。

1989年3月散·吾尔马被评为自治区妇女联合会三八红旗手；1996年10月被评为博州工商行政管理局先进个体劳动者；2001年9月被评为自治区劳动模范；2004年3月被评为博州农牧区妇女"三学三比"先进女能手；2005年10月被评为自治州劳动模范；2008年10月被评为新疆维吾尔自治区农牧区妇女"三学三比"女能手；2009年3月被评为精河联合会"十大优秀母亲"；2010年4月获全国劳动模范荣誉称号；2011

年9月在精河县第二届道德模范评选中被评为“助人为乐道德模范”。

散·吾尔马虽然只是一位普通的农村妇女,在当地却负有盛名。这不仅因为她是一位勤劳致富的带头人,还因为她是一名心系群众、乐于助人的优秀共产党员和全国劳动模范、全国“双学双比”女能手。作为一名共产党员,散·吾尔马在党的培养和教育下,政治立场坚定,时刻牢记党的宗旨,充分发挥共产党员的先锋模范作用,勤奋上进、乐于助人,赢得了社会各界的广泛赞誉和各族群众的爱戴,树立了一名共产党员的光辉形象。

自1985年起,散·吾尔马从事民族服饰制作以来,在认真学习党的各项方针政策的同时,还积极参加各种技术培训,努力提高自身整体素质。散·吾尔马通过努力在自家建起了民族服饰加工点,招收了工徒,开始制作手工蒙古族服饰及传统手工艺品。由于她所制作的服饰设计新颖做工精美,其作品不但在全疆广受欢迎,还深受外地游客的喜爱,甚至还销售到了内蒙古等其他省区。

富裕起来的散·吾尔马,在努力发展自己事业的同时,还不忘帮助各族群众带动他们脱贫致富。散·吾尔马自从事民族服饰制作36年以来,共免费招收学徒50余名,这些学徒有本村的,还有来自博乐、伊犁、温泉、乌苏等地的,有蒙古族,还有汉族、维吾尔族、哈萨克族等民族。

散·吾尔马免费教授学徒热心相授,帮助困难群众更是不遗余力。几十年来,散·吾尔马做的好事一件接一件,数也数不清,每逢过年过节她就为本村困难家庭的孩子免费做衣物,共计80多件。散·吾尔马听到内地遭受洪水灾害时,积极带头捐款1000元。1989年,她为解决当地牧区群众生活困难,捐赠面粉600公斤,饲料340公斤。1991年,当南方百姓遭受特大水灾时,她把孩子上学用的360元学费也捐了出去。1994年她给希望工程捐款600元。2008年当得知四川汶川“5·12”地震发生的消息后,她向灾区受灾群众捐款1000元。她还为9位孤寡老人每人制作了一套衣服。本村老党员布德嘎家中两个儿子都先天性残疾，自己年岁又大，生活十分困难，散・吾尔马经常给他们送去面粉、清油、大米，还给她们送去生活费，使布德嘎感动不已，时时竖起大拇指夸赞散・吾尔马。2004 年 9 月本村学生布音塔考上内蒙古财经学院，但因父亲去世，家里仅靠母亲一人种地维持生计，生活困难而无法上学，这时散・吾尔马伸出了援助之手，为她捐款 300 元，解决了路费问题。就这样，心地善良、热心助人的散・吾尔马成了大家的“好闺女”“好姐妹”“好妈妈”，成为大家心目中最亲近、最信任的人。2020 年初，当她得知湖北发生新冠肺炎疫情后，带头捐款 3000 元，用于新冠肺炎疫情防控。2021 年在建党 100 周年来临之际，她给周围的困难群众、残疾人员免费做衣服，共计 30 多件。她心里装着周围的困难群众，还情系着千里之外受灾的同胞们；每当得知内地遭受洪水灾害、疫情、地震灾害时，散・吾尔马都带头捐款捐物，为灾区群众献上一份爱心。

散・吾尔马是精河县红珊瑚民族手工艺品专业合作社法人代表，从事具有民族、地域、文化特色的民族服饰、刺绣手工艺品加工产业，对蒙古族服装服饰设计、剪裁、刺绣等有着一定的经验和独特的理念。几十年来经她带出的女徒弟，部分也都有了自己的民族服饰、刺绣手工艺品加工店，一起传承民族服装文化。她对学徒们不分地区、不分民族，全都倾囊相授，让他们能够有一技之长从而发家致富。

朴实的散・吾尔马在荣誉面前没有骄傲，依然踏踏实实为人民群众服务。她靠着灵巧的双手，编织出自己的辉煌事业，体现了自身的价值，她的事迹在当地广为传播。

**叶尔代**　男，蒙古族，中共党员，1964 年 12 月出生，时任温泉县安格里格镇达生哈尔村治保主任。

2005 年 5 月叶尔代荣获国务院“全国民族团结进步”模范个人称

号;2009 年 5 月获自治州“民族团结进步”模范个人荣誉称号;2011 年 7 月被评为自治区优秀共产党员,2004 年、2009 年、2011 年先后被评为温泉县优秀共产党员,“民族团结”先进个人、“勤廉为民”先进个人;2003 年、2008 年、2013 年先后被评为温泉县安格里格镇优秀共产党员;2012 年 5 月被评为温泉县安格里格镇“五五普法”依法治理先进个人;2015 年被评为全国劳动模范;2016 年被评为温泉县安格里格镇优秀党务工作者。

1996—2016 年,叶尔代先后在安格里格镇达生哈尔村、巴勒根特村担任村委会主任、村党支部书记。他用身体力行诠释着一名党员无私奉献的精神和一名村干部矢志为民的情怀。

在叶尔代眼中,党的政策原则永远比亲情友情珍贵。在担任达生哈尔村村委会主任的 20 年多年来,由叶尔代负责的新建公路、退耕还林、修建渠道等建设项目多达 32 个,经手资金 300 余万元,但是他从未谋取过功名利禄,而是情系百姓,忠于职守。叶尔代通过帮助村民花玉岭顺利完成农耕、帮助低保户巴扎尔别克领取资助金、把自己盖养殖大棚的钱借给村民蒋廷国用于交孩子大学学费等等这样的小事呵护着民族团结,切实解决村民遇到的困难;还通过解决达生哈尔村 5000 多亩浇水灌溉历史难题、对村沼气池建设时未达标的质量问题进行停工整改、在自治州农技推广站技术人员指导和在自家责任田试验下推广种植种冬小麦、发展庭院养殖大棚等工作帮助村民共同致富,赢取民心。

在工作中,叶尔代以忘我的精神团结村委会各支力量,强力助推村级一线农村抓党的基层组织建设、村务生产、脱贫攻坚、村级文化阵地建设。特别是近年,叶尔代以人大代表的身份,提出相关提案、建议和方案后,多措并举筹集到 260 多万元,实施了巴勒根特村村级防渗渠修缮工程、安全饮水工程、整治垃圾箱、安装路灯工程等多项惠民项目,已全部投入使用并发挥效益。其中渠道维修资金 160 万元,维修防渗渠 3.4 公里、斗渠 0.5 公里，购买节水管材，解决村队 4500 亩基本农田用水困难问题；安全饮水项目款 173 万元，解决了全村村民安全饮水问题。争取工作组帮扶资金 6 万余元，对村文化室进行维修改造，对村委会院内进行硬化、绿化、亮化、美化，安装健身器材，使广大村民有了一个舒适、安全的活动场所。叶尔代经常走访慰问村里“四老人员”和贫困人员，为重度残疾人廖加碧、胡木兰捐款近 2 万元购买护理床等专业用具，让他们感受党组织的帮助和关心。同时，叶尔代积极规范了党务村务公开制度、健全党员代表会议及村民代表会议等系列制度建设，以实际行动落实基层民族团结工作，推进了各项工作进程，夯实了社会稳定和长治久安的基层建设。

26 年来，叶尔代牢记使命，任劳任怨，将自己的青春默默奉献给基层工作，得到各族百姓们的点赞和村、镇、县、州四级党委、政府的认可。由于长期超负荷工作，未顾及个人身体健康，2018 年 1 月被检查出喉癌，在治疗期间，叶尔代也从未耽误村里的各项工作，通过线上的形式确保村委会各项工作正常运转。虽然后续还需长时间的治疗康复，但如今叶尔代早已回到村里，担起工作岗位的职责。正是在基层一线无私的奉献和辛勤的付出，使他换来“国”字号荣耀、政治待遇和卓越的工作成效。叶尔代在工作日记中写道：“我是一名普普通通的村干部，只是完成了一些平凡的、我分内的工作，但党和乡亲们授予了我至高的荣誉，我会继续努力，将我的余生献给党的基层事业！”

**甫尔布**　男，蒙古族，1968 年 1 月出生，中共党员。时任温泉县安格里格乡托斯呼尔图村村支部书记。

1991 年甫尔布被评为自治州畜牧工作先进个人；1994 年被评为温泉县安格里格乡民族团结先进个人；1996 年被评为温泉县青年致富能手；1997 年被评为自治州青年致富能手；1998 年被评为温泉县优秀团干

部;2000 年被评为自治区劳动模范;2012 年被评为自治区优秀共产党员;2013 年被评为自治区五四青年先进个人;2020 年 10 月被评为全国劳动模范。

甫尔布是温泉县安格里格乡托斯呼尔图村土生土长的蒙古族青年。1994 年初,甫尔布从畜牧养殖学习中知道畜牧改良会带来经济效益,他就试着干。首先从精河县巴彦那木牧场购买了 2 只绒山公羊进行绒山羊改良。经过一年的精心培育,经他改良的绒山羊不仅羊的品质好、体重增,而且山羊绒产量也增长了一倍,他的绒山羊已发展到 260 只,且全部改良。到 2020 年,绒山羊效益依旧非常好,收入不菲。

甫尔布改良绒山羊尝到甜头后,他并未安于现状,又先后改良了细毛羊、黄牛。他还发展优质美利奴细毛羊 375 只、粗毛羊 120 只,且全部已改良,绵羊每年收入都在 2.2 万~2.6 万元。同时,他还从伊犁、呼图壁等地引进了 64 头牛,大力发展奶牛业,承包了 80 亩饲料地,种了 40 亩苜蓿、40 亩粮油作物,家庭年纯收入超过了 7 万元。

甫尔布作为一名普通的共产党员、村里团支部书记,不仅带头致富,而且还带动村民致富,发挥其先锋模范作用,是新时期农牧民群众的带头人。

## 二、全国先进工作者获得者简介

**刘克俭** 男,汉族,中共党员,1936 年出生。时任中国人民银行博州中心支行科长。

1957 年刘克俭被评为治安保卫先进工作者;1957 年被评为全国先进工作者;1959 年被评为全国劳动模范,并授予五一劳动奖章。

刘克俭响应支援边疆建设的号召,被分配到人行博尔塔拉中心支行工作。在 50 年代由于在本职岗位上任劳任怨、勤奋努力,业绩突出,并多次协助公安部门破获盗窃案有功,他被同事们誉为“查账能手”,成为人行博州金融战线上的一面先进旗帜。1959 年刘克俭被评为全国劳动模范，并授予五一劳动奖章，多次被评为先进工作者。1957—1958 年在刘克俭担任储蓄专柜记账员那段时间，先后在工作中发现和协助公安部门破获三起盗窃案件，被评为治安保卫先进工作者。

**李蒲卿**　男，汉族，湖南平江人，1925 年出生，1950 年毕业于南京金陵大学电机工程系，1950 年 8 月参军进疆。先后任八一钢铁厂电气技术员、安装组组长，1953 年调哈密红星一级水电站工作。在以上各处工作岗位上，全面负责电气设计、安装、建设运转、维修等全盘技术工作，使这些厂矿甚至该地区的电气从无到有、从小到大，基本满足了新中国成立初期上述各地用电需求，成为全疆较早用上电的地区。

李蒲卿系 1983 年全国职称改革以前由自治区人民政府专授的第一批高级工程师之一。他负责筹建的农五师红星一级电站，一直安全运行至今无事故，堪称典范。“文化大革命”期间该电站夏季水量不足，不能发电，李蒲卿负责将水轮机叶片装置角度由 15 度改为 0 度，也能照常发电，创造该领域奇迹，引起各级高度关注。

李蒲卿在实施博乐城镇柴油机电站与水电站并网以及各地不同型号柴油机组自身并机工序时，解决了许多关键环节技术问题，尤其是负责设计、规划、架设博乐至精河 110 千伏送电线路工程，使精博两地的电互补余缺，解决了博乐夏季枯水，停机停电，精河冬秋季水小缺电的重大难题。这条博精两地跨县连网线路，也是自治区小水电连网的先列。

李蒲卿在担任州水电局副局长期间，对全州小水电规划、建设、生产、运行，都付出了辛勤努力，促使全州形成小水电建设高潮。1983 年，在全国科技大会上，李蒲卿被授予先进工作者荣誉称号。1983 年，自治州第七届人民代表大会第一次会议上被选为自治州人大常委会副主任，1988 年退休。

**热合木都拉·艾买提** 男,维吾尔族,1938 年 12 月出生,新疆博乐人,1956 年 8 月参加工作,1961 年 6 月入党,原自治州人大常务委员会副主任。1998 年 12 月退休。

1986 年 8 月热合木都拉·艾买提被评为全国先进工作者、自治区先进工作者。

热合木都拉·艾买提在博州工作的 40 多年来,曾任自治州第一中学教务主任副校长、自治州教师进修学院教务处主任、自治州师范教务主任、自治州工商局副局长、自治州人民政府副州长、自治州第九届人大常委会副主任。曾担任过第八届全国人大代表,第三、四、五届自治州政协委员,曾获全国先进工作者、自治区民族团结先进个人等荣誉称号。

热合木都拉·艾买提在担任自治州人大常委会副主任期间,协助常委会主管财政、工业、农业等经济工作,他围绕自治州经济和社会发展的重大问题及人民群众关心的热难点问题,带领有关部门对自治州水利建设工作、减轻农牧民负担、农业综合开发工作、《自治农业机械管理条例》等方面工作进行检查,对农业水费、中小学收费情况进行调查,并及时向州党委等有关部门反映了存在的问题,提供了合理化建议,为州党委、政府制定政策提供可靠依据,也为加大人大常委会监督力度、提高人大常委会的威信发挥了作用。

热合木都拉·艾买提在担任第八届全国人大代表期间,先后向全国人大会议提交议案、建议 150 余件,其中由国家计委、财政部、林业部等部委办作了专门答复的就有 128 件。自治州社会各界极为关注的阿拉山口口岸建设专项补助资金、造林防风、气象观测站迁址、艾比湖生态环境治理等涉及自治州经济发展和各族人民切身利益的重大问题相继受到了国家、自治区的重视和解决。热合木都拉·艾买提对事业执着的追求,赢得了自治州各族人民的普遍赞誉。熟悉热合木都拉·艾买提的人都说,他既是尽职尽责的人民代表,又是一心扑在工作上的带头人。

热合木都拉·艾买提退休后,他又怀着强烈的社会责任感,投入关心下一代的工作当中。在花甲之年,依然四处奔波,向有关部门反映情况、争取人员编制、筹集办公经费、开展各类关心下一代工作,让博州关心下一代工作取得了丰硕的成果。热合木都拉·艾买提时刻争做党史学习教育的参与者、引领者、践行者,从百年党史学习中不断汲取前进力量,做到学史明理、学史增信、学史崇德、学史力行,学党史、悟思想、办实事、开新局,要继续为博州经济社会发展贡献力量,以优异的工作成果喜迎建党100周年华诞!

热合木都拉·艾买提虽已离开工作岗位近23年了,但他始终不忘初心、牢记使命,用实际行动践行着一名共产党员的职责使命。热合木都拉·艾买提将青春献给了祖国的边疆,又在晚年继续描绘着最灿烂的晚霞。他退休不褪色,时时事事处处以共产党员的标准严格要求自己,心系群众,时刻牵挂着博州经济社会的各项工作,以余晖践初心,在新时代展现出新担当、新作为。

## 三、全国五一劳动奖章获得者简介

**贾克斯勒克**　男,哈萨克族,1953年出生,新疆精河县人,大专文化,中共党员,时任博乐市第五中学副校长。

贾克斯勒克先后被评为优秀教师、优秀班主任、优秀党员、优秀教育工作者、优秀工会工作者,1995年获全国五一劳动奖章荣誉称号。

1979年贾克斯勒克从伊犁师范学院毕业后,在博州教育系统工作了33年。贾克斯勒克参加工作33年来,曾担任代课老师、班主任、教研组长、校团委书记、工会主席、教务主任、副校长等职务。1992年贾克斯勒克光荣加入中国共产党,1996年7月任博乐市第五中学党支部书记,2002年被评为中学高级教师职称,2003年5月担任博乐市教育局教研中心正科级教研员。贾克斯勒克任职以来,率领党支部一班人,以教学工作为重点,改善教学环境,解决了大部分教职员工住房困难。忠诚党的事业,坚定不移地执行党的教育方针,充分发挥领导班子和全体教职员工的积极性,深入开展教学改革,参加教学第一线,提高学校教学水平,现博乐市第五中学已成为自治州品学兼优的中学。贾克斯勒克担任领导期间,五中被评为州级和市级文明单位,市级“勤工俭学”先进单位,市级“民族团结”先进单位。

**努尔依拉** 女,哈萨克族,1968 年 12 月出生,新疆博乐人,高中文化程度,曾任博州客运总站售票员一职。

1998 年努尔依拉获全国五一劳动奖章荣誉称号。

努尔依拉是博州客运总站一名普通的售票员。1989 年参加工作,由于努力工作,踏实肯干,积极向上,一直担任职工代表、工会委员。对待旅客满腔热情,微笑服务,耐得住周而复始的收钱、开票、询问、答话等日常工作。努尔依拉不仅是一名售票员,更是一名妻子、母亲、家庭主妇,但她从来没有因家庭生活影响工作。她时刻记着自己是一名光荣的劳动模范,严格要求自己,认真学习党的各项方针、政策,实践着一个普通劳模的理想和信念。努尔依拉的真诚奉献和满腔工作热情,赢得了各族旅客的好评。她把女性特有的细腻无私地倾注到了客运服务中,把热情和温暖、微笑与祝福送给了博州各族旅客,在默默奉献中亮成一道美丽的彩虹,映衬着博州客运总站稳步向前发展。

**白小英** 女,蒙古族,1963 年 12 月出生,中共党员,新疆温泉县哈镇麻黄素厂退休工人。

1997 年 4 月 29 日,白小英被评为自治区先进生产者;1999 年 4 月获全国五一劳动奖章。

1990 年 8 月,白小英从学校走向工作岗位,成了温泉县麻黄素厂的一名工作人员，从此她就以公司为家，把自己大部分的精力和时间都投入了企业的建设中，几年来她先后在浸煮车间、革提车间、精制车间工作，并连续四年获得企业先进个人荣誉称号，多次受到公司领导的表彰和奖励。

1998 年，自企业实行改制，转换经营机制，实行工资和效益挂钩，有很多职工不理解，思想上有抵触情绪，工作不认真，对此白小英看在眼里，痛在心里。她用少数民族语言给他们讲解改制的益处，在改制过程中，她做了大量细微的政治思想工作，公司的改制工作才得以顺利完成。新公司成立后，她还是一如既往地工作着，用自己的实际行动感化其他员工。凡遇难、险的工作，白小英总是一马当先，冲在最前面，有一次精制车间烘制产品时，因电路故障烘箱起火，她冒着生命危险奋不顾身地冲到烘料室拔掉了电源，打开烘箱门，抢出了所有的产品，挽回了企业经济损失，企业的财产保住了，但她晕倒了。当她醒来后，第一句话就是问烘箱内产品情况，当同事们告诉她料都抢出来了，烘箱修好了，这时她才放下心来，脸上露出了笑容。

几年来，白小英有三次调走的机会，但她从公司大局出发，都主动让给家里有困难的职工，虽说她进公司时间长，贡献大，但所拿工资却不高。有人说她傻，她却说："一个人所拿薪水的高低无关紧要，重要的是在工作上有成绩，心里才能得到安慰。"她还从自己微薄的工资中拿出一部分资助那些困难户和五保户，还将仅有的 2000 元存入银行，利息捐献给希望工程。

作为一名企业职工她始终把企业的前途、命运和自己的命运联系起来，吃苦在前，享受在后，处处起模范带头作用。正是有了这种爱厂敬业无私奉献精神，才保证了企业管理机制的正常运行，正是有了她在平凡岗位上呕心沥血作出了不平凡的成绩，才有了公司稳定的经济效益。她是公司未来的希望，是公司机制中永不生锈的一颗螺丝钉。

正是在白小英这种敬业爱岗精神的鼓舞下，在全体精制车间职工的努力下，精制车间多次被评为公司先进集体，并获得自治区开发建设新疆奖章荣誉称号。

白小英技术高超，工作领先，个人成绩优越，但她并不满足，她有着“一花独放不是春，百花齐放春满园”的好思想。她多次帮助别人，自己不断进步，认真学习党的方针政策，而且将理论和实践相结合，成了新世纪、新青年学习的标兵和榜样。

**努尔·艾克木** 男，维吾尔族，1959 年 5 月出生，1982 年 9 月从博州技工学校汽车修理专业毕业，被分配到博乐市水泥厂从事汽车维修工作。在水泥厂工作的 6 年间，努尔·艾克木为单位车辆维修节约资金 1 万多元，并带出了 3 名技术全面的徒弟。

6 年中努尔·艾克木以优异的工作业绩，每年被评为厂里的先进工作者，成为全厂职工的榜样。1993 年 8 月，努尔·艾克木被调入博乐市建设局环卫处驾驶清运车。到新单位，他时刻保持着吃苦耐劳、勤奋敬业的工作作风，1994—2001 年，努尔·艾克木先后 8 次被评为博乐市环卫处、建设局先进工作者，连续 3 年被评为优秀职工；2002 年被评为自治区环卫系统劳动模范，并受到了党和国家领导亲切慰问。2005 年中央代表团博州分团胡家燕主席对环卫职工代表努尔·艾克木进行慰问和看望。

努尔·艾克木从 1993 年调到环卫处从事垃圾车驾驶员工作以来，无论春夏秋冬，无论风霜雨雪，日复一日，为了城市的洁净和美丽，努尔·艾克木主动担负博乐市垃圾清运任务，为完成垃圾清运的任务，做到“日产日清”，他争取早出车、晚收车，做到了车走站净，“日产日清”工作制受到了周围居民和领导的好评。多年来，他几乎没有享受过一次完整的节假日，哪里有困难，哪里任务重，他就出现在哪里，大家赞扬他是有使不完力气的“老黄牛”。由于工作努力，努尔·艾克木连续6年被评为单位先进工作者，两次受到局里的表彰奖励；2003年被评为自治区环卫系统劳动模范；2006年被中华全国总工会授予全国“五一”劳动奖章荣誉称号。据统计，从1993年开始，他每年拉运的垃圾有2500箱，进入新世纪后，每年拉运的垃圾有3600箱之多。

**李霞飞**　女，汉族，1956年6月出生，湖南平江人，大学学历，中共党员，时任博州农业科技开发中心研究员。

李霞飞1993年享受国务院特殊津贴（国务院颁发证书）；2000年荣获自治区先进工作者称号（自治区人民政府授予）；2001年被评为自治区优秀共产党员；2004年荣获全国三八红旗手称号；2004年被评为自治区三八红旗标兵；2007年荣获第四届中国科协西部开发突出贡献奖；2008年获全国五一劳动奖章荣誉称号；2008年、2003年、2007年先后被评为自治区科技兴新先进个人；2008年荣获自治区第九批有突出贡献的优秀专家称号；2009年被评为全国女职工建功立业标兵；2009年被评为全国粮食生产先进工作者。

成果奖：1991年“配方施肥技术研究与应用”获自治区科技进步二等奖（自治区人民政府奖，第7名）；1996年《中肥棉田氮磷钾化肥最佳用量探讨》获第六届自然科学优秀学术论文三等奖（自治区人民政府奖，第1名）；推广三等奖（自治区人民政府奖，第2名）；1997年棉花优质高产高效综合技术应用获国家农业丰收二等奖（农业部奖，第7名）；2001年博州粮食高产高效综合技术研究与开发获自治区科技进步三等奖（自治区人民政府奖，第1名）；2001年艾比湖生态演变趋势和综合治理对策研究获自治区科技进步三等奖（自治区人民政府奖，第4名）；2001年《灌漠土肥料10年定位试验结果》获第六届自然科学优秀学术论文二等奖（自治区人民政府奖，第1名）；2005年基本农田改良培肥综合技术应用获国家农业丰收二等奖(农业部奖,第6名);2007年博州主要蔬菜无公害蔬菜示范基地建设及安全无公害产品生产及农产品标准化体系建设获自治区科技进步三等奖(自治区人民政府奖,第6名);2011年博州小麦玉米优质高产栽培技术推广应用获自治区科技进步三等奖(自治区人民政府奖,第1名)。

李霞飞是博州农业战线上的业务技术骨干。1975年参加工作,在兵团农五师86团接受再教育,任代理农业技术员;1978年6月调任在博州农科所从事土壤农化工作;1985年迄今,李霞飞一直在博州农业科技开发中心工作。她热爱祖国、热爱新疆、热爱所从事的农业技术推广工作。她长期奋战在农业科技生产一线,针对博州农业生产中存在的问题,进行过多项次试验示范、技术推广和农业项目研究,积累了丰富的农技工作经验,具有较强解决农业生产实际问题的能力。李霞飞农业基础理论知识扎实,专业技能好且具有强烈的事业心和可贵的敬业精神、实事求是的科学态度和良好的职业道德。

90年代迄今,李霞飞连续在乡村蹲点,每年下乡时间大都达半年以上,2004—2007年,她分别连续4年和2年被博乐市及温泉县科技局聘为该市或县的科技特派员,指导农业生产和开展技术服务,深受广大干部及农民欢迎。李霞飞先后参加过博州第二次土壤普查汇总工作和棉花、小麦、玉米等作物生产技术攻关工作;主持了1986年迄今连续22年的“博州灰灌漠土土壤肥力长期定位监测”“博州配方施肥技术推广应用”“博州粮食高产高效综合技术研究与开发”和自治区科技成果转化项目博州点的“新冬18号、新春6号等小麦优良品种推广及高产高效栽培技术示范”等多项课题及项目;作为主要研究人员参与完成了“艾比湖生态演变趋势和综合治理对策研究”“基本农田改良培肥综合技术应用”“博州主要蔬菜无公害生产示范基地建设及安全无公害农产品生产及农产品标准化体系建设”等多项课题研究;制定了博州无公害冬、春小麦、玉米、大豆四种作物生产技术规程，负责申报建立了温泉县10万亩无公害小麦生产基地和博乐市小营盘镇及温泉县哈日布呼镇5万亩无公害大豆生产基地。李霞飞先后获国家农业部农牧渔业丰收二、三等奖各1项；获自治区科技进步二等奖1项、三等奖3项、四等奖2项；获自治州科技进步一等奖6项、二等奖1项（其中，2007年获自治区科技进步三等奖1项，获自治州科技进步一等奖1项，分别名列第6和第1名）。她撰写的《灌漠土肥料10年定位试验结果》及《中肥棉田氮磷化肥最佳用量探讨》论文分获自治区自然科学优秀学术论文二、三等奖。近年来，由她主持或作为主要研究人员参与完成的上述研究或推广项目，共创经济效益在1.5亿元以上。

一分耕耘，一分收获。李霞飞在长期的农业、农村工作中，做了大量富有成效的工作，得到了各级党委、政府的认可。党和人民给予了她很多很高的荣誉。1992—2008年，她连续5次被评为自治州专业技术拔尖人才；1993年被批准享受国务院政府津贴待遇；2000年被评为自治区先进工作者；2001年被评为自治区优秀共产党员；2004年分别被授予全国三八红旗手荣誉称号和自治区三八红旗手标兵称号；2008年1月被评为（2003—2007年）自治区科技兴新先进个人。

**余远新**　男，汉族，1958年2月出生，中共党员，主任医师，博州人民医院放射科主任，1987年7月毕业于新疆石河子医学院成教基础医学师资专业，时任博州人民医院放射科主任。

1999年，余远新自行设计组装的“CT交流稳压电源断电自动延时复位装置的临床应用”获得中国科学技术成果生产力转化评定二等奖；2001年被评为自治州劳动模范；2001年，参加研究的“恶性肿瘤介入治疗临床应用”获得自治州科学技术进步二等奖；2006年，主持研究的“普通及单层螺旋CT扫描后处理技术的临床应用与研究”获得自治州科学技术进步二等奖，并于2007年获得自治区科学技术进步三等奖；2003年、2008年，先后被评为自治州第八批和第九批行业技术拔尖人才；2008年获开发建设新疆奖章荣誉称号；2011年获全国五一劳动奖章荣誉称号。

余远新政治思想坚定，工作作风扎实，凭着对人生理想信念的追求，干一行、爱一行、钻一行、精一行，立足医学影像诊断岗位30多年来如一日，认认真真工作，踏踏实实做人，兢兢业业奉献。他认真履行作为一名医学放射影像工作者的神圣职责，为服务社会、奉献社会和推动博州医疗事业做出了卓越的贡献，得到了自治州各级领导的高度评价，深受医院职工和广大患者的爱戴，是广大职工及患者公认的“老黄牛”。

余远新有着高尚的职业道德，工作中诚实守信、任劳任怨、精益求精，以极强的责任心和热心对待每一位患者，不论工作日还是节假日，只要临床及病人需要他随叫随到，常常为危重病人做检查熬夜加班，废寝忘食。余远新有一天中午在下班回家的路上，遇见一位家长抱着未满周岁的患儿赶往医院就诊，门诊医生初步诊断为肠梗阻。看到患儿病痛哭叫和家长揪心的样子，他急病人所急，二话没说立即将患儿带到放射科进行细心检查，诊断为结肠套叠近15厘米。余远新在立即通知相关医生的同时，果断采取钡灌整腹。临床医生劝他说：“复位难度很大，还是采取手术治疗。”面对患儿及医生，他沉着冷静，凭着他多年的临床经验，耐心说服患儿家长，认真指导医生操作，经过两个多小时的手法复位、推挤，套叠肠段终于得到整腹。患儿父母感激地说：“我真幸运遇到了好人啦，不然我小孩就要挨一刀了，太感谢了”。余远新常说：“只要能为病人的诊断提供有价值的检查，早日帮助病人解除病痛，再苦再累我都是幸福的。”他每年在坚持正常值夜班的情况下，夜间急诊加班达120次以上，是医院科室领导加班之最。

放射科的设备均为高科技大型设备，30多年来，余远新对自己始终坚持高标准、严要求，刻苦学习专业知识，不断钻研新技术，创新工作方法，不断提高专业理论水平。余远新为方便病人检查、诊断，他开动脑筋动手制作了投照用的多功能角度尺和最小失真测量尺，并认真总结工作实际，撰写了一套实用的投照条件参数优选法，极大地提高了工作质量和效率，得到了影像界的应用推广及普及。余远新利用业余时间自学了中国电子专业函授学习，于 1985 年以优异成绩取得了全国无线电电子基础初级结业证书，为今后开展放射工作奠定了良好基础，是一位名副其实的自学成才的典范。医学在发展，设备在不断更新，为弥补专业知识存在的不足，1985 年他又考取了新疆石河子医学院，并光荣加入了中国共产党。进修回来后，他把所学的理论知识用在工作实际中，像爱护自己生命一样，以身作则、率先垂范地对放射科各设备精心操作，用心保养和维修，针对工作中发现的问题，如电源断电、电压不稳，使机器故障发生率高，技术突然意外断电时对设备损害极大等，他在认真学习和掌握操作诊断技术外，还积极学习设备维修技术，熟练掌握各种设备的原理、效能和规范的操作要求，只要自己能维修的他不要任何报酬加班加点进行维修，并自行设计组装了“CT 交流稳压电源断电自动延时复位装置”，做到了低损耗、低成本和以人为本的合理使用，为医院解决了很多难以解决的实际问题。

30 多年来，余远新坚持厉行勤俭节约为医院节省维修费达 60 多万元，曾被医院评为“医疗设备维护特殊贡献奖”，为医院节能减排活动的开展起到了一定的带头和促进作用。余远新不断努力钻研技术难题，积极开展新项目，勇于攀登科技高峰，特别是在设备的效能开发上，充分发挥设备各软件处理技术优势，以严谨科学的工作态度严格落实规范操作制度，很快成为医院出类拔萃的技术操作能手，投照技术质量好，检查诊断准确率高，业务技能跨入了自治区同行业的先进行列，成为博州地区颇有名气的医学影像专家，得到自治区同行专家的一致好评，被新疆医学会放射影像技术学会连续两届选为常务委员。自治区某大医院曾多次来院调他,都被他婉言谢绝。他说:“我离不开生我养我的这片土地和人民。”而今,他依然毫无怨言地安心本职工作。

余远新有超强的责任心、朴素的爱心和对业务知识技能发自内心的竭诚追求,在铸造余远新救死扶伤的高尚医德的同时,也造就了他在业务上的可贵成就。余远新经常鼓励和带领年轻医生加强业务技能学习,不断提高自身诊断疾病的水平。近年来,在他的领导下,研究开展的“恶性肿瘤介入治疗临床应用”及“普通及单层螺旋 CT 扫描后处理技术的临床应用与研究”,余远新先后获得自治州科学技术进步二等奖,其中“普通及单层螺旋 CT 扫描后处理技术的临床应用与研究”获得自治区科学技术进步三等奖;他自行设计组装的“CT 交流稳压电源断电自动延时复位装置的临床应用”获得中国科学技术成果生产力转化评定二等奖。先后在国家级及省级刊物上发表有价值的学术科研论文 15 篇。余远新领导的科室年年被医院评为先进科室、完成任务突出科室、百姓满意放心科室及民族团结先进科室;2006 年余远新先后被评为医院优秀工作者、十佳医务工作者、优秀共产党员;2001 年被评为自治州劳动模范;2003 年、2008 年先后被评为自治州第八批和第九批专业技术拔尖人才;2008 年获开发建设新疆奖章荣誉称号;2011 年获全国五一劳动奖章荣誉称号。

**陶慧芳** 女,汉族,1964 年 10 月出生,中共党员,温泉县农业技术推广站退休干部,温泉县禾青小麦良种繁育专业合作社社长。

2006 年陶慧芳荣获博州优良小麦品种的推广及高产高效栽培技术示范获自治州科技成果、自治州优秀共产党员称号;2007 年《浅议温泉县农业结构调整之方向》获自治州农学会学术论文三等奖;被温泉县授予优秀支农干部称号;2008 年博州优良小麦品种的推广及高产高效栽培技术示范获自治州科技成果奖一等奖第九名;2008 年获得开发建设新疆奖章;2011 年获自治区农业厅颁发优秀农技推广员证书;《农业科技支撑温泉粮食稳产高产》获自治州学术论文二等奖;2012 年获得全国五一劳动奖章;2014 年获自治区科技厅优秀科技特派员称号;2015 年被评为自治区土肥站土肥水工作先进个人。

1987—2002 年,陶慧芳在温宿县基层农科站工作,2003—2019 年在温泉县农业技术推广站工作,任副站长,属政府事业单位,工作性质为农技推广服务。曾先后被选为州、县、乡人大代表。

2019 年退休之前,陶慧芳从大田的生产技术服务到培植特色产业基地,以及承担科技项目的实施等方面发挥了专业技术人员服务职责。陶慧芳 32 年来服务农业生产一线,她心系农技,汗洒乡土,被评为博州农业系统"拔尖人才"、自治州"科技普及先进个人"。她从单一的品种引种推广到重大科技项目的实施,从大田的生产服务到培植试验示范基地的技术支撑服务,不懈地为农业科技成果的转化应用及生产决策服务,这一切凝结着她朴实的乡土情怀以及对基层群众的厚爱。

陶慧芳退休后,不忘初心,继续发挥科技支撑引领作用,引领创办了温泉县禾青小麦良种繁育专业合作社,带领当地农户进行自主创业并与自治区科研部门实施产学研结合,实施科社合作。针对博州种源缺乏的短板,创建小麦良种繁育生产基地 3000 亩,同时,为生产大户 67 户,合作实体 5 个实施公益性社会化服务。生产以及大田的生产技术服务,补缺发展了县域粮食产业的源头工程。建设性地开展产前保障种源供给、产中到户到田的全程技术服务,产后链接加工收储企业实施订单售后服务。在助力当地粮食产业发展中,进一步发挥科技引领作用,实现产学研结合,带动农户克服困难建立良繁生产基地,为粮食产业链条的延伸和发展,积极发挥了科技支撑服务和带动作用。

**王树元** 男,汉族,1965 年 10 月出生,中专学历,时任博乐市城市客运交通公司车队队长。

2009 年王树元被评为出租行业形象代言人;2010 年 4 月被评为博尔塔拉蒙古自治州劳动模范;2010 年 9 月被自治区评为自治区劳动模范;2010 年 12 月被评为自治区城市出租车行业“的士明星”;2013 年 4 月荣获全国五一劳动奖章;2013 年 4 月 23 日被《工人时报》誉为“的哥”中的微笑之星;2014 年 12 月在博州交通安全知识竞赛中荣获集体三等奖。

王树元从事出租行业已有 30 多年,出租行业是城市的窗口,是博州的一道风景线,几十年来,王树元文明开车,严格要求自己文明服务,安全驾驶,弘扬雷锋精神,做到尽职尽责。力求精益求精,奉献爱心,努力做一个优秀的司机。

每年高考时,王树元都积极参加公司组织的爱心车队,免费为考生服务。王树元说:“这么多年来已经形成规模,这是我和客管创办的,现在公交车也加入了我们的队伍,也算为考生做的一件善事吧。”王树元积极参加公益活动,每年大雪纷飞的时候,都会第一时间出现在有需要的地方,同时也踊跃为贫困家庭捐赠衣物,及时给他们送去温暖。在他人遇到困难时尽最大能力出手相助。乘客落在车里的钱、手机、身份证、钥匙等都如数还给失主或上交客管办,这样失主能在极短的时间找到失物。2015 年 6 月,在夏尔希里边防哨所有 4 名边防战士要去瞭望台换岗,由于路途弯曲陡峭,车辆难以行驶,王树元凭借多年驾驶技能,自告奋勇提出“我来送”! 帮助行动不便的人上楼,搬电视及重物件。正所谓赠人玫瑰手有余香!

王树元从事出租车行业以来,不断提升自己为人民服务的本领,他把每一次出车作为锻炼自己的良好机会。本着这种良好的心态,他坚持 365 天微笑服务,体现了博尔塔拉蒙古自治州良好的精神风貌。

**达・于建**　女，蒙古族，1958 年 11 月出生，中共党员，精河县第一幼儿园退休干部。

2010 年 9 月达・于建被评为自治区劳动模范；2014 年 4 月被授予全国五一劳动奖章荣誉称号；2017 年 6 月，其家庭被精河镇人民政府评为优秀文明家庭荣誉称号。

在精河县第一幼儿园各项工作中，有一位一心一意为党的教育事业辛勤工作，表现突出、讲奉献、做表率的模范共产党员和先进工作者，她就是副园长达・于建。

达・于建于 1979 年毕业于博尔塔拉蒙古自治州师范学校，毕业后分配到精河县三中（第三中学）任教，在任教期间教学成绩突出，曾被评为县级优秀教师。后因工作需要，于 1984 年调入县幼儿园任教。从此，她把自己的人生追求和对事业的执着，无私地倾注在了广大幼儿身上，用心血和汗水浇灌祖国的花朵。1985 年，她在工作中表现突出，被教育局任命为副园长，在任副园长期间，分管园内后勤工作，此外还兼任教师，再重的担子她从来没叫过苦，她吃苦耐劳的精神，为全园教职工树立了榜样。她采用科学的管理方法，严格按照幼儿园制定出的幼儿园五年教育管理工作规划，加强了党组织建设，配齐了工、青、妇组织，建立健全了幼儿园各项岗位职责，把目标管理与教职工的实际工作相结合，责任到人、严把质量关，从计划、实施、总结、检查四个环节来考核后勤工作业绩，极大地调动了后勤人员的积极性。

她十分重视加强民族之间的团结，对园里困难职工经常问寒问暖，让她们安心工作。在食堂管理工作中，为进一步促进幼儿身体的健康成长，实行了“三餐一点”制，组织保健人员、食堂工作人员一起认真研究、探索，为幼儿提供合理的营养，从而保证了幼儿的正常发育和身心健康、和谐发展。在卫生方面，狠抓卫生保健工作，严格落实本园制定的《卫生保健制度》，对园内卫生实行定期与不定期检查，检查结果与考核挂钩、与工资挂钩。本着对幼儿及家长高度负责的态度,严把质量关,狠抓食品安全,及时督促保育人员对园内的卫生实行每天清扫,幼儿餐具做到每天消毒。

作为一名少数民族领导,达·于建充分发挥自身在语言上的优势,带领着后勤工作人员辛勤劳作。在她管理的食堂、糕点房这个小集体中,共有12名少数民族,2名汉族姐妹,在她的影响下,大家从没红过脸,发生过一次口角。

达·于建对幼教事业执着的追求,无私的奉献精神,深深地感染着每一位教职工和身边的人,发挥了共产党员的先锋模范作用,推动全园各项工作蒸蒸日上,她是一位名副其实的优秀共产党员和先进工作者。达·于建将会以更加饱满的热情继续摸索,不断开拓创新,用爱去托起明天的太阳。

**景生**　男,汉族,1959年出生,中共党员,大学学历,时任博州农业科技开发中心推广研究员。

2003年被景生评为自治州第八批专业技术拔尖人才;2003年度被国家农业部授予"全国农业科技年"活动先进个人;2004年被评为自治区"科技之冬"活动先进个人和"百名优秀农技推广员";2004年度获准享有国务院特殊津贴待遇;2005年被评为自治区先进工作者;2006年被评为自治区"十佳"科技特派员;2007年获评UNDP项目省级科技特派员,是本地区农业技术推广的带头人之一;2008年被评为自治区民族团结先进个人;2016年获全国五一劳动奖章。

景生从事农业技术研究及推广工作很多年,被中粮屯河博州糖业有限公司聘为科技特派员已经5个年头。其间,参与实施"博州棉花供给侧改革关键技术研究示范推广"项目,通过项目实施,轧花企业、种子企业、合作社和农户形成社会联盟、产业联盟,按照统一品种、统一种植、统一管理、统一采收、统一销售的模式，分别在博乐市、精河县有序推进棉花供给侧改革。景生主持实施“博州特色植物优质高效综合配套技术研究及示范推广”项目，通过项目实施总结出适宜博州地区特色作物优质高效栽培技术模式，在全州进行推广应用。2019 年推广甜菜膜下滴灌面积 100%，机采种植模式面积占总播面积的 95%，一膜双管面积占总播面积的 85% 以上。

**阿布都热依木·玉努斯**　男，维吾尔族，1973 年 1 月出生，本科学历，中共党员，时任博乐市公安局党委委员、副局长、三级高级警长。

2010 年阿布都热依木·玉努斯被评为博州公安局体能技能训练先进个人；2014 年被自治区公安厅评为全疆优秀人民警察；2014 年、2015 年、2016 年先后被评为优秀公务员；2017 年获自治区开发建设新疆奖章荣誉称号；2017 年获公安部全国优秀人民警察荣誉称号；2018 年荣立公安部个人一等功 1 次；2021 年获全国五一劳动奖章荣誉称号和自治区优秀共产党员。

阿布都热依木·玉努斯作为博乐市公安局党委委员、副局长，面对来势汹汹的新冠肺炎疫情，他清醒认识到自己肩上这副担子的分量，他坚持把加强政治建设紧紧抓在手上，把认真深入学习贯彻习近平总书记重要指示和党中央决策部署，学习各级部署要求作为重要政治任务，制定并执行每日“三个一次”工作模式，即每日一次狱情分析会、每日一次督导检查、每日一次向市局党委汇报工作。指导看守所党支部开展“凝聚抗疫力量、争做抗疫先锋”主题党日活动，为民警讲“战疫”党课 3 次，强化党员民警“四个意识”，坚定“四个自信”，做到“两个维护”。

自疫情暴发以来，阿布都热依木·玉努斯主持研究制定新型冠状病毒感染的肺炎疫情应急处置预案和监所管理工作有关规定，研究具体工作落实，做出细致安排部署。作为分管监所局领导，能够设身处地为民警职工着想，体恤封闭执勤人员的不易，他提议组建后勤服务组，并直接领导开展工作。领导后勤服务组做好工作的同时，他十分关心家庭有特殊变故和特殊情况的人员，警务人员巴叶尔在监区开展工作时，突发疾病住院做手术，他立即协调院方领导，“我们的民警是在抗疫战场上倒下的，恳请你们用最好医疗让他尽快恢复”。基于对疫情防控和监所安全的科学判断，他把统筹推进教育转化工作，切实维护好防疫期间监所安全稳定，作为重要责任扛在肩上，抓在手中。以扫黑除恶专项行动为契机，在加大对监所安全管理的同时，加大深挖力度，积极发挥阵地优势，用好监室信息员，广开线索渠道，进一步完善协助破案工作机制，采取多重措施推动协助破案工作取得实效。坚持每天下监室（拘室）开展工作，指导看守所民警开展谈话教育和深挖余罪工作，充分发挥监管场所第二主力军作用，严厉打击罪犯违规违纪行为。他指导拘留所将常态化开展矛盾化解工作与日常管教有机结合，采取“查、看、问、听、访”等多种方式，深入摸透掌握被拘留人员的信息与思想心理动态，积极主动开展教育疏导工作。

在他的带领下，2020 年博乐市看守所荣获了全区公安监管工作成绩突出单位、荣立集体二等功。在出入境管理大队指导工作时，他坚持带领出入境民警做好常态化疫情防控工作，严防境外输入性病例，深化“放管服”改革，力争简化办证手续流程，确保各民族群众申办普通护照提交的申请材料一致。深入推进出入境“八项措施”“五项措施”“全国通办”及“只跑一次”制度等各项“放管服”措施，做好出境未归人员动态筛查工作。强化管控措施，提高境外情报信息收集质量，安排部署“一人多证”问题专项清理工作，取得一定成效。

阿布都热依木·玉努斯面对疫情防控大战大考，他以高度的政治自觉和强烈的责任担当，诠释了对党忠诚，践行了“两个维护”。他的努力是因为藏蓝制服赋予的使命，是因为红色党旗的责任担当，更是人民警察的甘于奉献和作为。

## 第四节　自治区劳动模范、先进工作者和开发建设新疆奖章获得者简介

### 一、自治区劳动模范获得者简介

**杨秉成**　男，汉族，中共党员，1935 年出生，大专学历，时任博州邮政局高级工程师。

1955 年杨秉成被评为自治区劳动模范。

杨秉成是新中国培养起来的第一代通信专业技术人员，1955 年被分配到新疆伊宁市邮电局工作，这里是国际通信的终端站，肩负着连接国际通讯汇接工作的艰巨任务，当时是解放初期，我国国内通信设备非常落后，使用的大多是外国陈旧的通讯电台、载波机、电报机等设备。在此情况下，他和单位同事不畏艰难，勤学苦练，不断熟练设备性能，同时积极开展技术创新活动，深挖设备潜力，确保了我区对外通信的畅通，取得了一定的工作成绩，其班组被评为先进班组，他作为代表参加了自治区劳模大会，并被授予了先进工作者的光荣称号。

杨秉成在专业技术上，对自己始终坚持“高标准，严要求”的原则，刻苦钻研技术，勤练基本功，在业务上高度注重理论与实践相结合，在工作中取得了较好成绩，于 1960 年被自治区邮电管理局破格评定为工程师，并调任至博州邮电局工作。当时博尔塔拉蒙古自治州成立不久，通信条件比较落后。在此情况下，杨秉成克服困难，迎难而上，没有条件、创造条件，带领同事们先后建立载波、电力室，为通向自治州及周边地州通信提供了强有力的支持，实现了电信设备从无到有的快速发展。60 年代初期，杨秉成带领一班人成功地开展了广播载波机的研究工作，改

变了当时一对电话线只能担负着通电话或放广播其中一项任务，而不能同时兼顾两项任务的局面，该成果得到了自治区邮电管理局的充分肯定，在自治区邮电工作会议上，试制小组被命名为“杨秉成技术革新小组”，试制成果作为展品参加了北京邮电部举办的展览会。1992 年，杨秉成在博尔塔拉蒙古自治州引进先进程控交换机的工作中，随团赴香港及欧洲进行了考察活动，他说：“认识到了我国通信行业的差距，也感受到了我国所取得的骄人成绩，感到非常骄傲和自豪。”

**王焕兰**　女，汉族，1936 年 10 月出生，中共党员，原博乐市团结商场职工。

1959 年获全国三八红旗手荣誉称号；1960 年 1 月被兵团树为十二面红旗标兵之一，同年被评为二级英模，同年被评为自治区劳动模范；1963 年被兵团树为青年标兵。

1958 年 1 月，在王焕兰的再三要求下，到红星二分场养畜队当饲养员。她在工作中勤勤恳恳，通过开荒种菜，改进饲料管理等措施，带领大家克服了饲料不足的困难，同时注重圈舍管理，保证了猪圈卫生达标。在接受饲养巴克夏的任务后，一年中有 200 多天住在猪舍观察看护种猪，在她的精心管理下，饲养班喂养的 120 头母猪，年终繁育增加 183 头，净增率达到 152.5%。

**景贵河**　男，汉族，1931 年 1 月出生，中共党员，精河县红旗加工厂退休干部。

1973—1982 年，景贵河曾获得精河县和自治州劳动模范称号，并出席自治州人民代表大会。1974—1980 年，先后被评为自治区劳动模范，并出席自治区人民代表大会。

景贵河自 1959 年调入精河县红旗加工厂工作，几十年来他凭着刻苦钻研和对事业的追求,在平凡的工作岗位上踏出了一串闪光的人生足迹,他曾多次被评为县、州、区级劳动模范。几十年来,景贵河在工作上虽然取得了不少成绩,受到同事们的赞扬和领导的好评,可他总是将荣誉作为鞭策自己的动力,用自己扎扎实实的工作做一个称职的木工,以无愧于自己取得的荣誉。

1959 年,景贵河调入精河县红旗加工厂工作,1973 年加入中国共产党,1975 年担任精河县红旗加工厂带锯车间主任,作为一名党员,他严于律己,身先士卒,带领车间全体人员认真扎实完成工作任务。

景贵河热爱祖国、热爱集体,坚持党的各项方针政策,拥护中国共产党的领导,工作中关心集体,团结各民族,爱岗敬业,热爱公益,遵纪守法。

景贵河任劳任怨,在木工加工工作中奋战了几十个年头,他是大家的带头人、好榜样。他吃苦在前,享受在后,不争名逐利,一心一意为单位增光添辉,他的"拼命三郎"精神,他的持之以恒的劲头,他的亲如兄弟的感情看在大家眼里,记在大家心里,他身上的这些优点,他所具备的人格魅力深深地感染了每一个人,他所取得的骄人成绩赢得同事们的认可和领导的好评,更赢得了精河县红旗加工厂广大职工群众的普遍赞誉。景贵河在平凡的岗位上默默地奉献自己的一切,以一名共产党员的高风亮节实践着为党、为集体奋斗一生的诺言。

**龚仁才**　男,汉族,1936 年 11 月出生,博州民政局养老院退休干部。

1975 年龚仁才被评为自治区劳动模范。

龚仁才在新疆工作的 38 年中,不管是在领导岗位,还是在基层工作,工作中从不摆老资格,在多年的工作、学习和生活中,他始终认真学习马克思列宁主义、毛泽东思想,贯彻执行党的路线、方针、政策和法律、法规，遵守各项规章制度。在工作中，龚仁才严于律己，带头执行单位的各项规章制度，就连平时打扫卫生，日常的政治、业务学习他都走在前面。龚仁才在处理日常公务、对待职工切身利益方面，始终能做到公道、公正。不搞你亲我疏，一视同仁，是讲原则、讲正气的楷模。在具体工作中，要求职工做到的，他首先做到；要求职工不做的，他带头坚决不做。在业务工作中，他既是指挥员，又是战斗员，与大家一起从事基层工作，掌握了大量的一线资料，为调整工作思路、正确决策提供了切实保障。

当他还是一个普通工人时，在工作中，他就从不怕脏不怕累，哪里需要就到哪里去，做一行爱一行，团结同事，在同事有困难时，他常常热情帮助他们。有一次，当时的粮食非常紧张，家家都不够吃，他自己一家也过得非常困难，可当一个同事来向他借粮食时，他毫不犹豫就把家中的粮食拿了出来，宁愿自己一家吃洋芋。平时工作中，他总是抢最累最脏的活干，第一个上班，最后一个下班。在遇到涨工资、分房子这样的好事时，他总是事事让给别人，几次给他涨的工资和分的房子都让给了别人。有一次涨工资，是专门奖励给工作突出的，大家都觉得这次他应该拿这一级工资了，可当他看到一个少数民族家庭很困难时，就又一次让给了别人，当时有人说他傻，可他常常说，我们现在靠了党，靠了毛主席，过得很不错了，我应该好好工作。他就是这样，吃苦在前，享受在后，从不讲报酬，任劳任怨，受到了上级党委、政府和周围群众的一致好评，他本人也多次被自治区及州党委、州政府评为劳动模范、先进个人。

**亚力买买提·库那洪** 男，维吾尔族，1954 年 8 月出生，中共党员，温泉县博格达尔镇党支部书记。

1978 年被评为自治区劳动模范；1978 年获得了自治州及温泉县商业系统“先进个人”荣誉称号；1992 年、1994 年先后获评商业系统“先进个人”荣誉称号;1993 年被评为“双拥工作者”;1999 年被博格达尔镇授予“优秀共产党员”荣誉称号。

亚力买买提·库那洪是我们身边的一位平凡而普通的工作者,他没有惊天动地的伟业,没有感人肺腑、动人心弦的事迹,有的是一位共产党人最普素的情怀,一心扑在工作上,孜孜不倦、默默奉献。亚力买买提·库那洪退休前,先后就职于温泉县商业总公司、温泉县博格达尔镇政府,“严于律己,宽以待人”是他做人的标准,“一丝不苟、忠诚党的事业、踏踏实实为人民服务”是他对工作的标准,多年来受到上级的表彰,在荣誉面前没有丝毫的骄傲,时刻没有忘记自己是一名共产党员,就是凭着这种精神,坚定不移的执行党的的路线、方针、政策。2003 年 9 月,亚力买买提·库那洪告别了自己战斗了 18 年的工作岗位。退休后,他始终牢记自己的党员身份,继续活跃在服务单位、服务社会的舞台上,用务实行动彰显着他多年如一日的实干担当,深受各族群众的拥护和爱戴。

**秀尔娜** 女,蒙古族,1934 年 9 月出生,中共党员,原博乐市团结商场退休干部。

1959 年 10 月,在迎接新中国成立 10 周年的“增产节约”百日活动中成绩突出,秀尔娜获得乌鲁木齐共青团商业委员会奖;1959 年 10 月 29 日,在友好商场“增产节约”活动中成绩优异,获得乌鲁木齐市委员会荣誉奖;1955—1985 年,30 年表现突出特授自治区荣誉奖;1960 年 1 月,获得乌鲁木齐市商业局颁发的标兵称号;1960 年 2 月 25 日,获得乌鲁木齐市妇联三八红旗手荣誉称号;1982 年 12 月,在团结商场各项工作突出荣获先进工作者奖;1984 年被评为自治区劳动模范。

秀尔娜在博乐团结商场工作期间,作为专柜主任,她总是带领大家积极工作,所有事情坚持亲力亲为,并耐心培养员工去熟悉工作。记得有一个刚入职的新员工不知道如何理货,她亲自带领这个员工,并耐心地教对方如何理货，如何摆货，并耐心传授经验。

50 年代、60 年代，很多少数民族妇女思想比较保守，不愿意到商场当柜员，秀尔娜给她们做思想工作，与她们沟通，说服她们，在秀尔娜的努力下，很多姐妹们思想被她做通了。她们就跟着秀尔娜出来一起干，通过实际工作不仅让很多女性同胞有了工作，能够自立自强，还成为新时代的职业女性。

秀尔娜因爱人工作调动，1961 年从乌鲁木齐友好商场调往博乐团结商场，在团结商场工作期间，她根据自己在乌鲁木齐友好商场的工作经验，把友好的先进理念同博乐当地的实际情况相结合，开创了一种新的模式，在秀尔娜的努力下，博乐团结商场成立了民族专柜，她也成为民族专柜的第一任主任。在新疆地域比较大，有些牧区人员要买商品，秀尔娜就把货亲自从乌鲁木齐进过来，然后坐上东风货车，再一个一个给牧民送过去，让牧区人民也能买上生活用品。她就是这样一位责任心强、关爱他人、带头创新优质服务的好员工。

**巴哈尔·哈里克**　女，维吾尔族，中共党员，1963 年出生，大专学历。曾是博州外贸公司地毯厂职工。

1989 年被自治区劳动就业局评为先进个人；1990 年被评为自治区劳动模范；1994 年被自治州评为优秀青年。

1984 年 6 月 22 日，巴哈尔·哈里克参加由中国、法国、日本、印度几个国家举办的国际博览会，并为各国代表作帕拉斯编织技术现场表演。通过现场表演，外国客商对我国新疆手工工艺生产的地毯和帕拉斯有了更深的了解，扩大了我国对外经济交往。她说："1981 年 5 月，我作为博州地毯厂的第一批工人，被派到去学习织毯技术。回来后仅一年时间，便成为厂里的技术尖子。1982 年负责厂里的生产技术指导，并当上了师傅。"

**周长明**　男,汉族,1954 年 10 月出生,中共党员,精河县精河盐化有限责任公司退休干部。

1990 年 9 月周长明被评为自治区劳动模范;2008 年 7 月被评为自治区国资委系统优秀共产党员;2017—2018 年,先后被精河县盐化有限责任公司评为优秀共产党员;2018—2019 年,先后被精河县精河镇幸福社区评为优秀联户代表;2020 年 12 月被精河县评为先进联户长;2020 年 12 月被博州新冠肺炎疫情防控工作指挥部、博州精神文明建设指导委员会评为最美志愿者。

周长明曾在精河农村劳动 5 年,1979 年正式参加工作,到盐场当了工人。当时盐场的环境是很艰苦的,地广人稀,到处是盐碱沙滩,终年大风肆虐,再加上远离县镇交通不便,对年轻的周长明来说,在这样的环境下长期工作,的确是个不小的考验。

周长明刚开始很不习惯,在干热的气候中经常上火,不是嘴唇烂就是流鼻血,不过后来慢慢就适应了。21 年来,他作为一名盐场职工,在艰苦环境中忘我工作着,也正是精河盐场有这样一批人,为国家创造着大量的财富,每年上缴的利税,接近精河全县财政收入的三分之一。

捞盐是场里最重的活儿,在当盐工的 4 年多时间里,周长明捞出的盐无论数量还是质量,年年在全场都是名列第一。一般职工每年捞盐都在 300 吨,而周长明每年却捞 300 ~ 600 吨,最高一年竟达 800 吨。1984 年,周长明当上了推土机驾驶员,在盐场开推土机是十分辛苦的工作,尤其在产盐季节,要冒着夏日 30℃ ~ 40℃ 的高温,在如同蒸笼一样的驾驶室里,一干就是十几个小时,其中滋味是常人难以忍受的。然而,季节又不等人,周长明一干起活来经常是午饭就在工地上吃,收工回家都是披星戴月,星期天从不休息,加班加点工作。

精河盐场地处碱滩下潮地,每年都有许多拉盐的车辆陷入碱滩出不来,无论白天还是黑夜,司机师傅们都要大呼小叫地敲周长明家的门。

而周长明无论是晴天还是雨天,不管路程近还是远,他总是随叫随到,热情地相助拖车,从不让拉盐的司机师傅在盐碱滩上过夜。提起周长明,各地拉盐的司机无人不晓。他们都说:"周师傅是个大好人。"周长明经常利用工作之余检修维修推土机,帮助工人师傅修理自行车和修补破胶靴。他的父亲曾是盐场医生,他便利用从父亲那儿学来的医学知识为盐场职工群众义务服务。周长明作为一名普普通通的盐场职工,在平凡的工作岗位上干着不平凡的工作,他每年平均为国家创造利润 2.5 万元,全场的职工都为他取得这样好的成绩感到十分敬佩。

**阿不都热西提·司马义** 男,维吾尔族,1954 年 4 月出生,中共党员,原博州供销社车队职工。

1990 年阿不都热西提·司马义被评为自治州民族团结先进个人;1991 年被评为自治州劳动模范;1995 年被评为自治区劳动模范,同年荣获自治区开发建设新疆奖章称号;1998 年被评为自治州优秀共产党员。

阿不都热西提·司马义 1987 年参加工作,无论是在工作上,还是在生活中,事事处处都是以一个优秀共产党员的标准严格要求自己,起到先锋模范作用,得到同事的好评。在《博尔塔拉报》《工人时报》《新疆日报》上曾刊登过诸多他的先进事迹。

**毛红** 女,蒙古族,1962 年 6 月出生,中共党员,博州棉麻公司退休职工。

1993 年毛红被评为自治区纺织系统先进工作者;1994 年被评为自治州三八红旗手;1995 年被评为自治区劳动模范。

1988 年 3 月,毛红已在精纺车间从事精纺工作 6 年,工作期间勤勤恳恳、任劳任怨、加班加点,从不计较个人得失,不断提高自身的操作技能和业务水平。对待学徒亲如姐妹,从点滴做起,从每一个环节传授关于纺纱的操作要点，年年被评选为厂级先进个人。获工会积极分子、操作能手等光荣称号，1993 年被评为自治区纺织系统先进工作者，1994 年被评为自治州市级先进工作者和三八红旗手，1995 年被评为自治区劳动模范。她是一位在平凡的岗位上，默默无闻奉献青春的普通员工。一分耕耘，一分收获。她成为博棉公司值得骄傲的代表，成为博棉公司不断发展壮大过程中的典范。1998 年她作为博棉公司的一名少数民族代表，光荣出席了全国工会第十三次代表大会，受到中央领导的亲切接见并合影留念。

毛红在博棉公司全体员工的鲜花和掌声中，在不断取得的荣誉面前，依然保持清醒谦虚的工作作风，用一颗感恩的心全心全意投入本职工作中，她带领班组员工勤学苦练，克服种种困难，深受广大员工的赞许和拥护。2000 年被评为自治州优秀共产党员，她以爱岗敬业踏实肯干的工作热情，诠释了一名共产党员为人民服务的根本宗旨。2006 年 8 月，她代表纺织行业全体共产党员，荣幸出席了博乐市第五次党代会。

**迪里拜尔**　女，维吾尔族，1955 年 7 月出生，中共党员，博乐市一中退休职工。

1995 年迪里拜尔先后被评为自治区劳动模范、优秀共产党员、民族团结先进个人等。

迪里拜尔自 1976 年 9 月至 1998 年 8 月在博州糖烟酒公司第二门市部工作，虽然工作条件恶劣，但她一直都勤于学习，任劳任怨，勤勤恳恳、孜孜不倦，同时注重培养新来的员工，让她们也变成公司精英人才，得到了公司领导和同事们的一致认可。1995 年凭着丰富的工作经验、饱满的工作热情、执着的敬业精神，被公司授予劳动模范的荣誉称号。

1998 年 9 月，迪里拜尔被调入博乐市第一中学，担任了图书管理员一职，图书室虽然条件没那么好，各科资料和学生看的书也不多，但老师们和学生积极性非常高，都非常爱看书。可为了老师和学生能够按时借书、换书，不顾家庭困难，去学校给他们服务。而现在学校图书室条件都好，干净舒适，各类资料齐全，学校教学楼宽敞明亮，老师上得放心，学生听得舒心。迪里拜尔说，回顾过去的30年，刚上班的那段时期，博乐市处处都是土房子，马路是土路，没有一个像样的建筑，没有暖气，生活很艰苦。学校也都是平房土房烧炉子，老师和学生都很辛苦。而现在，博乐市在党委政府的领导下社会发展很快，城市高楼大厦林立，城市道路宽敞，社会和谐稳定，人民安居乐业，各民族团结友爱，像石榴籽一样紧紧抱在一起，我们要为博州经济发展、社会和谐稳定，创建文明城市贡献自己的力量。

**阿布里克·阿吉**　男，维吾尔族，1938年6月出生，博乐市青得里镇顾里木图三村村民。

1995年6月阿布里克·阿吉被评为自治州民族团结进步先进个人；1995年9月被评为自治区劳动模范；1995年9月被评为自治区民族团结进步模范个人；1997年2月被评为博乐市五好宗教人士；1997年7月被评为博乐市双拥工作先进个人；1998年5月被评为青得里乡民族团结先进个人；2001年6月被评为青得里乡民族团结先进个人；2002年8月被评为博乐市十佳牧民；2004年4月被评为青得里乡先进个人。

阿布里克木·阿吉曾经是一个默默无闻的养殖户，他不忘党和政府的恩情，主动宣传党的政策，精心维护民族团结，积极参与、推进慈善公益事业，回报社会，赢得了各级领导和社会各界的赞誉，先后被自治区、自治州、博乐市各级党委政府评为“劳动模范”“双拥”工作先进个人、“非公有制依法建设先进个人”“就业和再就业工作先进个人”“道德实践和民族团结先进个人”等。

**丁广祥**　男,汉族,1952 年 10 月出生,中共党员,博乐市达勒特镇乌兰布呼村退休干部。

1995 年丁广祥被评为自治区劳动模范;2003 年被评为达勒特镇优秀村干部。

1964 年,丁广祥支边来到新疆,1969—1973 年参军入伍,复员后回到博乐市达勒特镇乌兰布呼村(原红峰大队),先后担任村委会治保主任、村团支部书记、村民兵连长等职,1992—2008 年担任村党支部书记及村委会主任。只记得他当时身材偏瘦,身高 1 米 75 左右,说话嗓门不高,性格开朗。不论和上级领导或村民交流,语气都显得很和气,一说话就面带微笑,给人一种平易近人的感觉。这么多年过去了,丁广祥的一举一动、一言一行、为人谋事仍让村里的老年人、年轻人印象深刻。"老书记人这么好,我们怎么会把他忘了。"李怀忠老人回忆起过往潸然泪下。"我还炖了一锅肉和糯米苞谷,等他串门过来吃……"78 岁的李怀忠与丁广祥相处了几十年,老人的孩子常年在外务工,丁广祥每月都来看他两三次,送米、送面、送油、送孩子的学习用品,帮忙照料生活。2015 年 8 月,丁广祥来串门,发现李怀忠家里的灯不亮。他自己身子骨也不太好,但还是仔细排查原因,发现是线路老化,于是自己掏钱让儿子去镇里买来电线换上。"近些年来,老丁书记头发全白了,明显瘦了!"说起老书记,村民欧阳常义很是不舍,"他对我们特别好,时常挨家挨户串门,问我们缺啥、有啥困难、需要哪些帮助……"

20 世纪 90 年代初期,放眼望去,乌兰布呼村一片低矮的土坯房,唯一进村的两条路还是晴天一身土、雨天一身泥的砂石路。为落实危房改造项目,丁广祥挨家挨户动员村民拆了旧房准备建新房时,却发现砖涨价了。包工头嫌不挣钱,迟迟没有动工。眼见就要入冬,再不开工,村民们就要挨冻了。丁广祥直接找公社领导、找市领导,写请示、打报告,想尽一切办法解决问题。同时,他坚持给包工头做思想工作,介绍乌兰布呼村的实际困难。到 1994 年年底，乌兰布呼村通上了柏油路，建起了农贸市场、幼儿园、卫生所，大多数村民搬进了新房，通了自来水，安装了程控电话。1995 年，丁广祥由于工作表现突出，被评为自治区劳动模范。

**外里汗・阿那尔别克** 男，哈萨克族，1951 年 1 月出生，中共党员，精河县大河沿子镇政府退休干部。

1994 年 7 月外里汗・阿那尔别克被评为自治区优秀共产党员；1995 年 6 月被自治州评为牧区带头勤劳致富标兵、共同致富党员标兵；1995 年 9 月被评为自治区劳动模范。

外里汗・阿那尔别克几十年如一日，把爱心献给了事业，赢得群众的拥护和信任。他处处以党员标准严格要求自己，坚持四项基本原则，认真贯彻落实党的各项方针、政策，在各项工作中发挥了带头作用。

在精河县大河沿子镇一牧场、三牧场，外里汗・阿那尔别克的知名度很高。他不仅是一位勤劳致富的带头人，还是一名心系群众、乐于助人的优秀共产党员和劳动模范，精河县十届、十一届、十二届人民代表大会代表，自治州第八届党代会代表。他始终热爱中国共产党，热爱社会主义，拥护党的领导。在工作中，他是一个典型的致富带头人；在家庭中，他是一个好父亲。外里汗・阿那尔别克自 1978 年在大河沿子三牧场参加工作以来，认真学习党的农村工作政策，积极参加各种类型的技术培训，他把自己的青春献给了大河沿子镇牧业工作。

几十年间，外里汗・阿那尔别克依靠自己的聪慧、勤劳的双手给自己的生活增添了美丽的色彩，生活质量不断提高。他参加工作 40 年来，做的好事一件接一件，逢年过节他给本村困难户家庭的孩子免费做衣物 130 多件。外里汗・阿那尔别克作为一名共产党员，1992 年 9 月帮助解决两名学生的学费 4000 元。他为解决当地牧区群众生活困难，捐款上万元、捐赠面粉 750 公斤，使老年人和困难家庭感受到了家庭的温暖和党的关爱。有困难的人找他帮忙,只要他能做得到,外里汗·阿那尔别克从没有说过不行。牧业村所有牧民都说:“他真是个好党员、好领导。”他在村里发现没有经济来源的贫困农牧民,就经常为这些老人送衣物、生活费,使他们的生活无忧。

外里汗·阿那尔别克通过几十年的努力获得了诸多荣誉。1995 年 9 月他被评为自治区劳动模范;1995 年 6 月被评为自治州牧区带头勤劳致富、带领农牧民共同致富的党员标兵。他是一位好党员、好干部、好父亲。

**吐尔逊·麦得尼亚孜**　男,维吾尔族,1947 年 6 月出生,中共党员,精河县茫丁乡夹巴沟村退休干部。

1994 年 3 月,吐尔逊·麦得尼亚孜被精河县茫丁乡授予先进个人荣誉称号;1995 年 9 月被评为自治区劳动模范;1998 年 7 月被评为精河县茫丁乡优秀党员;2004 年 2 月被评为精河县农村无职党员设岗定责工作先进个人。

吐尔逊·麦得尼亚孜任职以来,他始终用共产党员的标准严格要求自己,坚持把群众的利益放在第一位,想方设法为群众排忧解难办实事,努力在平凡的工作岗位上默默无闻地实践着一名党员的人生价值。20 年如一日,在他的不断努力和创新中,夹巴沟村的各项工作都取得了优异的成绩。

吐尔逊·麦得尼亚孜在家中是一位合格的父亲,在工作中是一名严谨的党员干部。他在工作中获得的许许多多的荣誉,得到了群众的认同、支持和赞扬。他继续保持党和党员干部的光荣传统,坚持干一行,爱一行,不断加强政治和业务学习,努力提高自身素质和工作水平。他经常说:“作为党员干部,要起带头作用,夹巴沟村的事情,就是我们自家的事情,所以我们要充分发挥党员干部的作用,必须从自己做起,率先垂范。”

由于吐尔逊·麦得尼亚孜处处以身作则，情系群众、严于律己，他所在的班子团结，成为带领群众致富的坚强集体。他时刻牢记全心全意为人民服务的誓言，牢固树立了想群众所想、急群众所急的意识，积极为群众排忧解难。他一心为民、甘于奉献、勇于开拓的精神深深感动着夹巴沟村的广大党员、群众，在他的引领下，夹巴沟村的面貌发生了很大变化。吐尔逊·麦得尼亚孜虽然已退休了，但没有忘记自己是一名共产党员，仍然按时参加村队社区安排的各类学习、活动以及会议。他时刻记着自己是一名中国共产党培育出来的党员干部，力争从思想上改变自己，从行动上改变自己，做一名优秀的共产党员，做一名为人民服务的好干部。

**吐新巴特** 男，蒙古族，1964 年 9 月出生，中共党员，时任博乐市达勒特镇达勒特牧村党支部书记。

2000 年吐新巴特被评为自治区劳动模范；2006 年被评为自治州优秀共产党员。

政治思想纪律方面。吐新巴特积极遵守政治纪律和各项工作纪律，认真贯彻落实党委政府有关工作安排，在反对民族分裂、反对暴恐行为等大是大非问题上，做到立场坚定，态度不暧昧、行动不动摇，不传谣、不信谣，在思想和行动上与党委政府保持高度一致。认真学习领会党的十九大精神和习近平总书记系列重要讲话精神等内容，保持头脑清醒，用法律法规武装头脑，不断加强政治敏锐性。

做廉洁奉公、勤政廉洁的表率。多年来，吐新巴特严格遵守单位的规章制度，严以律己，摆正工作位置，时刻保持谦虚、谨慎、律己的工作态度，坚持做到堂堂正正做人、清清白白做事，坚持端正思想，树立了无私奉献的精神品格，敢于吃苦，能正确对待荣辱得失。在思想上做到警钟长鸣。在工作方面,吐新巴特积极投入工作中,本人服从领导安排,多次被派到上访村、矛盾村解决村上的问题,使这些村队由后进村变成先进村队,面对疫情,从个人而言,谁都希望避而远之,但是,作为党员,吐新巴特冲锋在前,给群众做了表率,始终冲在第一线,他说因为我是党员我先上。疫情期间主动要求到精阿高速公路项目部工作,严格按照疫情防控要求来调解民工在工作中的纠纷,克服困难,坚守岗位,做好每一项工作。教育引导他们及身边亲友无特殊情况做到不串门、不聚会、不聚集,以实际行动有效切断病毒传播途径。在接待上访人员中,他认真做好解释工作,同时宣传党的相关政策,协助领导认真处理,确保上访问题没有进一步扩大,最后问题得到妥善解决。回顾过去,展望未来,对于过去的得与失,他会吸取好的方面强化自己的工作潜力,把不好的方面在自己以后的工作中排除,努力在今后的工作中不断前进。吐新巴特相信通过自己的努力和同事的帮助,以及领导的指导,自己会成为一名优秀的工作者,充分发挥自己的潜力,提高工作主动性,不怕多做事,不怕做小事,在点滴实践中完善提高自己。摆正位置,积极配合好领导的各项工作。吐新巴特多年来积极帮助农牧民解决问题,只要牧民有需求从来不推诿,尽全力帮助协调解决,累计帮助很多人,并且参加各类捐款活动,用自己微薄力量尽力去帮助需要帮助的人,做一个让党放心,群众满意的干部。

**阿依古丽·达吾提**　女,维吾尔族,1968 年 3 月出生,中共党员,原博兰水泥有限责任公司退休工人。

2007 年 1 月,阿依古丽·达吾提被评为博兰水泥有限责任公司先进工作者;2008 年 11 月获得博兰水泥有限责任公司优秀共产党员荣誉称号;2009 年 12 月被评为博兰水泥有限责任公司优秀党员;2000 年 10 月被评为自治区劳动模范;2019 年 8 月被博乐市南城区街道朝阳社区居民委员会评为民族团结进步示范户;2019 年 3 月被博乐市南城区街道朝阳社区居民委员会评为“好婆婆”。

阿依古丽·达吾提退休前是博兰水泥厂的一名普通工人,平常工作在水泥厂第一线,干的是最脏、最累的活,尽管如此,她没有一点怨言,始终在自己的岗位上认真工作,确保她的工作环节不会有任何失误。在工作中,她既是大家的班长,又像一位大姐一样,关心照顾大家,始终牢记自己是一名共产党员,任劳任怨,耐心细致地做好工作。阿依古丽·达吾提坚信自己首先要做好表率工作,才能带好头,她爱岗敬业、严于律己,具有强烈的事业心和责任心,带领全体职工认真履行职责,认真完成上级交给的各项任务,取得了不错的成绩,得到了领导的认可。2007 年和 2008 年被博兰水泥有限责任公司评为先进工作者。她作为一名共产党员,在工作中,不畏困难,乐于助人,保持积极向上的精神,在普通的岗位上发光发热。2009 年被博兰水泥有限责任公司评为优秀党员。2000 年 10 月被评为自治区劳动模范。

阿依古丽·达吾提退休后,每次积极参加社区志愿服务、党员学习活动,每周五环境整洁日都能看到她的身影。她的邻居是一位 90 多岁的独居老人,她每次做饭时都会多做些给邻居送去,每两周帮助打扫卫生,送菜、送饭成了她的习惯。2019 年被评为博乐市南城区街道朝阳社区居民委员会民族团结进步示范户。

**比热克汗·奥开**　女,哈萨克族,1961 年 11 月出生,系博乐市个体工商户。

1999 年 8 月比热克汗·奥开获新疆维吾尔自治区阿肯弹唱会优秀奖;2000 年 10 月被评为自治区劳动模范;2001 年 11 月获首届新疆旅游纪念品设计大赛组委会颁发的哈萨克族男士花帽优秀奖;2002 年 10 月获博尔塔拉那达慕草原节阿肯弹唱筹备委员会阿肯弹唱表演第三名;

2003 年 7 月获精河县旅游局、妇联、工会、团委颁发的首届旅游纪念品设计大赛个人二等奖;2005 年 3 月荣获自治州妇女联合会优秀作品奖;2007 年 4 月在博州总工会组织的“五一”国际劳动节职工技术、技能操作赛中,获刺绣项目优秀作品奖;2009 年 9 月获精河县大河沿子镇党委、政府颁发的“手工制品展示暨民族刺绣图案现场设计大赛”一等奖;2015 年 3 月获精河县大河沿子镇党委、政府颁发的文化能人荣誉称号。

1961 年 11 月 10 日,比热克汗·奥开出生在精河县大河沿子镇一个牧民家庭。因为小时候家庭困难无法继续上学,只上了一年级就终止了学业。但是爱学习、爱劳动的她从未停过求知之路。白天帮家人干活,晚上向妈妈、村里的阿姨学刺绣、裁缝等技术。婚后,比热克汗·奥开买了一台缝纫机和一些布料在家开了一家小小裁缝店,从此就开始了自己的创业之路。她首先开始做各种哈萨克族特色的服装和小孩子的服装、刺绣,卖给或租给村、镇、县、州上的人,她的手艺很快就得到了大家的认可和喜爱。在这期间,她还免费教村里的妇女们裁缝设计和刺绣,并且带动她们创业。村里的妇女们从没有月收入到每月有 1000 元左右的收入,这给村里的妇女带来了一个新的开始。这也表现出了比热克汗·奥开是一名优秀善良的创业者。

比热克汗·奥开不只是一个优秀善良的创业者,她还被村里人称为善良的天使。本村有一名叫吾丽仙的残疾老人,只有女儿在身边照顾她,其他的孩子都在外地打工,一年回一次家,老人非常贫穷,有时几天吃不上一口热饭。比热克汗·奥开知道她的情况以后,经常去慰问老人家,还每个月都给她们买面粉、大米、清油和生活用品。还教她女儿刺绣,把自己的活儿分给她干,给她工资。比热克汗一直坚持帮她们,吾丽仙老人去世后,比热克汗妥善处理了老人家的后事。听到此事的村里人都赞美她是善良的天使。

比热克汗·奥开还是一名维护民族团结的好邻居。她的邻居是一个汉族家庭,这两家互相学习,和睦相处像亲人一样过日子。比热克汗在两家中间做桥梁作用,向他们学习种菜、种花技术,还教给他们做酸奶、做奶茶、做馕等。节假日两家人聚在一起唱歌、跳舞、聊天,和睦相处。

比热克汗·奥开还是一名优秀的阿肯弹唱者。1986 年 8 月 15 日,她参加了庆祝博州建州 30 周年阿肯弹唱会并获得第二名,从此年年都参加县、州、自治区举行的各种阿肯弹唱会比赛,并取得出色的成绩。1999 年 8 月 18 日,参加了在新疆维吾尔自治区举行的庆祝"中华人民共和国成立 50 周年"阿肯弹唱会并获得"优秀阿肯"荣誉称号。

2009 年,比热克汗·奥开在博乐市开了一家专门卖民族服装、现代服装、手工、刺绣、首饰的缝纫店和服装店,继续培养徒弟,免费教他们缝纫设计技术。比热克汗·奥开把订单分给自己的徒弟们和村里的妇女们,以提高她们的收入。在这期间,她加入博乐市"天使妈妈"基金会,每个月给生活有困难的学生捐款。比热克汗·奥开就是这样一位善良、勤劳的人,她不断地努力,为家乡贡献自己的力量。

**王俊**　男,汉族,1962 年 7 月出生,中共党员,时任阿拉山口博报国际货运代理公司党支部书记、董事长兼总经理。

1995 年王俊被评为阿拉山口管委会优秀共产党员;2000 年被评为自治州劳动模范;2000 年被评为劳动就业先进个人;2001 年被评为自治区劳动模范;2010 年、2011 年连续两年被评为优秀共产党员。

王俊是一名普通的共产党员,几十年如一日,不计功名利禄,不计个人得失,用共产党人的标准严格要求自己;他是一位和蔼可亲的领导,哪家有困难,哪里就有他的身影,用真爱和善举感动周围所有的人;他是一名优秀的管理者,带领 30 多名国有下岗员工组建了阿拉山口博报货代公司,面对竞争激烈的货代领域积极调整经营模式,使企业经营在口岸这10年来始终是一枝独秀,用一颗拳拳之心托起了民营企业的明天。民营企业要发展壮大,关键在于经营者要坚持党的领导,真正把理念根植于企业发展中,践行理想信念,就要勇于担当社会责任,这位贴心人就是阿拉山口博报国际货运代理公司党支部书记、董事长兼总经理王俊。

王俊心系员工,对员工始终怀着一种深厚的感情,想问题、做事情都从全心全意维护职工群众利益的高度出发,他总是想职工之所想、急职工之所急,热心帮助员工解决实际困难,努力为员工办实事,使广大职工群众感受到了党组织的温暖。

1997 年,单位严重亏损,经营困难,许多职工因此下岗,作为一名共产党员,王俊临危受命担任总经理来减轻公司负担,这样既可分流人员,又可以代理进出口业务,为公司谋求新出路。

功夫不负有心人。2000 年公司成为博乐国税、地税纳税大户,当年王俊被评为“自治区劳动模范”。2003 年,博州外贸储运公司国有资产私有化改革,将公司整体卖给新疆阿拉山口木业股份有限公司,全员职工工龄买断,身份由国有职工变为民营企业员工。2006 年,由于国内外市场变化,山口木业股份有限公司决定撤出阿拉山口,30 多人又一次面临失业,为了职工的就业和生存,王俊召集党支部成员商议,决定由职工出资,成立属于职工自己的公司。但部分员工积极性不高,注册资金不够,经过艰难的筹备,2006 年 7 月 18 日,阿拉山口博报国际货运代理有限公司终于在阿拉山口工商局注册了。公司自主经营,自负盈亏。2012 年,受经济大环境影响,阿拉山口货量锐减,货代企业纷纷开始裁员,但是王俊顶住压力,没有裁减一名员工。他认为企业对于员工的凝聚力和吸引力,员工对于企业的向心力和创造力,对企业来说起着至关重要的作用。王俊决定通过增收节支,加强优质服务等多项措施来缓解压力,王俊的做法使得员工保持了良好的心态,最大限度地发挥着工作积极性。一下子,大家由原来的打工者变成了企业的主人。

现在,博报国际货运代理有限公司已初具规模,公司被中国国际货运代理协会评为“企业信用评价AA级信用企业”;被中国报关协会评为“全国优秀报关企业”;被乌鲁木齐海关评为“AA级报关企业”。企业内部和谐的氛围更加浓厚,稳定人心就是经营企业,这就是王俊管理企业的理念。

2013年6月,开展党的群众路线教育实践活动以来,王俊带领公司全体领导层开展批评与自我批评教育活动。活动中逐条检验作为领导及一名党员有没有工作上的疏漏,发现问题及时改正,把关心职工群众生活方面进一步深化到思想层面,走访公司困难员工。他时刻关心员工生活,公司新进职工严则栋的孩子在外地上学出现意外,他得知这一情况以最快的速度为夫妻两人订了飞机票。他竭尽全力为职工解决最紧迫、最期待的问题。对公司员工的矛盾,他总是主动调解、耐心细致做思想工作,切实帮助员工从思想上解决问题,维护了区域的和谐稳定。公司员工发生伤、老、病等情况时,他总是及时安排做好慰问工作,把党组织的关怀和祝福送到职工群众的心坎儿上。

王俊时刻牢记自己是一名共产党员,在平时的工作中,事事、处处、时时都以党员的标准来严格要求自己,以一名党员干部的身份来约束自己,对事业兢兢业业、勤勤恳恳,表现出强烈的事业心和高度的政治责任感,在公司党员干部中树立了榜样。他几年如一日,将自己的责任、热情、智慧和心血全部奉献给了公司。

王俊已成为事业的骨干、人民的公仆。在政治上,他认真学习中国特色社会主义理论,他认为作为党员必须爱国、敬业、诚信、守法,不断努力提高自身素质,严格遵守党的纪律和以党员的标准严格要求自己,作为班子成员,在工作上必须为党为企业负责,在平时的学习与工作中要为全体党员、职工做出表率。他发挥党支部书记的凝聚作用,始终把加强团结、增强班子凝聚力、构建良好的协作关系作为首要任务,在他的带领和支委的共同努力下，公司树立了勤业、敬业，积极进取和团结向上的精神。他平易近人，在工作上充分发扬了民主，做到了管事上讲公平不讲亲疏，管人上讲原则、不讲关系，纪律上严格要求自己、奉公守法，作风上做到了公道正派，从而起到了团结班子和凝聚职工的作用。他充分发挥党支部书记组织作用，从而有力地发挥了党支部的战斗堡垒作用，公司的向心力和凝聚作用不断加强。

一个党员一面旗，党旗飘扬聚人心。博报国际货运代理公司已经形成了关键岗位有党员，先进员工有党员，优秀人才是党员的良好局面，党组织和党员真正成了企业发展的核心力量。在王俊身上，有一种坚定的信念鼓舞着大家，愿他在商海中乘风破浪，扬起理想之帆。

**吐尔逊娜依·尼扎洪**　女，维吾尔族，1950 年 6 月出生，中共党员，精河县茫丁乡皇宫北村退休干部。

1991 年 5 月吐尔逊娜依·尼扎洪被评为自治州劳动模范；1999 年 12 月被自治州人民政府授予“全国人口普查先进个人”荣誉称号；2000 年 9 月被国家计划生育委员会授予全国优秀计划生育中心户组长荣誉称号；2001 年 9 月被评为自治州劳动模范；2005 年 10 月被评为自治区劳动模范；2008 年 2 月被精河县茫丁乡人民政府评为“人口与计划生育工作先进个人”；2012 年 6 月被精河县茫丁乡授予敬业奉献道德模范荣誉称号；2016 年 11 月被博州妇联授予“民族团结一家亲·最美家庭提名奖”荣誉称号。

吐尔逊娜依·尼扎洪在注重搞好本职工作的同时，还帮助抓好扶贫帮困工作。村民热比古丽 1994 年丈夫因病去世，带着两个孩子生活十分困难，吐尔逊娜依·尼扎洪得知后，主动向村委提出包户帮扶热比古丽。于是吐尔逊娜依·尼扎洪经常给热比古丽送去大米、面粉和衣物，帮她解决贷款，并手把手地教她种植技术，在吐尔逊娜依·尼扎洪的大力帮助下,热比古丽顺利地实现脱贫,她激动地逢人便说是吐尔逊娜依·尼扎洪给了她今天的幸福生活。

吐尔逊娜依·尼扎洪处处以党员标准严格要求自己,坚持四项基本原则,认真贯彻落实党的各项方针、政策,在各项工作中发挥了带头作用。吐尔逊娜依·尼扎洪经常向村民宣传"新疆是我们伟大祖国不可分割的一部分,新疆自古以来就是多民族聚居、生活和共同开发、建设的,各民族之间你中有我、我中有你"。她还大力宣传"三个离不开"的思想,由于她处处带头,皇宫北村社会治安一直稳定,村民们都一心扑在发展经济上。

吐尔逊娜依·尼扎洪还兼任村人民调解员,10 多年来,经她调解的各类纠纷达 100 多起,由于她热心、耐心,深得村民好评。吐尔逊娜依·尼扎洪身为一名党员干部,在村里各项工作中都积极带头,为全村各项工作开展奠定了基础。首次在村里推广高密度植棉技术,开始村民们都不相信,也不愿种,吐尔逊娜依·尼扎洪积极配合村党支部、村委会说服丈夫,自己带头种了 7 亩,还广泛向村民讲述高密度植棉的优点,由于多方努力,最终圆满完成上级下达的任务。

吐尔逊娜依·尼扎洪用自己的实际行动,全心全意服务村民,践行了一名共产党员为民服务的宗旨。

**结恩斯·卡依肯** 男,哈萨克族,1969 年 3 月出生,精河县八家户农场牧业二队牧民。

2005 年 10 月结恩斯·卡依肯被评为自治区劳动模范。

结恩斯·卡依肯全家 7 口人,2 个劳动力,有大小牲畜 600 头(只),其中牛 34 头、羊 530 只,饲养马 36 匹。草料基地 167 亩,2020 年人均收入 10 万元。

结恩斯·卡依肯是 1992 年来到牧业二队定居点的,通过多年的艰苦创业,他已成为年纯收入20万元以上的致富能手,从而成为定居点的富裕大户。他本人在牧业二队从事放牧劳动。1992年,场里折价归户给他生产母羊160只,生产母牛10头,分给他草料地167亩。结恩斯·卡依肯把放牧养殖的经验用在牛羊的饲养繁殖上,走出了种养业一体的新型养殖之路。几年过去了,结恩斯·卡依肯的蓝图被绘上了重重的带着丰收喜悦之情的一笔,他种植的10亩棉花、30亩玉米、85亩苜蓿、10亩百脉根、32亩人工改良草场等作物,由于管理得当,辛勤劳作获得了丰收。而牛羊等牲畜也由170只发展到现有的600只,其中现有饲养羊530只(绒山羊120只),饲养牛34头,饲养马36匹。产冷羔300只,发展西门塔尔牛11头,产牛犊16头,产绒山羊羔60只,家庭居住的环境也得到了彻底改变。他的付出终于换来了收获。队上的牧民纷纷称他有本事、有能耐,而他却说:"这不是我的本事,是实行定居的路子好。"获得了丰收,成了富裕户,他并不满足于现状,而是进行扩大再生产。结恩斯·卡依肯购进了粉碎机,实行长草短喂,又建起1座700平方米塑料暖棚,从而有效提高了牲畜繁殖成活率,羊羔的成活率达100%。

在结恩斯·卡依肯成了富裕户的同时,他始终没有忘记自己是一名劳动模范。他不断地告诫家人,不能只顾自己,要时刻考虑大家,"个人富不算富,大家富才算富"成了他的口头禅。他说到做到,每当队上和群众有困难时,他总是挺身而出,无私帮助解决。2002年队上打机电井,他从家中拿出6000元捐给队上打井,还用自己的小四轮义务拉石子铺路,还给队上困难户捐款、拉草、打草,转场搬家分文不要。2008年在汶川大地震时他和父亲商量,捐了3500元现金,另外还交纳了100元特殊党费。在黄牛改良工作中,他从外地购买一头西门塔尔牛和一头自繁自育西门塔尔公牛,为全队生产的母牛品种改良不收分文无偿服务。2005年,结恩斯·卡依肯被评为自治区劳动模范;2007年8月,他组织牧民修筑牧道,还请大家到蒙古包去吃饭喝奶茶,还屠宰了一只羊,热情招待大家。在他的感召下,全体牧民也纷纷加入致富的行列,2019 年精河县地震时他主动为牧业二队捐款 5000 元,2020 年武汉疫情捐款 3000 元。他今后的发展计划是进一步加快畜牧养殖业生产,扩大规模,向草原家庭农场集约化发展,联合牧业队牧民办起家庭农场,为社会做出更多的贡献。

**吐尔洪·买买提** 男,维吾尔族,1961 年 11 月出生,时任博乐金域房地产开发有限责任公司董事长。

2005 年吐尔洪·买买提被评为自治区劳动模范。

吐尔洪·买买提曾经是一个默默无闻的小铁匠,30 年来,他怀揣做大事业的梦想,积极投身经济建设主战场,勇立潮头,扎实苦干,开拓进取,硬是用一把小榔头敲出了两家当地知名大企业,承担了博乐市大量旧城改造任务,吸纳了许多下岗职工就业,让成百上千的各族百姓有了干事创业的舞台;建设了一批安全优质的房屋,让大家有了舒适温暖的家。吐尔洪·买买提在事业不断发展壮大的同时,不忘党和政府的恩情,主动宣传党的政策,精心维护民族团结,积极参与、推进慈善公益事业,回报社会,赢得了各级领导和社会各界的赞誉。先后被自治区、自治州、博乐市各级党委政府评为"劳动模范""发展个体私营经济先进工商户""非公有制依法建设先进个人""就业和再就业工作先进个人""道德实践和民族团结先进个人"等。

吐尔洪·买买提展示出新时代维吾尔族民营企业家的骄人风采。2003 年吐尔洪·买买提注册 300 万元资金,成立了博乐金域房地产开发有限责任公司,建设了 2600 平方米的住宅楼,2012 年建设了 5300 平方米的商业大楼。2014 年商业大楼竣工后,安排 250 余名工人就业。经济困境的个体户在两年内免除他们的租赁费,还给他们提供 10 万元以上的无息款项。从 2012 开始他承担了 4 名维吾尔族、1 名汉族贫困生高中到大学毕业的所有费用，为他们提供了一个好的学习机会。

近年来，吐尔洪·买买提向社会共捐款、捐物20余万元；为贫困户提供无息贷款50余万元，为贫困病人提供医疗费1.1万余元；就在四川汶川发生大地震的第二天，他就组织员工向灾区捐款4000余元，他个人捐赠6000元，向喀什巴楚地震捐赠1万元。2015年，吐尔洪·买买提开了一家金域爱心饭馆，帮助解决了博乐市500余名环卫工人冬天3个月的伙食问题。2016年10月18日，吐尔洪·买买提向实验中学患有白血病学生捐资1万元。2016年9月，博乐市环卫处环卫工人买买提·阿布力孜家庭贫困身患重病，为他捐赠1万元。

吐尔洪·买买提带领的博乐金域房地产开发有限责任公司向博乐市慈善机构捐款10万元用于疫情防控；还为博乐市北京北路金域小区门面房42位商户免去两个月租金，共计43.5万元。

2021年8月，在博州阿拉山口市疫情防控期间，吐尔洪·买买提先后捐款8万元物资，对生活困难职工群众给予了生活上的帮助。

**孙金文**　男，汉族，1947年5月出生，中共党员，博乐市房地产管理局退休干部。

2005年10月，孙金文被评为自治区劳动模范。

孙金文作为最基层的一名共产党员和小型企业负责人，不管做任何事情，他都能以身作则，听从党的领导，服从工作安排，能以党的事业为己任，无论在什么工作岗位上均能起到模范带头作用，受到了各级领导的一致好评，为群众做了许多好事实事，带领群众坚定拥护中国共产党的领导，走社会主义共同致富的道路。特别是通过学习党的百年奋斗历史，终身受益，坚持不忘初心，牢记使命，勇毅前行。

孙金文退休后，积极参加一些社会工作，随着年龄的增长，主动参加社区组织的学习和其他各类活动，在家系统学习了党的历史及相关文献，有《习近平新时代中国特色社会主义思想学习纲要》等书籍。通过集中和自己学习，有效提高了自身党性意识，坚定了自身的党员意识，时刻想着自己是一名共产党员。

孙金文自参加工作以来，实事求是，进取争先，在不同的工作岗位上为党和群众做了很多有益的事情，本着一个目标，求真务实，为群众多做有益的事情，为党争光，不做有损党的形象的事情，在不同的工作岗位上做贡献。

**艾尔肯·马木提**　男，维吾尔族，原博乐市市容环境卫生服务中心驾驶员。

2005 年 5 月艾尔肯·马木提被评为自治州先进个人；2005 年 5 月被评为自治区劳动模范；1990—2020 年先后被评为博乐市市容环境卫生服务中心先进工作者。

1990 年高中毕业的艾尔肯·马木提考上了市环卫处，从此当上了一名垃圾清运工。在别人眼里，一个风华正茂的小伙子应该去上大学、去当兵，而做一名环卫工人既脏又累，能有什么出息，可在艾尔肯看来，自己是一名清洁工，可以给这座城市带来洁净与美丽，自己凭劳动挣钱，没有什么丢人的。从此，他铁了心，当起了一名环卫工，这个既脏又累的岗位，曾让多少小伙望而却步，有的人干上几天就跑了，可艾尔肯·马木提不仅留了下来，而且一干就是十几年。在炎热的夏季，成群的苍蝇在身边乱飞，令人作呕的气味几乎使人窒息。艾尔肯·马木提戴上口罩，一干就是几个小时，直到垃圾池的所有垃圾清运完为止。在寒冬，垃圾结冰，必须用十字镐去刨，垃圾常常溅他一脸一身，可他从不叫苦叫累，用自己辛勤的劳动和汗水，换来了整洁干净的城市。

1997 年，因工作需要，艾尔肯·马木提被安排到垃圾场驾驶推土机，干起了填埋垃圾的工作，他每天清晨 7 点起床，开始推运垃圾，一推就是一天，到了夏季，垃圾场臭气熏天，成群的蚊蝇直往脸上扑，他毫不在乎，一干就是几个小时，从不停歇。数九寒天，气温降到零下 30 多度，铁轨车内没有暖气，艾尔肯只能穿着皮大衣、大头鞋，戴着帽子干活，两条腿经常被冻僵，实在冻得不行，他就下车跑一跑、跳一跳，活动活动手脚后继续干。有时，铁轨车脱轨，艾尔肯就冒着严寒动手修理，为单位节约了资金。随着博乐市人口不断增加，城市垃圾逐年增多，垃圾场上的工作量不断增大，他始终毫无怨言，经常加班加点，直到垃圾填埋完才收工。"我们环卫工人是城市的美容师，我宁肯自己苦一点，脏一点，也不能够影响城市的容貌。"艾尔肯·马木提以自己坚强的毅力和艰苦的劳动，赢得了大家的尊重。

艾尔肯·马木提 17 年的环卫生涯，从来没有享受过一个假日，他几乎不知道"节"的滋味，每年古尔邦节、肉孜节，大家都忙着走亲访友，他却一直坚守在自己的工作岗位上。为了博乐市更干净、更美丽，给市民创造一个清洁的环境，他用一人脏，换来了万家净。

艾尔肯·马木提就是这样，日复一日，年复一年，周而复始地重复他的劳动，他成为全市环卫工人的榜样。他在平凡岗位上，做出了不平凡的业绩，职工称他是一名"忘我工作的人"，是啥活儿都能干的好小伙儿。

**郭来福**　男，汉族，1955 年 6 月出生，中共党员，时任温泉县哈日布呼镇厄日格特村党支部书记。

2002 年 6 月，郭来福被自治州评为优秀党务工作者；2003 年被评为自治州劳动模范；2005 年被评为自治区劳动模范；2007 年被评为全国科普惠民兴村带头人；2016 年被评为自治区民族团结进步优秀共产党员。

在温泉县哈日布呼镇，有一位廉洁奉公、无私奉献，心里时刻装着百姓而深受村民拥护的模范共产党员、优秀党务工作者，他就是温泉县哈日布呼镇厄日格特村党支部书记郭来福。厄日格特村与八十七团之间有一条自然形成的泄洪沟，每遇暴雨，村北部乌拉斯台流域内的雨水下流汇集形成洪水，每年洪期都会冲毁不少农田、道路受阻，甚至造成民房倒塌，对两岸附近的居民的生命和财产构成威胁。2000 年，郭来福将此事提交到两委班子商讨，一致同意在村东北部建一条防洪坝。郭来福自己带头完成石方拉运任务，一时间家家户户出人出力，争先恐后完成石方任务。仅用了 5 天时间，全村完成石方量超过 700 方。在温泉县防洪办、水电局的支持下，一条由村民自发修建的防洪坝建成了。对面八十七团来人参观后，惊叹道“修了这么大的一个坝，100 年都不用担心洪水了。”

在农村，老百姓生活中最关心的莫过于吃水问题，厄日格特村也不例外。对于打井修水塔，村民的积极性很高，他也是信心百倍。钱不够时，他就把家里的 1 万元现金拿出来垫付；凿井需用水，就和村委主任兰勇一道开着拖拉机，到二干渠一趟一趟地拉水。功夫不负有心人，厄日格特村的村民们当年就吃上了自来水。

**代玉清**　男，汉族，1954 年 10 月出生，中共党员，温泉县人民检察院退休干部。曾任温泉县人民检察院检察长、温泉县人大常委会副主任等职。

2005 年 10 月，代玉清被评为自治区先进工作者。

代玉清担任检察院检察长以来，始终坚持“公正执法、加强监督、依法办案，从严治检、服务大局”的工作方针，使检察工作成绩斐然，连续 8 年无错案，受到社会上的广泛赞誉，也取得了温泉县检察院历史上的最好成绩。检察院党支部连续五年被县机关党工委评为“先进党支部”，三分之二的干警先后被评为先进工作者、优秀党员、办案能手等；2003 年 9 月，代玉清检察长被评为自治州“艰苦奋斗，勤政为民”先进个人，并由宣讲团在全州范围内进行了宣讲，博尔塔拉报对他的事迹进行了专题宣传报道。2005年司法资格考试成绩突出，自治区检察院为温泉县检察院记集体二等功一次，代玉清检察长先后被评为全区检察系统首届“双十优”优秀检察长，自治区先进工作者，自治州优秀共产党员。

**王树元**　男，汉族，1965年10月出生，时任博乐市城市客运交通公司车队队长。

2009年王树元被评为出租行业形象代言人；2010年4月被评为博尔塔拉蒙古自治州劳动模范；2010年9月被评为自治区劳动模范；2010年12月被评为自治区城市出租车行业“的士明星”；2013年4月荣获全国五一劳动奖章；2013年4月23日被《工人时报》誉为“的哥”中的微笑之星；2014年12月在博州交通安全知识竞赛中荣获集体三等奖。

王树元从事出租行业已有30多年，出租行业是城市的窗口，是博州的一道风景线，几十年来，王树元文明开车，严格要求自己文明服务，安全驾驶，弘扬雷锋精神，做到尽职尽责。力求精益求精，奉献爱心，努力做一个优秀的司机。

每年高考时，王树元都积极参加公司组织的爱心车队，免费为考生服务。王树元说：“这么多年来已经形成规模，这是我和客管创办的，现在公交车也加入了我们的队伍，也算为考生做的一件善事吧。”王树元积极参加公益活动，每年大雪纷飞的时候，都会第一时间出现在有需要的地方，同时也踊跃为贫困家庭捐赠衣物，及时给他们送去温暖。在他人遇到困难时尽最大能力出手相助。乘客落在车里的钱、手机、身份证、钥匙等都如数还给失主或上交客管办，这样失主能在极短的时间找到失物。2015年6月，在夏尔希里边防哨所有4名边防战士要去瞭望台换岗，由于路途弯曲陡峭，车辆难以行驶，王树元凭借多年驾驶技能，自告奋勇提出“我来送”！帮助行动不便的人上楼，搬电视及重物件。正所谓赠人玫瑰手有余香!

王树元从事出租车行业以来,不断提升自己为人民服务的本领,他把每一次出车作为锻炼自己的良好机会。本着这种良好的心态,他坚持365天微笑服务,体现了博尔塔拉蒙古自治州良好的精神风貌。

**买买提·阿依瓦洪**　男,维吾尔族,1957年4月出生,博乐市乌图布拉格镇桑津布拉格村村民。

2014年5月,买买提·阿依瓦洪被博乐市乌图布拉格镇评为民族团结先进个人;2014年5月,被桑津布拉格村委会评为民族团结先进个人;2014年9月,被博尔塔拉蒙古自治州评为民族团结先进个人;2018年12月被桑津布拉格村委会评为民族团结模范先进个人;2019年1月被乌图布拉格镇评为"助人为乐模范",2020年被评为自治区劳动模范。

村民们说,买买提·阿依瓦洪是一位真正有爱心的老人,虽身有残疾,但自强不息;虽生活困难,但乐于助人。40多年来,谁家的电器坏了,只要说一声,他都会满腔热忱地为其免费修理。买买提·阿依瓦洪当过电工、种过地、开过拖拉机、和别人合伙组建过挖井施工队。自20世纪70年代起,他开始给村民们免费修收音机、电视机。2000年9月28日,不幸的是在一次打井时,买买提·阿依瓦洪的左臂因被电动机皮带卷了进去而截肢。买买提·阿依瓦洪记得在住院期间,村里村民都去医院看望他。此后,他用惊人的毅力为自己的人生打开了另一扇窗。他说:"身体残疾不怕,就怕精神残疾,我要做一个自食其力的人,报答曾经关心过我的人"。

从那以后,村里大到机井、农用车,小到电视机、收音机,只要需要维修,买买提·阿依瓦洪都随叫随到,就算是深夜,也从不推辞。桑津布拉格村有8口井经常出故障,买买提·阿依瓦洪主动承担起这些井的维修和调试工作。从2003—2020年,他的无私奉献,给村集体节省了10余万元。据桑津布拉格村党支部书记巴其尔格力回忆，2019 年 7 月的一个晚上，村里的 2 号井突然跳闸，他带着买买提·阿依瓦洪拿着手电筒连夜修理了整整 3 个小时。这口井灌溉了 600 亩棉花地，如果停用一天，有可能导致棉花减产。

桑津布拉格村原村党支部书记员焕成记得，2019 年，他在村里附近的山上承包了荒地，正值用水旺季，地里的机井坏了，他就打电话叫来了买买提·阿依瓦洪维修。当天，山上下着大雨，修完后党支部书记员焕成让女儿骑着摩托送买买提·阿依瓦洪下山，谁料途中摩托车翻落山下，买买提·阿依瓦洪被摔出五六米远。他的女儿几乎被吓哭，买买提·阿依瓦洪却爬起来，连声说着没事，拍了拍身上的泥土就走了。

买买提·阿依瓦洪在博乐十里八乡小有名气。2020 年，精河县一家电器维修公司出高薪聘请他，被他拒绝了。他说："我是土生土长的桑津布拉格村村民，我就应该尽自己的努力，帮助这里更多的人，让我们这个多民族聚居村，能够更加祥和、安定。"

住在村北边的居玛洪·吐达满给买买提·阿依瓦洪打来了电话，接到电话后，买买提·阿依瓦洪往嘴里塞了块馕，抓了件外衣就往居玛洪家走。到了之后，买买提·阿依瓦洪给村里 20 多户人家调试了卫星接收器。有一次，他听说村里的塔西买买提·白力克修个电视花了几百元钱，便想乡亲们都不富裕修个电视要花几百元，自己当过电工，学过机械维修，还有一只手，可以为大家做些修理电器的工作。2014 年春耕时，木拉提·吾屯奇家的拖拉机在地里抛了锚，只好给买买提·阿依瓦洪打电话。接到电话，买买提·阿依瓦洪很快赶到了地里，他一会儿钻到车底，一会儿爬上车头，一个零件一个零件地检查，最后发现是一个零件坏了，他又陪着木拉提把零件买回来换上。拖拉机又跑起来了，木拉提夸赞："买买提·阿依瓦洪是个'万能人'，专门为我们省钱。"村支部书记巴其尔格力介绍说，村里有蒙古族、维吾尔族、哈萨克族、汉族、回族 5 个民族,不管是谁让买买提·阿依瓦洪帮忙修东西,他二话不说就去。2015年以来,村民家里大到拖拉机、摩托车,小到收音机,只要经买买提的手,都能修好,还不收修理费。买买提·阿依瓦洪对村民的事有求必应,对村集体的事更是热心,桑津布拉格村是个缺水村,为了解决村民吃水和农业用水,村里集资打了8口机井。以前机井水泵、启动箱发生故障都是请人来修,每次少则几百元、多则几千元,买买提主动提出负责村里8口机井的维护工作。巴其尔格力说:"从2003年负责维护机井到现在。买买提给村集体节省了至少10万元的维修费"。有一次,村委会看到买买提·阿依瓦洪一家生活比较困难,在征求村民代表的同意后,为他申请了低保。2012年,买买提·阿依瓦洪主动退出了低保,他诚恳地对村民说,现在女儿出嫁了,儿子也结婚了,除了种地我还发展了养殖业,家里的经济情况比以前好了许多,还是把享受低保的机会让给更需要的村民吧。村里的老支书员焕成说:"我就没见过买买提·阿依瓦洪和谁吵过架、红过脸,对老人、孩子更是友善。他儿子结婚时,全村的村民前去帮忙和道喜,买买提·阿依瓦洪是个好人啊。"

**达·于建**　女,蒙古族,1958年11月出生,中共党员,精河县第一幼儿园退休干部。

2010年9月达·于建被评为自治区劳动模范;2014年4月被授予全国五一劳动奖章;2017年6月,其家庭被精河镇人民政府评为优秀文明家庭。

在精河县第一幼儿园各项工作中,有一位一心一意为党的教育事业辛勤工作,表现突出,讲奉献、做表率的模范共产党员和先进工作者,她就是副园长达·于建。

达·于建于1979年毕业于博尔塔拉蒙古自治州师范学校,毕业后分配到精河县三中(第三中学)任教,在任教期间教学成绩突出,曾被评为县级优秀教师。后因工作需要，于1984年调入县幼儿园任教。从此，她把自己的人生追求和对事业的执着，无私地倾注在了广大幼儿身上，用心血和汗水浇灌祖国的花朵。1985年，她因工作表现突出，被教育局任命为副园长，在任副园长期间，分管园内后勤工作，还兼任教师，再重的担子她从来没叫过苦，她吃苦耐劳的精神，为全园教职工树立了榜样。她采用科学的管理方法，严格按照幼儿园制定出的幼儿园五年教育管理工作规划，加强了党组织建设，配齐了工、青、妇组织，建立健全了幼儿园各项岗位职责，把目标管理与教职工的实际工作相结合，责任到人、严把质量关，从计划、实施、总结、检查四个环节来考核后勤工作业绩，极大地调动了后勤人员的积极性。

她十分重视加强民族之间的团结，对园里困难职工经常问寒问暖，让她们安心工作。在食堂管理工作中，为进一步促进幼儿健康成长，实行了“三餐一点”制，组织保健人员、食堂工作人员一起认真研究、探索，为幼儿提供合理的营养，从而保证了幼儿的正常发育和身心健康、和谐发展。在卫生方面，狠抓卫生保健工作，严格落实本园制定的《卫生保健制度》，对园内卫生实行定期与不定期检查，检查结果与考核挂钩、与工资挂钩。本着对幼儿及家长高度负责的态度，严把质量关，狠抓食品安全，及时督促保育人员对园内的卫生实行每天清扫，幼儿餐具做到每天消毒，这样形成了规律。

作为一名少数民族领导，达·于建充分发挥自身在语言上的优势，带领着后勤工作人员辛勤劳作。在她管理的食堂、糕点房这个小集体中，共有12名少数民族，2名汉族姐妹，在她的影响之下，大家从没红过脸，发生过一次口角。

达·于建对幼教事业执着的追求，无私的奉献精神，深深地感染着每一位教职工和身边的人，发挥了共产党员的先锋模范作用，推动全园各项工作蒸蒸日上，她是一位副其实的优秀共产党员和先进工作者。

达·于建将会以更加饱满的热情继续摸索,不断开拓创新,用爱去托起明天的太阳。

**努尔·买买提** 男,维吾尔族,1967年2月出生,中共党员,精河县茫丁乡人民政府四级主任科员。

2010年2月努尔·买买提被精河县评为先进个人;2010年2月被精河县评为农村信用工程创建先进个人;2010年4月被评为自治州劳动模范;2010年9月被评为自治区劳动模范;2011年9月被精河县妇联授予"敬业奉献道德模范"荣誉称号;2012年3月被精河县评为"领导干部两个联系工作先进个人";2015年7月被精河县评为"6·9围捕行动先进个人";2016年6月被评为"自治区民族团结进步优秀共产党员";2017年被评选为"最美新疆人"。

努尔·买买提敢担当、头脑灵活、思路清晰,有较强的执行力、落实力。善于找准工作重点、难点,抓住主要矛盾,有的放矢地解决问题,化解矛盾,牢牢把握工作的主动权。2016—2017年任职期间,努尔·买买提作为精河县茫丁乡北地中村党支部书记、村委会主任,多年的基层工作经验让他对乡村振兴的理解更为深刻。他认为农民口袋里有钱才是根本,在北地中村他带领农民大胆进行技术更新,鼓励他们使用宽膜覆盖技术,大幅提高棉花产量,增加农民收入。努尔·买买提在小营盘镇任职期间,主要分管畜牧业,结合全镇畜牧业的实际情况,他从游牧民定居、边境扶贫民生改善、推动畜牧业高质量发展入手,帮助牧民引进安格斯生产母牛,优化畜牧品种改良,加强动物防疫工作,保障畜牧业安全生产,加强草原生态环境建设,实现畜牧业可持续发展。

他重视民生工作,关心群众疾苦,能够经常走村入户调研走访,了解掌握群众所急所需所盼,比较接地气。他时刻不忘以党员的标准严格要求自己,严格执行党风廉政建设主体责任和监督责任,扎实开展党风廉政教育月、党风廉政教育日等活动。他有强烈的使命意识、责任意识和担当意识。工作中身先士卒,不辜负党和人民赋予的责任,用自己的工作感召人带动人,用自己的言行影响人。

**阿尼克木** 男,蒙古族,1973 年 12 月出生,中共党员,温泉县塔秀乡冬都布勒格村牧民。

2010 年 4 月阿尼克木被评为自治州劳动模范;2010 年 9 月,被评为自治区劳动模范。

阿尼克木年龄虽然不大,但从他那刚毅的脸庞上和他那深邃的目光中,你会读懂他以往经历过风霜雨雪。他出生在一个普通的牧民家里,和大多数农村孩子一样,没有值得骄傲的家庭背景。他高中毕业就开始放牧,小时候一向过着穷日子。但他却敢想、敢试,敢闯、敢干,敢为人先,凭着一股不甘受穷、不甘服输的劲头,凭着吃苦耐劳和聪明才智,闯出了一条致富之路,成了远近闻名的致富能人。阿尼克木家里祖祖辈辈都是牧民。他走上养殖这条路,纯粹是穷逼出来的。阿尼克木从博州蒙古二中高中毕业后就开始放牧,一家几口人,只靠种几亩地勉强维持温饱生活。他记得那时仅有过年时才能吃上几顿细粮,才能吃上肉,才能买身粗布衣裳。跟父亲种那几亩地,阿尼克木总觉得有劲使不上,总感到没啥奔头。所以,他在心里暗暗发誓:"不能光守着家里的几亩地,过穷不穷富不富的日子,必须要干点啥挣点大钱。"所以,那时他就天天琢磨来钱道。阿尼克木做出了有生以来第一个属于自我的决定,不顾父母的劝阻,向亲戚朋友借了 5000 多块钱,开始做养殖牲畜和活禽交易生意,不到两三年工夫,他靠养殖牲畜和活禽交易就赚了近 5 万元,成了当时全村数得着的富裕户。阿尼克木是个不安于现状的人,按理说养殖牲畜和活禽交易也挺挣钱,继续干下去收入也不少,可他感到这样挣点小钱不过瘾,总想干点大买卖挣点大钱。当他看到一些农民在种植业方面挺挣钱时,他的心里又活了起来,不仅想试试,而且想要大干一场。于是就承包了村民的一些土地,开始跟着其他的种植大户学习经验,在种植业上通过实践取得了一定成效。阿尼克木是个追求上进的人。在与外地客商打交道的这些年里,让阿尼克木感受最深的是自我在知识方面的欠缺。为了弥补自我的不足,他总想学习一些各方面知识,功夫不负有心人,经过努力学习,他开阔了视野,更新了观念,思想得到了净化,胸怀也更加宽广了。

阿尼克木常说:人这一辈子应当有点追求,穷的时候,我追求富裕的生活,这个目标我达到了。富裕后,家里不愁吃不愁穿了,但我总觉得还缺少点什么,内心时常有种失落感。看到党员能参加村里的会议,能为村上发展建言献策,我的富裕是靠党的政策给的,没有中国共产党的领导,就没有我阿尼克木的今天。在他致富的过程中,塔秀乡党委和冬都村党支部时刻都在关注着他的发展,帮助他解决发展中遇到的问题和难题。

**郭秀秀** 女,汉族,37 岁,初中文化,阿拉山口口岸城市执法监察大队环卫工人。

2004 年郭秀秀被阿拉山口市政环卫处评为先进环卫工人;2006 年被博州环卫节评为先进工作者;2007 年、2008 年连续两年被阿拉山口城市执法监察大队评为先进环卫工人;2010 年,被评为自治区劳动模范。

郭秀秀从事环卫工作已近 10 年,身边同事不知已换了多少人,但她却从来没有想过放弃环卫的工作。阿拉山口口岸作为驰名中外的大口岸,各地客商云集,口岸形象不仅代表了新疆和博州形象,更代表了国家的形象,作为口岸城市的美容师,她付出的往往比别人更多。口岸每年平均 10 级大风天气在 180 天左右,有时大风一刮就是一天一夜,每当这样的天气出现,很多环卫不愿意出勤,一直想着工作的郭秀秀,她心里牵挂的总是清扫片区不知又吹来了多少垃圾和纸屑。记得口岸边民互市开幕仪式的前一天，口岸在城区布置了大量的彩旗、宣传画和横幅，各项工作都准备就绪，可晚上突然刮起了10级的雪暴，雪暴仿佛要把整个口岸掀翻一般，清晨8点左右，天空还是一片漆黑，这时人们隐约看到郭秀秀那柔弱的身影，出现在街道上的她，在认真地清扫积雪，风霜已经覆盖了她的全身，大风吹得她左右摇摆。看到她在寒风中瑟瑟发抖还在奋力挥动着铁锹，她的举动，感动了在场的所有人，纷纷拉她上车取暖，但倔强的她怎么也不上车，她说：我的事情是小事，这次开幕式关系到哈国人对中国的印象问题，这才是大事。开幕式圆满结束后，口岸整洁、美观的环境给各级领导和各国客商留下了美好的印象，而她因此患上了重感冒，不知道病到了多少次，家里人不忍心看到她这样，让她别那么实在，差不多就可以了，她嘴上说好，可清晨当家人还在睡梦中时，她又悄悄拿上自己的工具在街道上打扫卫生。因为工作需要每天早出晚归，没有时间陪家人，甚至连给家人做饭的时间都没有，每次看到家人那殷切的眼神，她总是默默地擦去眼泪，柔弱的身体总是那么倔强，转身投入工作之中。

多年来，她在这样一个平凡的工作岗位上用自己的实干，为口岸的建设做出自己的奉献，把口岸当作自己的家，把口岸的街道当作自己的院落，扑下身子扎实工作。环卫工作对她来说已经变成了一种难以割舍的情感，这种感情促使她保持旺盛的激情和不竭的动力，从而使她做了很多很有意义的工作。

**乌斯满江**　男，维吾尔族，1966年11月出生，中共党员，时任博乐市贝林哈日莫墩乡人民政府信访办负责人。

2010年9月乌斯满江获得“全国优秀农村信息员”荣誉称号；2016年5月被评为自治区劳动模范；2016年10月被评为自治区基层科普行

动计划农村科普带头人。

乌斯满江参加工作以来能够积极干好、干实村委会各项工作。尤其1996年2月,当选科技副主任后,迅速转换角色,买书、买电脑,经常外出参观学习,不断探索帮助群众增收致富的新路子。2008年3月,他同孙春生、李清明、吾登、毕文颖等人成立庆丰棉农服务专业合作社。经过发展,每年向会员提供农业担保贷款200余万元,为会员和广大农民节本增效20余万元,有效缩短农时7~10天,培养各个村队农业技术人员(土专家)累计达30名。

2009年,全村7000亩地在全州率先完成高标准膜下滴灌技术安装。积极发展设施农业,引种无花果初见成效。2010年,带头发展设施农业,新建31座大棚,每座大棚实现经济效益2万元。2013年4月,引进了48株两年生无花果树苗,单棚(0.7亩)效益3万元;2015年又新建拱棚31座(其中庭院18座),每棚果蔬利润8000元。黄瓜、西红柿无土栽培种植试验成功,节水、节肥、省工,增产、提质明显,并能有效防止土壤连作障碍和土传病害。

2014年2月,设施农业黄瓜、西红柿、辣椒三个产品顺利通过中国绿色食品发展中心认证。采取托盘包装、贴标销售方式和博乐市大型连锁超市实现商超对接。乌斯满江总忙活在缺少劳动力的乡亲们的地里,家里的拖拉机用妻子的话说就像是公家的一样谁用谁开走。尽管他是少数民族村干部,可村里的红白喜事,都少不了乌斯满江的身影。村民王梅香得了肺病,他拿出家里全部的积蓄之余又从朋友处转借帮助筹齐了手术费,手术后治疗没钱又带头组织党员干部捐款。

在村两委换届选举中,乌斯满江连续两届满票当选为决肯村村委会主任。2018年1月乡党委将乌斯满江调到贝林哈日莫墩南村任党支部书记。2020年新冠肺炎疫情,考验着每一个工作在基层的共产党员,乌斯满江作为托森哈夏西村的党支部副书记,他冲锋在前,在决战疫情关键时刻,他充分发挥一名党员的先锋模范作用。乌斯满江和党支部一班人还加强舆情引导,利用微信群转发正向信息,公布为民服务热线。当时,农村所需物资主要集中在药品和肉食品。乌斯满江每天和联户代表、返乡大学生,做好志愿者物资配送,让大家居家不担心生活,居家不担心疾病。正是有了乌斯满江和党支部一班人的坚守和关心,村队的173名村民在疫情期间安心居家,实现了托森哈夏西村村民无一人违反防控纪律私自外出的问题。其实说到底还是乌斯满江和党支部用自己的实际行动赢得了村民的信任。

**陈镭**　男,汉族,1974年3月出生,中共党员,现任新疆爱博律师事务所主任、博州律师协会会长、党总支书记。

2005年陈镭被评为自治州优秀共产党员;2007年12月荣获新疆律师行业突出贡献奖;2007年12月被评为自治区优秀律师先进个人;2009年被评为自治州优秀党务工作者先进个人;2011年被司法部评为党员律师标兵;2012年11月被自治区律师协会评为新疆参政议政优秀律师;2014年被评为自治州民族团结先进个人;2016年4月被评为自治区劳动模范;2021年1月撰写提交的《关于建立和完善政府法律顾问制度的建议》被政协自治州十三届委员会评为优秀提案;2020年9月被评为全国优秀律师先进个人。

陈镭凭着"爱一行,干一行,精一行""干到老、学到老"的人生追求;秉持着对法律事业的赤诚之心;始终牢记党的宗旨,遵守党的纪律,不断学习和实践,不断探索和积累,努力提高自身政治素质、业务水平和综合能力,用实际行动投身于律师事业中,为自治区、自治州多个职能部门,多家全国性、区域性金融机构,全国性大中型企业在博州的总部或分支机构提供常年的法律顾问服务。

陈镭在担任新疆律师协会常务理事及各专业委员会委员时,认真履职尽责,积极创新发展,在推动新疆青年律师发展、新疆律师行业发展等方面做出了积极的贡献。

**曹磊**　男,汉族,1975 年 5 月出生,中共党员,时任博乐市自来水有限责任公司总经理。

2004 年曹磊被评为博乐市建设局、市自来水公司先进个人;2007 年被评为自治州建设工程专家库专家;2010 年 4 月被评为自治州劳动模范;2016 年 4 月被评为自治区劳动模范。

曹磊自 1996 年参加工作以来,先后被聘任为施工技术员、助理工程师、高级工程师等专业技术职务,历任公司技术员、安装队队长、公司主管安全生产的副经理、经理等工作职务。

曹磊爱岗敬业、谦虚好学、钻研业务、勇于奉献、责任心强,具有良好的职业道德。近年来,他始终坚持学习有关建设工程施工等方面的法律、法规、规章、制度和规范、标准,做到忠于职守、奉公守法、廉洁自律、勤奋工作,不断提高自己的工作质量和服务质量。

曹磊勤奋博学、精益求精,对技术理论刻苦钻研、认真求证,对业务工作积极主动、善于创新。不论是专业技术培训,还是创优工作策划,都能理论结合实际,出色地完成各项任务。他始终坚持工作不分你我,坚决服从领导安排。具体工作中充分体现了科学严谨、求真务实、公正无私和热情敬业的作风,并始终坚持走创新之路。在任职公司工程师以来,先后完成了博河南岸绿化供水工程,团结路、南城路、响根布呼路供水改造工程,工业区供水工程,北京路与青德里大街 DN600 和 DN400 主管网连接工程,三水厂新凿两眼井和新建水池之间的管网连接工程,南城赛湖东路供水工程设计、施工及市区消防水鹤安装工作,北京路和友谊路供水主管网连接等工程。在各项供排水工程安装、抢修工作中,时间紧、任务重,他没有休过完整的节假日和周末,却从未抱怨过什么。

曹磊在质量管理工作中，始终坚持“落实施工标准、强化操作工艺、加强质量预控、完善过程控制、遵守验收程序、严守法律法规”的工作原则。对基层的技术咨询，有问必答，从不搪塞，每次都能一一做出详细的解释和说明。工程交验中不怕得罪人，对不按程序办事、不符标准放行的行为坚决予以抵制。近几年来，参与的供排水安装抢修工程360多项，覆盖博乐市城区大街小巷，各项工程竣工验收合格率均达到100%。2001年参加了博河南岸绿化供水工程，他分析管网调查工作，钻研技术，创造性地完成了供水管网建设。2004年被评为自来水公司先进工作者、建设局先进工作者。2007年因工作需要，被抽调到市建设局城建办工作，主要负责市区供水工程监管，改善了城乡接合部多年来无水状况。

2008年公司委派曹磊任通源自来水安装公司技术员，在此期间完成了工业区供水、南城赛湖东路供水、市区消防水鹤安装工程的设计和施工工作，为公司完成产值430万元。2009年因工作表现突出，曹磊被市建设局聘任为市自来水公司副经理职务。任副经理以来，他总是身先士卒，不断攻破难题，提前完成各项重大任务。2012—2014年，曹磊因工作需要被抽调到博乐市重大工程指挥部工作。2015年负责博乐市自来水公司污水处理厂扩建工程项目。2016—2017年，负责博乐市城乡供水升级改造提质增效工程建设工作。

**陈珊**　女，汉族，1962年1月出生，时任精河县珊怡商贸有限责任公司总经理。

2008年10月陈珊获新疆维吾尔自治区农牧区妇女“三学三比”活动女能手荣誉称号；2010年3月，在托里乡党委、人民政府组织的2009年度妇联工作中因成绩突出获五好文明家庭荣誉称号；2010年4月被评为自治州劳动模范；2011年12月被评为精河县工商联先进个人；2016

年4月被评为自治区劳动模范。

陈珊和丈夫段怡从1999年成立公司以来,已有19个年头一直置身于精河的枸杞事业,还创建了自己的品牌,当时珊怡是第一家有自己包装设计的公司,“将本土经济发扬出去”是陈珊的心愿。在招聘员工时,陈珊尽量聘用本村的姐妹们,教她们技术让其有一技之长。近几年她先后获得了自治区“三学三比”女能手光荣称号、自治州劳动模范称号、精河县工商联合会的先进个人、五好文明家庭称号、精河妇女联合会致富女状元、精河县“致富女明星”荣誉称号。

风雨19年,许多姐妹至今和陈珊一起不离不弃。19年来,陈珊先后带动周边农民160余人增收致富。2017年人均增收近3万元。珊怡公司产品获得了许多荣誉,2005年首届中国国际林业产业博览经贸洽谈会上获得名特优新奖;2007—2008年,获得博州消费者最喜爱30强品牌、获评年度消费者维权诚信单位;2008—2009年度获得守合同、重信用单位荣誉称号;2009—2010年度获得精河县工商行政管理局私营个体企业协会光彩之星荣誉称号;2011年10月,珊怡牌枸杞获得第二届新疆农产品北京交易会“产品金奖”;2011年11月,珊怡牌枸杞获得新疆特色林果产品广州交易会优秀产品二等奖;2012年11月,珊怡枸杞王在第三届新疆农产品北京交易会上获得畅销产品奖;2013年在中国新疆枸杞产业发展高峰论坛暨枸杞交易会上获得枸杞产业包装大赛一等奖;2013年11月,自治区农业产业化领导小组审定珊怡公司为自治州农业产业化龙头企业;2014年10月,“珊怡”黑果枸杞产品荣获首届中国·武汉绿色产品金奖;2014年10月,“珊怡”牌枸杞获得第五届新疆农产品北京交易会产品金奖。

一方有难,八方支援。2008年“5·12”汶川大地震,陈珊在公司经济拮据的情况下捐款1万元。2009年浩图那莫墩村庆“三八”国际妇女节,为了充实村中姐妹业余生活,捐赠文艺道具一套,价值500元。2010

年玉树地震捐款3000元。2012年兄弟团场83团轧花厂失火捐赠3000元。自己的故乡托里镇成立30周年,捐赠5000元。2017年1月7日,为伊克呼图格村巴·秀尔塔家的患有脑瘫的女儿送去1000元,巴·叶尔登其其格家中生活贫困送去800元。为托里镇妇联捐助品牌西装60件、文化用品120个,为喀什贫困户捐赠衣物1000余元,为托里镇浩图那莫墩村11户低保户送去物品及慰问金6000元。5月26日,参加博州妇联"勇于发声亮剑维护民族团结和社会稳定"主题座谈会并发声亮剑。多次参加全国各地产品博览会及中哈经济论坛产品展销会。陈珊用自己的行动,温暖着大家,感染着大家。这也就是她常说的"做人要做实在人,做事要做踏实事"。

**赵喜荣**　男,汉族,1966年3月出生,中共党员,时任精河县盐化有限公司副总经理。

2008年11月,赵喜荣被评为自治区经贸委、自治区财政厅、自治区人事厅"肠衣盐、营养盐"自治区优秀新产品三等奖;2010年4月,先后荣获自治州劳动模范称号和技术进步奖一等奖;2013年1月,评为新疆维吾尔自治区盐务局先进工作者;2016年4月,被评为自治区劳动模范;2017年6月,获天山网、新疆文明网"最美新疆人"荣誉称号;2017年12月,获自治州精神文明建设工作委员会孝老爱亲荣誉称号。

1982年,赵喜荣参加工作,他发扬了精河县盐化公司吃苦耐劳、勇于创新的企业精神,沿着前辈走过的足迹一路走来,为精河盐化公司的发展做出了贡献。

2004年,公司筹建真空盐厂项目,该工艺采用国内比较先进的四校反循环工艺,设备也采用先进的自控技术,一时难以掌握。为使两万吨真空盐项目早投产、早见效,赵喜荣和其他同事一道奋战在安装现场,战胜严寒,加班加点,比原计划提前3个月完成安装及试产工作。

2006年精河县精河盐化有限责任公司下达试产肠衣盐决定，接到决定后赵喜荣与同事们经过对肠衣盐技术指标的全面分析及工艺调整，3个月就生产出首批合格产品，出厂价仅为每吨800元，不仅满足市场需求也为公司节约大量研发资金。2007年8月29日，通过自治区验收，填补了自治区肠衣盐生产空白。

2013年5—12月，精河县精河盐化有限责任公司新增20～50公斤全自动包装机一台，具备了工业盐机械化生产能力，总产能达到5万吨/年，项目总投资200万元。当土建工程完工后已是10月中旬，留给设备安装的时间只有一个半月，公司要求必须在年底完成安装及试车工作，否则将影响销区的供应。时间紧、任务重，赵喜荣和安装及试车的相关人员，组成一支15人的安装队伍，在零下二十七八度的恶劣环境下，发扬吃苦耐劳不畏严寒的精神，按期完成安装任务，为公司节约资金20余万元。

2015年，公司对盐化三厂加热室进行改造，赵喜荣根据多年技术工作经验，制定相适应的技术方案上报领导，经过行业专家论证同意该技术方案实施。通过对加热室及冷却系统进行技术改造，产量由原先的每天90吨增加到120吨，每年增加9000吨产能。

**班芙丽**　女，汉族，1971年7月出生，中共党员，时任精河县阿合其农场农三队党支部书记。

2010年4月，班芙丽被评为自治州劳动模范；2016年4月，被评为自治区劳动模范。

班芙丽出生于精河县阿合其农场场部一个普通的职工家庭。参加工作的第一天起，她就怀着为民办实事的愿望，时刻为村上的各项建设事业贡献一份力量，23年来，她是这样想的，也是这样做的，她总是积极充实自己，努力实现人生的价值和理想，在队上各项工作做出了突出贡献。全队有 4 个村民小组,有 192 户,常住人口 630 人,村民小组由汉族、维吾尔族、哈萨克族、蒙古族四个民族组成,少数民族占全村总人口的 3%,全队基本农田 3170 亩。她带领村“两委”一班人牢固树立全心全意为人民服务的思想,把团结共事放在第一位,积极采用村民委员会议事规则,一事一议。充分利用自己的优势,在搞好民族团结方面做了大量工作,几年来全村队没有发生一起村民纠纷,没有发生一起群众上访事件。班芙丽的工作原则是不论大事小事以全村队各族群众的利益为重,让全村队各民族村民明明白白。要求村民做到的,自己率先垂范,勤政为民,无私奉献。

班芙丽在村队上的各项建设事业中,首先通过召开党员大会、村民代表会,多方征求意见,针对全村队的实际情况,找出切入点,从根本上解决实际问题。她担任书记后,加大村队财务的公开力度,积极为村民办实事、办好事,使党的各项惠民政策不折不扣地落到实处,让党的光辉形象深入各族群众的心中。多年以来,她始终把群众的冷暖挂在心上,对村队困难的家庭,她总是经常到家中问寒问暖。村民李维东、李松波、罗旭芬、姚茂华等 6 户生活特别困难的家庭,在她的帮助下,这些特别困难的贫困户全部办理了低保。她通过和精河县民政局协调,为这 2 户贫困户盖了抗震房。每年她都力所能及地帮助村队村民种地缺少资金的家庭,已帮助协调贷款 150 万元,先后帮助 3 户解决了种地问题。在村上各族群众婚丧嫁娶时,她总是带领村“两委”班子成员,带上礼金去看望并给予积极帮助。只要能在村队上解决的问题,她总是积极想办法给予解决,做到大事不出门、小事不出村,23 年来没有上访事件。对于一些年龄大、找不到地方办事的群众,她总能帮助他们协调解决反映的问题。

班芙丽在工作中真抓实干,始终坚持解放思想,实事求是。一切从实际出发,从群众中来,到群众中去。善于开拓进取,始终坚持理论联系实际,得到了群众的好评,体现出了一个共产党员的优良本色。用群众的话说:“农二队这几年的发展,多亏有一个好支部,关键是有一个好的带头人。”

**张洪国** 男,汉族,1973 年 10 月出生,温泉县浩秀发电有限责任公司值班长、工会主席。

2010 年 4 月,张洪国被评为自治州劳动模范;2016 年 4 月,被评为自治区劳动模范。

张洪国现任温泉县浩秀发电有限责任公司工会主席,工作 20 余年来,遵守党纪国法,树牢“四个意识”,坚定“四个自信”,做到“两个维护”。不忘初心,牢记使命,立足自身岗位,勤于奉献自我,创造光荣业绩,在平凡的岗位上做出了不平凡的贡献,成为新时代的奋斗者。

发扬工匠精神,提升企业效能。温泉县浩秀发电有限责任公司成立于 1992 年,面对企业设备老化,利用率低等现状,从 2007 年开始,张洪国围绕公司中心工作,构筑全员建功立业平台,调动和激励班组成员的积极性和创造性。他带领的班组建言献策,提出合理化建议,促使公司先后投入了 100 万余元,对公司现有设备进行了自动化升级改造,通过升级改造收回了投入的成本,且公司效益增产 10 余万元。在此次技术创新活动中,张洪国带领的班组被公司评为“先进班组”。

争做改革先锋,助推转型升级。2019 年 6 月 20 日单位进行夏季抢修,项目实施过程中,张洪国不慎掉入两米深坑,造成颈、肩、腿等多处软组织受伤,他凭着铁一般的意志力,带领职工坚守工作岗位完成了任务。7 月张洪国又继续参加了公司的夏季保发电,引水渠除险的加固工程,他用拼搏精神感染了身边各位同事,每次在关键时刻他始终冲锋在前,从不计个人得失。2019 年 6 月,单位机房后面有一棵高达 20 多米的参天大树,因大风吹刮已严重倾斜,若不及时伐掉这棵树,将会砸塌机房屋顶,造成发电设备受到严重损毁,进一步危及区域电网安全运行。要排除此险情,唯一办法是距树顶部约 20 米处截断。在这危急时刻,面对单位领导的劝说,在场的职工排除险情却无人敢做之时,身为工会主席的他,毅然请命克服伐树过程中的诸多困难,顺利排除险情。此举为单位挽回经济损失 20 多万元,张洪国受到单位领导和同事们的高度赞誉。

坚守初心本色,心系群众冷暖。张洪国作为单位工会主席,廉洁自律,积极配合单位领导定期或不定期组织职工进行思想理论学习,面对面与职工交流,针对有特别困难的职工,能尽全力为她们排忧解难。2019 年 10 月,为温泉县哈日布呼镇少数民族困难群众捐款 2000 元,用真情浇灌爱心,使民族团结之花繁荣绽放。

实干是最好的承诺,他用行动践行了梦想,收获了荣誉和肯定,面对荣誉,他坦然面对,把汗水和热血浇灌在奋斗的土地上,继续以奋发进取、拼搏奉献、永不懈怠的精神状态和一往无前的奋斗姿态谱写中国工人的奋进赞歌。

**乔鲁**　男,汉族,1966 年 3 月出生,中共党员,温泉县查干屯格乡呼斯塔村退休干部。

2015 年 6 月 30 日,乔鲁被评为自治区优秀共产党员;2016 年 4 月,被评为自治区劳动模范。

强化支部建设,夯实村级组织建设。由于没有发展党员、党组织生活不正常、村集体经济薄弱等问题,1998—1999 年,温泉县查干屯格乡呼斯塔村连续 2 年被查干屯格乡确定为“后进村”。2000 年 4 月乔鲁被推选为呼斯塔村党支部书记,他尽快进入角色,带领支部一班人与乡里的包村领导讨论研究整顿措施,建立健全党支部的各项制度,大力推行村民“一事一议”,还建立了党员的先锋模范带头作用制度和党员联系户制度,牢记使命,带领农牧民脱贫致富。乔鲁时刻不忘自己肩上的工作责任,2013 年 6 月,乔鲁带头扛着铁锹,带领自家三口,维修被洪水冲毁的道路,老百姓看到后,纷纷主动拿起铁锹,用一个星期的时间,就修通了 3450 米人工牧道,方便农牧民转场。

2015 年 3 月 30 日,一场突如其来的暴雪席卷了呼斯塔村,山区积雪厚度达到 50 厘米。乔鲁迅速带领村两委班子及时与被困牧户取得联系,及时调运铲车清除牧道积雪,使得 25 户牧民的 6500 只牛羊安全转移,没有一户牧民的财产受到损失。在心系村民,为民解忧、帮困的同时,他还时时不忘地震灾区的群众,他积极带领支部党员为四川雅安、西藏等地震灾区捐款 5000 余元。

守护边境,维护稳定保平安。呼斯塔村位于阿拉套山脚下,边境线长 13.5 公里,每年上山的流动人口较多,牲畜丢失事件时有发生,是案件多发区也是县上重点治理区之一。为此,他坚持把社会治安综合治理工作列为全村的头等大事,亲自抓,负总责,并一抓到底。他建立健全各项综治制度,层层签订责任状责任到人。严格落实 24 小时双人双岗制度,制定合理的值班表,由吐日根、呼斯塔村村两委班子、驻村工作组,每天 2 人轮流值班。同时建立流动巡防小组配合边防部队、派出所、乡武装部、综治办清山、排查,打击不法分子,积极发挥民兵在边境一线维护稳定的作用。2016 年 4 月,乔鲁被评为自治区劳动模范。

**王洪强**　男,汉族,1968 年 4 月出生,阿拉山口天山工美部个体户。

2007 年 7 月,王洪强当选博乐市人大阿拉山口口岸选区代表;2009 年 7 月,被阿拉山口口岸评为优秀共产党员;2011 年 7 月,被评为自治州优秀共产党员;2015 年 7 月,被评为自治区优秀共产党员;2016 年 5 月,被评为自治区劳动模范。

2000 年,王洪强注册成立阿拉山口天山工美部以来,遵纪守法做人,诚实守信经商,始终以党员高标准、严要求的态度加强理论学习,不断提高自己的政治素质和理论水平。以强烈的社会责任感与使命感,团结周围各族群众,与各少数民族群众建立了深厚的感情,敢于与民族分裂势力做斗争,时刻保持头脑清醒,立场坚定。他为人正派、处事公道,乐于帮助身边的困难群众,以无私的精神感动口岸人。在历年口岸向灾区捐款及捐资助学方面起到了模范带头作用,2006—2009 年,他连续三年被评为优秀个体工商户。2004 年 5 月,有一位居民在铁路抓钢机上造成了右腿高位截肢的工伤事故,面临着抓钢机业主公司不予承担赔偿责任的困境,王洪强主动为这个困难家庭东奔西走,据理力争,最终使受伤的居民得到了应有的赔偿。自经营广告业务以来,王洪强带领 5 名下岗工人积极创业,毫无保留传授广告行业经验,最终使他们创立了自己的店面。2009 年 7 月,在群众因生猪屠宰问题,与口岸卫生检疫部门产生激烈矛盾的情况下,他积极主动了解情况,帮助群众化解了难题,为群众充当了连心桥。一次次的主动作为让他在口岸群众中有很高的威望,2013 年 9 月,他被群众推选为阿拉山口市首届人大代表,多年来被口岸公安分局、土地管理局、博州监察局等多家单位聘任为警风和行风监督员。

**对山拜·博朗拜**　男,哈萨克族,1956 年 9 月出生,系博乐市阿热勒托海牧场牧业一队牧民。

1996 年对山拜·博朗拜被评为博乐市阿热勒托海优秀牧工;2000 年被评为博乐市阿热勒托海剪毛能手;2007 年荣获畜牧业生产优胜奖;2017 年被评为“十星和谐家庭”;2019 年被评为自治区劳动模范。

对山拜·博朗拜从事放牧工作,从小勤劳、善良、朴实、诚信,是一名遵纪守法的好公民。自从 1965 年开始接触农牧业,他就是父母的好帮手,在那贫穷的年代,从小就爱劳动、争强好胜,虽然只有小学文化,但是在每件事情上都力争做到完美。

对山拜・博朗拜自从1988年成家以来，一直参与博乐市阿热勒托海牧场畜牧业地方生产工作，直到2002年畜牧业改革，为博乐市阿热勒托海畜牧生产工作做出了巨大的贡献，年年超目标生产任务不求回报，还是一名剪毛超级能手，获得过荣誉无数。

他坚信知识和劳动能改变命运，那个年代基本是没有条件求学的，所以他一直勤奋劳动，靠双手打拼，用"一毛一崽"都不放过的精神去经营畜牧业，他认为越劳动越幸福，才能为社会做出贡献。他将自己的所有子女都送去上大学，希望他们用所学的知识来报答社会。

2010年被评为自治区劳动模范，对山拜・博朗拜说："这是我一生最自豪的一件事情，这些年我帮助过好多人身边没有劳动能力的，为社会做出贡献我将至死不休。"

**雷国英**　男，汉族，1979年3月出生，中共党员，本科学历，时任博乐市市政工程队队长，博乐市晨欣市政工程有限公司总经理。

2010年4月雷国英被评为自治州劳动模范；2020年11月被评为自治区劳动模范。

1998年，雷国英到市政工程队工作以来，认真学习党的路线、方针、政策，在思想上追求进步，在业务上精益求精，在工作上尽心尽责，带领着勤劳善良的市政工程人员，为市政建设做出了贡献。俗话说"打铁还需自身硬"，雷国英从最初的一名技术人员成长为公司总经理，是他一步一个脚印，努力奋斗的结果。刚进入公司时，他就为自己树立了坚定的目标，既然选择了这项工作，就要为此奋斗终生，无怨无悔。即使每天早出晚归，披星戴月，即使没有任何荣誉的义务抗洪抢险，应急救灾，他都是义无反顾冲锋在前，从不推诿。遇到施工忙季，他更是爱岗如家，很多时候，工程工期紧迫，他一忙起来，常常顾不上家中两个年幼的孩子、年事已高的老人，早上天未亮，孩子们还在睡梦中，他已经匆匆出门了。雷国英晚上回到家中,孩子们都睡着了,在孩子们的眼里,好像只有妈妈,而爸爸是这个家里可有可无的陌生人。为此,他对孩子们很是愧疚。但为了心中那份神圣的事业,他只有把这份爱深深地埋在心里。他无数次在心里对孩子们说"孩子,对不起,等忙完了,爸爸一定好好陪陪你们。今天爸爸的努力也是为了让你们有个更美好的将来,让所有的职工有个良好的生活保障"。他是这样想的也是这样做的。在他看来,自己身上肩负的重任不仅是一种责任,更是一种使命。在工作中,雷国英自觉践行"三个代表"重要思想,一手抓建设,一手抓管理,全面推进市政工程建设事业不断发展进步。多年来,按照市委、市政府的部署,他带领市政干部职工立足本职工作,克服种种困难,圆满地完成了市政工程的东方红大道、迎宾大道、万亩生态林建设等 150 余项工程项目,完成工程造价近 5 亿元。为了完成市委政府交给他的工作任务,他废寝忘食地抓工作。在工作上他既是指挥员又是战斗员,他不会发号施令,没有花言巧语,以自己的模范行为为大家作出了榜样。以自己正直的品德感染了每一个人,他率先垂范,廉洁奉公,乐于奉献,一桩桩,一件件,看似平凡,却透着不平凡的小事折射出他高尚的境界。每当工作上遇到了难题,他都要亲自与有关人员研究解决办法,发挥集体智慧的作用,积极请示上级领导,果断决策,使困难迎刃而解。

**刘涛**　男,汉族,本科学历,湖南人,1980 年 8 月出生,中共党员,现任博乐市阳光公共交通有限责任公司技术部主任。

2007 年刘涛被博乐市公共汽车公司评为"先进工作者";2007 年被博乐市建设局评为"先进工作者";2009 年被借调博乐市城乡建设局,期间荣获博乐市举办的"党风廉政建设竞赛团体"第三名;2012 年被博乐市交通运输局评为先进个人;2013 年被博乐市交通运输局评为先进工作者;2016 年被博乐市交通运输局评为优秀党员;2017 年被评为自治州民族团结进步优秀共产党员;2018 年获开发建设新疆奖章荣誉称号;2019 年被评为博乐市公交系统优秀共产党员;2020 年被评为自治区劳动模范。

刘涛政治立场坚定,服从组织安排,牢牢把握社会稳定和长治久安总目标,抓住“一带一路”等政策机遇期,探索形成了符合博乐公交运营管理实际的工作思路及做法,为博乐公交事业做出了贡献。他平时全心全意投入工作,努力干事创业,推动公交科技“智能信息化运营管理”模式在博乐推广,主导建成了博乐市公交智能信息调度管理平台,填补了博乐公交科技信息化管理空白;创新建成符合博乐公交调度管理的程序,提高了线路管理人员的工作成效和公交科技信息化管理水平。特别是 2017 年,根据新形势的需要,博乐公交智能调度信息化管理系统需要更新升级,公交车辆视频监控系统要与相关部门对接,在时间紧、任务重、标准高的情况下,他克服重重困难,不断改进工作方法,加班加点,连夜奋战,经过 3 个多月的努力,基本完成了公交智能化、信息化管理改革工作任务,使博乐公交智能信息化建设走在全疆前列。

刘涛以“老黄牛”的精神投入工作,极大改善了博乐公交运营环境,实现了博乐公交科技信息化管理跨越式发展。他践行“以人民为中心”的理念,想群众所想、急群众所急,把群众利益放在最高位置,常常深入一线,调研了解人流密集站点实际情况,科学合理调配运营车辆,不断满足广大群众的乘车需求,得到大家一致好评。2020 年,疫情防控工作牵动着亿万国人的心,城市公交作为百姓市民的出行工具,做好交通运输疫情防控工作至关重要。他接到市委、市政府下达的学生复学开课接送任务后,高度重视,严格落实公共交通疫情防控要求,对学生复学开课提供“定车、定线、定时、定点、定人”的学生专车精准服务。刘涛作为公交技术运营部门负责人,充分认识到疫情防控工作的复杂性和严峻性,主动放弃了休息日,第一时间投入疫情防控期间学生开学复课公交运输工作当中，根据教育部门提供的相关数据，制定“学生专车”实施方案，圆满完成了工作任务，在疫情防控的关键时刻践行了共产党人的初心和使命。

**景冬冬**　男，汉族，1987年5月出生，中共党员，精河县晶羿矿业有限公司党支部副书记、工会主席。

2011年12月，景冬冬获新疆天业集团优秀工会会员荣誉称号；2012年6月，获农八师石河子市优秀共产党员荣誉称号；2013年12月，获新疆电石产业优秀共产党员荣誉称号；2014年12月，获精河县晶羿矿业优秀共产党员荣誉称号；2015年12月，获新疆天业集团优秀共产党员荣誉称号；2020年5月，获天业集团先进个人荣誉称号；2020年12月，被评为自治区劳动模范。

景冬冬始终以习近平新时代中国特色社会主义思想和党的十九大精神为指导，创新实践，努力推动工作，带领全体党员认真学习党的十九届二、三、四、五中全会精神和第三次中央新疆工作座谈会精神，经常与党员交流思想，创新党员学习培训方式。在思想上、政治上、行动上同以习近平同志为核心的党中央保持高度一致，坚决做到“两个维护”，不忘初心、牢记使命，围绕精河县晶羿矿业中心工作，凝聚职工建功立业。在工作中，他结合本单位的实际，以安全生产大局为前提，积极有效地开展思想政治工作。他能够密切联系群众，关心职工生活，积极做好职工的思想政治工作，科学构建精河县晶羿矿业“初心文化”，推动企业高质量发展。

景冬冬在工作中兢兢业业、勇于创新，大力推进安全生产标准化建设，组织开展特色党建“双融双促”活动，全年零安全生产事故，全力打造平安晶羿。加大环保投资管控力度，做到在线监测数据“双百”，创新开展“矿业卫士”评选活动，评选“安全卫士”“环保卫士”，精河县晶羿矿业荣获天业集团“先进单位”称号，倾力打造绿色矿山，助力企业安全绿色高效发展。

景冬冬作为党支部副书记，通过结合单位实际情况，用心打造特色党支部，并创建“五微党支部”党建品牌，以“团结、奉献、拼搏、创新”为精神理念，坚持“党建就是生产力，党建就是凝聚力”，将党建工作与企业发展同频共振，共生共荣。他以“发挥员工创新潜能、构建全面发展平台”为内容，创建“微创新”“微党课”“微阵地”“微行动”“微服务”特色党建品牌，不断提升基层党组织的组织力，激发基层党组织活力，发挥基层党组织的示范引领作用，提升基层党组织凝聚力、向心力。

晶羿矿业有限公司党建工作和安全生产“两张皮”的问题，一直困扰着支部建设。为解决这一难题，景冬冬结合集团开展的“1 +8 党员联系群众”工作，按党员结对 8 名群众要求，所有党员与 150 名职工群众结对全覆盖。建立“双融双促”工作办法，在积极带动开展“1 +8”工作的同时，每周组织支部党员与对应联系的群众开展一次面对面交流谈心谈话，党员与结对群众了解对方家庭生活、家庭成员、工作中与同事之间有无矛盾的发生，加强了党员与互助群众之间的了解。

星光不负赶路人，岁月不负有心人，多年来，景冬冬不断强化学习、攻坚克难、坚守岗位，为激励鼓舞职工立足岗位辛勤劳动、诚实劳动、创新劳动，搭建“小赛台”18 次，在他的带领下，获得 QC 成果公司级以上荣誉 3 个，2020 年荣获第二批“高新技术企业”认定资格，精河县晶羿矿业正式迈入国家高新技术企业行列。

**李枝贵**　男，汉族，1968 年 2 月出生，中共党员，精河县茫丁乡肖乃村卫生室医生。

2013 年 6 月，李枝贵被精河县茫丁乡评为“优秀共产党员”；2014 年 3 月，被自治区卫生厅授予“自治区新疆最美优秀乡村医生”荣誉称号；

2015 年 5 月，被授予“自治区民族团结进步模范个人”荣誉称号；2015 年 3 月，被自治州党委宣传部授予“最美博州人”荣誉称号；2015 年 6 月，被博州文明委授予“第四届博州助人为乐道德模范”荣誉称号；2015 年 12 月，被精河县人民政府授予“百名最美精河人”荣誉称号；2016 年 3 月，被精河县卫生局授予“精河县卫生系统优秀乡村医生”荣誉称号；2016 年 6 月，被精河县授予“民族团结进步优秀共产党员”荣誉称号；2019 年 12 月，被基层医师公社授予奉献奖荣誉称号；2020 年 12 月，被评为自治区劳动模范；2021 年，先后被评为自治区优秀共产党员、自治区脱贫攻坚先进个人。

李枝贵在乡村医生基层岗位工作 32 年，加入中国共产党队伍 15 年，为村民解决疑难杂症，赢得了广大群众的一致认可。

李枝贵虽然只是一名普通的党员，但他始终以一名优秀党员的标准要求自己，始终牢记全心全意为人民服务的宗旨，处处发挥党员先锋模范作用。2011 年、2012 年先后被评为精河县优秀共产党员。李枝贵一年开出 2000 多张处方单，接诊量 2000 多人次，建立健康档案 460 多户，免费健康体检 5 次，宣传讲座 20 余次。2014 年被评为自治区级最美优秀乡村医生；2015 年被评为自治区民族团结进步模范先进个人；2016 年被评为精河县民族团结进步优秀共产党员。

李枝贵有 2 名结对帮扶对象，他真心把老两口当成自己的父母对待，每星期都进行入户访问，每月进行免费检查，不定期送 200 元生活用品。被帮扶老人逢人便说：“李医生是个好医生，他更是我们的亲人”。

李枝贵工作 32 年来，治疗各族群众达上万人，免费治疗上千人，减免医药费达 10 余万元。村队举办各种活动他都会主动捐款奉献自己的爱心。

作为一名党员村医，他主动冲到疫情最前线，每天进行摸排登记、消杀防护，每周按期对老年人、幼儿进行随访检查，及时掌握并解决村民的诉求和困难。

作为红十字会志愿者，他主动承担，积极响应号召用心做好抗疫志愿活动，各类捐款达 5000 余元，让爱在身边传递、延续。2020 年获自治区红十字系统突出贡献志愿者荣誉称号。32 年的风雨兼程感动和温暖着各族群众的心，这正是共产党员先锋模范作用最真实、最全面的体现！

**艾米** 男，蒙古族，1972 年 1 月出生，中共党员，大专学历。温泉县扎勒木特乡浩图尔哈队护边员。

2018 年艾米被评为温泉县扎勒木特乡优秀护边员；2019 年被评为温泉县最美护边员；2019 年被评为自治州优秀党员；2020 年被评为自治区劳动模范；2021 年被评为温泉县志愿服务先进个人。

艾米作为察哈尔部落西迁后裔，深知守边护边是自己的责任，边放牧边义务执勤，时刻以一名优秀中国共产党员的标准严格要求自己，发挥共产党员的先锋模范作用。工作和生活中注重加强自己的党性修养，认真学习马克思列宁主义、毛泽东思想、邓小平理论、“三个代表”重要思想、科学发展观和习近平新时代中国特色社会主义思想等党的理论知识。行动上始终与党中央保持高度一致，时刻用党员标准严格要求自己、严格遵守党的纪律，执行党的决定。艾米把党组织的温暖传递给身边的人。

2016 年 6 月，艾米成为温泉县第一批护边员，肩负起为国家守边巡边护边重担，在执勤中认真开展执勤、巡逻、训练等工作。服从护边员中队的调度和管理，努力做到守土有责、守土负责、守土尽责，充分发挥共产党员先锋模范作用。

2018 年 12 月，大雪将电子脉冲掩埋，需人工进行清雪。艾米主动报名上山协助机械作业清理二道铁丝网边角积雪，此次清理工作需要在海拔 3000 米的边境线上完成作业，那里的气温特别低，低到零下 30℃。

就在清雪的第一天，山上又下起大雪并伴有8级大风。艾米因没有恶劣的天气的所推却，而是迎着困难挺身而出。而他仅用一周的时间，长达5公里的铁丝网角积雪全部清理完成。

2021年8月，因疫情原因温泉县封城，实行居家自我隔离、核酸筛查。艾米积极主动报名加入志愿者行列，为温泉县疫情工作增添一份力量。艾米在志愿工作中不畏困难赶着驴车为各民族群众运送生活基本物资，解决各种困难诉求。工作中扭伤脚踝，身为党员，他轻伤不下火线，继续工作在志愿者行列中直至疫情工作结束。在这项工作中，艾米被评为优秀先进志愿者。

## 二、自治区先进工作者获得者简介

**杨汉章**　男，汉族，1934年12月出生，中共党员，博州税务局退休干部。

1956年杨汉章被江阴县支行评为先进工作者；1959年被山观公社评为劳动模范；1960年被评为自治区先进工作者。

杨汉章坚持四项基本原则，认真学习马克思列宁主义、毛泽东思想和党的路线方针政策，革命事业心强，工作积极、认真负责，坚持原则，热爱本职工作，有组织领导能力，能经常深入基层了解情况，做好干部的思想政治工作。严格要求自己，在群众中有较高的威信。

杨汉章退休后深入学习贯彻习近平总书记一系列重要指示精神，增强“四个意识”、坚定“四个自信”、做到“两个维护”，从讲政治的高度，把思想和行动统一到党中央、国务院决策部署上来。疫情期间，认真学习单位转发的习近平总书记关于新型冠状病毒感染的肺炎疫情防控工作的系列重要指示精神，按照党委、政府有关要求深刻认识做好疫情防控工作的重要性和紧迫性。严格做到不随意串门拜年，不组织或参与任何形式的聚会聚餐活动，遵规守纪。退休期间做到服从大局、听从指挥，严守纪律、维护稳定，表现良好。

**黄金康**　男，汉族，1938 年 2 月出生，1958 年参加工作，高级工程师。历任博乐市阿拉山口气象站通观员、博州气象局气象服务员、科长。博州人工影响天气办公室副主任兼雷达站长，博州政协六、七届委员、常委，州科协二届委员、常委。

1988 年黄金康被评为自治区先进工作者。

黄金康从事气象工作后先后发表和参加自治区、全国性学术或科学讨论会的研究论文 10 余篇。积极推动和参加“艾比湖生态研究与探索”。提案建议被州政府采纳。退休后，总结编写《博州冰雹与人工防雹技术》一书。参与新疆生产建设兵团第五师雷达站建设，为兵地协作联防增添了科技力量。参加博州专家顾问团“艾比湖生态研究趋势和综合治理的对策研究”课题。完成课题“博州空中水资源评估和人工增雨的布局”研究。

**周淑英**　女，汉族，1953 年 3 月出生，中共党员，博乐市人民法院退休干部。

1984—2000 年，周淑英先后十次被单位评为先进工作者，多次被评为优秀共产党员；1994—1999 年，先后六次被评为办案能手；1995—2000 年，曾荣立一等功 1 次、二等功 2 次、三等功 3 次；1996—2000 年，连续五年被单位评为优秀公务员；1996 年在博乐市人大组织的人民代表评选法院工作中被评为优秀审判员。1996 年先后被自治区、博乐市两级法院评为党风廉政建设先进个人、巾帼建功树形象百日活动先进个人，1997 年被评为自治区党风廉政建设先进个人，1997—1998 年，先后被博乐市评为十佳公务员、十佳政法干警，1998 年先后被评为全国优秀法官、全国优秀女法官、自治区优秀法官，1999 年被博州中级人民法院评为人民满意好法官,2000 年被评为自治区先进工作者,2002 年被自治区授予三八红旗手、十行百佳妇女称号。

1984 年调入法院工作后,周淑英从书记员到助理审判员、审判员到副庭长、庭长。几十年来,周淑英经办的案子足有千例,作为庭室领导,有责任走在大家的前边,1994 年结办 112 件案件,1995 年法院规定她的办案任务是 50 件,实际结案 168 件,超办 118 件,1996 年办案任务是 60 件,她实际结案 194 件,超办 134 件,1997 年办案任务是 40 件,她实际办案 162 件,超办 122 件。同事问她:“你一年结那么多案子,是怎么办出来的? 说说绝招。”周淑英说其实我哪有什么绝招,总结我这几年,之所以有如此高的结案量,首先主要有对当事人高度负责的责任心,当事人把诉状递到法院,都期盼着早一天有一个公正的判决,作为法官,一定要抓紧时间了解案情,按照法定程序做好开庭前的准备工作并及时取证,调解或开庭审判,绝不能无缘无故拖延时间。其次是合理有序安排时间,做到分秒必争,她制定了工作时间安排表,把每天接待当事人、外出调查取证、开庭审案等工作穿插进去,把拟写裁判法律文书安排在下班后或晚上加班加点在家里写,并严格遵守约见当事人时间和定好的开庭时间,这样工作效率大大提高,有时一天能结 2 ~ 3 件案件。有时遇到一些大案、难案,一宗案件可能涉及各种各样的人,涉及各种各样的关系,这时候不能消极等待或无限推迟审理,必须积极主动去调查取证。有时为了寻找当事人到庭,真是跑断两条腿,吃尽苦中苦。记得 1996 年 11 月,她受理了一件民事欠款纠纷案,在开庭的前两天,原告匆匆跑来告诉她,被告跑到伊犁躲起来了。她听说后立即带上书记员买了去伊犁的班车票,下午便上了车。博乐离伊犁 270 多公里,车到果子沟盘山路时,路滑、车多,堵了两个多小时,由于天气冷,衣服单薄,冻得大家在车上直打哆嗦,直到深夜 2 点多钟车才出果子沟,当她们几经周折找到被告亲戚家时,被告外出了。她们冒着严寒在电力公司门口等了一个多小时,才等到被告，将被告带回法庭审理了此案。

**张红荣** 女，汉族，1968年1月出生，中共党员，原博州市场监督管理局信用与广告监督管理科副科长。

2002—2004年，张红荣连续三年被博州工商局评为全系统“十佳”之一的最佳登记注册员，同时也连续三年被口岸分局评为先进工作者，2004年荣获全国优秀工商行政管理人员的称号，并作为全疆优秀工商行政管理人员的代表出席了在北京召开的全国工商行政管理系统“双先”表彰大会。2005年被评为自治区先进工作者。

2017年以来，根据原州工商局党组按科室分工，张红荣在企业监管室主持工作，科室2人（其中1人已调离本单位），她一人承担起整个科室的工作（科室主要职责：市场主体的年度报告、“双随机一公开”抽查、企业信用信息公示、小微企业个体工商户和专业市场党建工作、私营个体营业协会、州政办的点题约稿和督查等）。作为一名党员，她无怨无悔任劳任怨顺利完成各项工作，得到自治州人民政府和原自治区工商局一致好评。2019年5月，她积极发挥自治区先进工作者的模范带头作用，克服父亲长期卧床不起，母亲身体不好，爱人工作特殊、长期在家时间不多等诸多困难。张红荣在困难面前还是选择了到农村去，到生产一线去，积极报名参加了本单位的“访惠聚”工作队，现已在博乐市青达拉街道银河社区驻“访惠聚”工作队工作。

**景生** 男，汉族，1959年出生，中共党员，大学学历，时任博州农业科技开发中心推广研究员。

2003年景生被评为自治州第八批专业技术拔尖人才；2003年被国家农业部授予全国农业科技年活动先进个人荣誉称号；2004年被自治区科协和农业厅评为十五年“科技之冬”活动先进个人和百名优秀农技

推广员;2004 年获准享有国务院特殊津贴;2005 年被评为自治区先进工作者。2006 年被评为自治区“十佳”科技特派员,继而被评为 2007 年度 UNDP 项目省级科技特派员,是本地区农业技术推广的带头人之一。2008 年荣获自治区民族团结先进个人荣誉称号。

景生从事农业技术研究及推广工作已满 31 年,被中粮屯河博州糖业有限公司聘为科技特派员已经 5 个年头。其间参与实施“博州棉花供给侧改革关键技术研究示范推广”项目,通过项目实施,轧花企业、种子企业、合作社和农户形成社会联盟、产业联盟,按照统一品种、统一种植、统一管理、统一采收、统一销售的模式,分别在博乐市、精河县有序推进棉花供给侧改革。主持实施“博州特色植物优质高效综合配套技术研究及示范推广”项目,通过项目实施总结出适宜博州地区特色作物优质高效栽培技术模式,在全州进行推广应用。2019 年推广甜菜膜下滴灌面积 100%,机采种植模式面积占总播面积的 95%,一膜双管面积占总播面积的 85% 以上。

**王丽华**　女,汉族,1962 年 7 月出生,中共党员,原自治州计价局局长。

2004 年王丽华被评为全区工会财会工作先进工作者;2004 年、2005 年先后被评为自治区先进女职工工作者;2006 年被评为自治州机关党总支优秀共产党员;1995—1998 年、2001—2007 年先后被评为自治州优秀公务员;2010 年被评为自治区先进工作者。

王丽华从事工会工作近 20 年来,以严谨务实的工作作风、甘于奉献的敬业精神、与时俱进的大局意识,受到了领导和同事们的好评。王丽华为州总工会工作创特色、求发展、上台阶做出了突出贡献,分管的各项工作都走在了全区工会系统的前列,州总工会连续 6 年获“全国工会财务先进单位”和 2009 年度“自治区先进工会女职工委员会”等多项荣誉。

**陈晓敏** 女,汉族,1962 年 4 月出生,中共党员,博乐市人民检察院退休干部。

陈晓敏多次被温泉县人民检察院、博乐市人民检察院及博州人民检察院评为先进工作者,2009 年,被博州人民检察院荣记个人三等功,2010 年被评为自治州先进工作者,同年被评为自治区先进工作者。

陈晓敏从事检察工作 33 年来,始终以"道虽通不行不至,事虽小不为不成"的人生信条,从每一件小事做起,从点点滴滴做起,在平凡的岗位上忠实践行科学发展观,勤于学习、勤奋工作、努力钻研、不断进取,在理论水平、业务能力等方面都取得了骄人的成绩。

在思想、组织、工作等方面始终保持先进性,与党中央保持高度一致,坚决贯彻党的路线方针政策,牢记党的宗旨,在自己的岗位上勤勤恳恳、兢兢业业。陈晓敏在公诉工作中,深刻把握在新形势下出现的新课题、新矛盾,牢固树立社会主义法治理念,牢记"强化法律监督,维护公平正义"这个检察工作主题,以良好的作风、务实的态度做好公诉工作。

陈晓敏在工作之余,利用自己业余时间认真学习并钻研法律、法规,掌握有关法律、法规的基本内容和精神实质,为做好公诉工作奠定了坚实的理论基础。通过不断的努力,法律理论和业务水平有了很大的提高。

公诉科工作在检察系统属于第一线,是窗口,关乎着检察院的形象。陈晓敏面对着形形色色的当事人,稍不留意,一个细节上的疏漏,就会影响检察院的声誉、形象和威信。对此,她有着正确的认识。严格遵守院里的各项管理规定,实行文明用语,规范服务行为,做到"来有迎声、问有答声、走有送声"。坚持按规定着装,做到谈吐优雅、举止大方,解释细心、耐心,真情暖人心,时时处处向外界传播依法办案、文明执法的检察形象。

陈晓敏自从事检察工作以来多次被评为先进个人。自 2003 年以来,已承办各类公诉案件千余起,大案要案 80 余起,仅 2007 年至 2009 年,每年都承办各类案件 100 余起,无一起错案。鉴于对检察事业做出的突出贡献,2009 年被自治州人民检察院荣记个人三等功,2010 年被评为自治州先进工作者,同年被评为自治区先进工作者。

**李文磊**　男,回族,1967 年 3 月出生,中共党员,现任博州农业技术推广中心研究员。

2010 年李文磊被评为自治州先进工作者,同年被评为自治区先进工作者。

1994—2004 年,李文磊一直负责博州农作物病虫害的预测预报工作,对突发性病虫害能够及时发布,为有效指导全州农民开展病虫害综合防治奠定了坚实基础。1998—2010 年,先后参加完成"博州农田昆虫资源调查""博州 25 万亩棉花亩产皮棉 120 公斤技术推广""博州棉铃虫综合防治技术研究及大面积推广""博州亩产皮棉 150 公斤高密度植棉新技术示范与推广""博州棉花高产综合栽培技术研究"等 6 个项目,把各项植棉新技术与常规技术合理组装配套,运用于生产实际,取得了良好的社会效益、经济效益、生态效益。2006 年他被精河县聘到精河县大河沿子镇当科技特派员,主要任务提供技术服务,在多年实际工作中,积累了很多工作经验。李文磊取得了多项科研成果奖,受到了同行专家及农民的一致好评。

**高勇**　男,汉族,1977 年 3 月出生,博州公安局警卫处处长。

2015 年高勇被评为自治区先进工作者。

高勇在工作中,充分发挥劳模先进带头作用,切实履行党支部书记第一责任人职责，狠抓特警队伍管理，加强特警队伍建设，带领博州公安局特警支队迈向新台阶。

在高勇的领导下，博州公安局特警支队圆满完成“赛里木湖冰雪节”“赛里木湖马拉松赛”“环赛里木湖自行车赛”“汽车拉力赛”等大型活动安保任务30余次，完成抓捕、押解任务70余次。

高勇组织特警支队民警对结对亲戚开展走访18次、走访慰问40余次，帮扶投入3万余元，切实帮助群众解决困难；组织博州公安局特警支队开展基层送教活动200多天，抽调民警赴南疆送教68天，培训学员780余人。

2017年8月9日，精河县发生6.6级地震，高勇带领博州公安局特警支队第一时间奔赴灾区进行抢险救援，先后搭建救灾帐篷40余顶，帮助50余户灾民抢救财产价值20余万元，并帮助精河县红十字会搬运救灾物资，得到了群众和博州公安局党委的充分肯定。

在高勇的正确领导和管理下，博州公安局特警支队未发生一起人员违纪违法事件。2017年，博州公安局特警支队荣获集体三等功，2019年，博州公安局特警支队荣获博州五四青年先进集体称号。

**黎辉**　男，汉族，1978年6月出生，中共党员，现任博州广播电视大学教务处处长。

2014年黎辉被评为自治州级优秀教师；2015年被评为自治区“访惠聚”工作先进个人，同年被评为自治区劳动模范；2016—2017年年度考核中先后被评为自治州州级优秀教师。

2010—2017年，黎辉担任学校教务处主任，在教务教学管理、考务管理、教材管理、教学及班主任工作中均取得理想成绩。在工作管理中分工明确责任到人，狠抓教学管理制度的完善和落实，由于工作突出，博州电大连续三年被新疆电大评为“全疆电大优秀教务管理先进集体”。

多次被新疆电大评为“优秀考点”“考务管理工作先进集体”。

黎辉积极深化教学管理模式改革，在不断的探索实践中取得了显著成效。制定出台了《博州电大教师工作量计算办法》和《教研组工作职责》等相关制度，对课程面授辅导、“四项”教研活动、网上教学辅导等提出了明确要求，使得教学工作常规化、制度化。学校 2014—2017 年连续 4 年被新疆电大评为“教学质量考核先进单位”。

黎辉注重创造性地开展工作，刻苦钻研业务，与其他老师合作研究开发了“使用 WebGlS 发布考场电子地图”，并在《新疆电大学报》上发表。与电教处教师合作开发的“教育部统考网考图像采集系统”，具有重要的科学价值，解决了学生异地上传图像难的问题，极大地提高了工作效率。该系统已申报新疆电大课题立项并已结题，拟在全疆电大系统推广使用。2012 年 11 月黎辉荣获了新疆电大系统 2012 年度“广播电视大学形成性考核管理系统”优秀教学成果、优秀科研成果三等奖。

**乌玛尔江·努合曼**　男，哈萨克族，1971 年 5 月出生，时任博尔塔拉蒙古自治州人民政府副州长、党组成员。

2015 年乌玛尔江·努合曼被评为自治区民族团结进步模范个人；2016 年被评为自治区先进工作者。

乌玛尔江·努合曼担任精河县茫丁乡城关村“访惠聚”工作队队长期间，牵头建立了一系列会议制度，亲自指导修订村规民约。重要路口、重点部位、重点人员管控实现全覆盖。全面完成了城关村户籍人口、常住人口、流动人口等核查。累计争取各类项目资金 1800 余万元，重点实施了村级文化阵地、道路硬化、美丽乡村等项目建设。

乌玛尔江·努合曼全力以赴参与做好精河 6.6 级地震灾后重建，协助巴德玛拉州长负责托里镇乌兰旦达盖村和叶里斯南也肯村危房拆迁及房屋重建，2 个村 3 个安置点全部按时竣工并入住。

扎实开展脱贫攻坚工作，实现现行标准下所有贫困户脱贫、3个自治区级贫困村退出。2018年脱贫成效进一步巩固提升，农村贫困人口家庭年人均纯收入达到12716元，没有出现返贫人口，年度脱贫攻坚目标任务圆满完成。

在全疆创新实施“安心助养”工程。乌玛尔江·努合曼牵头制定建档立卡贫困户参加商业大病医疗补充保险方案。出台劳务中介组织和劳务经纪人奖励暂行办法，发放“以奖代补”资金116万元。制定保障农民工工资支付工作考核实施办法，不断规范用工管理和工资支付行为。启动并按时完成退役军人数据信息采集和建档立卡工作，落实退役军人各项补助政策，实现慰问全覆盖。落实“多证合一，一照一码”和“证照分离”改革，扎实推进“双随机一公开”抽查和企业信用信息公示。深入推进质量强州战略，加强特种设备定检工作，组织开展燃煤锅炉专项整治。乌玛尔江·努合曼牵头制定食品安全党政同责实施方案等3个文件，先后召开3次会议、多次带队开展督查，确保全州各族群众“舌尖上的安全”。乌玛尔江·努合曼用心用情参加“民族团结一家亲”活动，资助结对亲戚和结对贫困户新建房屋、安装锅炉，并解决其子女就业。

**巴吐鲁呼**　男，蒙古族，1976年1月出生，中共党员，博州人民医院党委委员、副院长。

2015年3月，巴吐鲁呼获得颈颅多普勒科技进步奖三等奖；2015年3月，获得连枷胸科技进步奖三等奖；2015年4月，被评为自治州五四青年；2016年4月，被评为自治区先进工作者；2016年荣获“探讨神经内镜辅助显微手术治疗面肌痉挛的临床效果研究”三等奖；2017年3月，荣获前循环动脉瘤科技进步奖二等奖；2019年10月，被命名为自治州第十一批拔尖人才；2019荣获”神经内镜在高血压脑出血的应用“一等奖；

2020 年被评为自治区第十一批有突出贡献优秀专家。

饮水思源，不忘初心。2001 年 6 月，当时州人民医院床位 200 余张，技术力量相对其他地州薄弱。巴吐鲁呼到院后，为提升自己的医疗技术水平，他刻苦努力学习考研，在完成日常医疗工作的同时，日夜复习考研相关资料，终于在 2007 年考入新疆医科大学研究生学院主修神经外科，成为医院历史上第二位研究生，也在医科大神经外科留下了良好的口碑。2010 年临近毕业，导师党木仁教授冉三询问是否留院，神经外科柳琛主任也是多次询问是否留院。他当时彷徨过，犹豫过。因科内只要 1 人，对他来说机会确实难得。在不停的纠结及思想斗争中，他毅然决定回到原单位博州人民医院继续工作，而当年回地州工作的仅有他一人。在他的牵头工作下，2020 年 11 月州医院正式成为国家高级卒中中心，为州内首家也是唯一一家。2019 年 10 月 31 日通过第三批次中国胸痛中心及中国基层胸痛中心认证，并获得了 2019 年新疆胸痛中心数据质控铜奖。2019 年 9 月 22 日通过国家规培基地评审，成立了内科、外科、妇产科、儿科、全科、急诊、麻醉、骨科、放射科 9 个专业基地。于 2021 年获得由中国创伤救治联盟颁发的建设单位称号。真正让博州人民医院走在州内乃至新疆前列。

恪尽职守，注重实干。巴吐鲁呼回院后，便深耕于神经系统疾病诊疗事业。在人才储备上，他手把手带领团队学技术、做课题，持续外派人员进修学习，将医院原来 2 人的神经外科团队扩大到如今 25 人的神经中心团队。然而人员的进步需要硬件作为支撑，想当年，他带着老师送的一把双极电凝镊及一套吸引器，回院便积极争取各种资源，做了无数的沟通，终于建立了 NICU，纤维支气管镜、呼吸机、N17 监护仪、床旁超声、颅内压监护仪、脑电、肌电监测、促醒仪、震动排痰仪、肢体气压治疗仪、降温毯等等常用神经科仪器已基本全部具备。2009 年州人民医院连神经外科最常见简单的手术血肿清除都无法完成，现在神经中心年手术量已达到500余台次,这与他长久的坚持与奋斗是分不开的。神经外科的发展促进了州人民医院重症医学科、急诊科、放射科、检验科等学科的发展。他多次到县级医院参与手术指导及授课,帮助农五师医院解决手术难题。自2018年开始每季度开展博州地区神经外科沙龙,为各县市以提供病例讨论并授课等形式累计培训医护人员1000余人次,开展各类继续教育项目5项。

学无止境,严于律己。巴吐鲁呼自工作以来,始终牢记自己是一名共产党员,对党忠诚,忠于党和人民事业,政治素质过硬,讲原则。同时,他爱岗敬业、勤奋好学、开拓创新、敢于担当,专业能力强,工作一丝不苟。从业以来,发表论文20余篇,其中SCI论文1篇。主持自治区级课题1项,自治州级课题2项,参与自治州课题4项。获得自治州科技进步奖一等奖1次,二等奖1次,三等奖3次,同时获得自治区先进工作者、自治州第十一批拔尖人才、自治区第十一批有突出贡献优秀专家荣誉。

**格日丽** 女,蒙古族,1972年3月出生,中共党员,时任博乐市市容环境卫生管理局监督检查科科长、清扫队长。

1999年格日丽被评为博乐市环卫处先进工作者;2003年被评为博乐市环卫处先进工作者、博乐市建设局先进工作者;2009年被评为博乐市建设局年度先进工作者,同时获评环卫工人节中的先进工作者;2010年被评为博乐市建设局先进工作者;2011年被评为博乐市市容环境卫生管理局先进工作者、博乐市住建局先进工作者;2012年被评为自治区住房和城乡建设厅优秀环卫工人;2013年被评为博乐市住建局先进工作者;2015年被评为博乐市市容环境卫生管理局先进工作者;2017年被评为博乐市市容环境卫生管理局环卫标兵、博乐市总工会环卫标兵;2019年荣获博乐市最美志愿者和好媳妇称号;2020年被评为自治区先进工作者。

在这工作的几十年里，格日丽爱岗敬业乐于奉献，充分发挥骨干和模范带头作用，用以身作则的工作态度、务实创新的工作方法、严以律己的工作作风，打造出了一支过硬的环卫工人队伍，给博乐市画上了美丽怡人的新妆容，为城市的市容市貌做出了积极贡献。自1995年从事环卫工作以来，格日丽始终坚持“宁愿一人脏，换来万人洁”的高尚品质，坚守在环卫一线岗位上，埋头苦干、任劳任怨、乐于奉献，把脏和累留给了自己，把干净和优美献给了他人。格日丽在时常满是灰尘的外表下，藏着一颗闪光的心，在平凡的岗位上，做出了不平凡的成绩，每年的环卫工作都取得不错的发展。回顾以往的工作，格日丽一直本着对环卫工作的一份责任，在自己的岗位上尽了最大的努力，同时作为城市的美容师，长期以来用自己的实际行动证明这个荣誉称号她当之无愧。

爱岗敬业履职尽责。格日丽最早也是一名环卫工人，每天太阳刚刚升起时就要出门上街扫马路，干了大约10个月的清扫工作。格日丽由于工作积极肯干，吃苦耐劳，不怕苦不怕累，任劳任怨，通过领导的栽培和提拔，以及自身的不懈努力，组织给她调整了工作岗位，从环卫工人调整到监督员、清扫队队长岗位，直到监督科科长。这一路走来，充满了艰辛与汗水。可是格日丽依然努力做好本职工作，她的工作职责就是要提升城市的环卫质量。环卫工作虽然苦，但一身汗水能换来一片清洁，格日丽感到这是世界上最有意义的事情，也是支撑她干好环卫工作的不竭精神动力。博乐市的大街小巷，常常可以看到格日丽忙碌的身影，早出晚归是她的日常，用环卫工人的辛苦换来博乐市的整洁干净，是格日丽的工作信念。城市的环卫工作离不开每一个环卫工人实实在在的工作，他们对环卫事业多一份热情，努力认真地完成环卫工作，都将直接体现在道路的整洁和干净上。因此格日丽坚持时刻严格要求自己，做好本职工作，带领全体环卫工人加强环境保洁工作，每天对垃圾进行有效处理，对于垃圾收集以及清运工作都严格按照上级的指示完成。

吃苦在前享受在后。格日丽是一名中共党员,她始终以共产党员的标准严格要求自己,爱岗敬业、忠于职守、任劳任怨,以扎实的工作作风赢得了同事们、环卫工人们的称赞,她以执着的热情在平凡的岗位上谱写了自己人生的光辉篇章。更重要的是,她始终坚定初心和使命,践行着“吃苦在前、享受在后”的信念。她遵章守纪、尊敬领导、团结同事、务真求实、乐观上进,始终保持严谨认真的工作态度和一丝不苟的工作作风,勤勤恳恳,坚持做到不早退、不迟到,时刻坚守自己的工作岗位,是领导和同事眼中的女强人。格日丽严于律己,积极倡导廉洁奉公新风气,除了工作上勤奋务实,在作风上也坚持廉洁自律。她时刻牢牢把握自己的道德底线和纪律防线,做到廉洁从政,勤政为民。格日丽在实际工作中敢于作为,勇于作为,在廉洁自律上有所畏。多年来,格日丽用自己的言行举止感染着身边每一位职工,她始终坚持“为民、务实、清廉”的工作准则,用自己的劳动汗水、创新奉献,让这座城市文明整洁,始终践行着一个基层环卫工作人员的职责。

## 三、开发建设新疆奖章获得者简介

**阿不都热西提·司马义**　男,维吾尔族,1954 年 4 月出生,中共党员,原自治州供销合作社车队职工。

1998 年阿不都热西提·司马义被评为自治州优秀共产党员;1990 年获得自治州民族团结优秀奖;1991 年被评为自治州劳动模范;1995 年被评为自治区劳模模范,同年荣获自治区开发新疆建设奖章。

阿不都热西提·司马义 1987 年参加工作,无论是在工作上,还是在生活中,他都以一个优秀共产党员的八项标准严格要求自己,事事处处起到先锋模范作用,得到同事的好评。在《博尔塔拉报》《工人时报》《新疆日报》等报上曾刊登过他诸多的先进事迹。

**余远新**　男,汉族,1958 年 2 月出生,中共党员,主任医师,博州人民医院放射科主任,1987 年 7 月毕业于新疆石河子医学院成教基础医学师资专业,时任博州人民医院放射科主任。

1999 年,余远新自行设计组装的"CT 交流稳压电源断电自动延时复位装置的临床应用"获得中国科学技术成果生产力转化评定二等奖;2001 年被评为自治州劳动模范;2001 年,参加研究的"恶性肿瘤介入治疗临床应用"获得自治州科学技术进步二等奖;2006 年,主持研究的"普通及单层螺旋 CT 扫描后处理技术的临床应用与研究"获得自治州科学技术进步二等奖,并于 2007 年获得自治区科学技术进步三等奖;2003 年、2008 年,先后被评为自治州第八批和第九批行业技术拔尖人才;2008 年荣获开发建设新疆奖章;2011 年荣获全国五一劳动奖章。

余远新政治思想坚定,工作作风扎实,凭着对人生理想信念的追求,干一行、爱一行、钻一行、精一行,立足医学影像诊断岗位 30 多年来如一日,他认认真真工作,踏踏实实做人,兢兢业业奉献。认真履行一位医学放射影像工作者的神圣职责,为服务社会、奉献社会和推动博州医疗事业做出了卓越的贡献,得到了自治州各级领导的高度评价,深受医院职工和广大患者的爱戴,他是广大职工及患者公认的"老黄牛"。

余远作为一名医生,有着高尚的职业道德,工作中诚实守信、任劳任怨、精益求精,以极强的责任心和热心对待每一位患者,不论工作日还是节假日,只要临床及病人需要时,他随叫随到,常常为危重病人做检查熬夜加班,废寝忘食。余远新有一天中午在下班回家的路上,遇见一位家长抱着未满周岁的患儿赶往医院就诊,门诊医生初步诊断为肠梗阻。看到患儿病痛哭叫和家长揪心的样子,他急病人之所急,二话不说立即将患儿带到放射科进行细心检查,诊断为结肠套叠近 15 厘米。余远新在立即通知相关医生的同时,果断采取钡灌整腹。临床医生劝他说:"复位难度很大,还是采取手术治疗。"面对患儿及医生,他沉着冷静,凭着他多年的临床经验，耐心说服患儿家长，认真指导医生操作，经过两个多小时的手法复位、推挤，套叠肠段终于得到整腹。患儿父母感激地说："我真幸运遇到了好人啦，不然我小孩就要挨一刀了，太感谢了"。余远新常说："只要能为病人的诊断提供有价值的检查，早日帮助病人解除病痛，再苦再累我都是幸福的。"他每年在坚持正常值夜班的情况下，夜间急诊加班达 120 次以上，是医院科室领导加班之最。

放射科的设备均为高科技大型设备，30 多年来，余远新对自己始终坚持高标准、严要求，刻苦学习专业知识，不断钻研新技术，创新工作方法，不断提高专业理论水平。余远新为方便病人检查、诊断，他开动脑筋动手制作了投照用的多功能角度尺和最小失真测量尺，并认真总结工作实际，撰写了一套实用的投照条件参数优选法，极大地提高了工作质量和效率，得到了影像界的应用推广及普及。

余远新利用业余时间自学了中国电子专业函授学习，于 1985 年以优异成绩取得了全国无线电电子基础初级结业证书，为今后开展放射工作奠定了良好基础，是一位名副其实的自学成才的典范。医学在发展，设备在不断更新。为弥补专业知识存在的不足，1985 年他又考取了新疆石河子医学院，并光荣加入了中国共产党。进修回来后，他把所学的理论知识用在工作实际中，像爱护自己生命一样，以身作则、率先垂范地对放射科各设备精心操作，用心保养和维修，针对工作中发现的问题，如电源断电、电压不稳，使机器故障发生率高，突然意外断电对 CT 机设备损害极大等，他在认真学习和掌握操作诊断技术外，还积极学习设备维修技术，熟练掌握各种设备的原理、效能和规范的操作要求，只要自己能维修的他不要任何报酬加班加点进行维修，并自行设计组装了"CT 交流稳压电源断电自动延时复位装置"，做到了低损耗、低成本和以人为本的合理使用，为医院解决了很多实际问题。

30 多年来，余远新厉行勤俭节约，为医院节省维修费达 60 多万元，曾被医院评为“医疗设备维护特殊贡献奖”，为医院节能减排活动的开展起到了一定的带头和促进作用。余远新不断努力钻研技术难题，积极开展新项目，勇于攀登科技高峰，特别是在设备的效能开发上，充分发挥设备各软件处理技术优势，以严谨科学的工作态度严格落实规范操作制度，很快成为医院出类拔萃的技术操作能手，投照技术质量好，检查诊断准确率高，业务技能跨入了自治区同行业的先进行列，成为博州地区颇有名气的医学影像专家，得到自治区同行专家的一致好评，被新疆医学会放射影像技术学会连续两届选为常务委员。自治区某大医院曾多次来院调他，都被他婉言谢绝。他说：“我离不开生我养我的这片土地和人民。”而今，他依然毫无怨言地坚守本职工作。

余远新有超强的责任心、朴素的爱心和对业务知识技能发自内心的竭诚追求，在铸造了余远新救死扶伤的高尚医德的同时，也造就了他在业务上的可贵成就。余远新经常鼓励和带领年轻的医生加强业务技能学习，不断提高自身诊断疾病的水平。近年来，在他的领导下，研究开展的“恶性肿瘤介入治疗临床应用”及“普通及单层螺旋 CT 扫描后处理技术的临床应用与研究”，余远新先后获得自治州科学技术进步二等奖，其中《普通及单层螺旋 CT 扫描后处理技术的临床应用与研究》获得自治区科学技术进步三等奖；他自行设计组装的“CT 交流稳压电源断电自动延时复位装置的临床应用”获得中国科学技术成果生产力转化评定二等奖。先后在国家级及省级刊物上发表有价值的学术科研论文 15 篇。他领导的科室年年被医院评为先进科室、完成任务突出科室、百姓满意放心科室及民族团结先进科室；2006 年余远新先后被评为医院优秀工作者、十佳医务工作者、优秀共产党员；2001 年被评为自治州劳动模范；2003 年、2008 年先后被评为自治州第八批和第九批专业技术拔尖人才；2008 年荣获开发建设新疆奖章荣誉称号；2011 年荣获全国五一劳动奖章荣誉称号。

**袁如明** 男,汉族,1976年12月出生,中共党员,时任温泉县政协办公室主任。

2009年6月,袁如明被评为温泉县优秀共产党员;2011年7月,被评为自治区优秀共产党员;2012年4月,获自治区开发建设新疆奖章获得者荣誉称号;2021年6月被评为温泉县脱贫攻坚先进个人。

袁如明在博格达尔镇任党委委员、政法副书记期间,工作认真、踏实肯干,为民办事替民解忧的事情如滴滴清水般滋润着辖区居民的心。袁如明在社区工作期间,作为一名社区干部,他把真心爱心奉献给了辖区居民,把他们的大事小事都装在心里,他常说,只有这样才能无愧于心,无愧于党员和社区工作者的称号。

"社区的职责就是服务,我们的本职就是服务",这是袁如明每逢社区工作会议必说的一句话。在袁如明的心里,装满了居民的生活琐事,在他的眼里,看到的都是居民的冷暖疾苦。替居民找工作,为群众解困难,建立居民服务队,袁如明就是这样一个为社区发展建设添砖加瓦、一心为公、全心全意为人民服务的平凡人,他把心中所有的温情化作无数份爱心奉献给干部群众,把全部的心血都浇灌在事业的沃土上,用自己对党的忠诚、对事业的热爱,热心帮助群众解决实际困难,得到了群众的信任与好评。

**杨雯** 女,汉族,1968年6月出生,中共党员,时任新疆维吾尔自治区人民医院医务部副主任、门诊部主任。

2013年4月,杨雯被评为自治区开发建设新疆奖章获得者。

杨雯在精河县人民医院工作期间,她坚持以"病人为中心",以"质量、安全、服务、管理、绩效"为核心,将老百姓看好病、好看病,最终赞一声看病好作为医院的价值取向和努力的方向。杨雯任院长的6年时间里,她与班子成员一起团结带领全院各族干部职工努力奋斗,将精河县人民医院打造成为一家集医疗、预防保健、科研、教学于一体的综合性县域医疗服务中心。医院在县级公立医院改革、现代医院管理、优质服务等方面的举措先后在《健康报》《新疆日报》《博尔塔拉报》上刊发。

2008 年以来，杨雯先后开展新技术、新项目 200 余项，近 10 个项目被州、县科技局立项并获科技进步奖，更新和购置医疗设备（设施）500 余台（件），仅血液净化室的成立，每年为本地透析患者节约除诊疗费用以外费用 3 万 ~5 万元，进一步解决了群众看得好病的问题，更多的患者选择留在本地就医。作为全疆唯一一家参加国家重点科技项目研究的试点医院，精河县人民医院已与浙江数字医疗卫生技术研究院、杭州医惠科技有限公司合作完成了移动护理、护理管理、门诊输液、消毒供应中心追溯管理、医疗废弃物追溯、婴儿防盗等医学物联网项目应用工作，医院信息化建设走在了全疆县级医院的前列，智能化医院建设目标逐步实现，届时，“以病人为中心”的服务理念将会得到更好落实。

精河县人民医院先后获得全国医药卫生系统先进集体、自治区文明单位、自治区文明服务示范窗口单位、自治区行风建设示范窗口单位、自治区纪检监察先进集体、自治区模范职工之家等荣誉，并被确定为新疆包虫病防治项目外科手术救助定点医院。作为博州地区唯一一家包虫病防治项目外科手术救助定点医院，先后被确定为全国第二批、自治区首批县级公立医院改革试点医院、自治区廉洁风险防控示范医院。

2016 年 2 月以来，杨雯先后在博州人民医院、新疆医科大学第五附属医院工作。2018 年 2 月调入自治区人民医院工作任医务部副主任、门诊部主任，工作中她认真履行职责，在医院门诊管理中，多措并举持续优化就诊流程，方便患者就医。2018 年，门诊因在进一步改善医疗服务行动中成绩突出，获国家进一步改善医疗服务行动计划“优质医疗服务示范科室”荣誉称号，“多部门联合协作持续优化门诊超声检查流程”获创新管理奖及全国医院擂台赛“十大价值案例”奖、“十大人气案例”奖。

"PDCA 在提高门诊预约诊疗库中的应用"案例荣获优秀质量管理工具奖。2019 年"远程医疗和智慧医院建设"获全国医院擂台赛西北赛区"最具人气案例",2020 年,门诊部"后疫情时代智慧门诊建设"荣获全国医院擂台赛"智慧医院优秀案例","应用 PDCA 缩短患者平均候诊时长"获第四届医院质量工具应用案例大赛"最佳案例",门诊部在老百姓就医难点、痛点和堵点问题上真抓实干,取得成效。

**杜鹏** 男,汉族,1981 年 12 月出生,中共党员,时任中国邮政集团公司新疆博州邮政分公司机要通信分局副局长。

2010 年 2 月,杜鹏被评为精河县邮政系统先进个人;2011 年 1 月被评为精河县邮政系统先进个人;2012 年 5 月被评为博州邮政系统民族团结先进个人;2013 年 1 月被评为博州邮政系统先进生产工作者;2013 年 1 月被评为博州邮政最佳支局局长;2013 年 7 月获新疆邮政公司、新疆邮政工会代理金融 TST 营销能手荣誉称号;2014 年 1 月被评为精河县邮政系统先进个人;2014 年 4 月被评为全国邮政系统先进个人;2016 年 4 月被评为自治区开发建设新疆奖章获得者;2016 年 7 月被评为自治区邮政系统优秀党员。

1981 年,杜鹏出生于农五师 84 团。2006 年从乌鲁木齐市成人教育学院毕业后,怀着对邮政事业的热爱,同年 4 月通过竞聘成为精河县邮政局沙山子支局一名普通的储蓄营业员,从事储蓄营业工作,在工作期间,任劳任怨、团结同事、思想上进,各项营销业绩都是第一。由于工作表现出色,在领导和同事的帮助下,2008 年被聘用为精河县邮政局沙山子支局支局长,在这个岗位上一干就是 10 年。在这 10 年间,沙山子支局各项任务指标完成情况突飞猛进,实现了质的提升。储蓄业务从最初的 5600 万元增长至 1.4 亿元,支局整体收入从 160 万元增长至 400 万元,在他的带领下沙山子支局 2009—2010 年被评为州局"奉献杯"劳动竞赛先进集体,2011 年被评为“优服杯”先进集体,2012 年被评为全州最佳支局,2013 年被评为全州“效益杯”先进集体,2014 年被评为先进集体,2015 被评为安全生产集体,2016 年被评为全州“优服杯”先进集体,2017 年被评为全州先进集体。在此期间,他多次被评为精河县邮政局先进个人、全州邮政先进个人、先进生产者、民族团结先进个人、最佳支局长,2014 年被评为全区邮政系统先进个人,2015 年被评为全国邮政系统先进个人,2016 年还荣获了“开发建设新疆奖章”。

2017 年 12 月,杜鹏被调到精河分公司市场部工作,负责市场经营的工作,他始终秉承“耐心、诚心、用心”的服务理念,把改善服务作为分公司强化经营、提高效益的重要举措。打铁还需自身硬,他一直以一名优秀党员的高标准来要求自己,加强政治理论和业务学习,通过不断学习、反思、总结,改进了工作方式,提高了思想觉悟。同时,还不断加强分公司业务培训,组织员工开展各类学习活动累计上百次,有效提高了员工整体素质。他细致梳理工作流程,在每一个台席、每一个岗位推行“6S”标准管理,通过不懈努力,分公司经营整体管理得到有效改观。他带动员工贴近用户、主动服务,始终坚持以客户为中心的服务理念,为分公司的经营献计献策,得到分公司员工的一致好评。

2018 年 8 月,州分公司对县分公司领导班子进行调整,经过层层选拔,杜鹏被州分公司任命为精河县邮政分公司副总经理。作为一名新时期的共产党员,他始终以“奉献不言苦,追求无止境”作为自己的人生格言,在平凡的工作岗位上,用一言一行践行着一个共产党员的庄严承诺,倾力付出,无怨无悔。

2020 年来,杜鹏紧紧围绕分管的各项工作,立足岗位、恪尽职守。在下半年 9 月至 12 月储蓄速递业务发展旺季,他到沙山子支局进行帮扶,针对葡萄种植户、棉花种植户,和支局人员一起走访下连队,一起想办法如何开发新增客群,取得用户信任,同时开发速递大客户。杜鹏在支局帮扶的过程中积极解决支局生产生活中遇到的困难,与全体员工一起主动开展工作,为公司的经营发展发挥了积极作用,形成了较好的工作局面。

**牙生·吐达洪** 男,维吾尔族,1965 年 6 月出生,中共党员,时任精河县大河沿子镇友谊社区党支部副书记。

2008 年 12 月,牙生·吐达洪荣获精河县年度考核优秀奖;2009 年 9 月,被评为精河县农业班农业政策保险先进个人;2010 年 9 月被评为自治州劳动模范;2014 年 8 月被评为自治州第六次民族团结进步模范个人;2016 年 8 月在精河县第十五届人民代表大会期间获“优秀人大代表”荣誉称号;2016 年 5 月被评为自治区开发建设新疆奖章获得者;2016 年 5 月被评为自治州民族团结进步优秀共产党员。

牙生·吐达洪自工作以来,始终积极发挥党员先锋模范作用,不怕苦不怕累,心系于民,作为一名一直奋战在基层的普通党员,始终保持坚强的党性,无条件地服从组织安排,从不计较个人得失,做到干一行、爱一行、钻一行,他崇高的职业理想、严谨的工作作风和无私的奉献精神,彰显着一名共产党员的本色。

牙生·吐达洪立场坚定,思想进步,能够积极拥护党的领导,在思想与行动上始终与党的路线、方针、政策保持一致,以习近平新时代中国特色社会主义思想为指导,认真学习、宣传、贯彻党的十九大精神,积极领会科学发展观、建设社会主义和谐社会、民族宗教政策等重大理论的科学内涵。在党员先进性教育活动和学习实践科学发展观活动中,他积极学习,自觉查找不足,整改提高。

牙生·吐达洪刻苦钻研,素质过硬。他始终把学习放在重要位置,认真学习政治理论,刻苦钻研业务知识,在努力提高自身综合素质上下功夫。在学习中,他认真刻苦、积极主动,在深刻领会党的各项方针政策的基础上，认真学习有关新农村建设的知识，并虚心向有经验的学习，多动脑、勤动笔，在工作中学习，在学习中提高。工作中积极主动自学，扩大自己知识面。

牙生·吐达洪工作勤恳，作风扎实。自参加工作以来，他始终以共产党员的标准严格要求自己，在工作中，他始终保持端正的工作态度，积极主动接受来自各方面的意见，认真克服生活和工作上遇到的种种困难，以高度的政治责任感、工作紧迫感和饱满的工作热情，融入工作中，融入农村中，帮助农民解决实际困难，不但使自己受到了教育，而且还让广大各族群众得到了实惠，深得基层广大干部群众拥护和信任。牙生·吐达洪在工作中，能紧紧围绕新疆总目标及自治区党委总目标落实“四句话”“4 +1”等维稳相关措施要求，深入百姓家中，每入一户，都与村民促膝交谈，了解百姓生活，宣传党的各项政策。积极参与村上的值班备勤，流动人口登记，对群众提出的简单问题当场解答，不能现场解答的问题、困难和建议，研究解决。在党建工作方面制订工作计划，完善各项制度，认真落实“三会一课”和“村民大会”。年初制定党建工作计划、制度，按计划开展工作。

牙生·吐达洪始终对自己高标准、严要求，努力以“全心全意为人民服务”为宗旨做好各项工作。在今后的学习、工作和生活中，他将进一步加强学习，严于律己，继续加倍努力，提高自己的思想政治觉悟和业务水平，把党的事业作为自己最大的职责和最高的使命。

**蔡振民**　男，汉族，1968 年 10 月出生，本科学历，中共党员，时任温泉县初级中学党支部书记、校长。

2012 年 7 月，蔡振民被评为全国特色教育先进工作者；2014 年被教育部评为全国“课改”优秀校长；2011 年被自治区教育学会评为自治区第七届百名优秀校长；2012 年被自治区教育厅评为自治区关心下一代先进个人;2014 年被评为自治区优秀教育工作者;2017 年 4 月,被评为开发建设新疆奖章获得者;2018 年被评为自治区特级教师。

蔡振民除了抓好学校管理工作,始终坚持在教学第一线,勇于改革,积极参与教研工作,在众多业务工作中课堂教学改革工作比较突出,每年在温泉县教育系统进行讲座,近几年每年暑假都被州教育局邀请去给新任教师授课,内容涉及学校、班级管理,校园文化建设、课堂教学改革、教师专业发展等内容,有时还在全县范围内讲授示范课。曾经受邀赴农五师教育局、喀什市、塔城市第四中学、克拉玛依市第九中学、阿勒泰地区布尔津县初级中学、巴州和静县、昌吉州呼图壁县等地进行讲座、经验交流或讲授示范课;被自治区教科院选派至吐鲁番市、鄯善县检查指导工作。蔡振民在教学中,所带班级成绩显著,并屡次受到表彰;在学校管理中,将薄弱学校带成地区强校,比如曾经工作过的温泉县哈镇中学和现在的初级中学,原先都是薄弱学校,经过两至三年的管理,最终各项工作都走在了全州的前列,课改工作走在了全疆的前列,得到了上级领导和社会的高度认可。家长说:“蔡校长来了,这个学校变化很大,学校有希望了,我的孩子也有希望了。”

学生说:“我们的校长是一个有责任心,为人正直,有个性,有正义感的好校长。蔡校长来到学校以后,学风好了,校纪严了,学校各种活动的花样也多了。他的课堂上我们可以自主的学习,蔡校长常常让我们做小老师教班里其他的同学学习,我们感到快乐,也很有成就感。”同事说:“蔡校长能够以身作则,他到哪个学校哪个学校就会好,就是我们再苦再累也愿意。”2018 年兼任温泉县安格里格镇中学校长期间,经过一年的整治,使学校各方面的工作有了较大的改观,得到了学生及家长和教师的好评,得到了同行的广泛赞誉。

蔡振民所主持和参与研究实施的小课题《哈镇中学远程教育资源利用的现状及对策》获得自治区优秀小课题,为改变哈镇中学远程教育资源的利用提供了目标和方向;《指导教师专业发展的实践方法研究》和《七年级学生小组合作学习的评价方法研究》对教师专业发展和学校课堂教学改革都起到了至关重要的作用。

由于他的业绩比较突出,得到了广泛的认可,因此先后多次受到州级、县级的表彰,同时获得了全国特色教育先进工作者、全国“课改”优秀校长、自治区优秀教育工作者、自治区第七届百名优秀校长、自治区教育系统关心下一代先进工作者、自治区先进教育工作者、开发建设新疆奖章获得者、自治区特级教师等荣誉称号。

蔡振民认为一所学校除要发展除领导管理外,还要靠“三种人”,即家长、学生、教师,因此,在平时的工作中他就比较注重做人的思想工作,每个月都要与家长、学生、教师谈心交流,了解他们的需求,解决他们的疑惑等,这也是他每到一所学校,使学校能够迅速扭转被动局面的重要原因之一,也是使学校持续向好发展的主要原因之一。每学期他都要与近 200 人进行谈话交流,人员涵盖家长、学生、教师。

**阿布都热依木·玉努斯**　男,维吾尔族,1973 年 1 月出生,本科学历,中共党员,博乐市公安局党委委员、副局长、三级高级警长。

2010 年阿布都热依木·玉努斯被评为博州公安局体能技能训练先进个人;2014 年被自治区公安厅评为优秀人民警察;2014—2016 年连续三年被评为自治州优秀公务员;2017 年获自治区开发建设新疆奖章荣誉称号;2017 年被评为全国优秀人民警察;2018 年荣立公安部个人一等功 1 次;2021 年荣获全国五一劳动奖章、自治区优秀共产党员称号。

阿布都热依木·玉努斯作为博乐市公安局党委委员、副局长,面对来势汹汹的新冠肺炎疫情,他清醒认识到自己肩上这副担子的分量,他坚持把加强政治建设紧紧抓在手上,把认真深入学习贯彻习近平总书记重要指示和党中央决策部署,学习各级部署要求作为重要政治任务,制定并执行每日"三个一次"工作模式,即每日一次狱情分析会、每日一次督导检查、每日一次向市局党委汇报工作。阿布都热依木·玉努斯指导看守所党支部开展"凝聚抗疫力量、争做抗疫先锋"主题党日活动,为民警讲"战疫"党课3次,强化党员民警"四个意识",坚定"四个自信",做到"两个维护"。

自疫情暴发以来,阿布都热依木·玉努斯亲自主持研究制定新型冠状病毒感染的肺炎疫情应急处置预案和监所管理工作有关规定,研究具体工作落实,做出细致安排部署。他作为分管监所局领导,能够设身处地为民警职工着想,体恤封闭执勤人员的不易。他提议组建后勤服务组,并直接领导开展工作,领导后勤服务组做好工作的同时,阿布都热依木·玉努斯十分关心家庭有特殊变故和特殊情况的人员。警务人员巴叶尔在监区开展工作时,突发疾病住院做手术,亲自协调院方领导,"我们的民警是在抗疫战场上倒下的,恳请你们用最好医疗让他尽快恢复"。基于对疫情防控和监所安全的科学判断,他把统筹推进教育转化工作,切实维护好防疫期间监所安全稳定,作为重要责任扛在肩上,抓在手中。阿布都热依木·玉努斯以扫黑除恶专项行动为契机,在加大对监所安全管理的同时,强化深挖力度,积极发挥阵地优势,用好监室信息员,广开线索渠道,进一步完善协助破案工作机制,采取多重措施推动协助破案工作取得实效。阿布都热依木·玉努斯坚持每天下监室(拘室)开展工作,指导看守所民警开展谈话教育和深挖余罪工作,充分发挥监管场所第二主力军作用,严厉打击罪犯违规违纪行为。他指导拘留所将常态化开展矛盾化解工作与日常管教有机结合,采取"查、看、问、听、访"等多种方式,深入摸透掌握被拘留人员的信息与思想心理动态,积极主动开展教育疏导工作。

在阿布都热依木·玉努斯的带领下,2020年博乐市看守所荣获了全区公安监管工作成绩突出单位、荣立集体二等功。在出入境管理大队指导工作时，他坚持带领出入境民警做好常态化疫情防控工作，严防境外输入性病例，深化“放管服”改革，力争简化办证手续流程，确保各族群众申办普通护照提交的申请材料一致；深入推进出入境“八项措施”“五项措施”“全国通办”及“只跑一次”制度等各项“放管服”措施，做好出境未归人员动态筛查工作；强化管控措施加强境外情报信息收集质量；安排部署“一人多证”问题专项清理工作，取得一定成效。

阿布都热依木·玉努斯面对疫情防控大战大考，他以高度的政治自觉和强烈的责任担当，诠释了对党忠诚，践行了“两个维护”。他的努力是因为藏蓝制服赋予的使命，是因为红色党旗的责任担当，更是人民警察的甘于奉献和作为。

**刘志刚**　男，汉族，1979 年 8 月出生，中共党员，博乐公路管理局博乐分局工人。

2018 年 1 月刘志刚被新疆维吾尔自治区交通运输厅、新疆维吾尔自治区总工会授予“工匠杯”先进个人荣誉称号；2018 年 4 月被评为自治区开发建设新疆奖章获得者；2019 年 4 月荣获 2017—2018 年度自治区交通运输厅系统“十大杰出青年”称号；2021 年 3 月被新疆维吾尔自治区交通运输厅、新疆维吾尔自治区总工会评为 2020 年度主题劳动和技能竞赛优胜个人；2021 年 6 月荣获自治区交通运输厅系统优秀共产党员称号。

一粒砂中看世界，一滴水中见人生。一个人能一直在自己平凡的岗位上勤恳地工作着，再苦再累也觉得心甘情愿，这就是对事业的情、对岗位的爱，博乐公路管理局博乐分局的刘志刚就是这样一个人。

刘志刚立足本职，爱岗敬业，工作精益求精。2007—2020 年就职于精河分局，在精河分局党组多次考核和职工推荐下，他被任命为养护站站长。他带头做好公路养护工作。夏季修补裂缝对温度有较高的要求，每天持续数小时在烈日下从事公路养护施工作业，他没有怨言，只是默默工作。在冬季除雪保通期间，养护站负责全线路段的除雪除冰工作，没有节假日没有双休日，必须 24 小时待命，保证机车的完好，做好除雪保通的前期工作。分局所辖 G30 线路段每到冬季就会出现强降雪天气，最厚处近 40 厘米，部分路段伴有大雾结冰现象。雪情就是命令，除雪作业从凌晨干至清晨是常态化的工作，连续几小时的作业后，路面积雪被有效清除，道路恢复畅通，此时刘志刚才会露出欣慰的笑容。

刘志刚严格要求自己，刻苦钻研，创新安全行车操作法。他对机械驾驶工作有着高度的责任感，多年来，刘志刚潜心钻研业务技能，为了提高综合水平，主动学习了机械理论知识和车辆维修知识，连续 20 多年安全行驶无事故。

刘志刚从小事做起，以身作则，争做民族团结的模范。所在的养护站是由汉族、维吾尔族、回族、哈萨克族、蒙古族等五个民族组成的多民族大家庭，刘志刚深知民族团结的重要性。在生活中，他能经常与各民族职工交流思想、畅谈感受，使各族职工能互相关心、互相帮助，各民族职工都建立了深厚的感情和友谊。在工作中，他善于调动各民族同事职工的积极性，形成了做好公路养护工作的合力。特别是成为一名党员以来，他更加严格要求自己，成为养护站民族团结和公路养护工作的带头人。

刘志刚带领年轻职工共同进步。他面对荣誉并没有骄傲和自满，依旧醉心于自己所热爱的工作，坚持学习，提高技能，积极参加分局开展的导师带徒、岗位练兵和技能比武活动，他根据工作经验创新总结出安全行车操作方法，成为近年来新进职工的必学项目。在他的带动下，青年职工们积极向上，焕发了年轻人的朝气。刘志刚以踏实的工作态度和忘我的敬业奉献精神深得干部职工称赞，真正实践了“干一行，爱一行；干一行，就要干好一行”的信念，用辛勤的汗水和默默的奉献创造了不平凡的业绩。

**刘涛**　男，汉族，本科学历，1980 年 8 月出生，中共党员，博乐市阳光公共交通有限责任公司技术部主任。

2007 年刘涛被博乐市公共汽车公司评为先进工作者；2007 年被博乐市建设局评为先进工作者；2009 年被借调博乐市城乡建设局，其间荣获博乐市举办的党风廉政建设竞赛团体第三名；2012 年被博乐市交通运输局评为先进个人；2013 年被博乐市交通运输局评为先进工作者；2016 年被博乐市交通运输局评为优秀共产党员；2017 年获自治州民族团结进步优秀共产党员荣誉称号；2018 年被评为自治区开发建设新疆奖章获得者；2019 年被博乐市阳光公共交通有限责任公司评为优秀共产党员；2020 年被评为自治区劳动模范。

刘涛政治立场坚定，服从组织安排，在日常工作中牢牢把握社会稳定和长治久安总目标，抓住“一带一路”等政策机遇期，积极探索形成了符合博乐公交运营管理实际的工作思路及做法，为博乐公交事业的发展做出了贡献。刘涛把精力全心全意投入工作之中，积极努力干事创业，有力推动公交科技“智能信息化运营管理”模式在博乐推广，主导建成了博乐市公交智能信息调度管理平台，填补了博乐公交科技信息化管理层面的空白；创新建成符合博乐公交调度管理的程序，提高了线路管理人员的工作成效和公交科技信息化管理水平。特别是 2017 年，根据新形势新任务的需要，博乐公交智能调度信息化管理系统需要更新升级，公交车辆视频监控系统要与相关部门对接，在时间紧、任务重、标准高的情况下，刘涛克服重重困难，不断改进工作方法，加班加点连夜奋战，经过 3 个多月的努力和辛苦，基本完成了公交智能化、信息化管理改革工作任务，使博乐公交智能信息化建设走在全疆全州的前列。

刘涛以“老黄牛”的精神投入工作，极大改善了博乐公交运营环境，实现了博乐公交科技信息化管理跨越式发展。他践行“以人民为中心”的理念,想群众所想、急群众所急,把群众利益放在最高位置,常常深入一线,调研了解人流密集站点实际情况,科学合理调配运营车辆,不断满足广大群众的乘车需求,得到大家一致好评。2020 年疫情防控工作牵动着亿万国人的心,城市公交作为百姓市民的出行工具,做好交通运输疫情防控工作至关重要。刘涛接到市委、市政府下达的学生复学开课接送任务后,高度重视,严格落实公共交通疫情防控要求,对学生复学开课提供“定车、定线、定时、定点、定人”的学生专车精准服务。作为公交技术运营部门负责人,他充分认识到疫情防控工作的复杂性和严峻性,主动放弃了休息日,第一时间投入疫情防控期间学生开学复课公交运输工作当中,根据教育部门提供的相关数据,制定“学生专车”实施方案,圆满完成了工作任务,在疫情防控的关键时刻践行共产党人的初心和使命。

**郭立新** 男,汉族,1969 年 10 月出生,中共党员,时任博乐市市容环境卫生服务中心清扫队主任。

2014—2016 年,郭立新连续三年被博乐市住建系统评为优秀;2015 年被自治州住建系统评为民族团结模范先进个人;2016 年被博乐市评为民族团结进步优秀共产党员;2010 年、2011 年,先后卫生部、中国红十字会总会、中国人民解放军总后勤部卫生部评为全国无偿献血奉献奖铜奖;2017 年 12 月,获人力资源保障部颁发“全国住房和城乡建设系统劳动模范”荣誉称号;2020 年被博乐市住建系统评为优秀;2021 年被评为开发建设新疆奖章获得者。

多年来,郭立新率领的三个环卫清扫队每天完成 320 万平方米清扫任务,能及时解决市民关心的难点问题,很好地维护了城市环境卫生,获得了社会的广泛赞誉和一致好评。郭立新由工作表现突出多次受到上级的嘉奖和表彰。作为局班子成员，郭立新不断加强学习，完成理论与实践的结合。不断用理论知识武装头脑，认真学习贯彻党的路线方针政策，认真钻研各种业务知识，在工作中不断锻炼和提高自己。还积极组织和参与各种业务培训和工作相关的知识学习，通过系统的学习，提高对环卫工作的进一步认识，达到了学以立德、学以增智、学以致用。郭立新在管理环卫工作中，一是抓队伍建设，提高环卫工人的组织观念；二是抓思想教育，提高环卫工人对环卫工作的新认识。经常组织全体环卫工人在实际工作中举行业务安全培训，由优秀环卫工代表进行现场示范操作。通过业务培训提高了环卫保洁员对岗位职责、规范操作的认识，锻炼了队伍，增强了队伍的战斗力。

博乐市环卫局是州、市的一个窗口单位。环卫工作也是一个城市的门面和窗口。郭立新作为市容环境卫生服务中心清扫队主任，担负着参与管理、综合服务等重要职责。经常加班加点，占用双休日、节假日是常事。郭立新始终保持严谨认真的工作态度，以一个优秀党员的标准严格要求自己，扎扎实实对待每一项工作，无论大事小事，做到干一件成一件，力求把工作做细、做好、做精。郭立新主动给自己压任务加担子，从不给局领导添麻烦，环卫工作做到严密周到，科学合理安排，确保每一项工作都能落到实处。郭立新始终保持严谨认真的工作态度、一丝不苟的工作作风，勤勤恳恳，兢兢业业，受到领导和同事的好评。为了把工作干好干实，他处处以身作则，重活累活抢着干，有时甚至带病坚持工作。

郭立新在踏实做好环卫基础业务工作的同时，不断加强环卫工人队伍建设，逐步提高环境卫生工作质量。道路清扫从基础做起，从点滴抓起，做到完善程序化、标准化、规范化作业。近年来，博乐市随着环卫清扫保洁任务的增加，管理员每天跟班作业，每天按标准认真执行。垃圾清运工作积极改革，规范管理。郭立新对垃圾的清运工作，要求做到定点定时清运，确保随产随清，从质量上要求做好篷布覆盖工作，做到不撒、不漏、保证安全，杜绝二次污染。加强生产设备、工具管理，坚决杜绝浪费。郭立新通过精细化作业管理和高标准要求，带动了环卫职工工作积极性和主动性，从而达到以点带面的效果，促使环境卫生质量大幅度提高，为博乐市创卫工作打下了良好的基础。

**胡泉**　男，汉族，1977 年 9 月出生，中共党员，湖北援博干部，时任温泉县县委常委、温泉县人民政府副县长。援博前任湖北省咸宁市发改委党组副书记、副主任。

2016 年胡泉获咸宁市委市政府优秀驻村工作队队长荣誉称号；2017 年获咸宁市委市政府优秀驻村工作队队长荣誉称号；2019 年被咸宁市委市政府授予三等功；2021 年荣获开发建设新疆奖章荣誉称号。

自进疆以来，胡泉自觉贯彻落实党的十九届五中全会精神和第三次新疆工作座谈会精神，围绕新时期党的治疆方略认真谋划开展援疆工作，助力温泉县各项工作顺利开展。胡泉积极衔接援授双方全方位开展对接，掀起两地交流工作新高潮，2020 年咸温两地共开展对接活动 12 批次，两地党政代表团开展回访，组织部、发改委、公安局、卫健委、旅游委、教育局及六个县市区广泛对接，衔接咸宁援疆资金 1800 万元，超额完成咸宁市“十三五”援疆任务，积极争取“十四五”援疆项目资金 2.36 亿元，重点支持旅游产业发展，增强温泉县经济社会发展“造血”功能，共同推进援疆工作取得新成效。

胡泉充分发挥温泉县自然优势资源，依托境内蕴藏丰富的地热、光热和生态资源，先后签约大唐风电、西安隆基等清洁能源光伏发电项目，与西安天美生物科技股份有限公司签订香料产业园项目投资框架协议，同时精细化做好招商对象和招商项目的管理服务，确保招商项目落地生根。同时统筹谋划鄂博友谊路、城市外立面风貌改造工程、冷水鱼繁育、博河流域综合治理、温泉湿地公园河谷林基础设施等一批打基础、管长远项目，增强温泉县发展后劲。

胡泉助力温泉成功创建国家全域旅游示范区，通过发展旅游促进广大农牧民念旅游经、吃旅游饭，分步实施文化援疆，帮助温泉基层文化阵地建设提档升级。胡泉加强鄂温两地文化旅游的交流融合嫁接，联合两地举办温泉县援疆迎新春美术书法作品展；组织乌兰牧骑队舞蹈节目《弦舞灵》在咸宁线上春晚展播，并登上学习强国。胡泉充分发挥湖北科教大省优势，把更多内地的优质教学资源和先进教学方法向受援地输送，衔接咸宁援疆资金600万元，提升改造温泉县初级中学，开展鄂温心理健康教育、"百校结对"及爱心企业为温泉贫困学生捐赠等活动，有效提高温泉县教育教学水平。

胡泉突出"文化润疆""富民兴疆"，加快推进实施自治州"生态立州""旅游兴州"战略，深入开展博尔塔拉河生态文化长廊（温泉段）规划建设工作。胡泉多次进行实地勘察，赴深圳、天津等地考察学习，创新建设理念，确保项目高标准实施。

新冠肺炎疫情发生以来，胡泉认真贯彻习近平总书记重要指示精神，坚决服从各级党委政府关于疫情防控工作的统一部署，认真履职，建立完善隔离医学观察点和冷链物流相关工作制度和流程，常态化抓好疫情防控工作，确保温泉县疫情防控"零风险、零疫情、零冒泡"。

**戴旭升**　男，汉族，1973年7月出生，中共党员，新疆精杞神枸杞开发有限责任公司总经理。

2010年8月，戴旭升荣获由国家林业局、全国工业商业联合会授予的光彩事业国土绿化贡献奖；2012年3月，荣获自治区科技兴新领导小组颁发的2007—2011年度科技兴新贡献奖；2015年3月，由自治州科技特派员工作领导小组办公室颁发授予2014年度自治州优秀科技特派员称号；2016年6月，被博州非公有制经济组织工作委员会评为自治州非公有制经济组织民族团结进步优秀共产党员;2019 年 1 月,荣获由湘阴县人民政府、湘阴县教育局颁发的捐建湖南省岳阳市湘阴县长康镇小学证书;2020 年 10 月,荣获自治区扶贫开发领导小组颁发的 2020 年脱贫攻坚奉献奖;2021 年 5 月,荣获自治区开发建设新疆奖章获得者。

戴旭升充分发挥党员的先锋模范作用,找准增收产业,创新产业扶贫模式,带领贫困户发展枸杞种植,在产业扶贫的道路上镌刻出了一名共产党员的坚毅与执着。戴旭升抓住精河枸杞优质特点并结合企业具备的优势条件,在充分到乡镇村队调研论证的基础上,把发展壮大精河枸杞产业,助力农民增收致富作为今后的奋斗目标,探索出一条企业参与精准扶贫助推脱贫攻坚的路子,积极投身产业扶贫的大军中。

戴旭升根据精河枸杞产业发展现状和贫困户现实情况,同企业管理团队研究制定了分类帮助贫困户脱贫致富的具体措施和办法:一是在帮扶种植户方面,二是在带动就业增收方面,三是在提供劳动就业帮扶岗位方面,四是在劳动培训、电商服务方面,五是发挥党员在脱贫攻坚方面的主导作用。

戴旭升向党委、政府承诺,在市场价格总体稳定的前提下,坚持“实干是硬道理,品质是硬指标”的原则,以示范基地全面推广和应用枸杞“无公害栽培”“绿色有机种植”技术并建立枸杞高新技术种植、培育,从而带动全县枸杞的科学种植,加快科技成果的转化。戴旭升开拓创新,勇于奉献的事迹,赢得了党和政府以及社会各界的充分肯定和广泛赞誉。

他创办的精杞神企业被自治区评为“农业产业化重点龙头企业”。他个人先后被国家林业局、中国全国商业联合会、中国光彩事业促进会授予“光彩事业国土绿化贡献奖”,自治州“企业优秀共产党员”,精河县“企业先进工作者”。连续三年被系统评为“先进工作者”“2020 年自治区脱贫攻坚奉献奖”等荣誉称号。

## 第五节　表彰决定及倡议书

### 一、博尔塔拉蒙古自治州人民政府关于表彰自治州劳动模范和先进工作者的决定

各县市人民政府，阿拉山口岸管委会，赛里木湖风景名胜区管委会，州人民政府各部门：

自2001年自治州劳动模范、先进工作者表彰大会以来，全州各族人民在州党委、人民政府的领导下，积极投身于改革开放和社会主义现代化建设的伟大实践，各行各业涌现出一大批先进模范人物，为推动自治州物质文明、政治文明、精神文明、生态文明建设做出了突出成绩。为表彰先进，弘扬模范事迹，大力倡导“尊重劳动、尊重知识、尊重人才、尊重创造”的社会风尚，自治州人民政府决定授予米加等39人“自治州劳动模范”荣誉称号、授予杨权等27人“自治州先进工作者”荣誉称号。希望受到表彰的劳动模范和先进工作者谦虚谨慎，戒骄戒躁，继续保持和发扬爱岗敬业、艰苦奋斗、勇于创新、甘于奉献、争创一流的精神，为自治州经济社会又好又快发展做出新的更大的贡献。全州各族人民要以劳动模范和先进工作者为榜样，解放思想，求真务实，锐意进取，开拓创新，为建设开放、富裕、和谐、秀美的博尔塔拉而努力奋斗。

### 二、自治州向劳动模范、先进工作者发出倡议书

全州各行各业、各条战线的劳动者：

在“五一”国际劳动节即将到来之际，自治州隆重表彰劳动模范和先进工作者，这是劳动光荣、崇尚先进的充分体现，也是对全州劳动者的巨大鼓舞和鞭策。在此，我们提出以下倡议：

一、始终用科学理论武装头脑。坚持以邓小平理论和“三个代表”重要思想为指导，深入贯彻落实科学发展观，坚定理想信念，严守政治纪律，履行岗位职责，在自治州深化改革、促进发展、维护稳定的大局中充分发挥主人翁作用。

二、自觉维护民族团结社会稳定。认真学习党的民族理论和民族政策，树立马克思主义国家观、民族观、历史观、文化观、宗教观，自觉维护民族团结、维护社会稳定、维护祖国统一，旗帜鲜明地反对民族分裂主义和非法宗教活动。

三、同破坏民族团结、国家安全和社会政治稳定的现象作斗争，维护自治州安定团结的大好局面。

四、积极投身经济社会发展各项事业。以高度的历史责任感和使命感，立志在博州全面建设小康社会的伟大事业中，创造出无愧于时代、无愧于各族人民的一流业绩。

五、争做高素质的新时期劳动者。牢固树立自觉学习、终身学习的理念，掌握新技能，学会新本领，增长新才干，努力提高思想道德素质和科学文化素质，做有理想、有道德、有文化、有纪律的高素质劳动者。

各行各业、各条战线的劳动者，历史赋予我们重任，时代创造难得机遇，让我们在自治州党委、人民政府的正确领导下，深入贯彻落实科学发展观，进一步解放思想、开拓创新、锐意进取、扎实工作，为建设开放、富裕、和谐、秀美的博尔塔拉而努力奋斗。

自治州劳动模范先进工作者全体代表

二〇一〇年四月二十六日

# 后 记

2021 年,根据中华全国总工会关于编写《中国工运通史》《中国工会志》的工作部署,博尔塔拉蒙古自治州总工会(简称州总工会)制定《博尔塔拉蒙古自治州工运纪事》编纂方案。编纂《博尔塔拉蒙古自治州工运纪事》是自治州各级工会组织和全体会员政治文化生活中的一件大事。《博尔塔拉蒙古自治州工运纪事》的编纂工作自 2021 年 12 月启动,至 2024 年 12 月交付出版,历时 3 年。历经成立机构、启动编纂,拟定编目、资料收集,初稿编纂、送审把关,修改完善、定稿出版 4 个阶段。期间,搜集档案资料文档 12388 个,300 余万字,数易其稿,一部体例完备、内容丰富、特色鲜明的《博尔塔拉蒙古自治州工运纪事》终于付梓。

**一、成立机构、启动编纂**

州总工会党组对本书编纂工作高度重视,为保证编纂工作的顺利进行。2021 年 12 月,成立《博尔塔拉蒙古自治州工运纪事》编纂委员会。编纂委员会主任由自治州政协党组成员、副主席、州总工会党组副书记、主席袁立玲担任,副主任由州总工会党组书记、副主席周文泽,党组成员、副主席库热西·库尔班,党组成员赵志远担任,委员由州总工会机关各科室负责人和县市总工会负责人担任。编纂委员会下设办公室,聘请新疆维吾尔自治区总工会研究室原主任苏峰负责完成编写任务,具体负责《博尔塔拉蒙古自治州工运纪事》的编目拟定、资料收集,初稿编纂、修改完善等工作。

2024 年 8 月，《博尔塔拉蒙古自治州工运纪事》调整编纂委员会。编纂委员会主任由自治州政协党组成员、副主席、自治州总工会党组副书记、主席袁立玲担任，副主任由州总工会原党组书记、副主席、二级巡视员周文泽，州总工会党组书记、副主席周广元，原党组成员、副主席库热西·库尔班，党组成员赵志远担任，委员由州总工会机关各科室负责人和县市总工会负责人担任，明确主编由周文泽、周广元担任，特邀编纂苏峰。

**二、拟定编目、资料收集**

2021 年 12 月，《博尔塔拉蒙古自治州工运纪事》编纂人员结合博州总工会的实际，经过反复研究和探讨，明确在编纂过程中的总体要求：一要坚持尊重历史、实事求是；二要反映博州地方特色、专业特点和时代特征。在写作方法上注重体例规范，述而不论，寓评于叙。行文风格保持前后统一，语言畅通，行文简洁，在体裁上以文字纪实为主，图表为辅。在多次征求州总工会机关各科室和县市总工会意见建议基础上，经过研讨、精心设计，最终确定《篇目大纲》。

2022 年 2 月，《博尔塔拉蒙古自治州工运纪事》资料收集工作启动。编纂人员在州档案局（馆）、州融媒体中心、州总工会档案室、县市总工会、部分企业查阅 1950—2021 年的档案资料，于 2022 年 2 月底完成资料收集工作，共收集电子文档 12388 个，归纳资料 300 万余字。

**三、初稿编纂、送审把关**

2022 年 3 月，启动《博尔塔拉蒙古自治州工运纪事》初稿编纂。编纂人员按照《篇目大纲》进行分章撰写，初稿撰写历时 6 个月。编纂人员按照《博尔塔拉蒙古自治州工运纪事》工作方案，严格落实工作责任，笔耕不辍。至 2022 年 9 月，撰写完成《博尔塔拉蒙古自治州工运纪事》初稿，全书共 6 章 19 节 55 目，30 余万字。

2022 年 10 月,《博尔塔拉蒙古自治州工运纪事》初稿完成后,编辑人员在广泛征求州总工会机关各科室和县市总工会意见的基础上,用时 1 个月对初稿内容进行纠正错讹和增删修改,完成修改补充,形成 6 章 20 节 60 目,约 30 余万字的初稿。11 月,编纂委员会组织相关专家、退休人员对《博尔塔拉蒙古自治州工运纪事》进行审读,根据审读意见进行修改完善,最终形成 6 章 21 节 60 目,约 30 余万字送审稿,于 2022 年 12 月报送自治州党委组织部、州纪委、州党委宣传部、州党史研究室(地方志办公室)等部门进行评审。2023 年 6 月,经相关部门评审认为,《博尔塔拉蒙古自治州工运纪事》(送审稿)政治观点正确,内容丰富翔实,准确反映了 1950—2021 年博尔塔拉蒙古自治州各级工会组织,在各级党委的正确领导下,在社会发展和经济建设的各个历史时期,始终站在时代的前列,充分发挥工人阶级主力军作用和工会组织的桥梁和纽带作用。它的编纂出版必将对自治州工运事业发展有着历史意义和产生深远的影响。体例编目设置合理,体裁运用得当,文体文风符合行文要求,是一部质量较高、符合要求的评审稿。同时,就该书中存在的不足,提出了中肯的修改建议和意见。

**四、修改完善、定稿出版**

2023 年 6 月至 2024 年 8 月,根据评审和审读意见,编纂人员对送审稿进行修改完善。期间,多次组织相关专家、退休人员对《博尔塔拉蒙古自治州工运纪事》进行审读把关,并报自治州党委组织部、州纪委、州党委宣传部、州党史研究室(地方志办公室)等部门进行再次审核把关。修改完善后的《博尔塔拉蒙古自治州工运纪事》共 6 章 23 节 62 目,40 余万字。

2024 年 9 月,《博尔塔拉蒙古自治州工运纪事》终审稿报送中国文史出版社进行三审三校。10—11 月,编纂人员根据出版社的审校意见,对稿件进行修改和完善,于 12 月形成定稿,交付印刷。至此,《博尔塔拉蒙古自治州工运纪事》的编纂工作圆满完成。卷首置概述、大事记，卷末置后记，全书按章、节、目编排，共 6 章 23 节 62 目，40 余万字。

在《博尔塔拉蒙古自治州工运纪事》编纂期间，博乐市、阿拉山口市、精河县、温泉县总工会、自治州教育工会主要领导积极配合查阅查找资料，自治州总工会全体工作人员配合收集资料，为尽快顺利完成资料的收集和编纂工作创造了有力条件。

在《博尔塔拉蒙古自治州工运纪事》编纂过程中，自治州党委组织部、州纪委、州党委宣传部、州党史研究室（地方志办公室）等有关部门高度重视，从编写到审核始终给予了热情的帮助和指导，州档案局（馆）、州融媒体中心为查找查阅资料给予了大力支持。在自治州总工会历届老领导的重视和关心下，在自治州总工会全体工作人员的共同努力下，完成了整体编纂工作。值此《博尔塔拉蒙古自治州工运纪事》出版付梓之际，在此，谨向给予帮助、指导和支持的各位领导、单位和个人表示衷心的感谢！

由于《博州工运纪事》涉及的史料比较多，在州档案局（馆）查阅中有些年代资料无档可查，没有历史文字和历史图片记载，给编纂人员工作带来非常大的困难，因资料短缺有限，所以在很多工作叙述中出现断层现象。但因任务较急，时间比较仓促，加之工作量大，编纂工作人员水平有限，难免有表达欠准确和某些疏漏之处，敬请广大读者批评指正。

编者

2024 年 12 月